双書 ジェンダー分析 8

現代政治と女性政策

堀江孝司

勁草書房

はしがき

　本書は，ポスト高度成長期，とりわけ1980年代を主たる対象に，女性の就労に関わる政策を，フレキシビリゼーション・平等・再生産という三つの大きな政策課題に整理し，政治学の視角から分析したものである。
　昨今，女性の就労，少子化，仕事と子育ての両立，パートタイム労働や派遣労働など非正規雇用の増加といった諸問題が，かつてないほど頻繁に新聞などで取り上げられている。これらはいずれも，社会の関心が高い問題となっており，政府の政策もそれらをターゲットにしている。また，税制や年金制度が主婦の就労と関係することも，広く知られるに至った。これらはそれぞれ，現在もなお法改正を含むさまざまな政策的対応が検討されており，今後の事態の推移はなお不確定であるが，現在の方向性はほぼ本書が対象とする時期に出てきたと考えられる。
　これらの政策についての研究には，これまでにも労働問題や社会政策などの専門家による多くの蓄積がある。だが，従来，日本の政治学においては，女性に関わる政策については，必ずしも十分には研究の対象とされてこなかった。日本の政治学で，政治思想・政治理論の領域以外の実証的な研究が女性に関する問題を取り上げる際には，女性議員の少なさなどを問題にする場合が多く，実際の政策分析やその形成過程の分析は，きわめて限られている。詳細は序章に譲るが，政治学の視角からの政策分析や，とりわけ政治過程に焦点を合わせることは，既に膨大な蓄積がある女性政策の分析にとっても新たな知見——ないし，その導出のヒント——を提供できると筆者は考えており，その意味で政治学からのアプローチには積極的な意義がある。
　他方で，女性の就労に関わる政策についての分析を行なうことは，政策それ自体への興味もさることながら，政治学にとっても意義深い課題であると考える。とりわけ，従来の集団を中心として考えられてきた利益政治分析の視角に

i

はしがき

とって，集団としては組織されていない「女性」や非正規雇用労働者というカテゴリーに関わる政策は，新たな視野を提供するように思われる。

本書で取り上げている政策は，具体的には，派遣労働をめぐる政策，パートタイム労働をめぐる政策，国連女性差別撤廃条約への署名，男女雇用機会均等法制定と労働基準法改正，育児休業法，国民年金第三号被保険者制度，および税制における配偶者特別控除制度である。これらは主に80年代に制定・施行された政策であり（一部は90年代初頭），それぞれが異なるアクターによって異なるねらいの下，推進されたが，相互につながり関係しあうことで，女性の働き方に影響を与えてきた。本書では，そのつながりと相互作用に注意を払いつつも，しかしながらそれらが総体として，女性の働き方を，あるいは家族のあり方を，特定の型に押し込めることを目的としてデザインされたといった捉え方はしていない。本書は，個々の政策における固有の事情と独自の力学にも，大きな関心を寄せている。

なお，「女性政策」の名の下に対象とされうる政策には，他にも例えば，DV，介護，結婚と離婚，夫婦別姓，シングルマザーへの経済的支援，リプロダクティブ・ヘルス／ライツ，学校教育，男女共同参画政策など，広範な政策領域にわたるさまざまな政策が考えられる。本書はその意味では，「女性政策」の網羅的な検討を行なったものではないことを，お断りしておく。本書では，とりわけ就労に影響する政策で，比較的多くの人びとに関係し，本書が対象とする時期に大きな政策転換をみた上記の諸政策に対象を絞っている。そしてそれらは，フレキシビリゼーション・平等・再生産という三つの大きな流れに位置づけられると考えている。それらの流れはいずれも，ポスト高度成長時代の，あるいはグローバル化しつつある社会経済システムにとって，きわめて重要な意味をもつものとなっている。昨今，女性の就労に関係する諸問題が，大きな関心をもたれているのは，おそらくそうした社会経済システムからの要請であろうと考えられる。

本書では，その大きな流れが向かっている道筋にも関心を払いつつ，同時に政策形成に関与した諸アクターの思惑や戦略というミクロな次元にも入り込み，いくつかの政策については，従来もたれていたのとは異なる像を示すこともできたのではないかと考えている。

はしがき

　なお，文中の省庁名，人物に付せられた肩書きや所属は，その当時のものである。また，新聞からの引用は，例えば，『日本経済新聞』1985年4月1日付を（日経 85.4.1）のように表記した。『朝日新聞』『毎日新聞』『読売新聞』については，それぞれ「朝日」「毎日」「読売」と略記したあと，同様に日付を記している。『日経連タイムス』『週刊労働ニュース』については，紙名はそのままに，日付については同様に記している。白書類については，白書名の後ろに年度を記している。

現代政治と女性政策

目　次

はしがき

序章　本書の課題と視角 …………………………………………… 1
1　三つの政策課題 ……………………………………………………… 1
　　——フレキシビリゼーション・平等・再生産——
2　女性政策研究と政治学 …………………………………………… 2
3　フレキシビリゼーションの課題 ………………………………… 6
4　フレキシビリゼーションと矛盾する諸課題の台頭 …………… 8
5　家族モデルと非正規雇用 ………………………………………… 9
6　本書の構成 ………………………………………………………… 10

Ⅰ

第1章　フレキシビリゼーションの構想と実態 ……… 15
1　女性労働・非正規雇用の政治学的インプリケーション …… 17
2　経営者団体によるフレキシビリゼーションの構想 ………… 27
3　労働省の非正規雇用観と新旧「二重構造」 …………………… 35
4　非正規雇用と労働組合 …………………………………………… 41
5　パートタイマーの「自発性」をめぐって ……………………… 50

第2章　人口構成の変化とその政策へのインパクト … 66
1　人口動態の中長期的見通しとそのインプリケーション …… 66
2　人口政策 …………………………………………………………… 74
3　外国人労働者の導入 ……………………………………………… 86

第3章　政治学と女性政策 …………………………………… 100
1　80年代日本政治の変化①
　　——多元主義の台頭と自民党像の変容—— …………………… 101

2　80年代日本政治の変化②
　　　――日本政治のコーポラティズム化―― ……………… *107*
  3　女性と政治過程 ………………………………………… *116*
  4　女性政策の推進要因 …………………………………… *125*

Ⅱ

第4章　フレキシビリゼーションの政治Ⅰ …………… *145*
　　　　――派遣労働に関する政策――
  1　背景と経緯 ……………………………………………… *145*
  2　審議会における議論 …………………………………… *149*
  3　財界・業界・労働側の動き …………………………… *161*
  4　国会での審議 …………………………………………… *167*
  5　政治過程の分析 ………………………………………… *174*

第5章　フレキシビリゼーションの政治Ⅱ …………… *180*
　　　　――パートタイム労働政策――
  1　本章の課題と対象 ……………………………………… *180*
  2　パートタイマーの増加 ………………………………… *186*
  3　最初の法制化の動きと「パートタイム労働対策要綱」 …… *190*
  4　二度目の法制化の動きと「パートタイム労働指針」 ……… *197*
  5　三度目の法制化の動きとパートタイム労働法成立 ………… *205*
  6　パートタイム労働をめぐる政治過程の特質 ………………… *215*

第6章　「保護」と「平等」をめぐる政治 …………… *223*
　　　　――女性差別撤廃条約と均等法制定・労基法改正――
  1　本章の対象領域 ………………………………………… *223*
  2　労働省婦人少年局 ……………………………………… *226*
  3　女性差別撤廃条約署名の政治過程 …………………… *235*

目　次

　　4　均等法以前の女性雇用と政府の方針 …………………… *244*
　　5　男女雇用機会均等法制定の政治過程 …………………… *260*
　　6　政治過程の分析 ……………………………………………… *280*

第7章　再生産をめぐる政治 ……………………………306
　　　　──少子化問題のアジェンダ化と育児休業法の成立──
　　1　本章の対象と前提 …………………………………………… *306*
　　2　「1.57ショック」 …………………………………………… *309*
　　3　育児休業法の成立 …………………………………………… *315*
　　4　数値の発表と政策 …………………………………………… *326*

第8章　政策領域間の整合性 ……………………………336
　　　　──年金改革・税制改革の女性労働への帰結──
　　1　本章の課題 …………………………………………………… *336*
　　2　国民年金第三号被保険者制度の創設 …………………… *339*
　　3　配偶者特別控除制度の創設 ……………………………… *346*
　　4　政策の非整合性をめぐって ……………………………… *351*

終章　政治過程における特質と三つの政策課題の帰結 ……359
　　1　政治過程の特質 ……………………………………………… *359*
　　2　三つの政策課題の帰結と政策領域横断的な視点 ……… *366*

引用文献 ………………………………………………………………… *383*
あとがき ………………………………………………………………… *422*
人名索引・事項索引 …………………………………………………… *426*

序章

本書の課題と視角

1　三つの政策課題
　　　——フレキシビリゼーション・平等・再生産——

　現代の先進産業社会が一様に直面している課題として，例えばグローバル化や情報化，環境問題といった社会の変化にどのように対応するかといった問題がある。それらの課題に対し，各国の政治経済体制はさまざまな対応を行なっている。本書では，とりわけ三つの課題——フレキシビリゼーション・平等・再生産——に着目しているが，これらも現在，重要な課題と認識され取り組まれているものである。

　70年代半ば以降の低成長時代には，労働市場の柔軟性に対する関心が各国で高まり，パートタイマーや派遣労働者への需要が増大する中，そうした人びとを法制度上いかに位置づけるかという問題が浮上した。他方で，国際的な社会運動のインパクトなどを受け，雇用をはじめさまざまな領域で男女の平等を促進しようとする動きが高まり，これもまた重要な政策課題となった。この課題は，国連など国際機関を通じてある種の「国際基準」として機能する面があるため，相対的に遅れていた国々も一定の取り組みをせざるを得なくなっている。日本でも近年，「男女共同参画社会」づくりが，プライオリティの高い政策課題となっている。また，人口の高齢化と関係して——とりわけ日本では他の先進国以上に——少子化が深刻な社会問題となり，さまざまな対応が取られている。人口「再生産」の失敗が社会の破綻をもたらすとして，政治エリート，経済エリートは，大いなる危機感を抱いている[1]。

これら三つの課題は、いずれも女性の就労と関係が深いため、相互に関連してはいるが、異なる事柄に関する命題である。本書は、ポスト高度成長時代における、女性の就労に関連する諸政策を、この三つの方向性——フレキシビリゼーション・平等・再生産——に整理できると考えている。

2　女性政策研究と政治学

　複雑な現代社会において、政府は日々、無数の政策を行なっている。そのほとんどは有権者や政治家の関心を引くことなく、ルーティン化した手続きで処理される。一部の「重要」と判断されたイシューのみが、公的な関心を集め政治化する。ある政策が大きな政策課題になるのは、もちろんイシューそれ自体が、当該社会にとって重要な意義をもつからであるが、同時に合理的なアクターは、その大きな「流れ」に乗ろうとするため、「流れ」が強化されるというメカニズムがある。例えば、少子化問題がクローズ・アップされると（本書の用語でいえば、「再生産」が大きな政策課題になると）、官僚も政治家も、少子化対策を行なおうとする。それはもちろん、その問題自体の解決を図るためであるが、同時に少子化対策への言及が、政治家にとっては有権者へのアピールとなり、省庁にとっては予算や事業領域の拡大となるから、という面もある。

　この意味で本書が焦点を当てる三つは、いずれも現代政治の主要なアクターから重要性を認知されている大きな政策課題といえる。そして、これらは相互に関係しあっている。本書の主張の一つは、政策領域間の連関に注意を払うことである。女性政策の分析は従来、社会政策や労働問題の専門家によって行なわれてきた。それらの問題にしろ、本書も取り上げる税制にしろ、専門性の高い政策領域である。そのため、それぞれに先行研究の蓄積が大きい。だが、政策領域間の連関に注意を払いながら、「薄く広く」研究することにも大きなメリットがある。

　戦後日本の女性政策に関する近年の成果（横山 2002）も、複数の政策領域にまたがる分析の必要性を指摘し、女性政策を「家族イデオロギー」、「社会保障」、「税制」、「ケアワーク」、「労働政策」という5つの政策分野に整理し、網羅的な検討を行なっている。だが筆者には、まだ不満が残る。それは一つには、

横山が日本の女性政策は全体として「家族単位」であるのか「個人単位」であるのかという点に関心を集中させているためもあってか、日本の女性政策は家族単位モデルに沿って構築されてきたという、やや予定調和的な説明モデルになっていることである。本書は、政治過程におけるダイナミズムに、より関心を払っている。もう一つはモデル自体がはらむ問題であるが、前の問題ともつながっている。すなわち、「家族イデオロギー」という政策分野は、他の四分野と並列な関係にあるのか、という疑問である。もし一国の女性政策を貫く家族イデオロギーがあるとすれば、この分野は他の四分野と並列ではなく、それらの上位に位置し、他の四分野を束ねるものになるのではないか、と思われる。

　本書は逆に、すべての女性政策を一貫して規定する家族イデオロギーというようなものは確認できない、という立場に立つ。もちろん、時代時代によって、大部分の政策エリート──あるいは大部分の国民──に共有される家族像なり、女性像なりというものがあることは否定しない。それは、イデオロギーでもあるだろう。だが、それが政策決定の場において、常に優勢を占め、あらゆる政策領域で政策を方向づけてきたとは考えない。

　ただ筆者は、労働、保育、年金、税制といった、さまざまな政策領域を通じて、女性に関係するあらゆる政策を貫通するような、首尾一貫したイデオロギーを想定はしないものの、すべての女性政策に共通し、かつ女性政策を規定してきた要素があるとすれば、それは女性政策がもつ「マイナーさ」とでもいうべき特質ではないかと考える[2]。従来、ジェンダーの視点に立つ研究は、ややもすると「女性」に関係する政策を特権化するきらいがあったように思われる。それは、既存の学問体系における、ジェンダー視点の乏しさに異を唱え、ジェンダーの次元に光を当てようという姿勢の現われであったろう。

　だが実際に政治を動かしているアクターのほとんどにとっては、「女性」イシューはきわめてマイナーなテーマである。実際の政策分析に際し、この点を意識しておくことが不可欠であるように思われる。「女性」イシューはマイナーであるがゆえに、他の政策に従属して政策決定が行なわれたり、あるいは取り引きの材料にされたりすることもある。専業主婦優遇政策が導入されるのは、「家父長的国家」なる一枚岩のアクターが、「男性稼ぎ手モデル male breadwinner model」を維持するため、とは限らない。国家なるものの内部におけ

る意思決定は，むしろ多元的である。また，「女性」に関する政策の多くは，政府や政権党の政策意図を，ストレートに反映しない。「女性」に関する政策は，その他のより重要な政策課題に従属する形で決定されることも少なくない。その意味で，女性政策の分析が，政策領域横断的な視点を必要とするというのは，単に女性政策間の連関ばかりではなく，一見すると女性とは関係がなさそうな政策との連関をも意識しなければならない，という意味でもある[3]。

　従来，女性政策に関する研究の多くは，公共政策分析へのジェンダー視点の導入の重要性を指摘してきた。そうした研究は，それ以前の社会政策研究，福祉国家論などが，ジェンダー・ブラインドであったことへの反省に立ち，ジェンダー視点の導入により，それまでは見えなかった構造を明らかにする上で，大きな貢献を果たした。筆者もそうした研究から学んだし，先行研究のこうした主張に基本的には賛成できる。日本社会の現状を考えれば，ジェンダー視点をますます定着させていく必要も感じている。社会政策研究や福祉国家論に，ジェンダー視点を導入しようとした初期の研究の先見性は，今日なお高く評価されるべきものである。

　だが，筆者が大学院に入った90年代には，既にジェンダーの視点に立つ研究は社会科学の中で一大領域をなしているといった感があり，筆者には「ジェンダー視点を導入すること」は，既にそれだけでは新味に満ちたチャレンジングな試みとは思われなかった。筆者は逆に，「ジェンダー・スタディーズ」は既に確固とした一大領域であるという前提に立ち，そこへ外部の視点を導入する必要を感じている。本書の場合，それは政治学の視点ということになる。政治学は，歴史学や社会学，社会政策論などと比べ，ジェンダー視点がきわめて弱い学問分野である（御巫 1999：第一章）[4]。そのため，政治学からの接近は，既に膨大な蓄積のある女性政策研究にとって，いくらかでも新しいことをいう余地が大きいのではないかと思われる[5]。特に，政策変化を説明する上で，政治学には果たせる役割があると考えられる[6]。

　また従来の女性政策研究は，政治過程への関心の欠如から，機能的な説明が多かったように思われる。例えば，国民年金第三号被保険者制度や配偶者特別控除などの専業主婦世帯優遇政策は，「女性を家庭に閉じ込めておくため」，あるいは「パートタイマーを確保するため」に導入された，とする解釈がその類

である。だが第8章でみるように，これらの政策が導入されたのはそうした理由からではない。こうした解釈が生じるのは，政策形成過程の分析が，従来の女性政策研究では十分に行なわれてこなかったことに起因する。本書は，従来の女性政策研究におけるそうした空隙を埋めることで，いくつかの政策について新しい解釈を提供できると考えている。ただ本書は，設定した＜パズル＞を何らかの＜モデル＞によって鮮やかに解くという，昨今の政治学の研究によく見られる＜エレガント＞なスタイルを志向してはいない。筆者なりに解こうとした疑問はいくつかあるが，それはむしろ，可能な限り資料に当たり，関係者の証言を拾うという，やや泥臭い作業によっている。そのため，歴史的な叙述にも紙数を割いている。

　また，本書が取り上げている女性の就労に関連する諸政策は，それらが「女性」に関係する政策であるがゆえに重要なわけではない，という点も指摘しておきたい。それらの政策は現在，いずれもそれ自体，現代先進諸国の社会経済システムにとってきわめて重要な政策となっている。本書で対象とする政策は，労働市場における男女の「平等」と女性労働者の「保護」という，女性労働をめぐって古くからある相克に加え，労働市場の「フレキシビリゼーション」，人口の「再生産」という三つのテーマに関わる。「フレキシビリゼーション」は「競争力」の観点から，オイル・ショック以降，先進国の多くで追求されてきたテーマである。「再生産」は成熟社会に共通の特徴である少子高齢化の波をいかに乗り越えるかという課題を含む。これらはいずれも，個別に研究が蓄積されてきたテーマである。そして，「女性」という切り口でのみ捉えられてきたわけではない。だが，先進社会が共通して直面する大きな課題となったこれらのテーマを結びつける核となる位置に，女性の就労が位置している。いわば女性の就労は，先進諸国が共通に抱える難問を解く鍵としての役割を担っており，筆者が女性の就労に着目するのはそのためでもある。

　翻って女性，あるいは非正規雇用労働者といったアクターが利害当事者となる政策を分析することは，政策の内容自体もさることながら，政治学サイドからも興味深く，かつ有意義な課題である。すなわち，「女性」というカテゴリーは，あるいは女性比率がきわめて高いパートタイマーや派遣労働者といった非正規雇用労働者は，組織されにくい属性の人びとであって，通常の利益媒介

メカニズム——多元主義やコーポラティズムといった——では，その利益が適切に代表されにくいという特徴がある。こうした人びとに関する政策は，いかにしてアジェンダ化し，どう展開したのか。これを具体的な事例から検討するのが第II部である。

本章の残りの部分で，三つの課題について，若干の説明を加える。

3　フレキシビリゼーションの課題

ポスト高度成長時代に，先進諸国は「危機」の時代に突入し，その危機を乗り切るために，労働市場をフレキシブルにしようという志向が高まった。80年代の先進諸国では，法制を含む労働市場の硬直性が，経済活性化の大きな障害となっているので，国際競争力を高めるためには，労働市場の柔軟性をもっと高める必要があるという認識が広まった。フレキシビリティが競争力にとって決定的に重要だと認識するようになった先進諸国の経営者たちは，フレキシビリティを高めるために，各種の規制緩和を試みた（稲上 1989: 4; 6; Delsen 1995: 67; 笹島 1996b）。

フレキシビリティにはもちろんさまざまな次元があるが（Delsen 1995: 1），代表的なものの一つは，非正規雇用を用いた雇用量の調節である。それは，個別企業による対応を超え，経営者団体や政府の政策としても追及されている。非正規労働者の増大は，日本だけの現象ではなく，国際的にも大きな注目を集めている[7]。本書は，フルタイムの正社員を非正規雇用労働者に置き換えることで獲得されるフレキシビリティの次元に着目するが，その主要な担い手は女性である[8]。

70年代以降，多くの国で使用者はパート労働に依存するようになった。アメリカでは二つ以上の仕事をかけもちしているパートタイマーが多いので，パートタイムの労働者ではなくパートタイムの職で数えると，パート雇用の拡大は，さらに急速なものとなる。複数の職をもつ人の多くは労働時間の合計が35時間を超え，統計上はパートタイマーとして現れないからである（Tilly 1991: 10）。イギリスや日本にも，同じ問題がある（Watson and Fothergill 1993: 220, n.3; 日経 99.8.17; 00.2.23）。雇用者総数に占めるパート労働者の比率は2割以上，女性

3　フレキシビリゼーションの課題

表序−1　パートタイマー比率の推移

年	1989	1992	1995	1998	2001
短時間雇用者数（総数）	602	868	896	1113	1205
短時間雇用者数（女子）	432	592	632	756	829
雇用者中短時間雇用者の割合（総数）	13.1%	17.3%	17.4%	21.2%	22.9%
雇用者中短時間雇用者の割合（女子）	25.2%	30.7%	31.6%	36.5%	39.3%

(出所)　総務省統計局「労働力調査」
(注)　短時間労働者とは調査対象週において就業時間が35時間未満の者。人数の単位は万人。

に限っていうと4割にも達する（表序−1）。派遣労働者は，数量的にはパートタイマーよりはるかに少ないが，80年代以降における経済界のフレキシビリゼーション戦略の中には，派遣労働が重要な位置づけを与えられていることから，本書では派遣労働をめぐる政策をも分析の対象とする[9]。

　非正規雇用の広がりは，従来，「主婦がパートに出る」といった語感からイメージされていたような，例えばスーパーのレジ打ちといったきわめて限られた職種には，もはや収まらない。表序−2にみられるとおり，幅広い職種にパートは広がっている。とりわけ製造業にパートが多いのは，国際的にみた場合の日本の特徴である。

　大企業を中心に終身雇用慣行が存在した日本においては，経営者は他国以上にフレキシビリティの獲得を悲願としていたといえるかもしれない。また，急速な円高により国際競争のためのコスト・ダウン圧力にさらされたことも，日

表序−2　職種別パート等労働者数割合（単位：％）

就業形態		専門・技術	管理	事務	販売	サービス	保安	運輸・通信	生産工程・労務	その他
パート	計	7.3	0.2	11.6	26.3	29.8	0.8	3.1	20.8	0.1
	男	8.2	0.5	5.3	22.5	38.3	3.2	8.2	13.9	0.1
	女	7.1	0.2	13.5	27.4	27.2	0.1	1.6	22.9	0.1
その他	計	12.7	1.7	16.7	19.5	19.5	2.0	4.7	31.4	—
	男	12.5	2.9	8.9	14.1	14.1	4.6	10.2	40.2	—
	女	12.9	0.8	22.4	23.5	23.5	0.1	0.7	25.0	—

(出所)　平成13年「パートタイム労働者総合実態調査」

本企業の非正規雇用志向を,他国以上に強いものとしたと考えられる(Houseman and Osawa 1998)。

4 フレキシビリゼーションと矛盾する諸課題の台頭

ところが,労働市場の柔軟化という要請と同時に,政府は他に二つの政策課題に直面する。それは,「平等」と「再生産」である。すなわち,国際社会からの圧力もあり,男女の平等を推進する法制度の整備を迫られるとともに,他方で「少子化」というかつて経験したことのない政策課題の登場により,出生率の回復へ向けた施策が必要とされるに至った。これらはいずれも,ポスト高度成長期に新たに顕在化した政策課題である。

経営者は一般的に労働市場がフレキシブルであることを選好としてもつが,高度成長期まで日本の労働省は,労働市場の「近代化」を悲願とし,「二重構造」は解消され,臨時工は常用化されるべきであると考えていた。だが低成長時代には,パートなどの非正規雇用の存在を積極的に認め,その上で保護を図るという方向に政策をシフトさせた。つまり,政府の政策としてはフレキシビリティの課題も,比較的新しいということができる。

フレキシビリゼーション,平等,再生産というこれら三つの課題は,それぞれ独立してはいるが,相互に密接に関係する。そして,局面によっては矛盾や齟齬をきたす。例えば,雇用における男女の平等を促進することは,市場メカニズムにある種の規制をかけ,マーケットの柔軟性を奪うことでもある。当然,企業には抵抗感がある。また従来,出生率の低下は女性の社会進出が原因であると考えられてきた。この考えには,後述の有力な反証が存在するが,女性の社会進出と出生率向上をトレード・オフと捉える意見は根強く,それは少子化問題の顕在化により,女性の社会進出を好まない傾向となって表れる。一方でフレキシビリゼーションの追求により,女子保護規定など労働法制の規制緩和へ圧力が働くが,他方で「財界の望む女性残業規制の撤廃は財界の望まない出生率低下を促進する」(下山 1997: 133) という面がある。すなわち,フレキシビリゼーションと再生産にも矛盾がある。少子化は高齢化の別の側面であるが,高齢化の進展による介護問題の顕在化も,女性を家庭へ押しとどめようという

圧力となる。だが同時に，少子・高齢化の進展は労働力不足をも招来するため，女性の労働力化が男女の平等とは別の文脈からも必要とされるようになる。そのため，少子化を懸念する人びとも，もはや「女性は家庭へ」とはいいにくくなっている。こうした傾向は，ヨーロッパの多くの国と比べ，外国人労働者の本格的な導入に対して抑制的であった日本にいっそう当てはまる。

5　家族モデルと非正規雇用

　ここで，「女性」政策として，パートタイム労働や派遣労働に関する政策を取り上げる含意について触れておきたい。というのも，確かにそのような就労形態を取るのは，圧倒的に女性が多いとしても，それらの政策は，例えば均等法や労基法の女子保護規定のように，直接「女性」を対象としたものではなく，形式的にはジェンダー・ニュートラルだからである[10]。だが，筆者がこうした就労形態を，女性の就労を分析する際に不可欠と考えるのは，単にパートタイマーや派遣労働者の多くが女性であるという理由を超えて，女性の就労について考える際には，こうした非正規雇用の問題をより戦略的にモデルの中に組み込むべきだという判断がある。

　従来フェミニストは，夫が外で働き，妻が家事・育児を行なう「男性稼ぎ手モデル」に基づいて福祉国家が構築されてきたことを問題視してきた[11]。こうした議論に対し C. ハーキムは，男女の役割を二分する伝統的モデルから，妻の二次的な就労を許容するモデルへの改良を主張する。かつては，女性が家事・育児をしてペイド・ワークには参入しない家庭と，女性もペイド・ワークに参入する家庭という区別が一般的であったが，男女の役割を完全に分離する見方は，家庭に次ぐ二次的な活動としての女性の社会進出を許容するものへと刷新されたというのである (Hakim 1997: 39)[12]。それに応じて，「男は仕事，女は家庭」という問題設定自体が，厳密には当てはまらなくなっている。

　労働力率の上昇は，しばしば女性の社会進出の指標とされる。だが例えば，91年にイギリスでは労働者の44％を女性が占めていたが，労働時間でみると女性が占める割合は33％に低下した。その意味で労働力率は，性差を過小評価するという点でミスリーディングな指標である (Hakim 1993: 108-109)。戦後ス

ウェーデンの女性雇用の激増は,幻想であったとの主張もある。女性雇用に占めるパートの割合が高いため,労働市場で実際に費やされる時間を合計すると,女性の就労増はそれほどでもないというのである。イギリスについても,同様の主張がある (Hakim 1993; 1997)。ECは89年に,労働者の頭数を数えるという測定法では,国際比較を誤ると主張するようになった。EU地域では,83～94年に新たに創出された雇用の5分の4がパートタイムであり,雇用増のうち女性は62%,男性は20%がパート労働による (Smith et al. 1998: 37)。つまり,女性の社会進出なるものは,「パートタイマーとして」実現されてきたのではないか,という見方がある。

日本を含む多くの国で,既婚女性の就労率は専業主婦比率を上回るが,就業している既婚女性の多くは,パートタイマーとして就業している。つまり,夫がフルタイムで妻がパートタイムという家庭は,夫婦双方がフルタイムというモデルからも,また夫がフルタイムで働き妻は専ら家事・育児に従事するモデルからもこぼれ落ちる「残余」ではなく,むしろそれ自身が独立の範疇として位置づけられるべきであり,しかもその量的膨大さに合わせてモデルは構築されるべきではないか,と思われる。すべての国で増えつづけているパートタイム労働を,「非正規」と呼ぶことを正当化するのが,ますます困難になっているのである (Walwei 1998: 112)。本書が,非正規雇用に関する政策に,「女性」政策として特別の考慮を払っているのもそうした理由からである。その意味では,パートタイマーの増大に光を当てることは,フレキシビリゼーションの次元に加え,平等の次元にとっても重要な意味をもつ。

6 本書の構成

最後に,本書の構成を述べる。

第Ⅰ部では,事例研究の前提となる諸問題を扱う。第1章と第2章では,のちに行なうケース・スタディに先駆け,複雑に絡み合う3つの政策課題のうち,とりわけ労働市場の動態と関係が深い「フレキシビリゼーション」(第1章)と「再生産」(第2章)の課題に関連し,政策展開の前提となる,労働市場および人口構成における変化や,それに対する政府や経営者団体の構想,および

それと関連する若干の理論的問題を考察する。これらは，各アクターの行動をある程度拘束する基礎条件となる。また，労働市場のフレキシビリティや少子高齢化に伴う労働力不足への対応として，論理的には女性と競合しうる外国人労働者について，若干の検討を行なう。第3章では，女性や非正規雇用労働者といったアクターに関わる政策を取り上げることが，政治過程分析にとってもつ意味を考察する。

続く第II部は，具体的な政策についてのケース・スタディからなる。第4章では，労働者派遣法成立を中心として，派遣労働者に関する政策展開を分析する。第5章では，パートタイム労働法制定にいたる，パート労働をめぐる一連の政策の展開を分析する。第6章では，男女雇用機会均等法制定およびそれと同時に実現された労働基準法改正（女子保護規定緩和）にいたる，女性労働者の保護と平等に関係する諸政策，ならびに均等法制定を後押しした，国連女性差別撤廃条約署名の政治過程を分析する。第7章では，いわゆる「1.57ショック」に端を発した少子化問題の社会的認知と，それを受けてのさまざまな政策的対応を，とりわけ育児休業法成立を中心に分析する。第8章では，均等法とほぼ同時期に，年金改革，税制改革によって，女性が働くよりも専業主婦でいる方が有利となるような，いわば均等法とは正反対の趣旨の政策が実現されたという現象に焦点を当て，政策領域間の整合性の問題を検討する。

終章では，本書で扱った事例が政治過程分析にとってもつ含意を述べ，これら複数の政策の帰結として，女性の就労をめぐる政策はどのような方向性をたどったのかについてのまとめを行なう。

なお本書では，比較的近年の動向まで目配りしてはいるものの，基本的には80年代を考察の中心としている（91年の育児休業法成立，93年のパートタイム労働法成立までは，カバーしているが）。これは90年代に，特に労働法制の分野で規制の緩和が劇的に進んだことと関係している。本書でも対象とした労働者派遣法，労働基準法，男女雇用機会均等法（これは規制の強化）などについての改正法が，90年代後半に施行されている。本書の元となった博士論文執筆の過程でも事態は刻々と動いており，そのため筆者は検討時期をどこかで切らざるを得なかったのである。そこで，90年代の改革についてのより詳細な検討は断念し，対象を主に80年代に絞ることになった。ただ，本書で示した考え方の枠

序章　本書の課題と視角

組みは，90年代の動向を解釈する上でも，一定の有効性をもつであろうと考えている。

注
1) フェミニズムで「再生産」の語が用いられる場合，①システムの再生産，②労働力の再生産，③生物学的な再生産，の3つの意味がありうる（Beechey 1987＝1993: 135; 瀬地山 1996: 41）。特に②に相当するアンペイドワークが，専ら女性に担われていることを，フェミニズムは問題にしてきた。だが，本書では「再生産」を第一義的には③の意味で用い，③の意味の「再生産」が，①にとって決定的に重要であるという点を重視している。
2) 誤解がないようつけ加えるが，筆者は女性政策が「重要でない」といっているわけではない。ここで「マイナー」というのは，男性中心的な政策決定の場において，重要な政策として扱われない，という意味である。
3) E. N. チャウは国家の政策を，①女性の利益向上を意図した政策，②他に主な関心の対象をもちながら女性の利害にも敏感な政策，③一見女性に関係なく，女性の利害にほとんど，あるいは全く関心を払わない政策，に分類している（Chow and Berheide 1994: 20）。
4) そのため，「女性と政治」についての政治学者の研究は，政治学や政治の場における女性の少なさや，政治学にジェンダー視点を導入することの重要性を指摘してきた（岩本 1996; 1997; 御巫 1999; 2000）。なお最近になって，日本政治学会編（2003）が出た。
5) 女性政策研究に政治学や行政学の視点を導入したという横山の研究（2002）は，筆者にはなお社会政策論の系譜に近いものに思われる。
6) 例えば，女性政策の研究には，「家父長制」を重要な説明変数とするものも少なくないが，家父長制による説明はある種の決定論となり，ある政策が導入された時期やその内容が，地域によって異なることについては多くを語らない（cf. Skocpol 1992: 32-35）。家父長制は規範の問題であるから，その変容には少なからぬ時間がかかるはずであるが，政策の変更はより短い期間で行なわれる。
7) 国際的な動きについて，例えば Willborn（1997, fn.2）を参照。
8) 「ヨーロッパ中で,使用者たちのフレキシビリティの実践は,依然としてジェンダー的に偏ったものとなっている」（Smith et al. 1998: 52）。このことは,日本にも妥当する。
9) 労働省は，「自分の時間，都合にあった仕事をしたいという形の労働が多い」派遣労働者とパート労働者は「供給層としては比較的近い」とみている（白井ほか 1983: 19）。
10) 日本の労働省でいうと，派遣労働は職業安定局の所管である。他方，パートタイム労働を扱うのは，当初，労働基準局であったが，80年代半ばに婦人局となった。
11) フェミニストによる福祉国家研究の動向については，堀江（2001）を参照。
12) これは，アンペイドワークに専念する「近代主婦」から，家事・育児に支障のない範囲のパート労働にも従事する「現代主婦」へ，という類型化と対応している（瀬地山 1996）。

I

第1章
フレキシビリゼーションの構想と実態

　本書が着目する三つの大きな政策課題の一つは，フレキシビリゼーションである。労働市場に周辺的な労働者層をつくることでフレキシビリティを確保しようとする戦略と，それをめぐるいくつかの論点が，本章の検討課題となる。
　70年代以降，先進諸国が高インフレ，高失業といった経済的困難に直面する中，比較政治学の問題関心は，政治的・経済的パフォーマンスと政治体制のあり方に焦点を移した（石田 1992: 117）。そして，経済危機を乗り切るため，マクロ・コーポラティズムの再編・強化を志向する国と，逆にそれを解体し，むしろデュアリズム化を進めた国とに分極化しているという説が，唱えられるようになった（Goldthorpe 1984＝1987)[1]。
　これらの議論は，基本的には70〜80年代の現実を反映したもので，その後の事態を必ずしも上手く説明するものではない。90年代には，社会主義圏の崩壊と市場経済圏の拡大，グローバル化の進展，ヨーロッパ共通経済圏の成立，西欧のほとんどの国で誕生した社会民主主義政権，アジア通貨危機の引き金となり，一国の国民経済を破綻させるほどの力を示した国際投機マネーの台頭，戦後最長の景気拡大をアメリカにもたらしたIT革命，数十年の長きにわたって経済的奇跡を体現しつづけた日本の「失われた10年」，そして「オランダの奇跡」など，経済パフォーマンスの国際比較にとって，新たに考慮しなければならない要素は，従属変数・独立変数ともにあまりに多く，労使関係を中心に置くモデルの説明力は，おそらく低下していると思われる。
　ただ本書は，経済パフォーマンスを説明することを目的としてはいない。また，本書のケース・スタディで主要な対象とするのが80年代の政策であり，主に労働市場の動向と関係が深い政策，とりわけ女性労働と関係の深い政策であ

るため,労働市場の二重構造の問題をとっかかりに議論を始める。90年代には,労働分野における規制緩和が劇的に進み,非正規雇用労働者が大幅に増えているので,正規労働者とパートや派遣といった就労形態を取る非正規雇用労働者の格差に着目することには,今日的な意義もある。

　また,デュアリズムやコーポラティズムといった戦略をいわば所与とし,そうした戦略を取り得た国が,好パフォーマンスを実現するといった説明に対しては,非正規雇用の多さや雇用における男女格差などを所与としてしまってよいのか,という問題が指摘できる。非正規雇用はなぜ著増したのか,あるいは日本ではなぜ男女間賃金格差が大きいのかといった点は,もっと掘り下げて問われてよい。

　さらにいえば,国家の「パフォーマンス」とは経済的な指標だけで測りうるのか,という問題がある。例えば,男女平等の達成度はそれ自体,国家の「パフォーマンス」といえるはずである (Schmid and Schömann 1994: 11)。通常,政治経済学において国家の「パフォーマンス」として比較される経済成長率や失業率,インフレ率などの指標においてある時期まで好成績をおさめてきた日本は,先進国の中では男女間の平等度がきわめて低い国として知られている[2]。また,70年代に低出生率に悩んだスウェーデンでは,さまざまな施策により80年代に出生率の回復を達成した（90年代に再び低下したが）。これは,国家の「パフォーマンス」ではないのだろうか[3]。経済的諸指標に還元されない国家の「パフォーマンス」というものが比較できないだろういかというのも,本書の背後にある問題関心の一つである（堀江 1997-1998 を参照）。

　本章では,第1節で基本的な前提と道具立てについて若干の検討を行なったのち,フレキシビリゼーションの課題に対する経営サイドの戦略（第2節）,非正規雇用についての労働省（第3節）と労働組合（第4節）の考え方,そして最後に,労働を供給する側,すなわち主婦を中心としたパート労働者の意識と行動を検討する（第5節）。

1　女性労働・非正規雇用の政治学的インプリケーション

◇**デュアリズム**

　労働市場に二重構造をつくり出し，フレキシビリティを得ようとする戦略は，本書が中心的な対象とする80年代に，上記のような文脈で，デュアリズムとして注目を集めた。デュアリズム（dualism）とは，有効な組織を欠き，そのための動機づけや必要な基礎的リソースも不足している経済主体，具体的には移民労働者や下請け，パートタイム労働などを創造・拡大することで，組織された利害の力を減殺するような方法を指し，コーポラティズムの対概念として用いられる[4]。これらの層を増やすことで，経営者は景気変動に伴う需要の変化に対処しやすくなる上，強力な労働組合活動に結びついた労働力使用に関する諸制約や，労働市場の硬直性から逃れることができる。フランスでは68年の五月革命以後に，イタリアでは69年の「熱い秋」以後に，それぞれ下請け化が進んだことは，こうした事情を反映する。移民労働者の利用が自由なところでは，国内労働者の交渉上の立場は，その組織化の水準がどうであれ弱められる。フランスやイタリアなどでは，企業規模が低下するほど大企業との賃金格差は拡大し，組合組織率も低下し，労働条件も悪化する。加えて，中小企業では雇用主が社会保障拠出を免れるために被用者を登録しない場合も多い[5]。つまり，労働市場が典型的な「二重構造」を形成している（Berger 1980: 98-108; Goldthorpe 1984＝1987: 24-32）。

　こうした二重構造の下層として，ヨーロッパでしばしば想定されるのは移民である。移民労働者は，最も低い労働条件下に置かれることが多く，その身分は不安定である。例えばオイル・ショック後，外国人と女性を労働市場から追い出すことで低失業を達成したスイスでは，失われた雇用の3分の2に従事していたのが外国人であった。フランスでも，外国人労働者の3分の1が74〜79年に同国を去った。高度成長期に大量の移民を導入した国の多くは，70年代に移民規制策をつくり，「失業の輸出」のターゲットとされた移民たちは，経済危機の主要な安全弁となった（Cohen 1982: 26; Schmidt 1984: 12; Schmid and Schömann 1994: 12-13）。

だが後述のとおり，日本において外国人労働者は，少なくともこれまでのところ，きわめて小さな部分にすぎない。人手不足を招来する好況期には，使用者——とりわけ中小企業の——の間に外国人労働者導入論が高まるが，日本では労働組合の弱体化をねらって，移民を利用するという戦略が取られたこともない。外国人労働者は，確かに漸増を続けてきたが，日本の労働組合組織率低下を説明する議論の中で，外国人労働者の増加が理由として挙げられることもない（対照的にパートタイマーの増加は，しばしば組織率低下の原因とされる）。日本では，外国人労働者を用いたデュアリズム化の戦略がとられたことはないといえる。労働市場のフレキシビリティを獲得する戦略にとって中心となるのは，外国人労働者比率が低い日本では，パートや派遣といった非正規雇用の増大である[6]。

◇二つの「二重構造」

日本では，大企業と中小零細企業の「二重構造」が古くから指摘されてきた。政治学者がデュアリズムを問題にする際も，このことが意識される[7]。だが，こうした企業規模間格差と，パートをはじめとする非正規雇用は，いずれも景気変動に際しクッションの機能を果たすが，本来は別のものである。80年代に経企庁の社会開発研究所の「二〇〇〇年の就業研究会」（主査・津田眞澂一橋大学教授）は，大企業－中小企業の二重構造に代わる「新たな二重構造」の存在を指摘した。すなわち，「昭和五〇年代に入っての賃金格差の拡大は『大企業・中小企業間』のものではな」く，パートタイマーなどの「低価格労働力の導入を大企業が躊躇しているうちに，機動力のある中小企業がどんどん進め」，それが中小企業の賃金に反映して規模間賃金格差が拡大したもので，「決して大企業・中小企業の労働市場が再び分断されてきたわけではない」，「『新たな二重構造』とは，企業規模間の問題というより，労働市場の内部，外部への二極分化の問題」だと主張した（経済企画庁総合計画局編 1985: 第1章）。

もちろん，大企業—中小企業間で賃金格差が90年代不況の下で，拡大に転じているという問題を忘れるわけにはいかないが[8]，本書が問題にするのも，大企業—中小企業間格差ではなく，正規雇用とパートタイマーなどの非正規雇用の格差であり，女性を中心とした非正規雇用が，フレキシビリティを提供して

きたという側面である。それは，本書が女性の就労に焦点を当てているということに加え，非正規雇用の増大は，企業規模間格差以上に政策の帰結であると考えられるからである。

◇ **政策的所産としての非正規雇用の拡大**

デュアリズムの概念をゴールドソープは，労働市場の二重構造そのものというよりも，ある種の「方法」ないし「戦略」と考えた[9]。大企業―中小企業間に賃金，労働条件などの格差＝二重構造が存在したとしても，それは市場の力によってもたらされたと考えることもできる。もちろん，市場の力によって企業規模間二重構造が成立していれば，組織労働の力を減殺する面はある。また，大企業が下請け支配を通じて，フレキシビリティを獲得してきたことも，日本経済の特徴とされてきた。だが，政府や政権党は，企業規模間格差を拡大しようとしてきたわけではない。後述のとおり，日本政府は二重構造の解消を政策目標として掲げつづけてきたし，戦後のほとんどの期間，政権を担当した自由民主党は，中小企業を政治的に代表してきた。そのため戦後の日本政府は多くの中小企業政策を打ってきたのである。

その点で，パートタイム労働や派遣労働といった非正規雇用とは異なる。以下にみるように，公共政策としてパートタイマーや派遣労働者は，むしろ積極的に承認され，その拡大が助長されてきた[10]。M. ピオリやS. バーガーらは，伝統的セクターとは単に古いものではなく，現代的セクターの要請に基づき，低賃金，劣悪な労働条件下で働く，戦闘性のない労働力を確保することを可能とするために，作り出されたものだと主張する（Berger and Piore 1980）。日本における大企業と中小零細企業のいわゆる「二重構造」は，遅くとも1950年代には日本経済の特徴とされていたのに対し，主婦パートを中心とする非正規雇用は，70年代以降の低成長時代に急増した。したがって，後者に焦点を当てる方が，ポスト高度成長期における危機克服の戦略という，比較政治経済学の問題意識にもかなう。そして，このカテゴリーの人びとは，中小企業とは対照的に，政治的に代表されてこなかった人びとでもある。

第1章　フレキシビリゼーションの構想と実態

◇政府の政策と主婦のパート就労

パートタイム労働をはじめとした非正規雇用の比率は，先進諸国のほとんどで上昇しているが，国による差は大きい（Pfau-Effinger 1993; Delsen 1995; Fagan and Rubery 1996）。非正規雇用の増大にはさまざまな要因があり，それは例えば，家族のあり方，社会規範[11]，企業の行動，労働組合の戦略，労働市場政策と規制，そしてより広い福祉国家レジームなどの諸要素の相互作用による（Delsen 1998: 63; Fagan and O'Reilly 1998: 11）。

主婦のパート就労に影響を及ぼす福祉国家の制度としてまず，保育施設や育児休暇などが考えられる。例えば，イタリア南部は保育サービスが手薄なため，(同じ国内であるから，パート労働についての規制の水準は同じである）他地域よりもパートタイム労働を支持する女性が多い（Addabao 1997: 120）。デンマークでパート比率がきわめて高いのは，学校が昼食時には終わるからだとされる（Rees 1992: 117）。逆にフィンランドの学校は，子どもを長時間預かる（Pfau-Effinger 1993: 395）。ドイツの学校が早く終わることが女性の就労を抑制していることはよく指摘されるが（Pfau-Effinger 1993: 392; Meyer 1994: 80; Blossfeld and Rohwer 1997），そのため収入が必要なドイツの母親は，午前，夜間，週末だけの仕事を探す傾向がある（Maier 1994: 161）。ドイツの小学校は13時までで，これはOECD諸国で最も早い（OECD 1990: 128, Table 5.2.）。近年，学校の育児機能への着目が高まっているが，体系的な研究は乏しい（Gornick et al. 1997: 49）。パートで働くことのペナルティも，就労に影響する（Kalleberg and Rosenfeld 1990）。例えばイギリスでは，ドイツに比べ，健康保険に拠出しなければならない収入額が高く設定されているため，イギリスの女性は，ドイツ女性よりもはるかにパートで働くことへの誘因が大きい（Burchell et al. 1997: 218）。税制の役割もパート就労に影響を与える。

◇パートをめぐる規制と使用者

他方，使用者に対する影響はどうであろうか。フランスでは，伝統的に使用者はパート労働の利用に消極的であった。それは，フランスの労働法，社会保障法が，パートタイム，フルタイムを問わず，人員数に応じて使用者に法定義務を課し，労働時間のわりに労働者の頭数が増えるパート利用が企業負担を増

やしていたためである。イタリアの使用者も，従来パート労働の使用にあまり関心をもたなかった。パートタイマーの労働時間は事前に決められ，残業も認められないため，柔軟性のメリットに乏しかったからである。既婚女性の間ではパート労働への支持はあるので，イタリアでパートが広まらないのは需要サイドの理由だとされる。スペインとポルトガルでは，パート労働は賃金や労働条件などがフルタイムと変わらないため，両国の経営者もパート利用にメリットを見出さず，パートが増えなかった。一般に南欧諸国では，パートタイム労働に対する厳しい規制が，パート増大の妨げだとされてきた。それに対し，イギリスや西ドイツでは使用者はパート労働を歓迎してきた。とりわけイギリスの労働市場には，他のヨーロッパ諸国に比べ規制が少なく，パート労働は法律によっても団体交渉においても，禁じられたことがない。イギリスでは使用者の反発から，政府はパート労働に関しては立法措置を講ぜず，労使の自治に任せてきた（パートタイマープロジェクトチーム 1983: 56; 岡 1989: 28-29; Cousins 1994; Addabao 1997: 128-129; Hakim 1997: 33; Daune-Richard 1998: 223; Ruivo et al. 1998)。むしろイギリスでは，政府がパートタイムの教師や看護士を積極的に雇用して範を示すとともに，さまざまな政策誘導でパート労働者を増やそうとした (Marshall 1989)。

　パート労働に対する使用者の姿勢は，政府の規制の変更に応じて変わる。使用者が消極的であったフランスでも，70年代半ば以降，パートタイマーが増えはじめた。これは，特に若年層の失業増を受け，政府が新しい雇用創出の手段としてのパート拡大を意図した政策を行なったためである。さらに，93年のパート政策で，パートタイム2雇用をフルタイム1雇用とみなすようにするなどしたため，パートタイム雇用が急増した（ペリシエ 1994: 4; Coutrot et al. 1997: 142-143; シュピオ 1999: 87; リピエッツ 2000)。イタリアも労働市場のフレキシビリティを増すというねらいで，94年に社会保険拠出を減額するなど，雇用主にパート労働者を雇う誘因を与える改革を行なった (Addabao 1997: 119)。スペインでも，規制緩和を機にパートが増大した。この規制緩和は経営側の主導で行われたもので，スペインの女性たちは今もフルタイムの職を求めている (Smith et al. 1998: 47)。

　以上みてきたとおり，パート雇用への規制が厳しい国では，パートタイム労

働者は少なく，パート利用に関する規制緩和が，パート労働者を増やす場合も多い。パート労働者に対する使用者の態度は，政府の政策によって大きな影響を受けてきたといえる。

◇**女性とフレキシビリティ**

こうしたフレキシブルな雇用形態は，女性によってより多く担われ，「ジェンダー化されたフレキシビリティ」（Beechey 1987＝1993），「非典型雇用の女性化」（Rodgers 1989）などと呼ばれてきた。多くの国で，もともと男性にはパートタイマーが少ない上，男性パートタイマーは，若年層と高齢層が圧倒的である。近年，多くの国で女性労働者に占めるパート比率の上昇以上に男性のそれが急増しているため，男女のパートタイマー比率が収斂傾向にあり，また働き盛り世代の男性にもパート雇用が増えていることから，「ジェンダー化されたフレキシビリティ」は，消滅しつつあるという説もあるが（Delsen 1998），筆者にはこの判断を下すのはまだ早すぎるように思われる。また，少なくとも従来，フレキシビリティはジェンダー化されてもたらされてきたことも確かである。日本のパート労働者のうち，82.2％が女性である（女性白書 2002: 271 図表付－75）。派遣労働については，表1－1のとおりで，諸外国では必ずしも女性向きの就労形態ではない派遣労働の担い手も，日本では女性である。

派遣労働には常用雇用型と登録型の別があり，前者は男性の割合が高く，後者は圧倒的に女性である。賃金は，常用雇用型はほとんどが月給制であり，賃上げがあり，賞与や退職金があるのに対し，登録型のほとんどが日給か時間給で，賞与や退職金もないケースが多い。社会保険の適用も，常用雇用型では，厚生年金，健康保険，労災保険，雇用保険の適用率が高く，登録型，すなわち女性が多い事務処理サービスなどの派遣労働者には，労災保険以外の適用率は低い（佐藤 1986: 20; 笹島 1996a: 30-31）。通常，派遣労働者ということで，多く

表1－1　派遣労働者に占める女性割合の国際比較（単位：％）

国	日本	アメリカ	フランス	ドイツ
女性比率	78	59	30	22

（出所）厚生労働省雇用均等・児童家庭局編『平成14年版　女性労働白書』財団法人21世紀職業財団（2003年）

の人びとからイメージされるのは登録型である。

◇**賃金と労働条件**

　正規雇用に比べ，非正規雇用はさまざまな不利益を被っている。まず，賃金格差である。殊にパート労働は，フルタイムと比べて賃金が低いことが顕著である。しかも，フルタイムとパートタイムの時給差は，一貫して拡大を続けている（表1－2）。80年代には，男子・高卒・35歳の標準労働者の年間給与が，同じ労働時間を女子パート労働者でまかなう場合の4倍近く，「もし，内部労働市場の『労働の質』が外部労働市場と同じ程度のものであれば，内部労働市場の労働者は外部労働市場の労働者に完全に置き換えられてしまう」（経済企画庁総合計画局編 1985: 37）ことも予想された。企業のパート労働者の賃金決定要因を見ると，「地域の同じ職種のパートタイム労働者の賃金相場」（複数回答で61.1%）が最も多い（労働省「パートタイム労働者総合実態調査」95年）。これはおそらく，パート労働者の短時間労働指向が通勤時間縮減指向につながり，職場選択が地域的に限定され，労働条件が買い手市場になるためである（本多 1983: 5; 白井 1985: 1）。

　「パートタイム労働の若年版，高学歴版」（塩田 2000: 147）という面もある派遣労働の場合，パートより時給は高い。平均すれば時間あたり賃金はフルタイマーより低くないというデータもあるが（日経 86.6.8），極端に低いという調査もある（佐藤 1988: 121-122）。ただ賞与を加味すれば，時給以上に収入に差が開く（笹島 1996a: 32-33; 今野 2000: 88）。また，対象業務が自由化されれば「専門職としての優位性が失われ，賃金水準の低下をもたらす」（東京ユニオン）との指摘もある（朝日 98.5.12）。近年，違法である派遣先企業の「競合面接」で派遣会社同士が競わされる結果，派遣の時給は低下している（朝日 99.10.24）。

　パートタイマーとフルタイマーの労働条件格差は，国により大きく異なる。

表1－2　女性パートタイム労働者と女性一般労働者の賃金格差の推移

年	1980	1985	1990	1995	2000	2002
格差	76.2	73.0	72.0	70.4	66.9	64.9

(出所) 厚生労働省「賃金構造基本調査」をもとに筆者が作成。
(注) 一般労働者の賃金を100としたときのパートタイム労働者の賃金の値。

ドイツでは，85年の就業促進法で，パートタイムとフルタイムは平等とされた（田中 1993: 73）。最近，日本でも注目されるオランダでは，時間当たり賃金・労働条件ともに，パートタイマーにフルタイマーと同じ条件を与えることを義務づけている。他方，アメリカはパート労働者の労働条件が悪いという意味では極端なケースで，フルタイマーなら享受できる各種の便益をパートは利用できないため，フルタイム就労を選択する女性が多いとされる（Rosenfeld and Birkelund 1995: 117-118; Blossfeld 1997: 320）。アメリカでは，ほとんどの使用者がパートタイマーには社会保険費用を支払っていない（Drobnič and Witting 1997）。

労働基準法研究会（労相の諮問機関）は，労働条件の最低基準である労基法をパートタイマーには適用しないことすら検討したこともあり（津田 1983: 148），パートタイマーには労基法は適用されないと思い込んでいる使用者や労働者は多い（本多 1983: 12; 近藤 1983: 42; 亀島 1989: 5）。育児・介護休業法は，対象として日々雇用される者，期間を定めて雇用される者は除外しているので，非正規労働者には育児介護休業取得が難しい者も多い。

賃金以外の負担が軽いという点でも，パートタイマーは使用者に大きなメリットをもたらす[12]。そのことは，二つ以上の仕事をかけもちする労働者に特に当てはまる。彼らは，主要な職が社会保険でカバーされていれば，第二の職に保険がなくてもそれを受け入れるからである（Symeonidou 1997: 98）。ドイツやイギリスの保険システムのように，収入や労働時間が一定の割合に達しない者を受け入れないシステムもあれば，デンマークやフランスのようにそうした区別を設けない国もあるが，とりわけイギリスではこの保険料コストの節約が，使用者にとってパート利用への誘因となっている（Marshall 1989; 岡 1989: 30; Houseman and Osawa 1998: 238; Smith et al. 1998: 48）。そのため，フリンジベネフィットなど賃金以外の労働コストの高騰を，パートタイマー増大の背景として挙げることもある（Delsen 1995: 23）。

労働省「パートタイム労働実態調査」（95年）で，「雇用保険に加入している」，「健康保険，厚生年金に加入している」は，それぞれ35.8%（前回90年調査26.6%），35.8%（同23.8%）であった。より新しい全労連の調査（99年）では，パート労働者のうち退職金制度がない者が45.6%，ボーナスがない者は

22.8％，雇用保険に加入していない者が48.9％であった。東京都の調査では，一時金支給ありが37.4％で，退職金制度ありは7.6％，雇用保険加入は17.9％にすぎない（井筒 1999: 128）。雇用保険に，「パートタイマーが加入できることを知らない事業所も結構ある」（東京都労働経済局）（日経 85.2.18）。

　労働者派遣法では，派遣先企業は，使用者としての各種義務を免れている。同一事業場で労働していても，派遣労働者には派遣先の就業規則や三六協定の適用は除外されている。そもそも，三六協定を知っている派遣労働者は23.4％にすぎず，知らない派遣労働者が73.4％に達する（連合「派遣労働実態調査」02年）。派遣労働者でも，一般労働者と同様に派遣会社と期間を定めない労働契約で雇用される常用雇用型は，ある派遣先への派遣期間が終了しても，派遣元との労働契約は続き，賃金・雇用保障も継続し，社会保険加入，年次有給休暇など継続雇用を前提とする権利も保障される。他方，登録型は派遣会社に登録しておき，派遣先が決まったときに期間を定めた有期雇用契約を派遣元と結ぶ。派遣期間が終了すれば労働契約も終了し，登録状態に戻る。登録状態では，賃金や雇用の保障を伴わない。雇用期間＝派遣期間が短期間で断続するので，社会保険や年次有給休暇など，継続雇用を前提とする制度では，不利な扱いを受けることになる（脇田 1998: 105）。

　労働者派遣法施行前に派遣会社は，「派遣法ができても，私たちの側から年金などについて適用する考えはない」と語っており（山田 1985: 101），「社会保険を希望しても加入させてくれない」と訴える派遣労働者は多い（日経 91.2.15; 94.8.6; 読売 93.7.26, 夕; 脇田 1995: 300）。現行法は，就労が2ヵ月以上の場合に加入を義務づけているが，派遣労働は短期断続型就労も多い。また派遣労働者の中には，手取り収入を多くするため加入を拒む者もいる。派遣業は固定費を抱えずに済む点にメリットがあり，不況下でも派遣会社に倒産が少ないのは，そのためだと派遣業者は語る（三浦・浦 1999: 72; 75）。こうした事情から，「社会・労働保険の使用者責任のない低コスト」な派遣事業の法認には，「とりわけ事務系の職種で常用労働者を駆逐せずにはおかない」（藤井 1985: 33）との懸念があった。

　パート労働者にも手取り収入の減少を嫌がり，各種保険への加入を望まない傾向がある（日経 03.10.17）。80年代の調査では，雇用保険に加入したいパート

第1章　フレキシビリゼーションの構想と実態

タイマー (43.7%) と，したくないパートタイマー (40.1%) は拮抗していた (ゼンセン同盟「パートタイム労働者労働条件調査」83年)。

◇雇用の安定性

　非正規雇用労働者にとってより重要なのは，雇用の安定性であろう。企業も，フローのコストよりフレキシビリティを重視している (Thurman and Trah 1990: 25)[13]。日本には，フランスやドイツなどのような解雇制限法はないが，差別的解雇は禁止されており，人員整理解雇も判例で四要件が課されているため，直接雇用した労働者を簡単には解雇できない。それゆえ日経連も，解雇に必要以上に制約が多いと不満を表明している (日経連「労働力・雇用問題研究プロジェクト」編 1992: 115-116)。その点，派遣労働者なら，派遣元との労働者派遣契約打ち切りという形で，実質的な解雇が可能となる。つまり，派遣労働者を利用することで景気変動やその他の繁閑に伴う雇用調整が容易になる。日本では，経営者が解雇に慎重であるがゆえに，派遣が好まれる面もある。例えば経団連は，「安易な雇用調整は，従業員全体の勤労意欲の低下をもたらし，経営者に対して不信感をつのらせるとともに，企業イメージを失墜させる惧れがある」ので，「出来るかぎり配置転換，関連会社への出向，転籍等によって就労機会の継続に努めることが何よりも肝要である」とし，その分，「流動性のある柔軟な労働市場を整備していくためには，労働者派遣業など民間の事業を主体として，これを支援する政策が効果的」だと主張する (経済団体連合会 1995: 24-27)。つまり，正社員の士気を維持する上でも，派遣が好まれるのである[14]。

　パート労働者は直接雇用だが，一般に期間の定めのない雇用契約で雇用されるフルタイム労働者と異なり，1年あるいはそれ以内の契約期間を定めた雇用契約が多い。そして，実態としては契約を反復更新し雇用関係を継続させ，あるいは契約期間満了を理由に雇い止め (事実上の解雇) するという形で，雇用調節弁の機能を果たしていると指摘されてきた。東京都「中小企業のパート労働条件等総合調査」(94年) によれば，契約期間を1年とする事業所が58%と最多で，最多更新回数は「五回以上一〇回未満」26%，「一〇回以上二〇回未満」15%などとなっている (木村 1995: 7)。期間の定めのない契約の場合でも，

「パート=臨時的雇用」という認識の下,いつでも無条件で解雇できるといった扱いをする企業も多い(高木 1993: 44)。パート労働者の離職理由は,「契約期間の満了」や「経営都合解雇」といった理由による者の割合が不況期になると正社員のそれよりも早い速度で増大し,パートタイム労働者が正社員に優先して,解雇・雇い止めの対象となっているとされてきた(労働白書 1989: 231)。

総じて,オイル・ショック後の不況期に雇用調節弁となったのは女性で,74年の就業者数は男性が前年比で22万人増えたのに対し,女性は51万人も減り,75年の女性就業者数も減少した。人手不足対策の切り札として,女性に期待する経営者からの声は弱まり,むしろ女性はショック・アブソーバーとして機能した(鈴木 1988: 177; 労働白書 1989; 大沢 1993a)。バブル崩壊後の92年には,パートタイマーの離職は90年よりも22%も多かった(桜井 1995: 32)。他方,パートタイマーは,70年代半ば以降,不況時に真っ先に解雇の対象となる一方,景気回復期には常用労働者より先に雇用されるようになり(鳥居 1984: 13-14),この面でもパートはフレキシビリティに貢献している。

2　経営者団体によるフレキシビリゼーションの構想

◇日本的経営と周辺層

本節では,フレキシビリゼーションをめぐる経営者団体の構想を検討する。昨今,日本的経営の特徴とされる終身雇用制のゆらぎがしばしば指摘されるが,終身雇用制が一般的とされていた頃から,その適用範囲はそれほど広いものではなかった。むしろ,大企業男性労働者に終身雇用制が普及したのは,下請企業や女性労働者,非正規雇用労働者の存在ゆえだということもできる。なぜなら,終身雇用制は若年時の低賃金や忠誠心の培養により企業にメリットをもたらす一方,景気変動に対する雇用量の調整が困難で,人件費を硬直化させるので,正規従業員以外に一定数の非正規従業員を利用することで景気変動への対応が取られてきたからである(竹中 1983: 277; 浅倉 1991: 166; 伊藤 1993: 12-13; Houseman and Osawa 1998: 233)。つまり,日本的経営の特徴とされてきた終身雇用制を維持していくためにも,容易に調節可能な周辺的労働力が必要だというパラドクスがある。

こうした周辺層を用いた雇用量のフレキシブル化に対しては，個別企業が選好をもつばかりでなく，経営者団体も，折に触れてフレキシブル化の構想を提示してきた。以下では，第II部で検討する諸政策と関係が深い，三つのシナリオを検討する。

◇**中間労働市場論**

84年10月に経済同友会の労使関係プロジェクトは「中間労働市場」構想を発表した。第4章で検討する労働者派遣法は，この中間労働市場論に基づくと，当時多くの論者が指摘した[15]。この構想は，ME化という新しい環境下で発生する問題に対し，外部労働市場に余剰人員を放出するアメリカ型とも，内部労働市場に抱え込んでしまう日本型とも異なる，「中間労働市場」を提唱している。

中間労働市場とは，具体的には「ME化を推進するために必要なエレクトロニクス系，ソフトウエア系の人材を集中的にかかえ，それを必要に応じて供給してゆく組織」，「現場の技能工を中心に短期雇用比率を増やしたい企業に労働力を供給する組織」，「ME化に限らず，構造不況や景気変動によって余剰になった人々を，当該企業に帰属させたまま一時的に預かり他企業に供給するいわゆる応援体制の『人材仲介組織』」の3種であり，その推進にとって障害となる職業安定法の改正など，法整備面にまでこの提言は言及している（経済同友会労使関係プロジェクト 1984）。

当時，派遣労働者増大の理由として，内部労働市場の不経済が大きくなったことがよく指摘された。新しいOA機器を導入する際，正社員を教育してそれを使いこなせるようにするにはある程度時間がかかるし，そのための教育を施さなければならないので，既にスキルをもっている派遣労働者で間に合わせようということになる。高度情報化社会では，従来のように新規学卒者を採用し育成を図っていたのでは，技術革新に追いつけないため，外部から即戦力になる人材を導入する必要が生じる（白木 1986: 89; 渡辺 1986: 111-112）。

この点で「中間労働市場論」は明快である。曰く，ME技術に関する教育訓練を「自社の従業員に行うとすれば技術進歩の速さ，適応能力からみて時間的・資金的コストがかかりすぎる」し，「かかる特定人材の必要性は，ME機器

の導入やそのシステム化の立上がり時期に特に大きく，その時期を過ぎると相対的に小さくなるため，一般従業員とは異なる雇用管理（短期雇用）が望まれる」ので，「自社の従業員にこの分野を行わせるよりも外部に委託した方が効率的に処理できる」（経済同友会労使関係プロジェクト 1984: 11），と．

◆コース別雇用管理

二つめは，均等法対策としての女性労働者の二層化ないし三層化構想，すなわちコース別雇用管理のシナリオである．均等法成立に先立ち，既に経営者側からこれに関する構想がいくつか提示されていた．

例えば日経連 OB の藤井得三は，本人の意思と適性に応じ，「結婚までの腰掛け型」，「長期継続勤務型」，「出産育児期間中の中断型」，「キャリア志向型」といった具合に，女性の就労意識の多様化に対応したコースを設定し，コース別に能力開発，活用，処遇体系を設けることを提唱していた（藤井 1982: 50-51）．これと同型の提案は，のちに日経連調査部「労政資料」に発表された（日経 82.10.29. 夕）．喜多村日経連労務管理部長も，「個人的な意見」と断りながら，これらと同様に女性労働者に職業コースを選ばせる「キャリア選別制度」を語っている．それは，ライン管理志願者には手心無用の「バリバリコース」，出産退職—再雇用の道もある専門職路線の「コツコツコース」，腰掛け派向けの「ホドホドコース」で，給料にも差がつくというものである（日経 84.2.4）．均等法施行直後の86年4月，関東経営者協会の人事・賃金委員会がを発表した「男女雇用機会均等法とこれからの雇用管理」は，女性の職業に対する考え方は男性に比べて多様だとし，女性社員を，①結婚，出産を機に家庭に入る「短期雇用型」，②一時期家庭に入るが，育児が終わると再び職をもつ方がよいと考える「再雇用型」，③結婚や出産後もずっと仕事を続けたいとする「長期雇用型」に3分し，「均等法の施行を機に，…職務や能力に基づいた処遇の実現を期すべき」との考えを基礎に，グループごとの人事管理を提案する．採用，教育も男女別よりは職種や転勤の可否，勤務時間の長短でわけようというものである．短期で途中退職する者にまで，教育訓練などを長期勤続する者と均等に実施すれば，「教育コストの増加，回収不能コストの発生といった問題を引き起こす」からである．もちろん均等法施行後のことなので，いずれの

コースを選択するかは，男女を問わず本人の希望と会社のニーズによるとされ，そのため「これをもって『新たな差別の固定化』とする一部の批判は当たらない」としている[16]。日経連は，こうしたコース別人事制度によって，均等法が禁じる「『合理的理由のない』男女異なる取扱いを基本的にクリアする」とした。これを受け，同年の日経連富士吉田セミナーでは，「複線型雇用」がテーマとなった（日経連タイムス 86.5.1; 7.24）。

　均等法施行後に多くの企業が「一般職」と「総合職」という区別を導入したことは周知のとおりであるが，ここまで見てきたシナリオが，いずれも女性労働者の3分化ないし4分化を提案していることには，もう少し注意が払われてよいように思われる。92年の労働省の調査によれば，2コースに区分される企業が48.6％と半数を占めるが，3コース，あるいは4コースという事例もそれぞれ20％強ある（渡辺 2001: 72）。また，一般職と総合職という「コース別人事」は，「一般職」たる層が結婚・出産を機に退職し，のちに再就職することまでをも計算に組み込んだモデルとして構想されていることにも，注意を喚起したい。そして，この「退職→再就職」グループの大部分は，正社員としてではなく，非正規雇用の形で再就職する[17]。つまり，一般職，総合職の両者（これらは正社員）に加え，パートや派遣といった，非正社員を組み合わせることで，さらなるフレキシビリティを獲得することが，総合的に構想されているのである。

　コース別雇用管理には，業務の繁閑に応じたフレキシビリティの獲得というよりも（その面ではむしろパートの利用），女性の「短期雇用比率」を高めるというねらいが込められている。この点で，ある銀行経営者の発言は率直である。曰く，均等法の影響で「今でも辞めなくなっている女の人が一層辞めなくなる」が，「銀行の人事管理には建て前と本音」があり，「給与システムとか退職金システム等も，ある一定年齢で女性が辞めてくれることを前提に」できているので，「女性が長く居続けたら，システムは崩れてしま」う。そこで，女性が若年で辞めるようシステムを再設計し，昇進・昇格・昇給の上限があらかじめ低く抑えられ，「ある一定年齢で女性が辞めてくれる」一般職コースが，新たに設定されたというのである（渡辺 2001: 34-35 より再引）。80年代前半に，女性の採用を減らした銀行や商社などは，その理由としてOA化とともに女

性の雇用期間が長期化し、なかなか辞めなくなったことを挙げていた（隅谷ほか 1984: 56）。

　もう一つ注目が必要な点は、コース別雇用管理制度は主に大企業に普及したということである。89年の調査によると、コース別雇用管理を導入している企業は3％にすぎないが、従業員5000人以上の大企業では42％に達する（笹島 1996a: 78, 注7）。より近年の調査でも、5000人以上の企業の51.9％がコース別雇用管理を導入しているのに対し、300〜999人では22.7％、100〜299人では10.7％、30〜99人では3.5％となっている（厚生労働省「平成12年度女子雇用管理基本調査」）。中小企業では、むしろパートに活路を見出したのではないかと思われる[18]。

　表1－3のとおり、女性の勤続年数は延びつづけてきた。年功賃金制の下では、企業にとって、女性が長く勤めて賃金が高くなる前に結婚や出産で退職してくれた方が好都合であるが、そのためにかつてのように女性のみの若年定年制・結婚退職制などを用いることが、均等法下ではできなくなった（正確には、均等法成立以前から裁判運動による判例の積み上げにより、徐々にできにくくなっていた）。いわば女性の就労行動の変化が、企業に新しい戦略を採らせるようになったといえる。

　なお渡辺峻は、コース別雇用管理についての従来の研究が、専ら均等法との関係を重視することに疑問を呈し、同法導入以前からコース別雇用管理を行なっていた企業の存在を示唆しながら、「法的・政治的」側面以外にもコース別雇用管理を必然化する「経済的」背景があると強調する。だが渡辺が紹介する90年の調査によれば、コース制を86, 87年度に導入した企業は全体の六割にのぼり、均等法制定自体を経営側が容認した83年度（この点は第6章で詳論）以降にまで広げれば72.5％にも達することを考えると（渡辺 2001: 23, 表2－5）、コース制の普及に「均等法対策」としての側面が決定的であったという印象は

表1－3　男女労働者の平均勤続年数の推移

年	1960	1970	1980	1990	2000
女性	4.0	4.4	6.1	7.3	8.8
男性	7.8	8.8	10.8	12.5	13.3

（出所）厚生労働省「賃金構造基本統計調査」

否めない。もちろん均等法がなくても，労働者をグルーピングしてそれぞれの処遇に格差をつけることで，フレキシビリティを確保するという戦略は，企業にとって有力なオプションになりうるが，80年代半ばに，主に女性を一般職とする制度が普及したことへの，均等法の影響の大きさは否定できない。いわば，均等法が「コース別雇用管理」という形へフレキシビリゼーションの形態を水路づけたのである。

◇「新時代の日本的経営」と90年代後半のフレキシブル化構想

90年代に入ると非正規雇用はさらなる増加をみる。経営者団体のフレキシビリゼーション戦略として，近年よく言及されるのは，日経連『新時代の日本的経営』(95年)であろう。これは，いわゆる日本的経営の根幹に手をつけた画期的なものだとされている。

同文書は，「雇用は好むと好まざるとにかかわらず，流動化の動きにある」として雇用を3グループ化し，それらを組み合わせる「自社型雇用ポートフォリオ」を提案する。すなわち，①幹部候補となる「長期蓄積能力活用型」，②専門分野を担当させる「高度専門能力活用型」，③パート的に雇う「雇用柔軟型」，である。雇用期限を区切らない長期雇用や退職金を適用するのは①のみとし，それ以外は期限つきで退職金のない契約にすべき，という主張を打ち出している。同時に定期昇給を廃止し，場合によっては給料を下げる「降給」制度も提案している。つまり，終身雇用制の適用範囲を狭め，年功賃金制についても見直しを求めたものである（日本経営者団体連盟 1995）。この文書には，既にさまざまな論者が着目し，「財界の戦略」としてこれまでに多くの分析が行なわれてきたが，ここでは，その「戦略」がどの程度，個別企業に浸透しているかに着目したい。

日経連は同文書の発表後，96年と98年に「『新時代の日本的経営』についてのフォローアップ調査報告」を発表している。それによれば回答企業は，今後の雇用動向について，表1－4のような見通しをもっている。終身雇用を維持すると答えた企業は短期間に減少し，雇用の流動化を予想する声も多い。

また，表1－5のとおり，96年，98年いずれの調査でも，将来は現在より，「長期蓄積能力活用型」が減り，「高度専門能力活用型」，「雇用柔軟型」が増え

2 経営者団体によるフレキシビリゼーションの構想

表1-4 グローバル経済下の雇用動向（%）

	終身雇用は今後とも維持	流動化は現状程度で推移	好むと好まざるとにかかわらず流動化	積極的に流動化させる	その他
1996年	9.9	22.6	58.5	8.2	0.9
1998年	3.6	19.4	67.9	8.3	—

（出所）日本経営者団体連盟・関東経営者協会『「新時代の日本的経営」についてのフォローアップ調査報告』（第1回：1996年・第2回：1998年）

表1-5 雇用動向に対する企業の見通し（%）

		長期蓄積能力活用型	高度専門能力活用型	雇用柔軟型
1996年	現在	81.3	7.1	11.6
	将来	70.8	11.2	18.0
1998年	現在	84.0	5.9	10.1
	将来	72.7	11.4	15.9

（出所）同上

ると予想する企業が多い。

　また，このフォローアップ調査によると，外部労働市場の雇用情報対策については，「派遣労働者の適用範囲の拡大」（96年：52.4%，98年：60.8%）が最も多く，「職業安定行政の見直し」（96年：48.8%，98年：43.3%），「民間有料職業安定所の活用」（96年：31.6%，98年：45.7%）を上回っている。

　その後，日経連は，労働者派遣法の見直し作業を行なった中央職業安定審議会への意見の中で，こう述べる。曰く，「これから益々激しくなる国際競争の中で競争力，企業活力を維持していくためにも，その場その場に応じた雇用の最適ミックスを実施し，企業運営をすすめる必要がある。その意味で，派遣労働者の上手な活用は企業の命運を決める」（加藤 1998: 116-117 より再引，傍点は堀江），と。別の報告書でも日経連は，企業は今後とも「"人を大事にする"という企業経営の基本理念を堅持しつつ，雇用の確保に懸命に努力する必要があるが，従来のように一企業内や企業グループですべての従業員を長期にわたって雇用し，活用していくことは極めて難しい状況になってきている」ので，「これからは雇用の流動化を念頭にお」くとする（日本経営者団体連盟労使関係特別委員会 1999: 22）。こうした動向を捉えて派遣会社では，「顧客企業の人

事・採用・教育部門のアウトソーシング化も進展する可能性は否定できない」(三浦・浦 1999: 61) とまでみている。

ただこうした傾向は，正社員がいなくなりパートタイマーや派遣労働者ばかりになってしまう，ということではない。労働力の質的構成上，パート比率が増大しすぎることは好ましくないと考える企業もある（保原 1985: 18）[19]。連合総合生活開発研究所「日本型雇用システム研究委員会」の調査によれば，将来の幹部候補の確保について，「生え抜きと中途採用の両方」と答えた企業が最も多く58％，「生え抜き中心」を合わせると八割に達する（朝日 00.4.18）。また，経済同友会の「第58回景気定点観測アンケート」(01年）では，七割の企業が「成果主義の徹底」をあげつつも，終身雇用制維持に肯定的な意見が過半数を占めた（週刊労働ニュース 01.9.24）。先のフォローアップ調査でも，企業は将来も七割ていどは「長期能力活用型」になると回答している[20]。なお，最近の調査では，「派遣・契約社員」について，「正社員の増減とは関係なく増やしている」32％，「正社員を減らす代わりに増やしている」26％，「横ばい」28％，「減らしている」10％，「横ばいまたは減らしてきたが，今後増やす予定」3％で，約六割の企業が終身雇用を「今後も維持」と回答している（朝日 01.11.8）。

一般的なトレンドとしては，コアの部分に「生え抜き」を確保しつつ，それ以外については従来以上に流動化させていく，という方向だといえよう[21]。

◇二つの方向性

以上の経営者団体の構想から，フレキシビリゼーションの二つの方向性が明らかになる。一つは，パートタイマーや派遣労働者に代表されるような，「雇用柔軟型」の層を創出することであり，もう一つは，女性労働者の勤続年数の長期化や均等法の施行といった環境変化を受け，女性社員をコース別に分類し，そのうちの「一般職」の部分については，結婚・出産後に退職し，育児が一段落した後の再就職を想定する。ここで想定される「再就職」は，主には非正規雇用（つまり「雇用柔軟型」）でということになる。大手商社や銀行，保険会社などの中には，子会社として人材派遣会社をつくり，そこに自社を退職した女性を登録させておき，繁忙期には派遣社員として就労させる戦略を取る企業も多数現れるが，この点は第4章で再論する。

3 労働省の非正規雇用観と新旧「二重構造」

◇かつての二重構造と労働省のスタンス

　日本企業で終身雇用制が一般的とされていた当時から，その適用範囲は狭く，むしろ本工・正社員層の終身雇用を守るために，フレキシブルな周辺層を必要とするというメカニズムがあった。かつてはこれが，臨時工や季節工，日雇などと呼ばれる人びとであった。

　経営者は本来，労働市場が柔軟で仕事量の増減に伴って自在に調整の利く層が存在することに対し選好をもつ。したがって，労働市場のフレキシブル化を志向する動きは，何ら新しい現象ではないといえるかもしれない。だが少なくとも日本の労働省は，かつての臨時工に対するスタンスと，昨今のパートタイマー，派遣労働者等に対する態度を，明らかに変えている。また，高度成長期までの労働省（およびその他の省庁）は，「二重構造」を解消されるべきものと考えていた。つまり，ポスト高度成長期に，非正規雇用を増大させることで労働市場をフレキシブルにしようという動きに政府が関与しているとすれば，それは新しい現象であるといえる。

　もともと「二重構造」とは有沢広巳が用いた語で，1957年の経済白書に取り上げられたことで一般化した（清成 1980: 65; 野村 1998: 32）。有沢が考えていた二重構造とは，以下のようなものである。すなわち，「日本の経済構造は欧米先進国のように単一の同質の構造をもたない。いわゆる二種の階層的な構造」，つまり「近代化した分野と未だ近代化しない分野とに分かれ，この両分野の間にかなり大きな断層がある」，「近代化している分野は，たしかに先進諸国の企業にくらべてそう劣らない分野であるが，これに対して近代化していない前期的な分野が――中小企業，小型経営――広汎に存在している。この近代化した分野は，どんどん前進しているが，非近代的な分野は停滞的である」（日本生産性本部『日本の経済構造と雇用問題』1957年，清成（1980: 65）より再引）。見られるとおり，この「二重構造」は二つの部門の間の話である[22]。

　政府はこうした「二重構造」を，解消されるべきものと考えた。例えば，「日本経済の最終目標である完全雇用とは，単に完全失業者の数を減らすこと

ではなく，経済の近代化と成長のうちに二重構造の解消をはかること」(経済白書 1957: 36-37) だとされたのである。大企業と中小企業の格差の「解決のためには最大の努力を払わねばならない」(労働白書 1957: 51-61) という主張や，「中高年令層無技能層の就職条件や就業条件の改善が遅れ，それらの層が近代化からとり残された就業分野に滞留したり，または顕在失業化する可能性が強まつている問題」は，「解決を要する重要問題」(経済白書 1961: 64) だといった主張がなされていた。当時は，この前近代的な第二部門を近代化することが，労働省の大きな政策目標であった。

労働省は，一次産業→二次・三次産業，中小零細企業→大企業，家族従業者→雇用者へと，産業構造・就業構造が「高度化」することが好ましいという判断をもっていた。そのため，日本経済の問題点を零細な家族経営や第一次産業の比重が高いことに求め，したがって50年代には，「近代的労働力とみられる非農林業」の雇用者が増大したといっても，その増加が規模30人以下の零細企業に偏っていたので，「健全なふえ方ではなかつた」と評価している (労働白書 1955: 58)。「健全」とは，価値判断を含む語である。また，雇用増の「内容は臨時工の形態をとるものや，生産性の低い中小企業での増加が著しく，大企業における常用工での増加はそれほど大きくなかった」ことを，ネガティヴに捉えてもいる (労働白書 1957: 2; 21-22)。非農林業における雇用が増えたが，小規模だったり労働時間が短かったり臨時だったりするため問題も多い，という指摘もなされている (労働白書 1957: 88-89)。あるいは，雇用増の内容は「臨時労働者としての増加がかなり著しく，いわゆる『臨時工問題』が，ふたたび，大きくクローズ・アップされるにいたつ」たことも問題視している (労働白書 1957: 61-62)。第一次雇用対策基本計画 (67年) は，「今後10年程度の政策目標」として，「不安定雇用がかなりへつている」ような状態の達成を第一に挙げた。また，「臨時労働者を雇用している産業のなかには，生産活動に季節的な繁閑があることなどのため，この種の労働者の解消が不可能な分野がみられる」としつつも，「たんに解雇を容易にするためや，低労働条件のための臨時雇用」は，「できるかぎり常用雇用化を促進する」べきだと主張している (労働省 1967: 33-34)。要するに常用工が増えずに臨時工が増えることを，労働省は「不健全」と捉え，その状態を解消すべきだと考えていた。

また，経済官僚の中にも次のような方向性があった。すなわち，「『経済白書』や『新長期経済計画』など昭和三十年代の初めに出た方向は，高度経済成長を通じて，二重構造は解消するという見方」で，「要するに労働力不足の状態をつくり出すことによって［二重構造を―引用者補］解消するのだという展望」だった，とされる（早坂・正村 1974: 189）。たしかに「新長期経済計画」(57年) は，不完全就業者の正常雇用への吸収のために雇用機会の増加をはかるべく，経済成長率を引き上げることが計画策定の意義の一つであるとしていた（経済企画庁 1960: 390-392）。「国民所得倍増計画」(60年) には，五大重点政策の一つとして，「産業構造の高度化と二重構造の緩和」が入った。

以上みてきたとおり，政府は二重構造を解消ないし緩和しなければならないものと考えていたこと，および臨時工ではなく常用工が増えることが，「健全」な労働市場のあり方であると労働省が考えていたことを確認しておく。

戦後の日本における労働者のイメージは，「常用が標準であり，その他も可能ならば常用に変更されるべきものである，という『良識』が世に普及していた」（荒又 1994: 3）。「日本の雇用制度は，特定の企業に期間を定めず雇用されている『本工』制度を中心として発達してきた」ため，「雇用対策も『本工』を中心とすることになり，性質上それに適合しない臨時・日雇労働者対策も，これを『本工にする』または『本工として取扱う』という意味での『常用化』におかれ」（氏原 1989: 87）ていたのである。

高度成長期に入ると，かつて非典型的労働者の中心的存在であった男性を中心とした臨時工の多くは，労働力不足を反映して本工化し，その待遇も改善をみた（山口都 1987: 14; 山本 1987: 32; 諏訪 1993b: 4; 上林 1995: 238; 水町 1995: 124; 横山 1997: 29）。エコノミストの中からは，「二重構造の解消は，……多くの人びとにとっては常識」（清成 1980: 86）との意見さえ出始めるようになる。これは，労働組合の「臨時工本工化闘争」が成果をあげたというよりも，高度成長で労働市場がタイトになったことが大きな原因で（中村 1997: 41），とりわけ「常用的」に使われていた臨時工は減少した。行政当局も，高度成長の過程で二重構造はかなり解消されたと認識している（労働白書 1962: 103-107; 1963: 76-79; 1964: 75-77）。

第1章　フレキシビリゼーションの構想と実態

◇**労働省のスタンスの違い**

　他方，高度成長以降，「『臨時工』にかわる新たなフロー型労働力として」（水町 1995: 124），主婦を中心とするパートタイマーが増加しはじめ，それは今日まで増えつづけている。雇用期間が短期（場合によっては更新），かつ低賃金で雇用でき，人員調節の安全弁として機能していた臨時工制度が利用できなくなった各企業は，すでに若年・未婚者は正社員として雇用されているため，これに代わるものとして主婦に目をつけたのである。そして，これらの主婦パートタイマーについて労働省は，もはや「健全」でないとか，フルタイマーとなるべきだ，とは考えない。

　労働省「女子パートタイム労働対策に関する研究会」報告書（87年）は述べる。「一般的に，パートタイム労働については，一時的，補助的労働で，不安定雇用であるという認識が強」く，「これらの労働が増加することは望ましいことではないといった考え方も見られる」が，「このような考え方では，有効かつ適切な対策等は立てがたいと考える。必要なことは，パートタイム労働を我が国の経済，社会に欠くことのできない雇用・就業形態の一つとして位置付け，これに応じた対策を立てることである」（労働省婦人局編 1987: 22），と。同研究会の高梨昌座長も，「学会の考えをみてもパート形態というのは不安定雇用労働者だという概念でつかまえているものが多数説であるところに問題がある」とし，同研究会の諏訪康雄も，「パートタイム労働をただ単に望ましくない労働形態だという形で規制をしていくだけではやはり問題は片付かないし，それでは逆に弊害がある」というのが，「この研究会の一つのスタンスであった」（高梨ほか 1987: 47; 53），としている。第四次雇用対策基本計画（79～85年度）が，「低い労働条件や不安定な雇用形態の就業者」の数をできるだけ少なくするとしていたのに対し，第五次計画（83～90年度）では，その点にかんして「十分配慮」していく必要があるとの指摘にとどまっていることにも表れているように（三好 1988: 17），労働省は非正規雇用を減らすのではなく，その存在を認めた上で，適切な保護を探る方向に，政策をシフトさせたと考えられる。そして，「今後その数は一層増加するものとみられるため，パートタイム労働を良好な雇用形態として確立し，その活用を図っていくことが社会的にますます重要にな」（労働白書 1989: 283）るというのが，パートタイム労働に対する

労働省のスタンスとなった。こうした変化の背景には、「パートタイム労働者は、企業、経済、地域の発展に欠くことのできない労働力」（労働省婦人局編 1987: 41）だという認識がある。

◆ **労働省の終身雇用制観**

一方で労働省は、日本の終身雇用制については高く評価し、その部分、すなわち正社員・本工層の流動化には否定的である。石油危機後に大規模な雇用調整が必要となった際に労働省は、終身雇用慣行で培われた社会の安定を損なわないため、雇用調整給付金制度を発足させ、多額の賃金補助金を支給して、生産の著しく低下している企業が雇用を維持できるよう支援した（島田 1994: 66-67）。

80年代に労働者派遣法を推進していた加藤孝職安局長は、「日本のすぐれた終身雇用制を崩すつもりは全くありません」と主張しており（朝日 85.6.5）、国会で経済同友会の「中間労働市場」論について問われた際にも、こう答弁している。曰く、「この経済同友会の提言につきましては、私どもも見ておりますが、大臣からも繰り返し申し上げておりますように、終身雇用制というものを壊すような雇用政策、あるいはまた、これを大きく崩していくような方向での制度というようなものをやるべきではないし、我々もそれを考えていない」、「そういう観点からこの提言を見ますと、この提言どおりにやった場合に、そういう日本の終身雇用制度というものについて相当大きな問題を起すのではないだろうか」、「私どもとしては……こういったものの提言に簡単に乗るわけにいかないものであるというふうに考えます」（第102回国会・衆議院社会労働委員会 85年4月19日）、と。

藤井労相が雇用問題閣僚懇談会で行なった「昭和六十年代の労働需給の展望」報告（78年）は、女子労働力、特に主婦の進出が男子中高年の就業を圧迫する心配があると懸念を表明していた（大羽 1979: 9）。労働省婦人少年課長も、「私どもパートタイム対策を進めるに当たって、いつも考えていることなのですけれども、家庭の主婦のパートタイム労働者がどんどん増えますと、中高年とか男子の就業機会を奪うことになるのではないかとか、正社員のウエートがだんだん減って、終身雇用慣行というものがなくなってしまうのではないかと

か，そういったことを大変懸念する人が多いわけです」と述べている（高梨ほか 1987: 47）。パート労働を，「国としても，女子の能力活用という点から今後のわが国経済を支える一つの勢力として評価はします」と語る労働大臣官房審議官も，同時に「中高年男子の雇用を圧迫しはしないかというふうな問題点」に懸念を示している（白井ほか 1983: 19）。

　労働省は，増えつづける派遣やパートに対し，かつての臨時工のように正社員化されるべきとは考えず，その存在を積極的に認めるようにはなったが，パートや派遣などの就労形態が増えることで，正社員の終身雇用的慣行が掘り崩されることには警戒的であった。

　こうしたスタンスのため，労働省は「雇用維持」を訴える「守旧派」と見なされることもある。山岸章連合会長は94年，永野健日経連会長に労働省抜きでの雇用対策の緊急アピールを持ちかけた。「労働省抜き」の含意は，同省が企業単位の雇用維持にのみ心を砕いているからだとされた。労働省の「雇用支援トータル・プログラム」に対し通産省は，「転職支援にこそカネをつけるべきだ。雇用維持一辺倒では余剰人員を抱え込まされた企業のリストラが進まない」と攻撃したが，労働省は「そんな支援は人員整理を促したととられる」と反対した。大蔵省も通産省を後押ししたが，できあがったプログラムの内訳は，「雇用維持の支援」が1400億円で，「雇用創出への支援」は190億円だった。通産省が要求した転職支援も，「出向受け入れ企業への支援」という雇用維持策に姿を変えた。そこで，「雇用維持のための助成金を豊富に抱える労働省は個別の企業や労働組合にとり強い味方だ」と評されるわけである（日本経済新聞社編 1994: 134-135）。

　コアの部分の終身雇用制を維持し，非正規雇用については存在を認めつつ適切な保護を，という労働省の姿勢を最も明快に語るのは，職安局長時代に派遣法を成立させた加藤孝事務次官である。曰く，「産業構造の変化や企業の減量経営指向が強まる中で，いろんな就業パターンが出ていることは避けがたいし，また必要なことでもある。しかし，パートや派遣労働なるがゆえに無理やり悪い条件を押しつけられることのないよう，必要な対策を講じていかねばならない。…労働者派遣法は，そのためのレールを敷いた」，「ただ，新しい就業形態が出てきても，やはりこれまで日本の経済，社会，雇用を支えてきた終身雇用

制を基本において壊してはならない」,「流動化して労働者と企業の,いわば運命共同体意識がなくなってしまい,単なる賃金と労働力とのバーターというつながりだけで,本当に日本の経済なり社会の根幹を守っていけるのか。やはり企業との運命共同体意識,それを通じての労使の協力があるからこそ,労働者の雇用も好不況に関わりなく安定させていける」,「終身雇用を望んでいる人たちは,しっかりそういう形で抱えていく,それが日本の経済,社会,雇用の安定を支え守っていく,この基本だけは変えちゃならん」(週刊労働ニュース 86.7.7),と。ここには,日本の終身雇用慣行——および,それと結びついた企業への運命共同体意識——に対する,労働省のきわめて強い信頼をみることができる[23]。

4　非正規雇用と労働組合

◇労働組合と非正規雇用

次に,非正規雇用に対する労働組合の姿勢を考える。

かつて多くの国で労働組合はパートの増大に反対であった。イタリアやギリシアなど,労働組合の反対が特に強かった地域では,パートタイマーを増やそうという政府の提案は却下された (Delsen 1995: 91; Hakim 1997: 50)。そうした傾向は80年代以降,大きく変化し,多くの国で一連の規制緩和が行なわれた。不況下で組合が力を失ったということもあり,パートタイム労働者の比率は高まっている。

そうした動きの中で,労働組合が労働市場のセグメント化をおそれて,非正規労働者を敵視すると,これらの労働者は規制もなしに拡大し,却ってセグメント化がすすむという悪循環があると指摘されている (Marshall 1989; Maier 1994: 178; Delsen 1995: 96; Smith et al. 1998: 49)。他方,労働の組織的な力によって,北欧諸国や,オーストラリア,ニュージーランドなどでは,パートタイマーは周辺化しにくいとされてきた。オーストラリアとニュージーランドでは,集権化された賃金交渉,高い組織率,および強力なフェミニスト官僚などにより,パートタイマーは高水準の賃金と労働条件を享受してきた。オーストラリアでは,フリンジベネフィットへのアクセスが限られていることを補う意味も

あり，パート労働者の時給はフルタイマーのそれと遜色なく，年によってはフルタイマーを凌ぐ（Delsen 1995: 23; Baxter 1998）。もともとコーポラティズム化の度合いが高い国ほど，国内全体での賃金格差は小さいため，男女間やパートタイム―フルタイム間の賃金格差も小さい（Rosenfeld and Kalleberg 1990; Rubery 1998: 145）。だが，スウェーデンやオーストラリア，ニュージーランドなどでも，労働市場の規制緩和，ミクロ・コーポラティズムの台頭，労働運動への支持の低下と公共部門の縮小などが，パートタイマーの労働条件を悪化させつつあり，男女間の賃金格差も拡大基調に入った（Delsen and van Veen 1992: 96; Wise 1993; Baxter 1998）。

いずれにしろ，労働組合は，男女間ならびにフルタイム―パートタイム間の賃金格差にとって，鍵を握る存在だといえる。以下で日本についてみていこう。

◇**労働組合組織率**

非正規雇用労働者は，労働組合に組織されにくい傾向にある。パートタイマーの推定組織率は2.7％にすぎない（厚生労働省「労働組合基礎調査」02年）。そもそも，「会社内にパート等の入れる組合がある」とするパートタイマーは3.9％にすぎず，「ない」が90.5％に達している（労働省「パートタイム労働者総合実態調査」95年）。

一般に，パート労働者比率と国全体の労働組合組織率は逆相関の関係にあり，パート労働者が増えれば組織率は低下する。また，パート労働者と女性雇用者の増加はほぼパラレルな関係にある。そのため組織率低下の理由として，非正規雇用や女性の労働者が増えたことが挙げられてきた（筒井 1982: 145; 伊藤・武田 1990: 11; Delsen 1995: 89; 鈴木 1998: 126）。つまり，パート労働者や女性労働者を増やすことは，市場の力が直接働く領域を拡大することになる。「労働者」としてのアイデンティティの希薄化が指摘されるようになって久しいが，非正規雇用労働者については，その傾向はいっそう顕著である。この層が増えても，政治的に有力な集団を形成するとは考えにくい。増大したパートタイマーが非組合員の地位にとどまれば，労働組合の交渉力を削ぐ効果ももつ。あるスーパーでストライキが行なわれた際，レジが多少混雑しただけで非組合員であるパートによって営業にはさしたる打撃がなかった（総評組織局 1981: 6）。

派遣労働についていえば，労働省はかつて派遣労働者のための労働組合は，「今後もまずできないだろう」とみていた（朝日 83.3.27）。その後，91年頃には派遣労働者の組織化が一定ていど進んだといわれているが，派遣労働者の労働組合組織率はわずかに3.2％にすぎない（労働省職業安定局民間受給調整事業室「派遣労働者就業実態調査」93年）。

ちなみにアメリカでは，87年にフルタイマーの労働組合組織率21.7％に対して，パートタイマーでは8.0％，派遣労働者では6％であった（古郡 1997: 132-133, 注2）。アメリカでも非正規雇用労働者の組織率は低いが，日本ではさらに低いということになる。

◇フルタイマーとパートタイマーの利害

パートタイム労働者とフルタイム労働者の間には，利害の対立もある。

近年，パート対策に取り組む連合は，配偶者手当を廃止し，手当相当額を基本給の原資に組み入れて配分し直すことを，02年の春闘方針で初めて掲げた。パート労働者の待遇改善につながる同一価値労働同一賃金の原則に沿った形である。ところがこのことは，百貨店など女性組合員が多い業種で「当然」と受けとめられる一方，専業主婦世帯の組合員が多い製造業などでは反発もある。そのため，「産別ごとに温度差が大きく，目立った動きにはなっていない」（連合幹部）という（朝日 02.1.26）。

ある組合幹部はかつて，パート労働者の「ニーズから考えても，どうしても彼らがいまそこで働かなければならない，そういう必然性を抱えている人たちではなくて，そういう必然性を抱えているのは，本採用者であるわれわれである。家計を維持していくためには，当然そこで働かなければならない」，「実質的にパートタイマーの人たちは不安定雇用労働者ではない」，と述べている（菅井 1980: 8）。一般に採用基準が甘く，職場の責任も軽く，転勤はなく，勤続期間も短い者が多いパートタイマーに，組合活動上，同一の権利を与えることには，正社員の側に心理的な抵抗もあるとされる（橋詰 1985b: 86）。スーパーの労働組合では，パートの時給を上げる春闘要求に対し，逆転現象を嫌うパートタイマーから，「これ以上時給を上げると，働く時間を減らさなきゃいけない」，「賃上げはありがたくないわ」などと，労組役員に反発する意見が出ることが

ともある（朝日 02.3.12）。

　ナショナル・センターからも，「『パートタイマーはいざというときの安全弁』『やっている仕事は水準の低いもの』と意識して」きたとの反省が聞かれ，「『補助的な仕事しかやらないパートを，なぜわれわれ［と—引用者補］同じようにしなければならないのですか』『賃金・労働条件を一緒にするのは悪平等だ』『そんなことをしたら競争会社にやられてしまう』『パートさんの気ままにしてもらえばいい。組合は組合員のことを最大限考えればいい。余計なことだ』」などと，組合員範囲の見直しにも反対があり，「組合員のもっている『パートは安全弁』『組合はメンバーのサービスをすればよい』という意識の克服が最大課題」（柳生 1987: 22-23）ということになる。そのため，「パートや臨時工の労働条件を低くおさえて，そのメリットを正社員が享受しているため，正社員の組合はパート組織化の熱意が乏しい」（水谷研次江戸川ユニオン書記次長）と指摘されてきた（日経 84.8.20）。

　多田とよ子ゼンセン同盟婦人局長も，業績が悪化したときにパートが最初の犠牲者になることを，「労働組合もやむをえないと思っている」という（大羽ほか 1985: 7）。最近の調査でも，連合大阪加盟労組がパートを組織化しない理由（複数回答）では，「組織化しても世話役活動ができない」と「本人たちの意向を把握できていない」（ともに51.3％）が最多だったが，「雇用の安全弁として組織化しない」も18.8％に上った（柳沢 2003: 81）。パート労働者は，労働時間が短いだけで，権利は正規労働者と均等という考え方には，労働組合婦人部の女性たちさえ，なかなか同意しないともされていた（柴山 1989: 26）。

　他方，パート・未組織労働者連絡会からは，「たった3割の代表という認識が例えば，総評にはないわけ。われわれは労働者の代表なんていっているけど大企業労働者の意見であって，パートに対しては積極的支援はない」，との批判がある（週刊労働ニュース 87.10.19）。

　イタリアのある研究者は，「欧米の観察者は，日本では『非正規の雇用者は，通常，組合加入を認められない』ことを知って，驚きが止まらない。引き続き増加しているタイプの労働者を組織化しないという決定は，生産的とはいえない」と語る（ビアージ 1989: 34）。だが，「組織縮小を余儀なくされる理由」として，「常用労働者を代替する臨時・パート労働者」を挙げる組合が20.7％に上

るなど(日経 84.5.14),増大する非正規雇用者は,新たな組織化の対象というよりは組織率低下の要因と捉えられてきた。ほとんどが労働組合に参加しないパート労働者の「大量の職場進出は,労働組合にとってはその組織力,闘争力を大きく低下させられる結果になっているばかりでなく,まさに労働組合運動そのものの存立の基盤すら危うくさせられている」(ゼンセン同盟「臨時・パートタイマーの組織化方針」80年,西口(1982: 160)より再引),というわけである。実際,パートタイマー比率が高まることで,組合員が減少し,解散に追い込まれる組合も少なくない。また,労働組合が企業で働く者の一部しか代表していない,という意味で当事者能力を低下させるという面も出てくる(菅井 1980: 6-7)。

◇**課税最低限をめぐる利害対立**

　パートタイマーと正社員の利害対立という点で興味深いのは,労使代表や学識経験者などで構成する社会経済国民会議(有沢広巳議長)が85年の「国民会議白書」で,主婦や高齢者の労働市場参入を制限するため,パート収入の非課税限度額(当時90万円)引き下げを提言したことである。年収を90万円以下に抑えようという主婦パートの意識がチープ・レイバーを生み出すので,むしろ限度額を大幅に下げ,少額の所得でも課税するようにすれば,夫の扶養家族としてほどほどに稼げばいいという安易な態度の主婦は姿を消し,家に戻る一群と,どうせ課税されるならと高い賃金を求めて働く一群とにわかれるだろう,というねらいである。従来,労働組合が主張してきた限度額引き上げとは,逆の方向である。同白書は,労働市場が供給過剰に陥っている大きな要因は主婦パートや高齢労働者の存在だとし,こうした非正社員労働者の増加が,正社員の雇用機会を狭め,賃金など労働条件の低下をもたらし,しかも彼らの中には,生活上の必要に迫られてではなく,余暇活用のため就業するケースが多いと分析,「余暇対策」で働いている主婦らを,ボランティア活動や地域活動に誘導し,労働市場の需給バランスを図ることをねらって行なわれた提言である(金森・北村 1986: 125-126; 129;読売 85.6.13)。

　同白書の発表の翌日,同会議の事務局は電話が鳴りっぱなしで,その大半が「抗議」の内容だったという。パート主婦や高齢者から,「パートを目の敵にす

るのか」,「高齢者の生活実態を知らないからこんなことが言える」との批判が多く寄せられた。労働組合からも批判があり，総評事務局は「生きがいを求めて働く人が多いとはいっても，本当は生活が苦しいからなのであって，趣味で働くほど暇な人はいない」とし，労働条件の向上に関心が薄いパートが多いことは認めつつも「だからといって締め出すのではなく，……労働条件に対するパートの意識を変えていくことが先決」と指摘した。これらに対し，白書をまとめた高梨昌信州大学教授は，「賃金が低くても構わないなどというい加減な労働者が多いために，まじめな人がしいたげられている」と述べ，同会議の深沢俊郎専務理事も，「暇つぶしパートなどのいい加減な労働者の参入制限は実現できると考えて提言を発表した」と述べた。労働省は，主婦パートの参入規制が必要なほどの労働力の供給過剰は起きていないとみており，これまでも非課税限度額を引き上げるパート減税の要求をしてきていたため，「働きたい人に働くなとは言えない」という姿勢であった。ただ同省の一部には，パートがあまり増えると，中高年労働者の仕事を奪う恐れがある，という指摘は出ていた（日経 85.6.25）。結局，課税最低限引き下げは実現しなかったが，男性フルタイム労働者の雇用が不安定なときに，主婦のパート雇用が広がって，男性雇用を圧迫しないようにという提言を，労使の合作（総評は批判的コメントをしているから，民間の労使というべきだが）で，行なったわけである。

　男性労働者にとって，自分の妻のパート労働に対する，非課税限度額が高くなるのは，一見すると利益のようにもみえるが，それが進みすぎると，自分たちの雇用を圧迫しかねないという両義性をもつ。

◇**労働組合の取り組み**

　労働組合のパート労働者組織化への取り組みは，少数の例外を除いて不十分であると指摘されてきた。製造業や官公労部門，「とくに，総評系における取り組みは希で」あった（総評組織局 1981: 36）。非正規雇用を組織外に置いている点が，日本の企業別組合の「最大の特徴」であり，「最大の欠点」だとする意見もある（高梨ほか 1987: 73，発言は高梨）。むしろ，「『本工』の雇用身分を安定・確保するための『雇用調整』の『安全弁』としてかれらを利用し」てきたとさえ指摘されている（高梨 1980: 144）。規約でパートの組合加入を認めな

いとしている本工組合も多かった（総評組織局 1981: 29）。

　連合の「パートタイム労働に関する調査」（88年）によれば，パート組織化に反対の使用者は13.6％（長時間タイプ），ないし16.3％（短時間タイプ）にすぎないと，傘下組合はみている。つまり，パート労働者の組織率が低い理由として，使用者による反対は大きなものではない（諏訪 1993a: 235, 注14）。傘下にチェーンストアを多く抱え，パートの組織化に取り組んできたことで知られるゼンセン同盟の芦田甚之助書記長も，「パートの組織化が進まないのはパートの関心が低いのではなく，労組サイドの取り組みが弱いから」だと語っている（週刊労働ニュース 86.3.31）。70年代末に総評がパートタイマー問題を検討する小委員会を設置した際，「もっと重要なことがあるのではないか」という批判が組織内から出たという（柳生 1987: 21）。連合の66構成組織のうち，4分の3ではパートの組合員はゼロである（朝日 02.2.26）。

　ある調査では，組合員に占めるパートタイマーの割合は0.9％で，事業所にパートタイマーがいる組合のうち，パートタイマーを組合員としている組合は7.7％にすぎなかったが，「過去，将来とも組合員としない」が56.0％に対し，「過去，組合員としていないが，今後組合員とする」（12.6％）と「過去，将来とも組合員とする」（10.7％）を合わせて23.3％にすぎなかった。さらに特筆すべきことに，パートタイマーが組合を結成しようとした場合，これを「応援する」という組合が27.3％に対し，「応援しない」組合は69.4％に達している（労働省「平成2年労働組合活動等実態調査」）[24]。より最近の調査では，パート労働者等の待遇改善に「特に取り組む予定はない」組合が43.7％，パート労働者等の組織化に「特に取り組む予定はない」組合が52.5％に達する。70.4％の組合では，組合規約でパート労働者等は組合員の範囲に入っていない（連合「パートタイム労働者等実態調査」03〜04年）。

　連合が「2002春闘・2・22パート集会」を開いた際には，「労働基準法も守られず，罰則さえなければ何でも許されるパートの雇用環境を許してきたのは労働組合だ」，「組合に入りたくても断られる人はたくさんいる。ここ（集会）に来られない人が大勢いることを知ってもらいたい」など，組合への批判が相次いだ（朝日 02.2.26）。総評は80年代に春闘を「パート春闘」と位置づけ，「行動指針」を定め各種の取り組みを行なったことはあるが，連合がパート労働者の

給与アップを春闘で初めて要求したのは01年である。連合の笹森清事務局長（のち会長）は、「パートや派遣の人たちの処遇上の格差をどうなくしていくか、ということについて、今まで労働組合はノータッチだった」、「フルタイマー中心の組合が、それ以外の人の犠牲に目をつぶり、その上に安住してきたことは反省しないといけない」などと、反省の弁を述べている（朝日 00.10.21; 02.2.26）。03年に、労働政策審議会でパート労働法の強化が議論された際には、公益委員から、これまで労働組合はパート労働者に対し何もせず放置してきたではないかとの批判が出た（鹿嶋 2003: 93-94）。

連合が外部の提言を聞くために設けた「連合評価委員会」（中坊公平座長）は、「労働組合が雇用の安定している労働者や大企業で働く男性正社員の利益のみを代弁しているようにも思える」、「これまで組織化が進んでこなかった、パート等非正規労働者、若者、女性」などへ「重点的にアプローチする必要がある」とし、特にパートの均等待遇を「変革の突破口に」するよう提言している（「連合評価委員会最終報告」03年）。

ただ、パート労働者は雇用形態・労働条件が多様であるため、要求を統一させる上で正社員以上に困難が大きい（鈴木 1998: 127）。日経連は、パートの組織化に無関心な労働組合が多いことを指摘し、「パートの意識やニーズを的確に吸いあげ」るために、労働組合に期待してさえいる（日経連「労働力・雇用問題研究プロジェクト」編 1992: 85-86）。日経連に「期待」されてしまうほど、日本の労働組合のパート組織化への努力は弱いのである。

派遣については、日本の労働組合の多くが、派遣労働者を組織対象としておらず、正規従業員で組織される企業別労働組合が、派遣労働問題を課題として継続的に取り上げる例はきわめて少ない（脇田 1995: 225; 275）。そもそも労働者派遣法では、派遣先企業は団体交渉を行なう義務がない。派遣労働者と雇用契約を結んでいるのは、派遣元企業だからである。派遣労働者は派遣元業者との団体交渉が想定されているが、派遣労働者はさまざまな派遣先で就労し、派遣元会社にはほとんど戻らないため、労働者間の連帯意識も弱く、労働組合の結成はきわめて困難である。会社の同僚に会ったことがあるのはまだましで、「派遣事業者の中には電話一台、机一つ式の業者が少なくない」上、派遣業者が登録者の氏名も住所も企業秘密として明かさないので、団結が困難なケース

もある（朝日 85.5.25; 6.5; 脇田 1995: 237, 注 93; 笹島 1996a: 35）。「この法律［労働者派遣法—引用者補］ができたら，派遣労働者の団結権が阻害されると……の意見は，誤りです。この法案のどこに，団結権を新たに制限する規定がありますか」（加藤職安局長）という主張（朝日 85.6.5）は，こうした派遣業界の実態を考えれば，形式論理にすぎないといえよう。

◇労働組合に対する労働者側の意識

　労働者側に目を向けると，パート労働者自身，組合に加入したがらないことがしばしば指摘される[25]。古い調査だが80年には，労働組合に「親しみを感じる」パートタイマーは3％にすぎず，「組合はパートのことを全然考えてくれないので身近に感じられない」（40％）が多かった。76％が組合に対して否定的な評価をしており，勤続年数が長くなるにつれ，そうした評価は多くなる。組合加入の意志は「すでに加入している」6％，「今の正社員の組合に入りたい」8％，「パートだけの組合なら入りたい」36％に対し，「どの組合にも入りたくない」と「組合には関心がない」の合計が37％である（ゼンセン同盟「チェーンストア労働者の実態と意識」80年）。パートタイマーの側には，組合費を払うことで，収入が減少することを嫌う傾向もしばしば指摘される[26]。

　労働組合を頼りにしていないという点では，派遣労働者も同様である。派遣労働者はトラブルに際し，労働組合より行政機関に頼ることが多い（脇田 1998: 106）。派遣労働をめぐるトラブルがあったとする組合のうち，相談を受けた組合は13.5％にすぎず，受けなかった組合が84.6％に達する（連合「派遣労働実態調査」02年）。登録型派遣の場合，職場で不利益を被っても，「次の仕事を紹介してもらうためには強いことがいえない」ため，派遣労働者が個人で権利を守ることには大きな限界がある（脇田 1998: 106）。フランスとドイツでは労働組合が団体交渉と労働協約を通じて派遣労働者についての労働条件改善の努力をしているが，「日本ではこの努力がきわめて少ない」とされる（脇田 1995: 43）。

◇非正規雇用の増大と正社員の雇用の安定

　近年，「春闘の賃上げも正社員だけではだめで，パートの賃金引き上げにも

とり組まなければならないという意識が強くなってき」たことや、「組合員の減少が深刻になってきた」などの理由で、連合はパート問題に力を入れつつあり、現在「パート・有期契約労働法案」の制定を目指している（柳沢 2003; 吉宮 2003）。だが、その努力は十分とは言いがたい。連合は03年までの2年間で組合員を60万人増やす目標を掲げたが、各産別から上がってきたパートの新規加入目標は、計2万6000人にすぎなかった（朝日 02.2.26）。非正規雇用労働者には、「数が多くて、中心の仕事にかなり加わっていて差別されて、労働条件が悪くて、学歴が高い。要するにたたかう、労働組合に結集する可能性が十分にある」（川口・高木 1986: 146）という評価もあるが、この特質は発揮されていない。

　企業が非正規雇用を増やして、フレキシビリティを増大させようとする方針に理解を示す労働組合もある。例えば、電機連合の委員長は、「コアの部分をどの程度まで考えるのか、それを五〇％と考えるのか、六〇％と考えるのかはそれぞれの企業が決めるべきことです。したがって、三〇％、四〇％はかなり専門的に流動化した雇い方というのが当然出てきてしかるべき」（岩山ほか 1994: 14）だと述べている。商業労連は、総人件費を適正に保つために、パートタイム雇用の増加など、雇用形態の多様化を前向きに取り入れる必要があると、経営側に提言している（河西 1998: 81）。

　コアの部分の雇用を守ることは、確かに労働組合の役割であろうが、周辺層の増大も、正社員の雇用安定と無関係ではない。また、アメリカのAFL・CIOやイギリスのTUCなどのように、パートタイマーの組織化を通じて、組合自体の再活性化を図るという可能性もありうる。

5　パートタイマーの「自発性」をめぐって

◇非正規雇用をめぐるニーズ論

　第3節で、臨時工とパート労働者に対する労働省の姿勢が異なることを指摘した。この変化を支える考え方が、「ニーズ論」である。すなわち、パート労働や派遣労働は、企業・労働者双方の必要に発しており、これをむしろ積極的に認めていくべきだという議論で、とりわけかつての臨時工と異なり、パート

タイマーや派遣労働者が,自ら望んでそのような就業形態をとっており,正社員になることを希望していない点が強調される。

例えば,「パートタイム労働対策要綱」(84年)は冒頭で,「パートタイム労働者は,最近,家庭主婦層を中心に著しく増加しているが,これはパートタイム労働が労働力の需要側,供給側双方のニーズに合った就業形態であることによる」との見方を示している。派遣労働についても山口敏夫労相は,労働者派遣法成立の一因を,「自分の希望する日時に合わせて,……就業することを希望する労働者層の増加」に求めている(第102回国会・参議院社会労働委員会85年5月23日)。同法を議論した審議会でも,一貫して「労働者のニーズ論」が主張された(林 1985: 82)。

正社員に「変わりたくない」というパートタイマーが女性で78%,男性で62%に達した「第三次産業雇用実態調査」(79年)の結果について労働基準局監督課課長補佐は,「短時間ということについて,労働者の側の事情が強く,企業の側はこれに応じた」と語っているし(近藤 1985: 4),「パートタイム労働者総合実態調査」(90年)の結果について労働省政策調査部は,「一般の正社員に比べて労働条件が不利な割には不満が少なく,継続して働いている人が多い」としている(日経 91.9.14)。こうした認識が,「ニーズ論」につながっている。国際的にも日本政府は,94年に国連女性差別撤廃委員会に対し,パートタイム雇用は,事業主にとっても労働者にとっても必要なシステムだと思う,と回答している(山下 2000: 43)。

二重労働市場の存在を否定する津田眞澂は,常用・正規労働力の「ストック型労働市場」と,非常用・非正規労働力の「フロー型労働市場」からなる,「二元労働市場」の形成を主張する。曰く,従来の二重労働市場論では,同じ性質をもつ家計収入主体者たる男子労働者が,「一方は高生産性・高賃金,他方は低生産性・低賃金の階層制労働市場に組み込まれ,しかも下から上への労働移動が自由でな」かったが,それは「ストック型市場内部の問題で」,フロー型労働市場に登場する労働力は,「女子労働力を大量にふくみ,ストック型人材となることを求めず,家計収入主体者でもない労働者を基本にしている」(津田 1987: 35),と。

たしかにかつての二重労働市場論では,賃金やその他の労働条件で第一労働

市場が明らかに有利であるため，自ら進んで第二労働市場に雇用されることを選択する者がいるとは考えられなかった。それに対し，今日の非正規雇用の中には，例えば主婦パートタイマーに見られるように，フルタイムでの就労を避け，自ら非正規雇用を選択している者がいる。総務庁「就業構造基本調査」では，新たに就業を希望する者のうち，「短時間勤務で雇われたい」とする者の割合が82年に50％を超えた。68年には，約30％にすぎなかったから，著増といえよう（高梨編 1985: 53）。こうした層の増大が，「ニーズ論」登場の背景だといえる。

これは，夫が家計の主たる担い手である妻が，パート労働者の中核部分を占めるためであることはいうまでもない。労働省「パートタイム労働者総合実態調査」（90年）によれば，パート労働に従事する女性のうち，35～49歳が全体の過半数を占め，学生アルバイトを除くパート就労女性の82％が有配偶である。そしてこの調査では，「パートを選択した理由」としてパート女性の64.8％が「自分の都合のよい時間に働きたい」，34.3％が「勤務時間・日数を短くしたい」と答えている（11の選択肢より，三つまで選択可）。

この回答から，彼女たちは自由にパートタイム労働を選択しているとの解釈が引き出されてきたことに対し大沢真理は，この調査の選択肢には「年齢制限」という項目がないので，年齢制限ゆえにパートを選ばざるを得なかった労働者の存在はこの調査では明らかにならないし，実際，多くの中高年女性には，パート以外に選択の余地はないと述べ，調査の不備を問題にする（大沢 1993a: 90-92; 1993b: 137）。

◇**パート・派遣労働者の意識**

たしかに，中高年女性の多くにとってフルタイムの就労先を見つけるのは困難である。だが，この調査には「正社員として働ける会社がない」という選択肢があり，実際13.8％がこれを選択している。年齢ゆえに職を得ることができない者は，これを選べるのである。よって，「年齢制限」が選択肢にないことが，それほど致命的な調査上の欠陥とは思われない。少なくとも，主観的には正社員になることを希望しないパートタイマーの方がかなり多いということを，この調査結果からいってよいように思われる。

パート労働者に正社員となる意思のない者が多いことは，79年にゼンセン同盟の調査で初めて明らかにされ（津田 1987: 37），同年の労働省「第三次産業雇用実態調査」でも，女子パートタイマーで一般社員・正社員に変わりたくない者（78.1%）は，変わりたい者（17.5%）よりはるかに多く，変わりたくない理由では，「勤務時間帯の都合が悪くなるから」（64.4%）が多かった。85年の労働省調査でも87.8%が正社員になる意思をもたなかった。派遣労働者についても，85年の調査によれば回答者の3分の2が「今後もこの仕事を続けたい」と答えている。日本労働研究機構「女性パートタイム労働者実態調査」（89年）でも，正社員になりたいと思っている非正規社員は26.8%にすぎず，その就労形態を選んだ理由として，女性非正社員の約46%は家への近さ，約28%は勤務時間の都合よさ，約17%が短時間性を挙げ，正社員の仕事がなかったからとする者は14%である。「神奈川県婦人の社会参加に関する調査」（85年）では，パートに就いた理由は「一日拘束されない」（38.8%），「家事・育児と両立できる」（29.2%）が上位を占め，「パートしかなかったから」は3位（21.3%）にとどまった。また，無職女性の52%が「今後仕事をもちたい」と答えているが，彼女たちが希望する勤務形態は「パートタイム」54.3%，「在宅勤務」22.7%で，「フルタイム」は13.2%に過ぎない。さらに，末子が小・中・高校生の世代を通してパート希望は60%前後，在宅勤務希望が20%前後であり，フルタイム希望はきわめて少なく，末子が小学生の母親では4.5%しかいない（以上は，金森・北村 1986: 177; 日本労働研究機構 1991; 寺崎 1993: 239-240; 260, 注2より）。現在の勤務先を選んだ理由として，「他に就職できる適当な会社や仕事がないから」を挙げたのは女性パートタイマー（18.1%）よりも女性一般社員・正社員（22.7%）の方に多い，という調査結果すらある（労働省「第三次産業雇用実態調査」79年）。労働省「就業形態の多様化に関する実態調査」（87年）では，「今の就業形態を続けたい」とする者が，パートタイマーでは80.7%，派遣労働者では61.2%であったが（労働大臣官房政策調査部統計調査第一課編 1989: 42, 第7表），94年調査ではパートタイマーで85.0%，派遣労働者で65.9%へと，それぞれ上昇している（労働大臣官房政策調査部 1996: 33, 第14表）。より最近でも，「労働者がパートを選んだ理由」（複数回答）は，「自分の都合のよい時間に働けるから」43.9%，「家計の補助，学費等を得るため」41.2%，「勤務時間

や労働日数が短いから」37.3％,「家庭生活や他の活動と両立しやすいから」36.0％,「通勤時間が短いから」35.5％などが多く,「正社員として働ける会社がなかったから」は8番めの8.5％にすぎない（労働省「就業形態の多様化に関する総合実態調査」99年）。厚労省の派遣労働者調査では, 今後希望する働き方は「派遣で働きたい」(29.7％) が,「できるだけ早い時期に正社員で働きたい」(25.8％) を上回っている（朝日 02.11.29）。

つまり, パートや派遣で働く労働者の中には, 正社員になりたいと考えている者が一定程度いることは事実であるが, 比率からいえば, 自ら好んでパートや派遣を選択している者の方が多い。つまり, 既婚女性パートタイマーの多くは, フルタイムの職に就くことができないからパートタイマーになっているのではなく, 進んでパートタイマーとなっているといえるのであり, このことが「ニーズ論」に根拠を与えているのである。

こうした傾向は, 日本だけのものではない。ヨーロッパの多くの国で, 多くの女性がフルタイムではなくパートタイムを自発的に選択していることが各種調査から確認できる[27]。EU12カ国の平均でみると, パートで働く理由は,「フルタイムの仕事をみつけることができなかったから」が18％で,「フルタイムで働きたくないから」が59％である (Eurostat, *Labour Force Survey*, 1994)。西ドイツとオランダでの調査では, 女性パートタイマーの六割が, もしもパートタイムの仕事が得られなくなったら労働市場を去ると答えている (Delsen 1995: 106)。

◇長時間パートと短時間パートの選好

ここまでは, パートタイマーの多くが, その雇用形態を主観的には自発的に選択していることを示す調査結果を列挙してきたが, 次に問題にしたいのは, その自発性の内容である。というのも, 大沢が, 日本では家事, 育児, 介護などの家庭内無報酬労働が女性に集中している程度は,「先進諸国のなかでまさに異常としかいいようのない」ものだとした上で,「『自分の都合の良い時間に働きたい』から『パートを選択した』と答えた女性たちの果たしてどれほどが, 夫や子ども, 老親などの都合からは独立した『自分自身の都合』をもっていることだろうか」(大沢 1993b: 137) と問うていることは, 妥当であると考えるか

らである。したがって，家事や育児，介護などの負担が，日本ではなぜ，かくも女性に集中しているのかが問われる必要はあるであろう。ただそれは，パートタイム労働者の就労実態調査からわかることではない。

　これは，労働省が問題の所在を顕在化させないために「年齢制限」を調査項目から落としたという「非決定権力」(Bachrach and Baratz 1962) の問題であるというよりは[28]，日本社会においては家事，育児，介護などを女性が行なうことが「自然」であるといった形でより構造化された「三次元権力」(Lukes 1974＝1995) の問題であるというべきであろう[29]。

　ただ，パートタイマーの多くは，正社員になることを希望していないとしても，パートタイマーの中には，正社員並みに長時間労働し，ときに残業さえしているにもかかわらず，短時間パート並みの時間給や労働条件しか享受していない「擬似パート」の人びとが存在する。この人びとは，可能ならば正社員になりたいと考えていると予想される。統計の不備という点では，短時間パートと擬似パートの意識の相違を抽出し切れていないことこそ，問題にされるべきである。例えば，従来の調査では，パート労働者はフルタイムになることを「殆ど望んでいなかった」が，60％近くがフルタイムへの転換を希望した電機労連調査の「新しい傾向」に着目した筒井清子は，その理由を，製造業のパート労働者が「労働時間においても，また仕事内容においてもフルタイム労働者と殆ど変わらないこと」に求めている (筒井 1982: 143)。

◇つくられる「選好」

　ヨーロッパにも，パートタイマーの「自発性」を重視する一連の研究がある。パートタイマーの増加を社会の構造から説明する従来の議論を批判し，パート労働は主体的に選択され，かつフルタイム労働よりも高い満足感を労働者に与えているとして，パート就労が主体的な選択であると主張するC．ハーキムらの議論である (Thomson 1995; Hakim 1997; Pfau-Effinger 1998)。実際，ヨーロッパでの近年の調査では，正規労働者より非正規労働者の方が仕事への満足度が高い (OECD 2002: 181, Table 3.B.1.)。

　それに対し，労働者がパートタイム労働を「選択」しているという説明は，パート労働が自発的なものであることを前提としているとして，非自発的パー

第1章　フレキシビリゼーションの構想と実態

トタイマーの存在に注意を喚起することもできる（Houseman and Osawa 1998: 241）。だが，そもそもパート就労が自発的か非自発的かを統計から概念化することで，「選択」が社会的に構築されたものであることが看過されるとの批判もある。選好は環境に合わせて変わりうるのに，ハーキムらが女性の選好を静態的に描きすぎているという批判である。すなわち，女性の就労行動は，政策や制度によって形づくられたインセンティヴ構造のなかで解釈されるという考え方である（Fagan and O'Reilly 1998: 4-6; cf. 久米 2000: 259）。「意欲」や「選好」や「希望」は所与ではなく，周囲の環境や制度の影響を受けているのではないか，というのがここでの論点となる。

例えば，労働市場で自分たちが雇用される見込みが小さくなると，女性の就労意欲は減退する（Rees 1992）。また，イギリスの労働力調査（92年）でも，パートで働く女性の83％はフルタイムの仕事を欲しておらず，フルタイムの仕事が見つからないからパートで働いていると回答した女性は9％にすぎないが（Burchell et al. 1997: 217），労働力調査ではなぜある人びとがパートタイムへの選好を表明するかは明らかでなく，それが強いられた選択なのか自由な選択なのかは不明である。実際，イギリスの別の調査によれば，パートで働く女性のうち，フルタイムで働きたいが家庭責任のゆえにフルタイムの職を探せずにいる者が14％，子どものための時間が取れるのでパートの方が好ましいと回答した者が31％いた（Watson and Fothergill 1993）。これらの人びとは，もしも家事・育児などの責任を負っていなければ，フルタイムで働くことを「希望」していた可能性がある。逆にいうと，調査で表明される「選好」とは，現在の条件下で選択可能な範囲内でのそれにすぎない[30]。そして，この「現在の条件」は不変ではない。安価で質のよい保育施設へのアクセスが容易になれば，あるいは夫の家事・育児への協力が増せば，別の「選好」を表明する者は少なからずいると推測できる。現にイギリスでは，12歳以下の子どもをもち有償労働に従事していない母親の3分の2は，保育条件がよりよいものになれば，就労したいと回答している。また，パートタイマーの3分の1は，保育の条件がよりよくなれば，労働時間を増やすと回答している。保育にかかる費用が10％低下すると，女性の就労は6％増えるという調査もある（Burchell et al. 1997: 224）。

パート就労が自発的に選択されているとしても、彼女たちが家庭責任のゆえにフルタイムの職をそもそも選択し得ないのであれば、その「選択」は強いられたものと同じである (cf. Marshall 1989: 20-21)。つまり、主婦パートの「希望」や「自発性」はアプリオリに想定しうるのかという問題がある。筆者も、主婦パートの「選好」は、与えられた環境の中で、いわば利用可能性 (availability) の関数として形成されると考える[31]。87～92年に、35時間未満の短時間パートは500万人から800万人へ激増したが、この時期はちょうどバブル期に当たり、労働需要は大きかった。この短期間にかくも大幅に主婦の労働供給が増えたことを、「この市場に参入する希望者が増えた証拠」（大脇ほか 1993: 26, 発言は高梨。傍点は引用者）とだけいって済ますわけにはいくまい。パートタイム雇用の創出は、それまで働いていなかった人びとを労働市場に引き出す効果があり、景気循環はパートタイム雇用に対する需要のみならず、供給にも影響を与える (Delsen 1995: 24; 103)[32]。そして、こうした点も、景気の変動に合わせて雇用調整を行ないたい使用者にとって、パート労働の利用が好都合な点である。

◇**非生計維持者としての特質**

パートタイマーや派遣労働者の多くは、主婦や、親と同居の未婚者であり、主たる生計維持者ではない。だからこそ、さほど収入が多くなくてもよいという事情がある。イギリスの調査で、一度離職した女性が再就職する際、給料よりも労働時間のフレキシビリティが重視される (Rees 1992: 79) のも、そうした事情を反映しているであろう。

パートタイマーの差別的待遇がよく問題にされるが、なぜそのような低賃金や低い労働条件で済んできたか、という点が問われるべきであろう。日本のみならず多くの国で、パート収入だけでは生計を維持することはできない (Pfau-Effinger 1993: 396; Burchell et al. 1997: 223; Rubery 1998)。パート・アルバイトの多くは、学生、親と同居する若年層、主婦、高齢者などであり、それらの人びとの所得は、奨学金、年金、家族からの移転所得などを補完するものである (Delsen 1998; Fagan and O'Reilly 1998; Smith et al. 1998)。イギリスでは女性フルタイマーさえ、その約四割は最低限の生活を維持できる水準以下の

賃金しか稼いでいない（Rubery 1998: 139）。これは，家族（多くの場合，夫）の収入が他にあることを示している。非自発的パートタイマーは，世帯収入が低くより貧困におちいりやすい傾向があるということ（Terry 1981）は，自ら進んでパートタイマーとなった者は，夫の収入があるから貧困化しにくいということの裏返しでもある。

労働省「パートタイム労働者総合実態調査」（90年）によれば，短時間雇用者の80.6％が配偶者有となっており，より新しい厚生労働省「パートタイム労働者総合実態調査」（01年）でも，女性パートタイマーの有配偶割合は72.6％，平均年齢は42.5歳で，典型的に主婦の就労形態となっている。他方，派遣労働者の場合は，有配偶割合は42.9％に下がるが，20歳代が41.2％，30歳代が38.1％と，年齢が若めになる（厚生労働省「労働者派遣事業報告」01年）。その分，親と同居している者の比率が高いと推測される。労働者派遣法制定直前にマンパワー社が行なった調査によれば，派遣労働者の主たる収入の使途の1位は，「小遣い（趣味やレジャー）」（43.3％）であった（竹内 1985: 29; 川喜多 1986: 60）。労働省「雇用動向調査」で女子入職者の就業動機をみると，一般労働者では「主な生活収入」が約半数を占め最も多いのに対し，パートタイム労働者では「家計の補助」が約半数を占め最も多く，この他「余暇の活用」も多い（労働白書 1989: 228）。「パートタイム労働者総合実態調査」（95年）で女性の回答をみると，「家計の足しにするため」（58.3％），「生活を維持するため」（32.2％），「子供に手がかからなくなったため」（26.1％），「余暇時間を生かすため」（25.5％），「生きがい，社会参加のため」（23.1％），などとなっているが，同じパートタイマーであっても男性の場合，「生活を維持するため」は54.2％に跳ね上がる（複数回答）。

派遣労働ネットワークの調査によれば，過去1年間に2週間以上働かなかった時期がある者が40.8％，不就労期間は平均10.3週で，その理由は「派遣会社から仕事の紹介が無かった」が48.3％と半数近くを占めた（毎日 94.7.16）。89年の調査では，ほとんど切れ目なく働いている者は6割にすぎなかった（週刊労働ニュース 89.3.27）。このようなことが可能なのは，主たる生計維持者ではないからである。実際，85年の調査では，パートタイム労働者の8割が「主たる生計の維持者ではない」者であった（労働省「昭和60年パートタイム労働実態

調査」)。サンプルの平均年齢が30代前半と若いが,東京都立労働研究所の女性離職者調査 (97年) では,離職で「支出をかなり切りつめざるをえなくなった」(58.2%) という経済的影響を訴える者は多いが,「マイホームの夢をあきらめた」(2.5%),「子供の進学に影響が出た」(1.5%) といった,深刻な影響はきわめて少ない (下山 1999: 71)。これも,夫の収入があるためであろう。非正社員の平均月収は14万800円で,うち10万円未満が45.3%を占めているが (労働省「就業形態総合調査」99年),これで一家の生計を維持するのは困難であろう。

仁田道夫は,こうした特質をもつパートタイマーを「被扶養パート」と呼ぶ。「年収が課税限度以下程度で,社会保険にも自前で加入していない」被扶養パートは,「報酬を受け取って働いているという意味ではその他の労働者と異ならない」が,「自らの生活上の必要を,全て自分個人の収入でまかなっているわけではなく,失業,疾病などへの備えも,他の資源(配偶者,親が用意しているもの)を利用する前提で生活設計を行っているから,そうでない労働者とは異なった労働市場行動をとる可能性が強い」。仁田の推計では,被扶養パートは53%に上る (仁田 1993: 33-35)[33]。

◇「優雅なパート」論

こうした彼女たちの「身分」も反映してか,「職業生活全体」「仕事の内容・やりがい」「賃金」「福利厚生」「労働時間の長さ」「休日の多さ」「出勤時刻などの勤務態勢」「評価・処遇のあり方」「雇用の安定性」などの項目における満足度のポイントを合計すると,パートタイマー,派遣労働者,正社員の順に高いという結果が出ており,正社員は,「雇用の安定性」以外の項目では,両者をことごとく下回っている (労働省政策調査部「就業形態の多様化に関する総合実態調査」94年)。実は,他の国でもパートタイマーの満足度は,専門職や管理職の女性に比べ高い (Watson and Fothergill 1993: 220; Hakim 1997)。

ここに「生きがい就労」「優雅なパート」論,あるいはパートはミゼラブルではない,といった議論が台頭する下地がある。こうした主張を明確にした初期の代表的なものが,高梨 (1980) であり,この説に則って書かれたのが先の社会経済国民会議「国民会議白書」(85年版) である。経企庁の研究会は,「現

在の低賃金層の主力をなす女子パートタイマー，高齢者，定職につかない若年層の三つのグループは，それぞれ夫の所得，年金，親の所得という核になる所得を持っており，大部分は働かなくとも生活に困らない」と述べた（経済企画庁総合計画局編 1985: 3，傍点は引用者）。総評も，主婦パートの収入は，「それがなければ一家が生活していけないものというよりは，家計への補助収入，追加収入として意識されている」ことを指摘する（総評組織局 1981: 5）。当時，公共職業安定所に求職申し込みをした女子パートタイム求職者と在職求職者を対象とした調査によれば，求職理由は「生活に困りはしないが，もっと家計収入を増やしたいから」(30.8%) が最も多く「時間があって何もしないのはもったいないから」(19.9%) と合わせると，五割を占める一方，「働かないと生活に困るから」は25.8%であった（労働省「昭和59年求職者動向調査」)[34]。

　非正規労働者の2人に1人は雇用不安を感じ，3人に2人は職業生活に不満を感じているという，「優雅」さを疑わせるデータもあるが（労働省「就業形態の多様化に関する実態調査の結果速報」88年)，一家の「大黒柱」たる夫に比べれば，主婦パートに雇用調整への抵抗が小さいこともまた明らかであろう。

　実際，家事や育児の多くの部分を妻が担当しているという日本の現状においては[35]，特に子どもが小さいうちは，女性にとってフルタイムの就労は困難であり[36]，ゆえにパートタイム労働を自ら希望する女性が多い，という連関がある。

　したがって，こうしたパート主婦の「希望」には，「所与の条件下では」という留保がつけられるべきで，その「自発性」を過大評価すべきではない。だが，「男は仕事，女は家庭（＋パートタイム労働)」という性別役割規範が維持される間は，「自発的に」こうした選択をする女性が多いわけだから，機能するシステムだとはいえる[37]。彼女たちの多くは既婚で，夫がフルタイムで就労しているので，自分は主たる生計維持者ではない。このため，フルタイム就労を希望する切実な必要はなく，逆に家庭内アンペイドワークとの折り合いをつけるために自発的にパート就労を希望するので，労働省も労働組合も，かつての臨時工のように，彼女たちを正社員にすべしとはいえない。むしろ労働省は，「パートタイム労働者の多くが家庭の主婦であるということから，家庭責任あるいは社会的責任というものを合わせ持っているわけですから，それらの事情

とマッチするような就業時間帯となるように使用者としても十分考慮してほしい」と企業に呼びかけている（近藤 1985: 15）。

◇社会の安定という機能

主婦パートをめぐるもう一つの論点は，主婦パートを不安定雇用層にしておけば，社会の分極化を招きにくいということである。

労働市場にバッファーをつくり，景気変動に対応しようとする戦略には，雇用が安定的な層と不安定な層による社会の分極化というリスクが伴う。だが，夫がフルタイマーとしての収入をもつ女性が非正規で雇用されている場合，世帯としては一定の収入は確保されることになり，社会の分極化には結びつかない。つまり，労働市場の二重構造が社会の二重構造にはつながらない。その意味でも，主婦パートは政府にとってもきわめて好都合なショック・アブソーバーだといえる。政府としても，「企業，規模間格差があまりにも開いていくことは，社会的安定のためにもいいことではない」（小粥義朗労働省事務次官）からである（週刊労働ニュース 88.1.1）。

かつて，退職しても他の従業員に比して生活に困らないことを根拠に，既婚女性を人員整理の対象とすることを合法とする判決もあった。日経連「人員整理の留意事項」は，人減らしをする際には最初にパートタイマーを対象とし，次いで「子持ち」と「有夫」の常用労働者を対象とすべしとしていた。このことは，パートを本工の防波堤とする日本の労働組合の弱点を利用したものだといわれている（鳥居 1984: 13）。

不況期には非労働力化して失業統計に現れないというところも，主婦パートがショック・アブソーバーとして政府に都合のよいところである。とりわけ，その傾向は日本のパートタイマーに当てはまる。日本の場合，仕事につくことを希望しているのに，適当な仕事がないだろうと感じて求職活動を行なわない「求職意欲喪失者」が国際的にみてきわめて多く，その大半は女性だからである（野村 1998: 21-24）。ここには，女性の場合，就労はもちろん求職活動においてすら，育児や家事などに多くの代償を払わなければならないため，「失業者」状態で労働市場に長期間とどまることができない，という問題もある。失業者とは，過去1週間にわたり求職活動をしており，仕事があればすぐに就け

る者をいうからである（大井 2002: 22）。日本の女性は，国際的にみて非労働力化しやすく，これが日本の失業率を低くすることに貢献している[38]。

自民党政権が，都市から地方への再分配政策などにより，低生産部門を政治的に急進化させないできた点が，例えば旧中間層のラディカルな政治運動が間歇的に大きな政治的影響力をもってきたフランスとの顕著な相違である（Berger 1981b; 樋渡 1991）。夫が第一次セクターの正規労働者であることは，女性にいざというときのクッションを与えるため（Piore 1980a: 33），彼女たちは，政策的に慰撫される必要のない安価な調節弁である。

　　　　　　　　　　＊　　　＊　　　＊

以上のように，日本では非正規雇用を用いた労働市場のフレキシブル化という構想が明確にある[39]。それはたんに，経営者はいつの時代でもフレキシビリティを求めるといったことではなく，かつて「二重構造」の克服を目指し，臨時工は常用工化されるべきだと考えていた労働省が，ポスト高度成長時代には，パートや派遣といった非正規の雇用形態を積極的に承認するようになっている。そうした雇用形態を認めていく際に援用されたのが「ニーズ論」であり，ニーズ論の背景には性別役割分業と，それを内面化した既婚女性の主体的な選択が存在しいてる。彼女たちのこの選択はしかしながら，アプリオリに決まっているのではなく，所与の条件の下で形成されると考えられるのである。

注
1) 当初は，マクロ・コーポラティズムの国々が，失業率・インフレ率が低いなど好パフォーマンスを挙げるとする研究が多かったが，やがてコーポラティズムの国と，その対極にあるデュアリズムの国で，パフォーマンスがよいという指摘が相次ぐようになった。サーベイとしては，石田（1992）; 井戸（1998）などを参照。
2) ほんの一例だが，99年時点で，OECD諸国で男女間賃金格差が最大の国は韓国で日本は2位であるが，85年と比べると両国の差は縮まり，日本は今や最も男女間賃金格差の大きい国になろうとしている（OECD 2001: 139, Chart 4.2）。
3) 出生率の高さを称賛することには，さまざまな批判があるにしても，である（次章を参照）。
4) ここで，デュアリズムを「方法」といっていることは，後に重要であるので記憶さ

れたい．

5) 日本でも近年，使用者が社会保険拠出を忌避する傾向が指摘されるようになっている．

6) イギリスは，50年代の労働力不足に際し連邦諸国から移民を導入したが，60年代には移民の流入を制限し，家庭の主婦に目をつけた．産業界のリーダーたちは，主婦の家庭責任と矛盾しないパート雇用を称揚し，使用者もそれに適応した（Dale and Holdsworth 1998: 78-79）．逆にドイツでは，60年代の労働力不足の際に，既婚女性を十分に調達できなかったために，外国人労働者を導入したとされる（Pfau-Effinger 1993: 405, n.7）．

7) デュアリズムをめぐる政治学者の議論として，新川（1989; 1999）；石田（1992）；久米（1998）；五十嵐（1998; 1999）を参照．このうち久米は，デュアリズムを否定している．

8) 大企業と小企業の格差は，93年まで縮小傾向にあったのが94年から拡大へ，大企業と中企業の格差は94年まで縮小傾向で95年に拡大に転じた（五十嵐 1998: 282, 注113）．

9) この点で石田（1992: 277）をみよ．なお，ネオ・コーポラティズムの定義の中にも，それを「戦略」として捉えようとする流れがある（山口 1982: 125）．

10) 不安定雇用形態は，契約当事者の意思によってではなく，国家によって創出されるという主張として，例えばRicca（1989）を見よ．

11) ただ本書は，規範は制度の影響を受けると考えている．この問題は，第5節で詳論する．

12) 03年に厚労省が，パート労働者への厚生年金の適用拡大を打ち出した際，日本フードサービス協会，日本チェーンストア協会，日本百貨店協会などが反対したのは，こうした事情を反映する．

13) 欧米の使用者は，コストよりもフレキシビリティにパート使用の意義を見出しているが，日本では「人件費の節約のため」が圧倒的に多い（Houseman and Osawa 1998: 241; Walwei 1998: 106; 厚生労働省官房政策調査部「平成11年就業形態の多様化に関する総合実態調査」2000年）．ただ，労働省の94年の調査では，企業がパートを雇用する理由では，「人件費節約のため」（52.3％）が一番多いものの，以下「仕事の繁閑に対応するため」（34.4％），「景気変動に雇用量を調整するため」（20.7％）など，パートでフレキシビリティを確保する面も強く出ている（週刊労働ニュース 95.12.18）．

14) その他，使用者の直接雇用回避への誘因は，馬渡（2002: 19-20）に整理されている．

15) ただし，労働者派遣法を推進した職業安定局長が，この構想に違和感を表明していたことをのちに述べる．

16) だが，結婚や出産を機に家庭に入る男性というのはまず考えられないので，当然女性を想定している．

17) 92年の調査では，1年以上仕事を中断したあと再就職した女性の56％が「パート・アルバイト」であり，他方，継続して働いている人（中断期間1年未満の再就職者を

含む）では70％が正社員であった（朝日 92.4.2）。
18) 女性雇用者に占めるパートの割合は，1～29人規模の企業の40.2％に対し，500人以上の企業では19.4％である（総務省統計局「労働力調査」02年）。
19) 非正社員比率と組織のパフォーマンスの間には線形の関係はなく，非正社員比率を高めれば高めるほど業績がよくなるわけではない（木村 2002）。
20) 極端な例だが，例えばギリシアのように，ますます競争的になる環境の下で，フルタイムの正規雇用は長期的には自社にとってふさわしくないと考える使用者が3分の2に達する国もあるが（Symeonidou 1997: 108, n.10），日本はまだそこまでには至っていない。
21) 一歩進んだ解釈として，90年代には「コアの雇用保障を維持するために女性労働者をバッファーにするのではなく，全ての雇用労働が流動化しつつある」（井上 2001: 128）との見解と，逆に日本型雇用慣行は強固に命脈を保っているという説（足立 2003）がある。
22) 経済学上のデュアリズムの観念は，英語圏ではR．アヴェリット（1968）に始まるが，彼も二つの異なる経済セクター（中央と周辺）を念頭に議論していた（Piore 1980b: 56）。
23) ただ近年は，企業内雇用維持から労働移動支援へ重点のシフトがみられる（労働白書 1999: 224；朝日 01.1.30, 夕；4.13；久米 2000: 235-237；成川 2003: 134-135）。「多様選択可能型社会」の実現を説く雇用政策研究会（職業安定局長の私的研究会）の「雇用政策の課題と当面の展開」（02年）に，それはよく現れている。坂口力厚労相も，「右肩上がりの時代は，景気が悪いときがあってもすぐにまたよくなった」ので，「少々余剰人員を抱えていてもよかった」が，90年代から「もう少しバラエティーに富んだ働き方をする必要がある時代になってきた」と語っている（坂口・南部 2002: 86）。
24) 理由の一つに，同一企業内に政治的傾向が異なる上部団体をもつ別組織のパート労組ができることへの懸念が考えられる（橋詰 1985a: 10; 1985b: 83）。
25) パート労働者に「労組員になってもらうよう手立てしているが，パートに組合の意義や労組員になることのメリットなどを厳しく問われ」（高木剛ゼンセン同盟産業政策局長）るという意見もある（週刊労働ニュース 86.12.8）。
26) イギリスでも，同様の問題がある（宮前 2000: 101）。
27) Hakim（1997: 35ff）に，そうした調査結果がまとめられている。
28) 労働時間行政に関して，労働省が「統計の不備」という形で非決定権力を行使したという説として，加藤（1996: 第Ⅰ章）をみよ。
29) 「選択肢の数は，社会規範や伝統によって制限される」（Pfau-Effinger 1993: 404, n.3）という議論は，これに対応する。
30) パート労働選択の「自発性」を問題視する議論として，ほかに横山（1997: 28）をみよ。同様に，離職理由の「自発性」にも注意が必要である。「自発的」離職者の中にも，「離職に『追いつめられた』のではないかと推測されるケース」もあるからである（下山 1999: 71）。
31) 制度論は，真の選好は表明された選好と異なると想定する（Immergut 1998: 6-7）。

ただ本書は，表明された選好が真の選好か次善のものかという点を，深く掘り下げはせず，表明される選考が，制度や環境に応じて変わるという点のみをここで確認しておく。
32) 近年，保育所定員数は増えているのに待機児童も増えていることも，需要が供給によってつくられることを示している。
33) だが近年，被扶養パートは減少し，就労調整せずより多く稼ぎたい，というパートが増えていることも指摘されている（酒井 2000）。
34) ただ，45歳以上層になると「生活に困るから」が最も多くなっている。
35) 既婚男性の出勤日の家事時間は，アメリカ：60分，ドイツ：33分，イギリス：51分，フランス：56分に対し，日本は11分にすぎない（『連合総研レポート』No.108, 1997年）。
36) ここには，長時間労働，住宅事情と深く関係する通勤時間の長さ，保育所の保育時間の短さといった要因もある。
37) 逆にいうと，ここには既婚女性の選好が変わることにより，システム自体も変化を余儀なくされる可能性が伏在している。この問題を，終章で再論する。
38) 近年はしかし，失業率で男性が女性を上回っており，背景として企業が人件費の高い男性正社員のリストラを強め，安価な女性パート労働者にシフトしていることが指摘されている（労働経済白書 2002: 68-69）。これは，オイル・ショック後の不況期とは異なる。当時は，女性のパートタイマーが減少したのに対し，90年代不況下ではパートが一貫して増えている。当時は女性が切られていたが，最近の日本企業は男性正社員の雇用を守らなくなってきたのである。
39) フローとストックの「二層構造」だけでなく，それに「専門性の高い労働者」を加えた「三層構造」のシナリオも提唱されている。

第2章
人口構成の変化とその政策へのインパクト

1 人口動態の中長期的見通しとそのインプリケーション

◇少子・高齢化という「危機」

今日，日本社会に先行きの不透明感をもたらしている大きな要因の一つは，少子・高齢化である。日本の人口構造は現在，急速な高齢化を経験しつつある。少子化は，同じことの別の面である。「概して人口は死亡率よりもむしろ減少する出生力の結果として高齢化する」(Teitelbaum and Winter 1985＝1989: 9, 傍点は原文) からである。

日本社会が少子・高齢化の過程をたどっていることを，今や知らぬ者はいない。多くの国民は，きたるべき超高齢社会への不安をはっきりと抱いており，そのことが巨大な貯蓄を抱える日本人の消費支出が伸びない原因であるというエコノミストの分析さえ，もはや多くの人の知るところとなった。高齢化に比べかなり遅れて表面化した少子化の深刻さについても，今では広く知られている。あるアメリカ人ジャーナリストは，「今後数十年の日本の方向性を決めるもっとも重要な要因は，もっぱらその人口構成だろう」とさえ述べる（クリストフ 1998: 380）。日経連は，「今後の労使関係の諸課題と対応」の第一に，「人口構造の変化，雇用の流動化への対応」を挙げる（日本経営者団体連盟労使関係特別委員会 1999: 5）。03年に成立した少子化社会対策基本法はその前文で，「我が国における急速な少子化の進展は，……二十一世紀の国民生活に，深刻かつ多大な影響をもたらす。我らは，紛れもなく，有史以来の未曾有の事態に直面している」と，危機感を露わにする。基本法ができたこと自体，政策としての

表 2 − 1　各国の高齢化の速度

	7 %	14%	所要年数
日本	1970年	1994年	24年
アメリカ	1945年	2014年	69年
フランス	1865年	1979年	114年
ドイツ	1930年	1972年	42年
イギリス	1930年	1976年	46年
スウェーデン	1890年	1972年	82年

(出所) 日本は，総務庁「国勢調査」，諸外国は，United Nations, *World Population Prospects 1994*

優先度が高まったことの現れでもある。

　ある年の年齢別出生率にしたがって，1人の女性が出産を行なうと仮定すると，そのときに期待される生涯の子ども数の統計上の平均を，合計特殊出生率 (total fertility rate) という。先進国の場合これが2.08なければ人口が減少するとされ，この値を人口置換水準という。日本では，03年の合計特殊出生率が1.29にまで低下している。05年には労働力人口が減少に転じ，総人口は07年に減少に転じるとみられている。

　もちろん，こうした傾向は日本だけに当てはまることではなく，先進産業社会に共通の現象であるが，日本はその速度がきわめて早い。国連は，65歳以上人口が総人口の7％以上になった国を高齢化社会 (aging society)，14％以上になった国を高齢社会 (aged society) と定義しているが，それぞれへの到達年とその間の所要年数は表2−1のとおりで，日本の高齢化の速度はきわだっている。そのため，ゆっくりと高齢化を経験した諸国に比べると，社会のさまざまな面において準備が不十分で，ひずみが現れやすいといえる。

◇現役世代の負担

　91年に日本は，5.6人の生産年齢人口 (15〜64歳) で，65歳以上の高齢者1人を支えていた。同時期の先進国は，アメリカ5.3人 (89年)，イギリス4.2人 (89年)，西ドイツ4.5人 (88年)，フランス4.7人 (90年)，スウェーデン3.5人 (88年) などで，日本は最も「若い」社会であった。ところが，以後この比率は低化の一途を辿り，2040年には生産年齢人口1.8人で高齢者1人を支えるこ

第2章　人口構成の変化とその政策へのインパクト

表2－2　15～64歳／65歳以上人口比率の推移

1955	1970	1985	1990	2000	2010	2020	2030	2040
11.53	9.76	6.62	5.77	3.95	2.89	2.21	2.12	1.81

(出所)　総務庁統計局『日本の統計』2000年版より計算

とになる（表2－2）。65歳以上人口比率では，日本は間もなく世界で1位となり，2025年頃まで1位を維持する（厚生白書 2001: 150, 図5-1-1; 344, 詳細データ④)）。

　支給される年金の総額は膨張を続けてきたが，抜本的な制度改革がない限り，この傾向は止まりそうもない。政府はこうした問題に対し，負担の増加と給付の減少で対応してきたが，より根本的には出生率が再び上昇に転じ，「現役世代」が増加することを政府は期待している。「高齢者を減らす」というのも一つの考え方で，高齢者の定義を現在の65歳から73歳や75歳に引き上げ，高齢化率を抑えるという提案をする人口問題の専門家もいる（小川 2000; 古田 2000）。厚生省も，「70歳以上人口を従来の老年人口に該当するものとして」試算を行なっている（厚生白書 1999: 166）。

　日本政府はこれまで，高齢化の速度に関する予測を外しつづけてきた。国立社会保障・人口問題研究所（旧厚生省人口問題研究所）は，5年ごとに最新の国勢調査結果等に基づいて高位，中位，低位の三つの推計結果を発表している。中位推定が社会保障政策などに利用されるが，実態はいつも低位推定に近く，5年ごとに新しくなる中位推定は，常に前回の低位推定に近い。こうして現実の高齢化の速度が常に予測を先回りするため，厚生省は度々，予測の修正を余儀なくされたが，それは出生率低下の速さが予想以上であることによる。試みに，2005年時点の0～14歳人口予測の変遷で検討すると，表2－3のとおり，政府は将来予測を一貫して下方修正してきたことがわかる。

表2－3　2005年の0～14歳人口数の予測　(単位：1000人)

予測時点	1969	1976	1985	1990	1995
0-14歳人口	29346	27990	25164	20120	18235

(出所)　総務庁統計局『日本の統計』各年版

1 人口動態の中長期的見通しとそのインプリケーション

こうして，若年人口の当てが外れることにより，過去の見通しに基づいて立てられていた社会保障に関する計画や試算は，次々に修正を余儀なくされている。もともと現行年金制度は，70年代初頭の経済社会環境を基に設計されたものである。当時は，実質経済成長率10％，合計特殊出生率2.10の水準で，安定的に推移することが見込まれており，「高齢者は貯蓄に乏しく，年金によって生活費を全額得る」という考え方が支配的で，現役世代からの所得移転は特に問題視されていなかった（川本 2001: 221）。このまま少子化が止まらなければ，さらなる負担増や給付減が必要となることは間違いない。

◇**労働力不足**

少子・高齢化の進展に伴い，現役世代の負担が大きくなるだけでなく，労働力が中長期的には不足する可能性も高い。先進国の中には，既に人口減が始まっている国もあり，それを移民で補っている。EUでは，02年の人口増の八割近くが移民によるもので，ドイツ，イタリア，ギリシアの3カ国では，移民を除くと人口減を記録した。移民を受け入れないと欧州の人口が減少すると予測したEUの「社会状況報告」（02年）は，2015年までに大半の国で人口数が減少に転じると予測し，「移民受け入れを倍増させ，出生率を2倍にしても，安定的な労働人口や年金制度を確保することは難しい」と移民の安定的受け入れを促した（朝日 02.5.31）。

日本でも，戦後一貫して増加しつづけてきた生産年齢人口は，96年に初めて減少に転じた。増加する労働力人口を当然のものとして，経済社会の運営や仕組みを維持してきた日本では，労働力人口が遠からず減少に転じることが，政策エリートの間で意識されだした90年代初頭，「労働力不足」や「労働供給制約」などの語を冠したいくつかの報告書が刊行された（水野・小野 1995: 2-3）。国連は，日本が就業人口を維持するためには，今後50年にわたって，年に61万人以上の外国人労働者を受け入れる必要があると指摘する（ホジソン 2003: 28）。96年の年齢別出生率，出生性比，および死亡率が続くと，日本の総人口は2100年に4900万人，2500年に30万人，そして3500年には1人になってしまうという試算（厚生白書 1998: 17）にはリアリティを感じにくいかもしれないが，通産省の試算では2025年にかけて日本の労働力人口は600万人減少し，特に15〜39

歳の若年層は900万人も減少する一方,相対的に労働時間が短い高齢者などの比率が高まるため,労働時間ベースでの労働供給は,より急速に減少する(中村 2000: 130)。現在は失業率が高水準にあるため労働力の過剰感が強いが,中長期的には人口構成の変化による,より構造的な人手不足時代が到来する可能性は高い。

　かつては労働力の減少が問題になることは少なく,政策としての取り組みも遅れた。労働省は長らく失業対策,つまり多すぎる人口にいかに職を与えるかに力を注いできたからである。85年に山口敏夫労相は,2000年の労働力過剰をこう予測した。曰く,「十五年後,つまり二〇〇〇年になると,定年延長や女性の職場進出などで日本の労働人口は現在の六〇〇〇万人から,確実に六五〇〇～六六〇〇万人に増えます。…これは大変ですよ。現在の日本の失業率はまだ二パーセント台…。だから世の中落ち着いているのですが,一〇パーセントを超えたら確実にパニックになる。政府なんかひっくり返ってしまいますよ」,と。こうした見通しを基に,労働省は当時,ワークシェアリングの検討を始めた(田原 1988: 123-124; 127)。たしかに,2000年には失業率も高く,ワークシェアリングも話題にのぼるようになってはいたが,それは未曾有の不況によるものであり,人が多すぎるためではない。生産年齢人口は既に減少基調に入っているのである。

◇**バブル時代の経験**

　バブル期に日本の各産業は,深刻な人手不足を経験した。全国建設業協会は91年に「人材確保特別委員会」を結成,将来にわたる人材不足への対応として,業界イメージ刷新のため,業界を紹介した漫画を小学生に配布するなどした。同協会は,「あとは,やはり女性です。イメージアップと機械化を進めれば,建設業を希望する女性も増えると思いますね」と語っていた。逆に日本看護協会では,「一八歳の女子だけではもう間に合」わないため,「もっと年齢を広げ,対象をさらに男性にまで拡大」しようとしていた。中小企業からは,「女性雇用を拡大してしのげといわれても,現在,中小企業を支えているのはパートの女性ですよ。パートの女性は今ではなかなか集まりません」,「残された道は,若い外国人労働者だけです。大企業はカネと力にものをいわせて若者を大量採

用してます。中小企業の熟練労働者の源泉は今まさに涸れようとしています。業界では外国人受け入れに向けて，これからも働きかけていくつもりです」といった声があった（NHK取材班 1991: 21-24）。当時は人手不足のため，24時間営業の外食産業が深夜に店を閉めたり，店舗の新築が済んでも人手不足で開店できない，などのケースが続出した。人手不足倒産も相次いだ（内橋 1999: 69）。日本生産性本部の自動車，電機，精密・工作機械関連の下請け企業調査（91年）によると，82.2％が労働力不足を訴え，新規採用の充足率が75％未満の企業は56.8％に達した。労働力不足の原因（複数回答）は「採用難」が90.6％とトップであった（週刊労働ニュース 92.3.23）パート労働者の有効求人倍率は89年に3.93倍に達し，好きな曜日に好きなだけ働けるなどとする，「新パート制」導入で人手を確保しようという動きも現れた（足立 1989: 89-90; 篠塚 1989: 199-200; 仲 1990: 242）。

　89年の労働白書は高齢者と女子パート労働者を特集し，労働力人口の伸びの鈍化から，「企業にとっては高年齢者や主婦を中心としたパートタイム労働力の有効な活用が一層重要になる」と指摘した（労働白書 1989: 274）。92年の労働白書は，「労働力不足，労働移動の活発化と企業の対応」を副題とし，労相による「我が国では，出生率の低下等のため，今後，中長期的に労働力の伸びが鈍化し，さらには減少していくことが見込まれます」との一文で始まる（労働白書 1992: 1）。労働省「第七次雇用対策基本計画」（92年）は「労働力不足」が基調で，その対応の一環として，高齢者，外国人労働者対策とともに，「女子の就業環境の整備」を挙げ，介護休業制度，女子保護の撤廃などを盛り込んだ。

　日経連も，90年代後半以降の労働力不足を予測し，「労働力が成長の制約要因になる可能性が高い」とみていた（日経連「労働力・雇用問題研究プロジェクト」編 1992: 5-6）。92年には，「今後二一世紀にかけて労働力不足に陥ることは，どのような調査研究によっても明らか」とまでいわれ，協和銀行の調査（90年）によれば，労働力不足を解消するには，高齢者の採用や経営の合理化による生産性向上に加え，2000年までに25〜44歳の女性の労働力率を70％に引き上げる必要があるとされた（NHK新・日本人の条件プロジェクト 1992: 230-231, 傍点は引用者）。日経連は，新規学卒若年層労働者の採用競争が激化している中

で,「人手不足の状況を人手の確保・獲得だけで打開しようというのは…安易な発想」だとし,「雇用量を抑え,最大の経営効率を」と訴えて,「新規学卒者の確保に過度の力を傾注する企業の姿勢」を批判した。そして,ホワイトカラーの生産性向上と高年齢者・女性のさらなる活用にいっそうの努力を注ぐ必要があるとし,特に女性の就労については,「人間としての男女対等意識の確立」や「長期勤続を支援する就労環境の整備」,「子育てのしやすい環境整備の推進」などに努める必要がある,と説いた(日経連「労働力・雇用問題研究プロジェクト」編 1992: 2-3; 13-33)。

バブル期に人手不足はこれほど懸念されていたが,現在は逆に労働力の過剰感が強い。特定分野・特定業種では人手不足が生じるというミスマッチの問題はあるにせよ,マクロ的には,経済成長率の鈍化に原因がある[1]。つまり,当時の予測の多くが外れたのは,成長率を読み誤ったためである。例えば,労働省「労働力供給構造の変化に対応した雇用政策のあり方に関する研究会」(座長・小野旭一橋大学教授)は4％成長を前提として将来の労働力不足を予想した(労働省職業安定局編 1991)。その後,マイナス成長すら経験した日本経済は,昨今,ようやく不況から脱しつつあるが,景気が回復することは人手不足を招来することでもある。

◆「日本的経営」見直しの契機

盛田昭夫ソニー会長が92年に発表した論文(盛田 1992)をきっかけとして,90年代には働き過ぎや労働分配率の低さなど,日本的経営の諸弊害を改めなければならない,とする経営サイドからの提言が相次いだ。これは,日本の国際競争力が増し,国際的地位が上昇したことにより,日本の長時間労働をはじめとする諸慣行に,海外からクレームがついたことを直接的な原因としている(加藤 1993: 107; 加茂 1993: 序章)。だが,90年代に経営側からこの種の提言が相次いだ理由として,他に少子化問題の浮上も考えられる。

日経連の『労働問題研究委員会報告』は,90年の「1.57ショック」を契機に子どもが小さいときには母親が育てるべきとの立場から,女性の社会進出を支持する立場に転換した[2]。鈴木永二元日経連会長は,「いちばんの問題は,家庭と職場の両方を持つ女性が,家庭を踏み台にしてようやく社会進出を果たし

ているのではという点である」とし、「家庭へ戻れ、男性よ」とさえ述べている（NHK 取材班 1991: 223）。少子化に関連して、奥田碩日本経団連会長は、「これからは夫婦で平等に仕事をすることが定着してくるのだから、トップ層を含む古い世代の意識を『男女平等に働くことがふつうなんだ。育児も男女平等にやるんだ』と改めなくてはいけない」と述べ、やはり日本企業における従来の働き方を変えるよう訴えている（朝日 03.9.12）。日本経団連の子育て環境についての提言書はこう語る。曰く、「長時間会社にいることのみが評価につながるといった風潮がある場合には、両立支援の観点からも、これを是正する必要がある」（日本経済団体連合会「子育て環境整備に向けて～仕事と家庭の両立支援・保育サービスの充実～」03年）、と。

02年、厚労相の私的諮問機関「少子化社会を考える懇談会」（座長・木村尚三郎静岡文化芸術大学長）の中間報告が出た際に、坂口力厚労相は「男性も働き方を変える必要がある。朝から晩まで働くことがいいと思いがちな日本人の生き方を変え、家族とともに過ごすことを定着させることに尽きる」と語った（朝日 02.9.13, 夕）。

◇ **経済成長率の鈍化**

生産活動に従事する人口の減少は、一国レベルでみれば、GDP が減少するということである。経済同友会は、今後40年間の20～59歳人口減少の試算に触れ、「生産人口が27％減少すると、現状の GDP を維持することは、労働生産性の大幅な上昇がなければ困難であり、日本の経済活動は長期的に見て規模縮小となる可能性が高い」と、警戒感を示す（経済同友会社会保障改革委員会 2000: 8）。ここには、人口が減少すればゼロ成長でも、あるいはマイナス成長であっても人口減少率以下の GDP 減少率であれば、1 人当たり GDP はむしろ増えるという発想（古田 2000: 119）が全くない。東畑精一や中山伊知郎が、「日本の人口はどうしても1億人要るんだといっていた」ことを「鮮烈に」覚えていると語る奥田日経連会長も、「このまま推移すれば……二〇五〇年には人口が六千万人とか八千万人とかになってしまう」、「人口が一億人いないと、一国の経済は成り立たないといわれています。そうだとすると、この人口の減少をなんとか食い止めなければいけません」と、危機感を語る（奥田・前田

1998: 340; 奥田 2000: 12)。

　生産年齢人口の減少がGDPの減少をもたらすことのほかにも，税・社会保障負担の増大が現役世代の貯蓄率低下をもたらし，それが投資率の低下，経済成長率の鈍化につながることも懸念されている（日経連「労働力・雇用問題研究プロジェクト」編 1992: 12）。また，技術進歩に対して最も適応能力が高い新規追加労働力が減少することにより，技術進歩が停滞することも懸念される（高梨 2003）。

◆世代間対立の芽

　人口構成のアンバランスが引き起こす，財政や社会保障制度をめぐる世代間対立は，社会の解体圧力となる。多くの中高年従業員は，60歳定年以降も働きたいと考えており（永野 2001: 69），年金支給開始年齢の引き上げから中高年を守るために定年延長を法制化すれば，それは既に高まりつつある若年層の失業率をさらに高めることになる（玄田 2001）。

　年金の拠出額と受給額における世代ごとの「損得」の問題は，既に幅広く知られており[3]，そのことは，若年層に保険料未払いが多い理由だとされている。年金制度についての厚労省の調査（02年）では，20，30歳代の4割以上が年金制度に不満を持つ一方，60歳代以上の約8割が賛成している（読売 02.9.25）。連合の組合員調査では，年金の「保険料アップ」と「給付引き下げ」ではどちらがやむを得ないかという質問に対し，35歳未満では「保険料アップ」を容認した者は4割以下で，25〜39歳層の3割近くが「給付水準の引き下げ」をやむなしとしたのに対し，50以上の世代は半数以上が「保険料アップ」を選択し，給付水準の引き下げをやむなしとする人は2割弱と，世代間の考え方の違いが大きい（週刊労働ニュース 98.4.20）。こうして，世代間の意識差は，既に政策の選好にも表れている。

2　人口政策

◆人口政策の可能性

　こうした人口動態とその帰結，あえていえば人口「危機」に対し，政治はど

う対応しうるであろうか。政府は元来，政治体制や政府の党派性を問わず，人口問題に強い関心をもつ。軍事的関心が高いときほどその傾向は強い。ソ連では革命後，人工妊娠中絶が女性の権利として認められたが，人口減に悩むスターリンは36年に「人間，その最も貴重な資本」と題する講演を行ない，母たることの悦びと父たることの誇りを説き，家庭と結婚を祝うよう国民に促した。そして同年，人工妊娠中絶禁止法が成立し，それに伴い母子福祉への財政補助が増加した。さらにソ連最高会議幹部は，独身者，無子，子ども1人の市民に課税し，子どもを多数産んだ女性を表彰することを決定した。イギリスではベヴァレッジやウェッブ夫妻が，スウェーデンではアルバ・ミュルダールが，「人口減少という亡霊」を利用して，改革を進めた（Teitelbaum and Winter 1985＝1989: 第二章）。

戦時中の日本では，「産めよ殖やせよ」の人口政策が取られていたとされるが，ある人口問題の専門家は，30年代にドイツやイタリアを模倣して「産めよ殖やせよ」の標語を掲げはしたが，実際に日本政府は「ほとんど何も」せず，看板を作っただけだったと語る（阿藤 1992a: 45）。ただ人口政策上，結婚を促進する政策は取られ（丸山 1993: 106），多産母を表彰した例もある（柏木 2001: 59）。だが，本格的な人口政策を，平時の現代社会で行なうことには，大きな困難が伴う。

◇**現代政治と人口政策**

子どもをつくるかつくらないか，あるいは何人つくるかは，個人の選択の問題であり[4]，国家がそこに介入することは，個人の自由度が高まった社会では忌避される。「デートもできない警職法」の例をもち出すまでもなく，私生活への政府の介入は市民の反発を招く。90年の調査では，「子供の数が減っていることに対して，国はどうすればよいと思いますか」との問いに対し，「国は積極的に出生増加のための施策をすすめた方がよい」が16.9%に対し，「子供を産む，産まないは個人の問題なので，国が直接出生増加の音頭をとるのはおかしい」とする意見が79.0%に達した（毎日 90.7.8）。92年の国民生活白書で，少子化問題を特集した経済企画庁は，「政府が個人のライフスタイルに口を出すな」と抗議を受けたという（朝日 01.8.17）。経済同友会の少子化対策への提

第2章 人口構成の変化とその政策へのインパクト

言は、「『子供を産み育てること』は家族の問題であり、人口政策の発動についてはアレルギーも強い」、「『プライバシーに国家が介入するのか』との議論もあるが」などと前置きをした上で、「『少子化対策』が必要な局面に入ったものと判断される」と遠慮がちに述べている（経済同友会社会保障改革委員会 2000: 2）。

アイゼンハワー米大統領は人口増加策について、「政治が触れるべきでなく、また、政府の活動や役目ではない」と語っていた（Teitelbaum and Winter 1985＝1989: 118）。カナダのケベック州では、少子化に対応するため88年に、第一子に約4万円、第二子に約8万円、第三子以上には約60万円の出産祝い金を出すことにしたが、「寝室の問題に政治が介入するな」と評判が悪く、同制度は97年に廃止された（朝日 01.2.3）。インドでは76年、インディラ・ガンジー首相が人口抑制策に取り組んだ。首相の次男が先頭に立ち、家族計画推進員にノルマを課して、強制的に不妊手術を普及させようとしたのである。だが、各地で激しい抗議デモが起きて翌年の総選挙で与党は惨敗し、首相は退陣に追い込まれた。以来インドでは、人口政策は歴代政権のタブーとなっている（上田ほか 1978: 204; 朝日 99.9.16）。中国では79年以来、有名な一人っ子政策が行なわれているが、価値観が多様化し、政党間競争のある選挙が保証された国では、ライフスタイルの強制は、政権担当者の死命を制しかねないため、人口政策は困難である。

強制的な手段が取れない以上、人口政策は「誘導」に頼るほかない。90年代以降、少子化対策を取りつづけている日本でも、いくつかの点で従来の少子化対策より踏み込んだ内容の厚労省「少子化対策プラスワン」（02年）さえ、「対策を進める際の留意点」の第二に、「子どもを産むか産まないかは個人の選択にゆだねるべきでことであり、子どもを持つ意志のない人、子どもを産みたくても産めない人を心理的に追いつめることになってはならない」と、慎重に断っている。厚労省の少子化対策企画室長は、「少子化に歯止めをかけること自体が目標ではない」と強調しているという。そして、「意識調査で夫婦が理想と考えている子ども数より、現実の子どもの数は少ない。行政として目指しているのは理想が実現できる環境作り」であると語る（朝日 01.4.20）。

つまり、政府が「産めよ殖やせよ」の音頭をとることはできないが、子ども

表 2 − 4 「完結出生児数」と「理想の子供の数」の平均値の推移

	1972	1977	1982	1987	1992	1997
出生児数	2.20	2.19	2.23	2.19	2.21	2.21
理想	—	2.61	2.62	2.67	2.64	2.53

(出所) 国立社会保障・人口問題研究所「出生動向基本調査」。「出生児数」は，結婚後15〜19年経った妻に対する調査，「平均理想の子供の数」は，50歳未満の妻に対する調査。

を産みたいのに産めない人がいるなら，その人たちが産めるように支援すべきであるし，行政の仕事はそのことに限定される，という考え方である。子どもを生み終えた世代の平均出生児数（完結出生児数）と理想の子ども数は表2−4のとおりだが，国際的にみても日，韓，米，英，タイ，スウェーデンといった諸国の中で，日本は理想と現実の子ども数の差が最も大きい（柏木 2001: 87）。このギャップを埋めるための政策なら，大きな反対は起きないであろう。そこで，「エンゼルプラン」(94年) は，「子どもを生むか生まないかは個人の選択に委ねられるべき事柄であるが，『子どもを持ちたい人が持てない状況』を解消し，安心して子どもを生み育てることができるような環境を整える」とし，坂口力厚労相も「子どもを産む産まないは個人の選択だが，産みたくても産めないという状況は改めなければいけない」と語るのである（朝日 03.9.12)[5]。

◇人口政策の不確実性

だが，強制力をもたず誘導に頼るしかない人口政策は，その効果にも不確実性が伴う。つまり，予算をつぎ込んで政策を行なえば，それに比例して子どもが増えるというものではない。図2−1にも表れているように，欧米諸国の家族政策と出生率の相関は非常に弱い。この問題においては，政策と帰結が1対1で対応していないからである。例えば，生活保護や年金の支給額の増額は，即受給世帯の収入増という「帰結」を産む。ところが，児童手当の増額や保育所数の増加は，出生率の上昇を保証しない。つまり，国民の側の選好やライフスタイルが変わるというステップが，政策と帰結の間に挟まっているのである。そして，この選好の変容には時間がかかり，少なくとも短期的には政策の有効性はきわめて低い。90年代に入って，日本政府は一貫して少子化対策を打ちつづけているが，出生率は低下の一途を辿っている。避妊と人工妊娠中絶を禁止

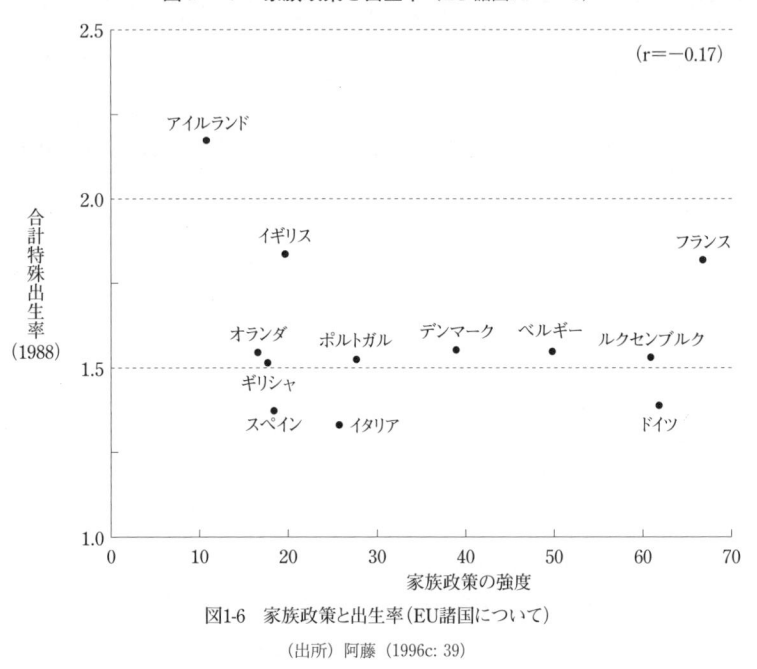

図2－1　家族政策と出生率（EU 諸国について）

図1-6　家族政策と出生率（EU諸国について）

（出所）阿藤（1996c: 39）

して，出生率の回復を図った社会主義時代のルーマニアでさえ，「出生率が低下するのを一時的に食い止めただけに終わった」（ディチリ会議 1973: 17）。

また，ごく最近まで日本における少子化の最大の原因は，非婚化・晩婚化であった。すなわち，「出生率低下というとすぐに DINKS が増えたとか一人っ子が増えたとか言われ」るが，実は「結婚しなくなったこと」が出生率を下げてきたのである（阿藤 1992a: 33; 1992b: 50-54）。現に，上掲の表2－4のとおり，結婚したカップルの間に産まれる子どもの数は，70年代から平均2.2前後で，長期間にわたり安定的に推移してきた[6]。

だが，非婚化・晩婚化が少子化の原因だとしても，政府の力で国民を「結婚させる」ことも難しい。過疎地域を中心に，結婚奨励策をとる地方自治体もあり，02年には「少子化社会を考える懇談会」の中間報告が，「家庭を持つための伴侶をもてるように，市町村を中心に広がりつつある『出会いの場づくり』を支援することを考えて良いかもしれません」と結婚対策に言及したのを受け，

そうした自治体に国が補助金を出すことが決定された。だがこれも、結婚する意志はあるのに出会いがない人に、自治体が出会いの機会を提供するだけで、結婚したくない人を結婚させることは政府にはできない。総理府の調査によると、未婚女性で「結婚した方がよい」とする者は、71％（72年）→55％（84年）→22％（90年）、「どちらでもよい」が21％→38％→75％と推移しており（厚生省大臣官房政策課監修 1994: 94）、結婚「しなくてもよい」女性が著増している。こうした社会規範の変容に対して政府が行ないうることは、きわめて限られている。

なお、独身者の出会い支援事業を行なっている自治体の中には、その後、カップルが誕生したかどうかは「プライバシーなので調べていない」という自治体もある（朝日 02.11.29）。つまり、こうしたデリケートな問題を含む人口政策とは、「行政評価」すら困難な政策なのである。

経済界も、「出生率低下の主因が晩婚化」だが、「結婚は各人が自分の考えで決定することである。政策が対応可能なことは、結婚への意思決定について、心の中で『何か気にかかる』いくつかの即物的な問題を解決することであろう」（経済同友会社会保障改革委員会 2000: 47）としている。世論調査でも表2－6のように、障害を取り除くことを期待する者が最も多い。

政党間競争のある自由民主主義体制においては、人口政策は政権担当者にとって、きわめてリスクが高い政策であり、行ない得るのはせいぜい、市民の反

表2－5　男女の出会いを進める県

	開始年度	県費	成婚件数
青森	2002	300万円	―
茨城	2001	2800万円（2カ年分）	未把握
富山	2001	320万円（1カ年分）	未把握
岐阜	2001	607万円（2カ年分）	3
鳥取	1999	1800万円（4カ年分）	3
島根	1999	1900万円（3カ年分）	7
岡山	1997	1531万円（6カ年分）	11
佐賀	2000	1900万円（3カ年分）	未把握

（出所）『朝日新聞』2002年11月17日

表 2 − 6　少子化対策についての意識　(単位：%)

	結婚・出産そのものを奨励	結婚・出産を阻む社会経済、心理的要因を取り除く	個人の問題なので何もするべきではない
男性	20.1	55.3	16.0
女性	17.3	58.1	1.8

(出所) 総理府「少子化に関する世論調査」(1999年)

発を招かないような「誘導」によるものであるが，そうした政策は不確実性も高い。その点で人口政策は，例えば「護送船団方式」といわれたかつての金融行政や，通産省による産業界への行政指導などとは，きわめて性格を異にした政策であり，国家と市民社会の関係を考える上で，もっと政治学が注目してよい政策であるように思われる。

◆人口政策の効果

ただ，人口政策の不確実性が大きいといっても，政策が人びとの行動に影響を与えないわけではない。むしろ逆の事例も多い。欧米先進諸国の出生率は，60年代にほぼ一斉に低下を始め，70年代に人口置換水準を大きく下回ったが，80年代半ば以降，低下を続ける南欧諸国，反騰する北欧諸国・アメリカなど，低迷を続けるドイツなど，といった具合に多様化した。そして，80年代の出生率の下げ止まり・反騰の背景には，各国の家族政策の影響もあるとされる（阿藤 1996b）。

実際，政府の政策が，結婚や出産といった国民の行動に影響を与えた例は多い。例えば，第2次大戦後フランスに帰属し，その手厚い家族政策の恩恵を受けていたザール州が，西ドイツに移りドイツの家族法の下に置かれると，ドイツで出生率が最も高い地域から最も低い地域へ転落した。また，56〜74年にはほぼ同一の軌跡を描いていた東西ドイツの出生率は，75年に東ドイツが出生政策を導入するや大きく乖離した（阿藤 1996b: 8）。中華人民共和国成立直後，中国で女性を束縛する封建的婚姻制度の廃止をめざし，婚姻の自由，一夫一婦制，男女平等をうたった婚姻法が成立し，同時に婚姻法貫徹運動が展開されたため結婚ブームが起こり，50年代前半には出生率の急上昇を招いた（若林 1989: 68）。

先述したケベック州の出産祝い金制度も，追跡調査によると制度が施行されていた9年間に出生率は12％上昇しており，しかも第一子では10％だった上昇率が第三子では25％と，金額の多寡も影響していた（朝日 01.2.3）。また，スウェーデンでは89年の新家族法で，同年中に結婚した女性より，90年以降に結婚した女性が遺族年金において不利になるため，89年には全年齢層で初婚率が突然大きく上昇した（津谷 1996: 53）。

以上の例にみられるように，政府の政策は，結婚や出産に対して，インセンティヴにもディスインセンティヴにもなりうる。結婚や出産は，その社会の文化や伝統にある程度規定されるとはいえ，それは「国民性」というほどスタティックなものではなく，政策の影響によって大きく，しかも比較的短期間に変化する。結婚する，あるいは子どもをつくる，といった市民の選好が，政策や制度の影響を受けているのである。

◇スウェーデンの経験

とはいえ，人口政策には不確実性が伴う。また，効果が現れるには時間もかかる。出生児数が増えたとしても，彼らが労働市場に参入し，納税者や社会保障費用の負担者となるには，さらに時間を要する。そこで政府は，上述の諸課題への対処法として，他にもいくつかの政策オプションを探ろうとする。

例えば，70年代に少子・高齢化に伴う諸問題が顕在化したスウェーデンでは，将来の労働力不足や社会保障負担の問題を，国家的に考える機運が高まった。そのとき同国は，外国人労働者の受け入れ，女性の就労促進，時短を通じた中高年の雇用促進，年金受給年齢引き上げ，大幅増税などで対処しようとした。その過程で出生率の引き上げを実現し，高齢化のピークを乗り切りつつある。外国人労働者も人口の約9％を導入したが，これを日本に当てはめると1100万人に相当する（岡沢 1994: 14-27）。

中でも特に重視されたのが，女性の就労促進である。スウェーデンでは，80年に1.68まで合計特殊出生率が低下したが，80年に公的児童福祉プログラムなどの導入により，女性の社会進出を支援し，同時に出産しやすい環境づくりを図った結果，低下していた合計特殊出生率が急上昇し，ピーク時の90年には2.1を超えた。だが90年代にはこの政策にブレーキがかかったため，再び減少

に転じて2.0を下回り，2000年には1.54まで下げている（阿藤 1996b: 4-5; 増淵 2000: 188）。

◈いくつかのシナリオ

　日本においても，税制や社会保障制度の見直しを進めると同時に，高齢者，既婚女性の就労を促進するという方向へ進むことが予想される。そして，さらには外国人労働者の導入が，政策課題として検討されるであろう。

　例えば経済同友会は，「労働力確保，社会保障システムの維持のためには，①高齢者雇用の拡大，②一層の女性の社会進出の促進，③少子化対策，が必要となる，④さらに外国人労働者問題も本格的な検討が必要となる」としている（経済同友会社会保障改革委員会 2000: 8）。日経連は，「人手不足への対応策」の中で，「多くの潜在労働力を掘り起こせ」として，「フロー型人材の活用と雇用の多様化，高年齢者・女性・中途採用者の活用，海外の生産拠点の設立」を挙げる（日経連「労働力・雇用問題研究プロジェクト」編 1992: 12）。また，「人手不足の時代を乗り切るために」（92年）で日経連は，家庭にある就業希望の女性約600万人を労働市場に引き出す計算をしていた（相沢 1994: 84）。経企庁「国民生活研究会」（座長・八代尚宏上智大教授）の中間報告（98年）は，高齢者の就業率を上げ，育児期女性の就業率が上昇するよう保育所を現状の3倍程度に増やすと，現状のままなら97年より4.7％減る2020年の労働力人口が2.7％減にとどまると試算する。同報告は，大卒女性が保育所を利用して働きつづける場合と，出産から子どもの小学校入学まで離職する場合のそれぞれの生涯所得も試算し，保育所整備が行政側にも税収増のメリットをもたらすと指摘している（朝日 98.12.18）。日本のみならず多くの先進国で，人口減少に対応するために母親の就労が必要であるという議論が行なわれている（OECD 2001: chap.4）。

　要するに政府は，前章でみた労働市場柔軟化と同時に，人口減に備えて労働力供給の算段をしておく必要があり，また現役世代と引退世代の比率を考慮すれば，女性にもっと子どもを産んでもらいたいという選好ももつ。終戦直後の産児制限時代以来，出生率には関与しない姿勢をとってきた（阿藤 1992a: 25）日本政府にとって，これは新しい課題である。しかも，直接的な出産奨励策は，世論の反発があって取れないため，各種の「誘導」に頼らざるを得ず，ゆえに

政策の不確実性は大きい。度重なる少子化対策にもかかわらず，出生率が傾向的に低下しつづけるのは，この不確実性の反映である。

さらに，もう一つの政策課題である「平等」も関係する。すなわち，女性の社会進出が一定ていど進み，性別役割分業が厳しく問われるようになった現代社会では，出生率上昇のために「女性は家庭へ」ということは，もはやできなくなっている。国内外の運動の力もあり，そうした議論は公共の言説空間からは相当ていど締め出された。例えば，経済同友会の少子化対策の提言は，「女性の社会進出が続き，晩婚化が少子化の大きな原因となっている」が，「『女性は家庭において家事，育児を担当』と主張できる時代でもない」と述べ，少子化対策は専業主婦世帯を中心に考えるのではなく，共稼ぎ世帯のための環境整備が必要だとしている。さらに，「生産人口の減少に対して女性の一層の社会進出が必要でもある」という認識も示し，「現在女性が安心して子育てと仕事を両立できる環境が整っていないことが問題」だと述べている（経済同友会社会保障改革委員会 2000: 3; 17）。

◇ **女性の就労と出生率**

女性の就労を促進することと，出生率を上昇させることは，一見，矛盾しそうに思われるが，図2－2のとおり，国際比較によれば，女性の労働力率は出生率とほぼ正比例の関係にある。1930年生まれの母親では，労働力率が高い国ほど出生率は低いが，60年生まれの母親では両者が正比例しているので，これは新しい傾向である（増淵 2000: 189）。30年を経て，既婚女性の選好が変化したため，かつては女性が就労しない国ほど子どもが生まれていたが，今では逆になったのである。今や，女性の社会進出を促進し，子育てをしながら働きやすい環境を整備することが，短期的にも，中長期的にも労働力不足への対策となりうるし，税や社会保障の負担者を増やすことにもなるのである。そしてこのことは，経営者団体にも意識されている。曰く，「国際比較統計によれば，女性にとって働きやすい環境であるほど合計特殊出生率は高い」（経済同友会社会保障改革委員会 2000: 3），と。

日本国内でも，女性の平均勤続年数が長い県ほど，合計特殊出生率が高い（小倉 2001）。こども未来財団（厚労省の外郭団体）の調査では，片働き夫婦

第2章 人口構成の変化とその政策へのインパクト

図2－2 女性（25～34歳）の労働力率と合計特殊出生率（国際比較）

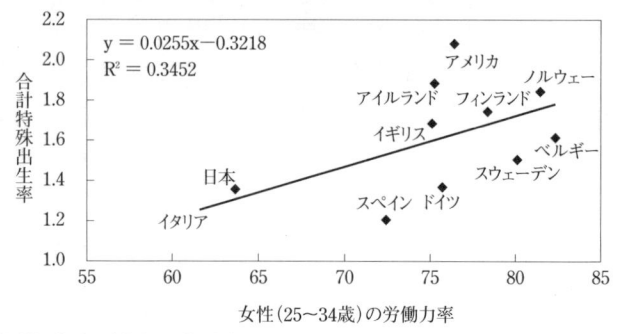

$y = 0.0255x - 0.3218$
$R^2 = 0.3452$

資料出所 ILO, *Yearbook of Labour Statistics*, 2000
Council of Europe, *Recent demographic developments in Europe*, 2000
CDC, DHHS, *National Vital Statistics Report*, April 17, 2001
日本は，厚生労働省『人口動態統計』
男女共同参画会議「影響調査専門調査会報告」より

の子ども数2.01人は，共働き夫婦の2.19人より少ない（「平成12年度子育てに関する意識調査事業調査報告書」01年）。背景として育児の精神的負担が注目されている[7]。

経済成長の鈍化に対しても，女性の社会進出は一定の歯止めになる（Gustafsson 1984: 141; Schmid 1994: 276, n.9; 橘木 2000: 63）。高齢化に伴う社会保障支出を懸念する立場からも，女性の就労が増えることは好ましいはずである。現在，国民年金第一号被保険者の保険料未払いが問題化し，制度の空洞化がいわれているが，数からいえば未納者よりも第三号被保険者として保険料を免除されながら受給資格がある者の方が多い。この人びとが保険料を負担すれば，年金財政は劇的に改善する。こうした意味で女性の社会進出は，しばしば指摘される「平等」や「男女共同参画」とのみ関係しているわけではない。つまり，女性の就労を促進することは，これから迎える超高齢社会における「現役」労働者を増やすことでもあり，女性雇用の促進は，経済成長にも，税収の確保にも寄与するため，政府や経済界が女性の就労に注目しているのである。

◇**少子化対策の進展**

こうした事情を反映して，「両立支援」という語が定着しつつある（表2－7）。仕事と子育ての「両立」を支援することは，「女は家庭へ帰れ」とは，明

表2－7　全国紙の見出しにおける「両立支援」の登場回数

年	1994	1995	1996	1997	1998	1999	2000	2001	2002
朝日	5	1	2	16	13	16	13	48	17
産経	4	1	4	1	2	5	5	18	4
毎日	2	5	7	12	13	10	22	43	14
読売	3	1	2	1	3	23	21	52	37
計	14	8	15	30	31	54	61	161	72

らかに異なる方向性である。第7章でみるように，少子化問題が社会に認知されはじめた当初，女性の社会進出が少子化をもたらしているといった政治家の発言が相次いだ。今もそうした言説は皆無とはいえないが，政策の基調はむしろ，女性の社会進出を前提として，仕事と育児の両立を支援することで，子どもを産んでもらおうという方向に比重を移した。そしてそれに対応して，男性にも育児参加を呼びかけるようになってきた。

大きな転換点の一つは，98年の厚生白書である。初めて女性が中心執筆者となり，「少子化」を特集して話題を集めた同白書は，母性の過剰な強調が母親に過大な責任を負わせたと指摘し，父親の育児参加を訴えた。以後，政府から男性の育児参加や働き方の見直しを奨励する言説が多く現れる。99年に厚生省は，若者に人気のある歌手・安室奈美恵の夫（当時）と長男を起用し，「育児をしない男を，父とは呼ばない。」というキャッチコピーのポスターを10万枚作製，全国の自治体に配布した。同ポスターは，大都市圏の地下鉄構内にも掲示されたほか，厚生省は新聞や雑誌に広告を出し，テレビやラジオでも広報を行なった（厚生白書 1999: 247; 朝日 99.3.2 夕）。労働省は99年度から，働きながら育児や介護ができるよう配慮している企業を「ファミリー・フレンドリー」企業として表彰しはじめた。これらはいずれも，上の路線に基づくものである。99年に発表された「新エンゼルプラン」は，出生率低下の背景として，固定的な性別役割分業を前提とした職場優先の企業風土や，仕事と子育ての両立の負担感の増大などを挙げ，その制約を取り除くことが重要だとしたが，これは「エンゼルプラン」（94年）には見られなかった視点である。

01年，内閣府男女共同参画会議の初会合で森喜朗首相は，「少子化の進行の要因のひとつは仕事と家庭の両立が困難であることだ。女性も男性も家庭生活

における活動と仕事を両立させ，安心して子育てができる社会を築くことが緊急の政策課題だ」と述べ，両立支援の処方箋を示すよう指示した（朝日 01.1.24）。その後，同会議の下に「仕事と子育ての両立支援策に関する専門調査会」（会長・樋口恵子東京家政大学教授）が，森首相の「強い要望で」（樋口 2001: 14）設置され，報告書もまとめられた[8]。「仕事と子育ての両立支援」を早急に取りまとめるという点は，森首相の施政方針演説にも入った。その後，小泉首相の所信表明演説，さらに経済財政諮問会議のいわゆる「骨太の方針」にも，待機児童の解消が盛り込まれた。小泉政権下で，緊縮型となった02年度予算の概算要求においても，「重点7分野」に，環境やITとともに，「少子高齢化」が入った。「少子化対策プラスワン」では，「子育てと仕事の両立支援」という従前の対策に加え，四つの柱の一つに「男性を含めた働き方の見直し」がうたわれ，そのため男女別育児休業取得率の目標値（男性10％，女性80％）が設定され，子育て期間中の残業時間の縮減，子どもが産まれたときの父親の最低5日間の休暇取得の促進などが盛り込まれた。03年に成立した次世代育成支援対策推進法は，自治体と従業員数300人を超える企業に，05年度から10年間の少子化対策の行動計画づくりを義務づけた。

経済界でも，例えば日本経団連が「わが国経済社会の将来にとって，子どもを育てながら働き続けられる環境を整備すること」が「大きな鍵を握って」いるとし，「子育て環境整備を通じて，女性の労働力を積極的に活用していく必要がある」，などと語っている（日本経済団体連合会「子育て環境整備に向けて――仕事と家庭の両立支援・保育サービスの充実」03年）。

3　外国人労働者の導入

◇労働力不足問題と外国人労働者

ここまで少子化問題についてみてきたが，人口構成の逆ピラミッド化への対応は，子どもを増やすことだけではない。少なくとも子どもは，生まれてから労働市場に入るまで，十数年から二十数年は，逆に社会の負担でさえある[9]。より手っ取り早いのは，既に成人している労働力を，労働市場に充当することであろう。今後の「現役世代」の減少基調を考えれば，従来利用されていなか

表 2 − 8　先進諸国の65歳以上労働力率（%）

	日本	アメリカ	イギリス	フランス	ドイツ	イタリア	カナダ	オーストラリア
男子	38.2	15.9	8.4	2.6	5.1	8.1	11.0	9.2
女子	16.7	7.7	3.1	1.4	2.0	2.2	5.3	2.3

（出所）ILO, *Yearbook of Labor Statistics*, 1993. 英，独，仏，伊は1991年，他は1992年。独は旧西独地域。

った層に，労働力としての期待がかかるということになる。高校や大学への進学率が大幅に低下する可能性が低いとすれば，大きなグループとして考えられるのは，高齢者，既婚女性，そして潜在的には外国人といえるであろう。89年の労働白書は，高齢者雇用と女子パートタイム労働者の問題を特集したが，それは，今後「労働力人口全体の伸びが鈍る」中で，「もう少し高齢者や，主婦を中心にした女子パートタイマーの就業ニーズに合った形で就業できる環境を整備していくことが重要になってくるのではないか」という労働省の判断による（和田ほか 1989: 20）。

　仮に，外国人労働者を大量に導入するというシナリオが実現されていれば，既婚女性への企業の期待や政府の施策も異なっていたことが予想され，それを反映して，彼女たちの就労行動も違ったものになっていたと思われる。表2−8にみられるとおり，日本の高齢者は国際的にみてもきわめて労働力率が高い。しかし，外国人労働者を日本はあまり受け入れていない。そこで，潜在的には既婚女性と競合する可能性があるこの外国人労働者について簡単な考察を行なう。

◇ヨーロッパの経験

　日本ではこれまで，ヨーロッパの多くの国で採られてきた外国人労働者の大量導入という対応策は採られずにきた。それは以下でみるとおり，日本の政府も経済界も，外国人労働者の導入に伴う社会問題化を，警戒をしてきたからである。

　高度成長期に大量の外国人労働者を導入した国はたいてい，70年代には移民規制策をつくり，移民労働者を「失業の輸出」のターゲットとしたが，それでも家族の呼び寄せで逆に外国人が増えた国もある（Cohen 1982: 26; フュルステンベルグ 1989: 30-31; 仲 1990: 144）。ヨーロッパ諸国が学んだ教訓は，「物事を

終えるよりも始めることが簡単であるということだった」(Teitelbaum and Winter 1985=1989: 117)。

　ヨーロッパの経験を知らないわけではない日本の政府や経済界は，外国人労働者が増えることによる社会問題化を長らく懸念しており，移民の本格的な導入には踏み切らなかった。労働省は，外国人労働者が5～10年定住し，家族が増えた場合，所得税や住民税など政府や自治体の収入となる「社会的便益」に比べ，住宅，医療，教育などにかかる「社会的費用」はその4.7倍になると試算している（朝日 00.9.30, 夕）。高度成長期には，「民族移動」と呼ばれるほど大量に農村から都市へ労働力が流入したこともあり，労働需給が逼迫しても，外国人労働者導入の選択肢は採られなかったのである。

◇**高度成長期**

　ただ，高度成長期には産業界が単純労働者の合法的受け入れを政府に要請したことがあった。当時，労働力不足は深刻であったが，政府は「外国人労働者を受け入れると国内の女性や高齢者など弱い立場の人びとの就労機会が彼らに奪われ，日本人の雇用不安を招く」と反対した（篠塚 1993: 228）。実はこのとき，早川崇労相が韓国からの労働力移入を強く主張したが，当時の三治重信労働事務次官は，「外国からの労働力移入は慎重にやるべきで，特殊なものに限るべきだと極力反対し」た。結局，佐藤首相と会談した早川は，「総理も君と同じ意見だったよ」といい，その話はなくなったという（三治 1977: 132）。

　そして，第一次の「雇用対策基本計画」を決定した67年3月の閣議で早川は，「求人難が強まるとともに，産業界の一部に外国人労働者の受入れを要望する声があるが，わが国では依然として中高年齢層の就職問題等があり，すべての労働者の能力が十分生かされておらず，西欧諸国とは雇用事情が異なるので，現段階においては，外国人労働者をとくに受け入れる必要はないと考えられる」と述べた（有馬 1967: 47）。政府のその姿勢は，その後も受けつがれた。

◇**バブル期における政府の対応**

　しかしその後，バブル景気に伴う人手不足に際し，もう一度この問題が浮上する。

労働省が87年12月に立ち上げた「外国人労働者問題研究会」(座長・小池和男京都大学経済研究所長) の報告書 (88年3月) は，雇用政策の面から外国人労働者問題に対処する必要性を，受け入れ範囲の拡大と受け入れ体制整備の両面から提起した。だが，89年入管法改正に大きな役割を果したとされる同報告書は，「いわゆる単純労働者」については，「従来どおりの方針」を維持するとした。(労働省職業安定局編著 1995: 46; 井口 2001: 27-29)。88年5月に閣議決定された「世界とともに生きる日本——経済5ヶ年計画」も，不法就労の「社会問題化」に言及した上で，「我が国社会を世界に対しより開かれたものとしていくためにも，当面，専門的な技術，技能を有する外国人については，可能な限り受け入れる」一方，単純労働者には従来どおり慎重に対応する旨の基本方針を定めた（労働省職業安定局編著 1995: 18）。同年6月の「第6次雇用対策基本計画」も，「専門，技術的な能力や外国人ならではの能力」をもつ人材の受け入れには積極的だが，「外国人の不法就労」の「急増」と「これに係る労働法関係法規違反」に加え，「国内労働市場や社会生活面への悪影響など，広範な分野において問題が生ずるおそれ」に言及し，単純労働者については「諸外国の経験や労働市場を始めとする我が国の経済や社会に及ぼす影響等にもかんがみ，十分慎重に対応する」と述べるにとどまった（労働省職業安定局 1991: 96）。この方針は，92年の「生活大国5ヶ年計画」でも引き継がれた。

89年改正（90年施行）の出入国管理及び難民認定法は，在留資格の種類を18から28へ拡大したものの，単純労働は従来どおり在留資格に含めなかった。また同改正法で，不法就労助長罪が新設されたほか，職業安定法施行規則の改正（93年）など，取り締まり強化の方向が示された。法務省入国管理局は，不法就労防止のキャンペーンを89〜92年に3度行ない，92年には法務省，労働省，警察庁の3省庁で局長をメンバーとする「不法就労外国人対策等関係局長連絡会議」と，課長級をメンバーとする「不法就労外国人対策等協議会」の会合を定期的に開き，不法就労者の増加に総合的に対応する取り組みを始めた。このときの出入国管理法改正で，労働者だけでなく就労させた使用者も処罰されることになったことが，中小企業などが日系人労働者の求人を増やすきっかけになった（NHK新・日本人の条件プロジェクト 1992: 105; 朝日 92.2.7; 00.9.30, 夕）。

また，労働省が90年に設置した「外国人労働者が労働面等に及ぼす影響等に

関する研究会」の報告書（91年）は，①経済的側面：経済成長率は高まるが，「外国人労働者も条件のいい職種に移動する傾向があることから，外国人労働者により部門別の労働力不足を解決できるという考え方は，必ずしも現実的でない」，②社会的側面：「西欧諸国では，就労，住宅等に関する一定の要件を満たしていれば，家族の呼び寄せを認めることが通例」で，それに伴い「外国人労働者の定住化は一層進行し，教育，住宅，保健衛生など広範な分野について，社会的コストが発生」し，帰国促進策も「効果をあげていない」と，受け入れに消極的である（労働省職業安定局編著 1995: 3-4）。90年に発足した「労働力供給構造の変化に対応した雇用政策のあり方に関する研究会」の報告書「労働力不足時代への対応」（91年）も，労働力不足基調で推移する今後の見通しを示しつつ，「専門・技術的な能力や外国人ならではの能力を有する」者は「可能な限り積極的に受け入れる」が，単純労働者については「十分慎重に対応していく必要がある」（労働省職業安定局編 1991: 3; 20-21）とした。92年から労働省の中央職業安定審議会（会長・高梨昌信州大学教授）の外国人雇用対策部会で検討が始められ，93年に建議が行なわれたが，一番のポイントは，既にいる外国人労働者をめぐるトラブルへの対処で，今後の受け入れ方針を示すものではない（中央職業安定審議会「今後の外国人雇用対策の方向について」『労働法律旬報』1307号，1993年，40〜44頁に所収）。

　ちなみに当時，労働省の専門部会は，50万人の外国人を受け入れた場合，単身で働く時期なら保健衛生や社会保障の費用は約800億円，彼らが納める税・社会保険料は3200億円だが，定住化が進み，夫婦で学齢期の子ども2人と暮らす時期になると，住宅対策費や教育費も増え，1兆4000億円余りの社会的費用となり，逆に税・保険料の支払いは3000億円弱に減る，との試算を行なった（NHK新・日本人の条件プロジェクト 1992: 117）。

　バブル期の事務次官も，消極的である。高度成長期に受け入れ論を拒んだことを紹介し，「しかしいま，世界経済の主役になってきて，果たして同じことがいえるのかどうか。しかも，日本企業は海外へどんどん進出していく。……そういう面での一種の相互主義は当然考えていかなければいけない」と語る小粥義朗次官も，それは「一種の専門的，ホワイトカラーについて」で，単純労働者を「いまの仕組みのままで受け入れると，絶対に弊害しか生まれないから，

単純労働者の受け入れについての考え方は変らない」と語る。というのも,「欧米の苦い経験」によれば,「一時は帰ってもらうための奨励制度などをつくったりしてやってきたが,第二,第三世代の子供ができて,しかも生活空間を持つようになると,いろいろ社会的問題を生むようになってくる」し,「人のいやがる汚いダーティーワークを,そういう外国人労働者にやらせる,という差別が出てきている。それを日本が真似した場合に,そういう一種の差別問題を起こさない保証は,正直いってない」からである(週刊労働ニュース 88.1.1)。白井晋太郎次官も,「国際化の中で,門戸を開放していかなければいけない面は確かにある」としつつも,「何でも全て開放していいというところまでは,ちょっと言えない」,「やはりこれは社会問題だと思いますね。社会福祉の問題,文化的な問題もありますし,極端に言えば治安の問題もあるわけです。そういう面から言えば,やはり従来の線は守っていかなければならない」,「全部の門戸を開放したら,みんな日本に来ますよ」と語る (仲 1990: 293-294)。清水傳雄次官も,「外国人労働者受け入れで単純就労まで広げる考えは」と問われ,即座に「ない」と答えている(週刊労働ニュース 92.7.13)。

◇**経営者団体の対応**

だが,バブル期には「人手が足りない,今時の若い者は汚くつらい仕事を嫌がる」という理由で,中小企業から外国人労働者の雇用制限緩和を求める声が強かった(山本博 1993: 4)。実際,関東地方の従業員20人以下の事業所への調査(92年)では,59%の企業が人手不足が深刻と回答し,5社に1社は外国人労働者を今後も雇用したいと回答した(NHK 新・日本人の条件プロジェクト 1992: 65)。しかし,このように中小企業から,外国人労働者への期待が高まっていたとはいえ,バブル期における経営者団体の反応は,単純労働者導入に消極的であった。

経済同友会の「これからの外国人雇用のあり方について」(89年3月)は,「外国人と『共生』できるようにするために,政府,企業,地域社会,個人の各レヴェルにおいて,制度や意識を改革する努力が必要」としているが,その具体策が示されない一方で,「不法就労をさせた雇用主及び斡旋業者への厳しい罰則を課す制度が必要」と,むしろ取り締まりの強化を訴えている(労働省

職業安定局 1991: 67)。90年の日経連『労働問題研究委員会報告』は，「外国人労働力の問題に関して最も重要な点は，近視眼的に当面の労働力需給を中心に考えるべきではないということであろう。謙虚に各国の経験から学べば，単に労働力が不足だから外国人労働力をといった発想は，根本的に誤り」，「対応の遅れている不法就労者問題については，関係省庁が十分に連携し，今回の出入国管理法改正の意を体し，不法就労の根を絶つような適切な措置を」（労働問題研究委員会（日経連）編 1990: 38）と述べる。いずれも，導入のメリットより，社会問題化のデメリットに関心をもっている。日経連はその後も，外国人労働者受け入れは「わが国の将来を大きく左右する国家的な大問題」とし，「外国人研修生の積極的受け入れを図る」としつつも，基本的スタンスは，専門的技術・技能・知識を有する者は受け入れる一方，「現時点において，労働力不足解消のために単純労働者の受け入れ枠の拡大を現行法制度の受け入れ範囲を改めてまで安易に認めるべきではない」，「現下の労働力需給逼迫状況は，中小企業等わが国企業の労働条件改善のためのチャンスであり，安易に外国人労働者に依存すべきではない」というものであった。ここには，60年代に外国人受け入れを求める声が高まった際に受け入れなかった結果，「賃金・労働時間等労働条件の改善，合理化・省力化投資等が行われ，労働生産性の上昇を遂げ」，「今日のわが国企業の強い競争力」を築いたとの認識がある。社会問題化への不安も隠さない。曰く，「西欧諸国の先例を見るまでもなく，いったん外国人を受け入れてしまえば，たとえ不況になり失業者が溢れたからといって，一方的に彼らを帰国させることは到底不可能であり，結果的に家族の呼び寄せ，定住という事態」に及び，「社会保障，教育，住宅，治安等々に要する社会的コスト」は莫大になり，「これは国民一人ひとりの負担になる」が，この点で「国民的なコンセンサスはなんら得られていない」，「現在のわが国の社会的土壌から判断すれば，仮りに外国人労働者を受け入れたとすると，人種差別・人権問題，あるいは文化，宗教，生活習慣等の違いからさまざまな摩擦が生ずることは予想に難くなく，むしろ中・長期的には容易ならざる問題のみを後世に残すことになりかねない」（日経連「労働力・雇用問題研究プロジェクト」編 1992: 3; 12; 98-100)，と。経団連の「日本経済調査協議会」も，外国人労働者の受け入れは，彼らの「基本的人権を認め，日本人と対等な人間として日本の社会に受け入れ

るということ」だから,「労災補償,医療保障など公的諸権利を保障する」などと,一見,受け入れに積極的に見えるが,「それだけの用意が制度的・政策的にも,また社会的価値観としても整っていない現状において,安易に外国人労働者を導入すれば,かえって深刻な事態を引き起こすことは明白」だから,「導入には慎重な態度が望まれる」としている。「長期的には移民法を設置し,外国人の日本定住へのルールを明確化」し,「関連諸法規を外国人の存在を前提として全面的に編成し直す必要がある」とはいうが,具体的な時期に言及があるわけではないので,短期的な予想の方が本音であろう(NHK新・日本人の条件プロジェクト 1992: 131-132 より再引)。

他方,毎年7月に中小企業経営者の立場から「労働政策に関する要望」をまとめ,労働省など関係省庁に提出する東京商工会議所は,バブルのピークにあった90年の「要望」の柱を人手不足問題とし,若年労働力の減少に伴って予想される人手不足への対応として,「高度な技術・技能以外の一般労働分野への外国人労働者受け入れ体制」の早期確立を求めた(週刊労働ニュース 90.7.23)。翌91年にも東京商工会議所は,労働省など関係省庁に,未熟練労働者を含む外国人労働者の受け入れを求める「労働政策に関する要望」を提出した(週刊労働ニュース 91.7.23)。

これらをみるに,中小企業と大企業のスタンスには違いがある。当時の調査で,いわゆる単純労働者を「積極的に受け入れるべきだ」は8.7%に対し,「条件付きで受け入れてもよい」39.5%と「今後とも控えるべきだ」39.4%は拮抗しているが,東証一部上場企業に限ると,「条件付きで受け入れてもよい」は39.6%で平均と変わらないものの,「今後とも控えるべきだ」が50%に上昇する(法務省入国管理局「外国人就労をめぐる実態意識調査」89年)。

◇ **その後の政府の姿勢**

ポスト・バブル時代にも,労働省は外国人労働者問題の報告書を出しているが,いずれも現状分析が中心で積極的な提言はない(労働省職業安定局編著 1995; 1997)。少子化特集の98年版厚生白書も慎重である。曰く,「外国人の受け入れについては,安易な考え方に立ってなしくずし的に行われることのないよう」十分議論すべきで,「仮に外国人の受け入れを考慮するとしても,出生

率の低下を補完できるほどの急速かつ大規模な受け入れ」をすれば,「言語や文化の違いによる様々な摩擦の発生を覚悟しなければなら」ず,「受け入れ体制の整備など社会的な費用負担の発生,景気変動に伴う失業の発生など様々な影響が懸念され」,「受け入れるとすれば解決すべき問題も多い」(厚生白書 1998: 16),と。「第九次雇用対策基本計画」(99年)も,専門的,技術的分野の外国人受け入れに積極姿勢をみせながら,「いわゆる単純労働者」の受け入れには,「経済社会と国民生活に多大な影響を及ぼす」などの理由で,「国民のコンセンサスを踏まえつつ,十分慎重に対応することが不可欠」との姿勢を変えていない(労働省編 2000: 65-66)。「海外の優れた人的資源の活用」を提唱し,専門的・技術的労働者を受け入れるための諸施策を提言した03年の通商白書も,「単純労働者の受入れには,国内の労働市場の二層化を生じさせると同時に,景気変動に伴い失業が発生しやすくなる」などとして,「国民のコンセンサスを踏まえつつ,十分慎重に対応することが不可欠」と,従来の姿勢のままである(通商白書 2003: 123-140)。

◇割れる経営側の意見

　近年は,大企業経営者の中にも,単純労働者受け入れへの積極派が出てきている。代表格は,奥田碩日本経団連会長であろう。

　99年,日経連トップ・セミナーにおいて,普勝清治全日空最高顧問が,「雇用安定には(外国人という)バッファーが必要」と説明したのに続き,奥田日経連会長(当時)も,「わたしは,積極派だ。日経連としても早急に結論を出すべきだ」と単純労働者受け入れに意欲を示した(朝日 99.8.7)。01年の同セミナーでは,外国人労働者問題が活発に議論された。大國昌彦王子製紙会長が,「日本はまもなく人口が減少する時代を迎える。そろそろ移民問題を考えるべきだ」と発言,奥田会長も「日系ブラジル人などにいわゆる3K職場を守ってもらっている現実がある。だれかがやる必要があるのなら外国人に頼むしかないのではないか」と述べた。これに対し茂木賢三郎キッコーマン副社長は,「3K問題は賃金水準など価格メカニズムを使って解決するしかない」と指摘,西室泰三東芝会長も,「移民は避けるべきだ」と慎重論を展開した(朝日 01.8.4; 日経連タイムス 01.8.9)。

3 外国人労働者の導入

　奥田は別の場でも，外国人労働者受け入れに積極的な姿勢を示しており（週刊労働ニュース 01.1.15; 日経連タイムス 01.1.18），慎重姿勢を見せる鷲尾悦也連合会長に対し，労働力人口の減少に備えて早目に手を打つべきだとして「高年齢者，女性，外国人の活用」を強調している（日経連タイムス 01.1.25）。また彼は，日経連の労働問題研究会の報告書が外国人問題について，「検討すべき時期に来ている」と述べるにとどまり，そこから先に進んでいないとして，その理由を「アドバイザーの先生が4〜5人いるが，意見は半々ぐらいに割れている。もろ手を挙げて賛成という人もいるけれども，結局，消極的に反対する人がいるんだ」と，不満を表明している（奥田 2000: 13）[10]。奥田は日経連副会長時代から，「出生率の上昇が難しいなら，それに代わる方策はないのか」，「それには日本への移民を認めるしかない」と主張していたが，同時に日経連内で「この主張が異端児視されている」ことも認めていた（奥田・前田 1998: 340）。

　経済同友会の少子化問題についてのレポート（2000年）も，「中長期的」には「受入れの増加を原則と」することを提言した。曰く，少子化対策が仮に上手くいっても，産まれた子どもが大人になるのは20年先なので21世紀初頭の労働力人口増には貢献しない。「日本経済が中長期的に安定成長を維持していくためには，少子化対策に加えて，2010〜2020年に向けての労働力不足対応が必要」で，その「対策としては，高齢者雇用の促進，女性の一層の社会進出に加えて，『外国人受入をどうするか』が避けて通れない課題となろう」（経済同友会社会保障改革委員会 2000: 7; 80-81），と。だが，このレポートも「中長期的」な受け入れの方向を示しただけで具体論がない上，バブル期にあれほど懸念していた社会問題化への言及がないことを考えても，本格的な検討が進んでいるとは思われない。対照的に，同レポートで保育所や税制などについての詳細な提言にみられるように，女性のさらなる社会進出への具体策が充実しており，外国人労働者の導入は，まだ優先順位が低いものと思われる。

　昨今，日本経団連は，「外国人受け入れ問題本部」の内閣への設置や，将来的には「外国人庁」または「多文化共生庁」設置の検討を提言し，「専門的・技術的分野における受け入れの円滑化」，「留学生の受け入れ拡大と日本国内における就職促進」，「外国人研修・技能実習制度の改善」などを提案しているが，

単純労働導入の是非について直接的には語っていない。わずかに「現場に働く労働者」について，「受け入れのあり方を検討すべき」だと表現するに止まっている。看護・介護分野における受け入れについて，詳細な検討がなされていることとも合わせて考えると，製造業・建設業・サービス業などにおける単純労働者の受け入れは，まだ優先順位が低いと考えられる。むしろ，低賃金の単純労働者を確保するために外国人研修・技能実習制度が活用されていることや，「研修・技能実習制度を低賃金の労働者派遣ビジネスとして悪用している団体・ブローカー」を問題視し，不法滞在者・治安対策の方に，より多くの紙幅を割いている（「外国人受け入れ問題に関する中間とりまとめ－多様性とダイナミズムを実現するために『人材開国』－」03年；「外国人受け入れ問題に関する提言」04年）。他方，現時点では最も踏み込んでいると思われる日本商工会議所は，「単純労働者の受け入れ促進策について真剣に検討すべき」としている（「少子高齢化，経済グローバル化時代における外国人労働者の受け入れのあり方について」03年）。これは，加盟中小企業の意向を反映したものかもしれない。

ただこれは，財界の合意事項ではない。経済界は政府よりは積極的に見えるが，単純労働の導入について，経済界のコンセンサスはまだ形成されていないように思われる。

◇**若干の見通し**

ほかにも政府レベルでは，小渕首相の私的諮問機関「二十一世紀日本の構想」懇談会（座長・河合隼雄国際日本文化研究センター所長）の最終報告（2000年）が，外国人が日本に住み，働いてみたいと思うような移民政策が必要だとし，留学生が修了時点で自動的に永住権が取得できる優遇制度を提唱している。小渕内閣の堺屋太一経企庁長官も，「外国からの移民も何年か先には視野に入れなければならないだろう」と述べた（堺屋 1999）。だが，労働省はあくまで慎重である。90年の単純労働の未充足求人（約152万人）について，「もし仮にこの時期，この未充足求人を充足するだけの外国人労働者を受入れ，その後も引き続き在留していたとすると，労働力需給の悪化の中で相当な供給圧力となっていたであろう」，「諸外国の例をみても，外国人労働者の受入れがその後，家族の呼び寄せや定住に至るなど，その国の景気変動にあわせて在留外国人の

数を調整することは非常に困難」だなどとして，今後，中長期的な労働力人口の減少には，高年齢者と女性の「有効活用をまず考えるべき」としている（労働白書 2000: 135）。

経営者団体の中には積極派も出てきたが，高齢者雇用や女性雇用に比べると，語られているビジョンにはまだ具体性に乏しく，懸念される社会問題化への処方も講じられていない。「中長期的には」移民も考えるべきという日経連や経済同友会の提言にも，時期は明示されていない。今後のシナリオは，まだ不明確である。たしかに，日系人や研修生という形で徐々に門戸を開けてきた面はあるが（また昨今は，看護・介護の領域で，受け入れをめぐる議論が盛んになっている），単純労働者は受け入れないという政府の原則は依然として変わっていない。中小企業の近視眼的な要求よりも，財界団体や省庁の中長期的なパースペクティヴが，これまでのところ，政策をリードしてきたといえる。

また，ヨーロッパの多くの国と比べれば，外国人労働者は増えたといえまだ少ない[11]。人手不足の時期に中小企業から，外国人労働者を求める声が上がるのは，中小企業が日本人労働者よりも外国人労働者を選好するからでは必ずしもない。むしろ，日本人労働者が確保できないから，という面も大きい。第1章でみた非正規雇用とは，この点が異なる。現在多くの企業は，正社員が集まらないわけではないのに，パートタイマーや派遣労働者を採用しているのである。日本企業は外国人より，パートや派遣といった非正規雇用に期待をかけており，その多くは女性である。

　　　　　　　　　　＊　　　＊　　　＊

日本社会が抱える人口構成上の問題点は，政府や政党といったアクターに対し，ある種の拘束力をもつ。すなわち彼らは，こうした人口「危機」から予想されるさまざまな問題に対応するために，何らかの対応を行なうことを余儀なくされ，そのために一定ていどの資源を割かざるを得ないなど，取り得る政策に制約が課せられる。

ただ，この問題を解決しようにも，人口政策は不確実性がきわめて大きく，政策努力がそのまま結果に直結しないという問題がある。さらに，ある意味で

はこの問題への根本的な解決策ともなりうる移民政策には，現在のところまだコンセンサスがない。社会問題化すれば，新たな政治的コストとなるからである。

　日本では，低賃金外国人労働者を大量に導入するという選択肢を，政治経済体制として追求したことはない。期待がかけられてきたのは，非正規雇用労働者であって，そこでは日本人が考えられている。ことに70年代以降には，政策的には，非正規雇用の拡大が容認されてきた。そして拡大したその層の多くは，女性であった。

　これらの制約が，第II部でみるケース・スタディにおいても各アクターの行動の前提となっているということに読者の注意を喚起した上で，次章では，これまでの2章より，政治的な次元に議論を移す。

注
1）労働省雇用政策研究会「中期雇用ビジョン」（94年6月）は，成長の鈍化や生産の海外移転により，予想されたような人出不足にはならずに，逆に労働力の余剰が生じると，予測を修正した。
2）「1.57ショック」およびこの資料については，第7章でより詳しく検討する。
3）今の公的年金制度で「なんとなく損をしている」という感じをもったことがある人は，65歳以上の19％に対し，20代では67％に達する（朝日 03.6.21）。
4）子どもをつくるという表現自体，妊娠・出産に個人の意思や選択が反映するようになったことを示している。かつて子どもは，授かるものだったからである。最近の調査では，子どもをつくる（つくらない）ことについて話し合った夫婦は50歳代では半数にすぎないが，20歳代では93.5％にのぼる（柏木 2001: 64）。
5）政府のこうした姿勢に対し最近では，「『産むか産まないかはあなた次第』と第三者的に構え」る政府を批判し，「『少子化の進行を食い止めたい』という強い決意をより明確に」し，「急速な少子化は国益に反すると明言」せよ，という主張も現れている（鈴木 2003a; 2003b）。
6）ただ近年，結婚した夫婦に子ども数を控える傾向が出てきた。結婚5年目の子ども数は，85年結婚夫婦の1.66から，92年結婚夫婦の1.41へ下がっている（川本 2001: 214; 駒村 2002; 高橋 2002; 朝日 01.6.22）。理想の子ども数も若い世代ほど少ない（内閣府「社会意識に関する世論調査」02年）。02年には，「『夫婦出生力の低下』という新たな現象」を踏まえ，「もう一段の少子化対策」をうたった「少子化対策プラスワン」が打ち出された。
7）子育ての自信がなくなることが「よくある」または「時々ある」と答えた無職女性は7割にのぼり，有職女性の5割より多い（厚生白書 1998: 84）。
8）森喜朗自民党少子化問題調査会会長は03年，「子どもをたくさんつくった女性が，

将来国がご苦労様でしたといって、面倒を見るのが本来の福祉です。ところが子どもを一人もつくらない女性が、好き勝手、と言っちゃなんだけど、自由を謳歌して、楽しんで、年とって…税金で面倒みなさいというのは、本当におかしいですよ」と発言した。森の「両立支援」が、男女平等の方向を向いていないことは明らかである。だがここでは、こうした考えの持ち主すら、今では「女は家庭へ」ではなく、「両立支援」すなわち、仕事もしてもらった上で子どもを産んで欲しいと考えていることに注意を喚起しておきたい。

9) 国民負担率をめぐる議論では、通常この面が無視される（新川 1997: 159）。

10) 日経連のブレーン学者の間で意見が割れているのは、加盟企業の経営者の志向もある程度は反映しているのかもしれない。

11) 労働省の推計によれば、98年現在、合法・非合法を合わせて約67万人で（労働白書 2000: 134）、労働力人口に占める割合は1％未満にすぎない。

第3章

政治学と女性政策

　本書の第II部は具体的な政策の事例研究であるが，それに先立ち本章では，女性に関する政策を政治過程研究の視角から分析する上での，いくつかの論点を検討する。第II部の分析で専ら参照するシンプルな「モデル」といったほどのものは提示していないが，本章で検討する個々の論点は，第II部での分析に際し，折に触れ言及される。

　本章ではまず，ケース・スタディで主たる対象となる80年代に，日本の政治学で一大潮流を形成した多元主義論（第1節）と，しばしばそれと対比されたネオ・コーポラティズム論（第2節）が，それぞれに描こうとした日本政治像の変容を考察する。両者はある意味では対極に立つ政治像であるにもかかわらず，日本ではわずかな時間差で，ともにその顕在化が相次いで指摘されたことにも現れているように，共通の主張を内包していた。それは，従来の日本政治像では，利益を代表されないとされてきた人びとが，政治システムに包摂されるようになってきた，という命題である。次に，その点を踏まえて，そうした日本政治の変容にもかかわらず，やはり利益を代表されにくい「女性」（とりわけ非正規雇用の）に関わる政策を分析することの政治学にとっての意味を考える（第3節）。女性に関連する政策はマイナーな政策であり，「女性」なるアクターの利害は，通常の利益政治システムでは代表されにくい，ということがここでの論点である。ついで第4節では，そうした女性に関わる政策を推進する要因について検討する。

1 80年代日本政治の変化 ①
―― 多元主義の台頭と自民党像の変容 ――

◇**多元主義の台頭**

　本書が対象としている政策の多くは，80年代のものである。80年代の日本における実証主義的政治学は，多元主義論の台頭によって特徴づけられる[1]。

　90年代には，実証主義的な政治学は「多元主義以後」へ移行し，政治学者の関心はむしろ新制度論に向いた。だがこのことは，多元主義の主張が意義を喪失したということではない。新制度論は方法論であり，敢えていえば分析の「道具」であるのに対し，多元主義は現状認識でもあり，両者の位相は異なる。今日，実証主義的政治学は，ポスト多元主義という文脈に立ちながら，日本政治の現状認識としては，多元主義を前提として共有する範囲が，80年代よりもむしろ広くなっていると思われる。多元主義論の現状肯定的なコノテーションに違和感を表明した論者たちも，体制概念としてそれに対抗する政治社会像を打ち出してきたわけではない[2]。むしろ，体制規定レベルでの議論が終焉したということも，多元主義が語られなくなった理由であろう。

　もちろん，政治体制としては多元主義であるということは，必ずしも社会全体に権力が遍く分散しているということと同義ではない。多元主義の本場アメリカにも，システムの包括性を問題にする議論はある（内田 1980: 110）。また，多元化の程度についても議論がありうるだろう。例えば，80年代には「現代日本の政治システムは，他の先進民主主義国と比較しても，むしろ多元的傾向が強い」という主張も登場し，そこでは，①官僚機構の分立性，②優越政党である自民党の組織構造が緩やかであること，③利益団体の分化の著しさ，が論拠とされた（佐藤・松崎 1986: 159）。だが，この基準は国際比較という点で曖昧さを残す。例えば，自民党の組織構造が緩やかだからといって，一党優位政党制の日本の方が，政権交代が頻繁にある国以上に幅広く社会内諸利益を代表してきたといえるかは疑問であるし，「利益団体の分化の著しさ」が諸外国以上だということも論証は困難である[3]。加えて指摘すべきは，ここで挙げられた三条件が，いずれもシステムの競争性に関わるものであって，包括性を保証して

101

はいないということである。これが，本章の第一の論点ある。

80年代の多元主義論は，政策立案能力を増大させた自民党族議員が，70年代以降，官僚の抵抗を押し切って予算の獲得に成功することが増えたことをもって，政治過程の民主化を主張した。日本政治の後進性を憂えてきた従来の政治学なら，選挙における得票と政権維持のための利益誘導を賞揚することには，ためらいがあるであろう。それは民主性どころか，「ボス支配」や「恩顧主義」，「民度の低さ」といった，日本の民主主義の後進性を示すもののようにさえ映るからである[4]。

ただ，筆者はこうした議論とは異なる次元の問題を提起したい。それは，先ほどアメリカに即して触れた，システムの包括性という論点である。それは，伝統的な圧力団体論におけるいわゆる「別系列」が，どれだけ代表されるようになったかという問題と，そもそも組織されざる利害がある，という問題に分解できるであろう。

◇別系列と組織されざる者

前者の問題に関連して1960年代に石田雄は，日本の圧力団体は，政党ごとに系列化され，野党に近い「別系列」の団体は，ほとんど政治システムに利益を代表することができないと，定式化した（石田 1960）。田口富久治も，自民党の半永久政権化と，自社両党の政策距離の大きさから，「社会党にコミットしている集団等は，重大な決定作成から疎外されてますます急進化すると同時に，自民党と官僚機構に編成（アライン）されている集団は，暗密裡に党と政府の核心部に浸透し，決定作成に大きい影響力を行使したり，相対的により大なる権力からの受益を獲得する」としていた（田口 1969: 162）。これに対して多元主義論は例えば，「七〇年代末までに，社会福祉や環境問題の利益集団の地位は，農業，商業，工業の利益集団のそれとほとんど同じになってしまった」（猪口・岩井 1987: 16）と，別系列の消失を主張する。

筆者も，利益集団と政党との関係が，石田が定式化した60年当時のまま残存していると主張するつもりはないが，ここでは多元主義的政治システムが，すべての集団にとって全く等しい権力へのアクセスを保証しているわけではないという，当たり前の事実を指摘するにとどめたい[5]。

もうひとつの問題として，そもそも多元主義は集団理論であって，組織された利益を媒介するメカニズムである，という点が指摘できる。今日，「抵抗勢力」なるキャッチ・ワードにより，その政治的影響力に改めて関心が集まっている旧中間層が，都市部の新中間層に比して，数の上では劣位であるにもかかわらず政治的によく代表されていることは，組織化の度合いの高さによって説明される。こうした観点から，人口の過半数を占める「女性」なるカテゴリーが組織されにくいことを後述する。

◇自民党の危機管理と創造的保守主義

日本における多元主義論の台頭と自民党観の変容には密接な関係がある。多元主義論は，通説的な日本政治理解への修正を狙いとして，自民党の近代性や合理性を強調する傾向があったため，それは当時，多くの人びとの「実感」との間に齟齬を見せた。一例は，族議員を政策のスペシャリストとして描き，その能力や専門性を高く評価する議論であるが，それは従来の自民党政治家像からの断絶が大きかった。そもそも，自民党は長らく，まともな検討に値する近代的な政党とは見なされていなかった。例えば，自民党は「権力を維持するための『派閥連合体』にすぎない」（居安 1984: 209）というのが，そうした認識の典型的な例である。じじつ，1962年に倉石忠雄自民党組織調査会長は，自民党について「こんなものはポリティカル・パーティという名に価しないものだと，私はそういうことを党の内外に公然といっているのです」と語っている（福井 1969: 121）。つまり自民党は，党の幹部からさえ，「ポリティカル・パーティという名に価しない」と見なされていたのである。ところがその自民党に対し，70年代後半あたりから，近代的で政策立案能力も高いなどといった評価が台頭しはじめ，それへの違和感も表明された[6]。80年代にあるジャーナリストは，族議員の影響力増大をこう評した。曰く，「族政治」は「官僚政治」を衰微させ，政治家が政治を行なうという本来の姿に貢献するはずだが，現在の族議員の多くは，「『政治資金』『票』を獲得することにのみ専念し」，「私利私欲に基づいた我田引水に熱中する国会議員ばかりだということだ。ここに日本政治の後進性がある」（板垣 1987: 3），と。つまり，多元主義論が，日本政治の後進性や非民主性を否定するのに用いた族議員現象が，ここでは「後進性」を表

すとされている。

　こうした中で、自民党の柔軟性や創造性を高く評価し、そのことで80年代以降の保守復活を説明しようとする一連の議論が台頭した。例えばK. カルダーは、自民党は危機の際に、財政支出を増大させ、各種予算を振り向けることで、危機を回避してきたと主張する。彼はいくつかの指標を組み合わせて「危機」の程度を指標化し、その危機の時期と政府の財政支出増との間にかなり明瞭な相関があると指摘した（Calder 1988＝1989）。G. カーティス、T. J. ペンペルらも、自民党のさまざまな分配的・再分配的政策を、得票率の減少傾向、および全国に展開した革新自治体への対処という同党の選挙戦略に求め、ペンペルはそれを、「創造的保守主義 creative conservatism」と呼んだ（Pempel 1982; Curtis 1987＝1987）。村松岐夫も、自民党が福祉予算を拡大するのは、野党との選挙競争によるとして、自民党の柔軟性を評価する。曰く、「国民年金制度などで社会党の方が具体的な案を示していて先導的」だが、次の選挙になると「自民党の福祉政策は社会党に接近する。自民党には、『反対党の政策でもいいものは大いに盗用して差支えない』と考える率直さと柔軟性がある」（村松 1981: 307）、と。

　この種の説明はもちろん、日本に特殊なものとはいえない。選挙競争を通じて、政党間の政策が収斂するという説にはA. ダウンズ以来の伝統があるし、「危機」との関係についても、同様のことはいわれてきた（Piven and Cloward 1971; Berger 1980）。

◇**自民党と福祉国家へのスタンス**

　自民党はオイルショック後に、福祉国家に対する激しいイデオロギー攻撃を行なったこともあるが（自由民主党 1979）、そもそも再分配政策に反対の党ではなく、結党時には「福祉国家の完成を期する」と綱領にうたっている（「自由民主党綱領」、辻編 1966: 124 より）。この事情はつまびらかではないが、保守合同の焦点は人事で、「綱領などはそれほど問題にされなかった。両党各派が持ち出した言い分を適当につなげて、『綱領』『政綱』『立党宣言』といった綱領的文書に仕立て上げた」（石田 1986: 84）とされる。したがって、「福祉国家の完成」に、リップ・サービス以上の積極的な意味があったかどうかは疑わし

いが，さりとて自民党が一貫して福祉国家に敵対的な党であったというわけでもない。少なくとも，自民党には小さいながらも福祉国家を志向する勢力はある（渡辺 1998: 236-237）。同党の党史は，社会保障の拡充整備を「最も誇るべき業績の一つ」にさえ数えている（自由民主党編 1975: 338）。日本の福祉水準が，ヨーロッパの多くの国と比べなお低いものだとしても，それは自民党の選好によるというよりは，財政規律を重んじる大蔵省により支出がコントロールされてきたことの影響が，より大きいように思われる[7]。

とりわけ陣笠にとっては，財政出動への期待は大きい。臨調行革時代ですら，衆参両院における90％の自民党議員は，緊縮財政に反対し公共事業の増加を希望していた（日経 84.9.28）。これは，直接的に福祉を志向する意見ではないが，自民党において「小さな政府」志向のイデオロギーが支配的でないことをうかがわせる。小泉政権誕生後には，自民党はむしろ「大きな政府」志向の党であるというイメージが，一般的でさえある。

自民党は，非社会主義政党が大同団結して一つにまとまったため，多様な政治グループや潮流の包摂により，もともと包括政党としての性格を獲得し，特定のイデオロギーや社会階層の意向に比較的とらわれない融通無碍の柔軟性をもってきた（五十嵐 1998: 25）。自民党にはヨーロッパの政党ファミリーでいえば，自由主義，地方主義，農本主義などのさまざまな政党に別れるべき要素が，反社会主義・反共産主義という一点だけで，合流したものだとさえいえるかもしれない[8]。ちなみに自民党自身は，こう自己規定する。曰く，「党の周辺に存在する多くの諸階層のインタレストを代弁する各種団体との接触交渉は，結党いらい重視されてきた。商工業中小企業，農山漁村，勤労者，社会福祉関係団体との連携はとくに力を入れてきた」（自由民主党編 1975: 190），と。「とくに」力を入れるにしては，実に広範囲である。

保守合同当時，岸信介や三木武吉は社会保障への前向きな姿勢を示しており，1956年の衆議院選挙中，自民党は60年までに国民年金の新しい制度を設立すると公約した。また，58年の施政方針演説で岸は，「政策要綱の今回の最も重要な見地は，国民年金の設立である」と唱え，選挙運動を開始した。J. キャンベルは，「この声明が明らかに国民年金制度を一般アジェンダに載せた」と評価する[9]。57年，石橋湛山内閣が決定した予算編成方針は国民皆保険実現五ヵ

年計画を含むもので，石橋首相は「五つの誓い」において，「国会運営の正常化」，「政官界の綱紀粛正」，「雇用と生産の拡大」，「世界平和の確立」とともに，「福祉国家の建設」を掲げた（石田 1986: 98-99）。

その後，1961年には国民皆保険・国民皆年金が実施され，それらはそれぞれ世界で4番目，12番目の早さであった（新川 1993: 69）。もちろん，当時の給付水準はきわめて低かったが，70年代の「危機」の時代になると自民党は，老人医療費無料などのアイディアを，革新自治体から模倣するようになる。革新自治体・住民運動の高まりが，自民党政権を脅かしかねないと見た党指導部，とりわけ田中角栄は，産業汚染を放置していた従来の態度を改め，世界で最も厳しい公害規制を法制化し，年金制度を改良し，国民健康保険制度の下で安い医療を受けられる機会を普及させた。田中政権下の73年度，一般会計予算は前年度より25％増え，戦後最高の伸び率を記録した。公共事業関係予算は32％増加したが，社会福祉予算も29％増となった。田中政権下で，一般会計に占める福祉関連予算は72年度の13％から74年度の19％へ跳ね上がり，構成比で公共事業費を逆転した（Curtis 1987＝1987: 77-78; 真渕 1994: 240-241）。

◇**自民党の危機と福祉国家**

自民党と社会党の得票率のグラフが，農林業従事者数と第二次産業従事者数のグラフと，それぞれ平行線を辿っていることに着目し，このままでは68年には社会党が自民党を逆転すると予言した有名な論文の中で石田博英は，イギリス保守党にならって自民党も「労働憲章」をつくるべきと訴え，賃金や労働時間についての指針を示し，養老年金を確立すべしと主張した（石田 1963）。のちに石田は，自ら「労働憲章」を執筆した。その中には，「完全雇用の実現」，「労働条件の向上」，「社会保障の充実」などがうたわれている（「自由民主党労働憲章」，自由民主党編 1975: 622-625 に所収）。

野党の多党化と社会党の長期低落傾向により，石田の予言が当たることはなかったが，革新自治体の叢生と国政での与野党伯仲により，70年代に自民党は，革新自治体や野党の政策を取り入れ，公害対策や福祉にも力を入れることになる。それは，ときに革新自治体の水準をも上回り，ばらまきの様相を呈した。飛鳥田一雄横浜市長は75年，国が革新自治体に先がけて老人医療無料化の対象

年齢を引き下げた結果，財源難の自治体にも同様の措置を求める声が上がっているとの訴え，「福祉サービス競争が地方財政硬直化の一因にもなっている。従来の福祉政策のあり方を反省し，福祉を唱えれば進歩的といった考え方を再検討したい」と，語った。また，長洲一二神奈川県知事も，「何でもタダにすれば福祉が向上するという行政は過去のものとなり，低成長時代を迎えて，福祉行政の新しいあり方を考えなければならない」と中央政府のばらまきを戒めた (Curtis 1987＝1987: 87)。

自民党は，危機になると野党のアイディアを模倣するという説明には，国会における野党の法案提出状況が傍証になっている（谷 1995: 16-17）。また，選挙キャンペーンの数量分析によれば，69〜74年の選挙で自民党は，福祉厚生，文教，都市・住宅などの分野を多く訴えている（加藤・中村 1980)[10]。このように，きわめて長期間にわたって政権交代がなかった日本の政治システムにおいても，革新自治体や保革伯仲というかたちで野党が自民党を追い込むことにより，また自民党に模倣されるような政策を提示することにより[11]，選挙における政党間競争が機能してきた面がある。

だが筆者には，政党間競争が起こらない分野についての考察が必要であるように思われる。例えば，自民党が危機に陥っても選挙向けに施策を行なおうとしないマイノリティや，コーポラティズム化が進んでも「大企業労使連合」(村松ほか 1986: 第三章；伊藤 1988; 1998) から排除されている非正規雇用，そしてそもそも組織されにくい「女性」というカテゴリーに関する政策についての検討が，必要であると思われるのである。

2　80年代日本政治の変化②
―― 日本政治のコーポラティズム化 ――

◇日本政治のコーポラティズム化

多元主義ほどではないが，80年代に日本の政治学で大きな潮流を形成したのは，ネオ・コーポラティズム論である。80年代に，日本政治のコーポラティズム化を指摘する議論が増えた背景には，70年代以降，労働組合の政策参加が進んだことがある。かつて，日本の労働組合は，政府の審議会にほとんど代表を

送っていないと考えられていた (Pempel and Tsunekawa 1979＝1984: 283)。伝統的な圧力団体論では，労働組合は「別系列」に位置づけられ，政治的に利益を代表されない存在だとされていた。従来の政治学に異を唱え，日本政治の多元主義化を宣言した著書が，同時に「政策過程」と「イデオロギー過程」という区分を導入し，労働組合は後者にのみ参加しているという定式化を行なったことは (村松 1981: 289-292)，伝統的パラダイムの影響力の強さを示している[12]。それほど日本の労働組合は，政策形成に参加していないと考えられていたのである。

だが，労働の政策参加という意味では，その後の事態の進展は大きい。70年から，政府と労働組合，財界団体との会合で，労相のほか経済関係閣僚や首相も出席することができる産業労組懇話会（産労懇）が，ほぼ月に1回，開かれるようになった（稲上 1979）[13]。政府の審議会や首相の諮問機関への労働代表の参加も相次いだ（辻中 1986: 250, 表7-3）。

審議会方式は，特に与野党伯仲時代に，国会のヴィスコシティが増大したことを受け，野党の法案阻止や修正実現に対抗するために多用されるようになった（谷 1995: 49）。中曽根政権下では，首相の諮問機関の存在が特にクローズアップされたが（上西 1985; 曾根 1986)，ほかに各省庁の審議会，各省庁の大臣，次官，局長，課長らの私的諮問機関なども含めると[14]，この種の機関の数は膨大である[15]。やがて，こうした機関を日本以上に用いている国はスウェーデンぐらいしかないのではないか，といわれるほどになり (Pempel 1982: 18)，それらへの労働代表の参加が増大したのである。

日本の政党は党議拘束が強く，アメリカのようなクロス・ヴォーティングは行なわれないので，法案の成否は与野党の議席率により決定づけられる。そこで，55年体制下でほぼ一貫して国会の過半数を制してきた自民党が，法案の生殺与奪の権を独占し，野党は法案の成否に何ら影響力をもたない，とされてきた (Bearwald 1974＝1974: 188-189)。その後，M. モチヅキのヴィスコシティ論が知られるようになり，野党は国会でかなりの抵抗力を示し，一定の成果を挙げているという認識が広まった。とはいえ，55年体制下で成立した野党単独提出法案はわずか1本である[16]。つまり55年体制下の野党は，ヴィスコシティを利用して政府法案を廃案に追い込むことはできても，野党独自法案を成立さ

せることは不可能に近かった。そのため労働組合には，国会に政府法案が提出される前の審議会の段階で，自らの主張を法案に盛り込もうとするインセンティヴが生じる。

◇労働の政策参加の「成果」

かつてゴールドソープは，企業や工場のレベルにおけるミクロ・コーポラティズムの中に一次的労働力を包含することと同時に，デュアリズムが拡大・発展していくという経済の「日本化」に言及したが（Goldthorpe 1984＝1987: 40-41），その日本でも，連合結成に至る流れの中で，マクロ，つまりナショナルなレベルでの政労使による政策協調が進んだことについては，広範な合意があるであろう[17]。

ネオ・コーポラティズム論の先駆者，P. シュミッターは，「単一性」「義務的加入」「非競争性」などをコーポラティズムの要件とする（Schmitter 1979＝1984: 34）。コーポラティズムの成功条件は，準独占的で，厳格で，規律のとれた組織形態に存するともいわれる（Dogan and Pelassy 1987＝1992: 184）。長期的かつマクロ経済的な観点から，短期的かつ部分的な利益を「濾過して除去」するには，相当程度に代表を独占した強力な頂上団体が必要である（レームブルッフ 1986: 4）。これらの条件に照らせば，ナショナルセンターが統一されたことにより（全労連，全労協はあるにせよ），コーポラティズム化が進展したといえるし，他方で労働組合の組織率が低下して，今や労働者の2割程度しか組織されていないということは，コーポラティズム化の度合いが低下したともいえる[18]。

しかしここでの課題は，コーポラティズムを厳密に定義することはではない[19]。問題は，実際に労働組合の政策参加の増大が，どのような政策的帰結をもたらしたかである。というのも，ネオ・コーポラティズム化をめぐる議論の中には，労働の参加はあくまで「過少代表」にすぎず，むしろ「取り込まれ」の危険があり，ヨーロッパでいわれるようなそれとは同一視しがたく，政策実現の面も評価しがたいという一連の議論があるからである（篠原 1983; 加藤 1988; 西谷 1988; 新川 1993; 後 1994）。その意味では，単に参加が増大したことを指摘するのみならず，政策参加において労働側が一体どのような成果を挙げ

たのかが改めて問われねばならない。ネオ・コーポラティズムという仕組みが労働者階級に恩恵をもたらすかどうかは経験的な問題であって，先験的には決定できないからである（Korpi 1983: 20-21）。

◇労働組合の弱体化と政策参加の増大

連合は発足に際し，「まず八〇〇万人を一〇〇〇万人にする。そうして組織率を三〇％まで回復させるだけの組織拡大運動を積極的に推進する」とした（山岸 1990: 14）。数の力で政治を動かそうとしたのである。だが結論的にいえば，この戦略は成功していない。02年現在，労働組合の推定組織率は20.2％で，90年の25.2％から一貫して低下している。他方，連合の組合員数も700万人弱にまで減少している（厚生労働大臣官房統計情報部 2003: 17, 第1表; 22, 第10表）。

より深刻なのは，80年と89年に行なわれた調査で，「その活動によって特定の政策や方針を政府に実施させたこと」が「ある」組合が69.2％から60.8％へと8.4ポイント低下し，「特定の政府の政策・方針を修正あるいは阻止したこと」が「ある」組合にいたっては，71.2％から47.1％へと，24.1ポイントも減っていることである（久米 1998: 250-251）。つまり，このように労働組合の政治的パワーが減少している中で，連合結成は行なわれたのである[20]。当時，大企業の人事部長に対して行なわれた調査は，「今後企業の活性化のためには，労働組合の経営参加等が必要なので，労働組合の役割が増々大きくなる」（20.7％），「現在の労働組合は経営の安定のために役立っているので，現状程度の労働組合は維持すべき」（64.3％），「組合の弱体化は今後の経営にとって，望ましい」（4.6％）という結果であった（経済企画庁総合計画局編 1985: 88, 問20）。つまり，企業の人事部長は，労働組合の存在を圧倒的に肯定的に捉えている。もちろん，経営側と対立することだけが労働組合のパワーの現れではないが（cf.久米 1998），労使の代表と学識経験者でつくる社会経済生産性本部は99年の報告で，「経営側にとって労組は扱いやすい存在となっており，労使協調路線を支える仕組みとしての労使協議制の形がい化が進んでいる」と指摘している（朝日 00.12.12）。「労使協調路線」の観点からみても問題視せざるを得ないほど，労働組合の弱体化は進んでいるというのである。鷲尾悦也連合会長自ら，「連合の母体となった労働四団体が競い合っていた時代の方が，政治的な力は高かっ

た」と認めている（朝日 99.10.16, 社説）。巨大な数を組織し，審議会等を通じて政府に接近することで，労働組合の政治力を高めるという戦略は，ねらいどおりには進んでいない。

連合結成に至る過程を観察して辻中豊がいうように，「ヨーロッパにみられるように労働の強さが社民政権を通じての政策参加へつながり，そしてそこで労使協調が発生するというルートとは異なり，そうした労働の強さを獲得するための戦略として」(辻中 1986: 236) 政策参加が目指された点で，日本は北欧諸国やオーストリアなどと決定的に異なる。辻中と並び，日本におけるコーポラティズム論の中心的主唱者である稲上毅も，日本のネオ・コーポラティズムは，「高い組織率をもち，よく集権化され統率のとれた労働組合が強い市場交渉力をもっているという前提」を欠いていると指摘する（稲上 1989: 252-253)。つまり日本においては，コーポラティズム化を主張した中心的な論者たちが，同時に労働側の弱さを指摘しているのである。

◇**組織労働者と非組織労働者**

だが，労働組合の政策参加が，そのパワー・リソースの衰退局面において進展したとしても，政策参加自体は，ある種の成果を産んでいる可能性はある。

パワー・リソース・アプローチは，通常，労働組合組織率や，左翼政党の得票率・閣僚ポストの占有率などが，福祉国家形成を説明する変数だと考える (Korpi 1983; Shalev 1983)。だが，OECD諸国を対象としたある比較研究は，政府の審議機関に労働組合が参加している割合の方が，閣僚ポストに占める左翼政党議員比率や労働組合組織率以上に，福祉国家支出の多寡や福祉サービスの脱商品化度をよく説明するという結果を導いている (Boreham et al. 1996)。つまり，労働組合の組織率が低下しても，左翼政党が伸び悩んでも，労働組合が政府の審議機関に代表を送ることを通じて，政策面における利益の実現をねらうというシナリオが，それなりに機能している可能性はある。

そこで，労働組合代表を含む審議会が，実際にどのように機能したかを，第II部のいくつかの事例で具体的に検討するが，ここでは以下の点を予め指摘しておこう。すなわち，非正規雇用労働者が増え，組織率の低下が進む中での審議会等への参加の拡大は，それらの機関に代表される部分と，代表されない部

分という形で、労働者の内部に分断をもたらす可能性がある、ということである。コーポラティズムの特徴は、代表された者と排除された者の格差を拡大することである、との説もある（Berger 1981a: 22）。「民間労組は、その権力リソース以上のものを政府部内の政策決定過程に参加することで獲得した」と評する論者も、「問題は、そうした大企業労組などの大組織に属さない少数グループ」だとして、労働組合に属さないパート労働者などを例に挙げる（谷 1995: 307）。本書が焦点を当てようとしているのも、まさにこうした面である。

無論、コーポラティズム論は、非組織労働者への波及効果（spill over）も想定してはいるであろう[21]。その意味では、組織率よりも労働協約の適用範囲に着目すべきである（Esping-Andersen 1999＝2000: 58, 注4）。組合組織率と労働協約適用率は、例えばドイツでは29％：92％、フランスでは9％：95％、イタリアでは39％：82％である。そのため組合は、労働協約の拡張適用をすすめることで、非組合員の労働条件等の維持向上も果たすことができる。他方、日本ではこの比率が24％：21％である。正規従業員の労働条件が正規従業員以外には保証されておらず、それが正規従業員の「特権」であるかのように、非正規従業員のみならず正規従業員も認識し、両者の離反を生む場合もある（萬井 2001: 187-188）。実際のところ、組織された労働が非正規雇用をはじめとする非組織労働者の利害を適切に代表してきたとはいいがたいことについては、第1章でみたとおりである。

◇**自民党と労働組合の接近**

労働組合の審議会参加に加え、自民党の労働組合への接近が、コーポラティズム論台頭の背景にあった。労働省出身の大坪健一郎が政務調査会の労働部会長になると、86年から「労働界との対話シリーズ」と称し、自民党首脳が全民労協、総評、同盟の首脳と朝食会をもつようになるなど（青木 1989: 48）、連合結成へ至る過程で自民党が労働運動に接近をはかったことを示す事象は多い。鈴木内閣時に誕生した四つの「賢人会議」のうち三つまでに、中曽根内閣時には首相推薦で労働代表が入った（毎日新聞政治部 1986: 145-146）。やがて、「戦後の労働組合の歴史の中で、『連合』ほど社会的政治的地位が高く位置づけられているナショナルセンターはな」く、「自民党政府や財界から『連合』が一

目も二目も置かれている状態は，日常的に観察されるありふれた現象」（下山 1997: 191）だといわれるほどになった。従来，労働組合の政治へのチャンネルは基本的には野党であったが，80年代以降，とりわけ「連合」結成以降，政策的成果を追求する労働組合は「現実化」を試み，自民党にも接近した。

　自民党の側からも，労働組合やサラリーマン層への浸透を意識的に目指した（辻中 1987: 60-65; 後 1990: 169-170）。自民党の機関紙『月刊自由民主』82年1月号に掲載された「一九八五年体制への展望」は，「かつて革新自治体運動を推進する主要基盤となった労働組合勢力を，本格的に与党のなかに取り込んだ形」をめざすとしている。この文書は，同党幹部の間で「歴史的文書」として語られ，自民党が「労組取り込み」を戦術的に明言したのはこれが最初とされる（毎日新聞政治部 1986: 146-147）。

　それまで各省の課長クラスだった全民労協の政策要求の交渉相手は，84年7月から閣僚に格上げされた。また，84年からは人事異動の発令を受けた官僚が，全民労協にあいさつに行くようになり，省庁は労働組合への資料提供も開始した（毎日新聞政治部 1986: 155）。83年には，減税問題をきっかけとして，加藤紘一らの働きかけで自民党にサラリーマン問題議員連盟（橋本龍太郎会長）が設立された。同年，組合員からの声を受け，全民労協は単身赴任減税を要求の柱に据えた。労働組合が，単身赴任それ自体をなくそうとしないのはなぜかという疑問はさておき，全民労協は共産党を除く各党に単身赴任減税の要求を提示した。これに真っ先に反応したのが自民党サラリーマン議連で，同議連は党の労働部会を動かし，実現へ向けた決議まで行なった結果，85年に自民党税調は単身赴任者の帰宅費の一部を出張扱いにする実質的な減税措置を提示した。山田精吾全民労協事務局長は，「食いつきがいいのは，自民党。野党は与党にこれだけ早く反応されたら，今後どうするのかネ」と語った（日本経済新聞社編 1983: 144-148; 毎日新聞政治部 1986: 153; 日経 84.9.13）。

　サラリーマンは組織化されておらず政治的な影響力は小さいと従来は考えられてきたが，80年代における自民党復調の大きな源泉がサラリーマンからの支持増大であったことが判明するにつれ，自民党もサラリーマンに冷たくできなくなったとされる（猪口 1988: 62）。背景には，サラリーマン新党や税金党の健闘もあったとみられる（辻中 1987: 64）。中小企業や農業などが過疎化や市場自

由化で人口を減少させ，政権基盤としてそれらの層を維持するだけではあやういとの認識が出はじめ，中曽根首相による給与所得者・都市中間大衆を標的とする「自民党左展開戦略」が取られるようになったのである（猪口 1991: 18）。そして，86年の同日選で大勝した中曽根は，「自民党は左にウィングを伸ばした」という有名な台詞を残した。

◇**政策領域としての特徴**

民間主導の労線統一の過程で，とりわけ旧中間層などの諸集団と利害が対立する局面において，労働組合と使用者団体がパースペクティヴを共有しつつあることも，指摘されるようになり（村松ほか 1986; 伊藤 1988），山岸章前連合会長は「日経連と連合の主張は政策・制度課題を中心に八割方は一致している」とまで述べた（長谷川 1995: 92）。だが，のちにケース・スタディでみるとおり，本書で扱う労働政策の分野では，労使の対立は先鋭化する。そこで本節の最後に，本書がケース・スタディを行なう労働に関わる政策の政策領域としての特徴を概観しておこう。

この政策領域では，自民党政務調査会を主な舞台とし，族議員の政治的影響力に焦点を当てた多元主義論が描き出したのとは，異なる政治過程が展開することが予想される。「労働族」とされる議員は少なく，「族の利益が最も不明」で，「どれほど機能しているかについては疑問」だともいわれる労働族には，旨味があるとは考えられていない。労働族には首相経験者や，派閥領袖級の大物議員もいない（猪口・岩井 1987: 198; 300）。また，労相，労働政務次官，衆院社会労働委員長などのポストを経験することは，政治家のキャリアにとって有利とはいえない（小林 1997: 第6章）。労働省関係では，予算の多くは雇用保険の支払いなどで，利権や補助金事業など，政治家が介在して「うまみ」を味わえる余地は少ない。その結果，労相は自民党の弱小派閥，参院議員，カムバック議員など傍流から起用されることが多く（西井・西前 1989: 25），有力な族議員が集まりにくい政策領域である。

労働政策は，国会では福祉政策とともに社会労働委員会で審議されてきた。労働組合が「別系列」であったことを考えれば，これらの政策領域では与野党の激しい対決が予想される。ところが，国会での法案に対する野党の賛成率を

委員会ごとにみると、社会労働委員会は、法務委員会、文教委員会などとともに、与野党対立が少ない委員会である。労働政策だけに限っても、65〜81年の期間に、社会党が73.4%、共産党が44.3%の法案に賛成している。いずれも、他の政策領域と比べて低くはない。これは、法案の立案過程において、審議会などを通じて労働側の意見が法案に反映される機会があり、政府・与党が一方的に法案を提出するケースが少ないため、とみられる（岩井 1988: 106-107; 三浦 2003: 52）。また、のちにケース・スタディでみるとおり、政府法案に不満であっても成立させないよりはましという理由で、野党が賛成に回る場合も少なからずある。労使代表同数の審議会で通らなかった主張は、国会ではまず通らないので、労働組合は審議会での活動に重点を置く。労働省もその点を織り込み済みで、労働代表を審議会に抱え込もうとする。これは、労働省の政策に典型的に見られるパターンである（篠田 1986: 102-107）。

衆議院常任委員会別に、政策立案過程における高級官僚の影響力を政治家にきいたところ、「非常に影響力あり」の回答は、社会労働委員会では57.1%で、文教、大蔵、決算の各委員会に次いで4位であるが、平均が41.3%であるからこれは相当高い。これも、族議員の少なさや弱さを反映していると思われる。実際、政治家の影響力は社会労働委員会では、「非常に影響力あり」（14.3%、平均は34.6%）、「かなり影響力あり」（28.6%、平均は45.2%）とも、平均をかなり下回っている（クボタ 1978 ④: 123-124, 第八表；第九表）。

*　　*　　*

以上みてきたとおり、労働組合はその組織率を継続的に低下させ、また労働組合と近い関係にあった政党は、徐々にその勢力を後退させてきたが、労働組合は審議会等への参加をつうじた影響力行使をめざし、また自民党が労働組合への接近を図ったこともあり、80年代にはコーポラティズム論が主張された。ただし、本節でいくつかのデータを示したように、そのことによって労働組合が得た成果のほどには、疑問がある。そして何より、労働組合に組織された労働者と、そうでない労働者の間で格差が拡大している可能性がある。本書が焦点をあてるのは、そうした労働組合によっても、適切に利益を代表されにくい

女性というアクターや，非正規雇用の労働者である。

3 女性と政治過程

これまで，80年代日本の政治学が焦点を当てた多元主義やネオ・コーポラティズムといった利益媒介メカニズムについて，簡単な検討を行なった。以下では，こうした利益媒介メカニズムを通じては，その包括性が増大したとされる80年代においても，利益が代表されにくい「女性」というアクターの特質について考察する。

◇集団としての「女性」

女性にも男性と対等に1人1票の投票権が与えられて久しいが，男女が完全に対等になった国はまだない。人口および有権者の過半数を占める女性が，もし単一の圧力団体に組織されていれば，それは他のどの団体・組織よりも大きなパワーをもつはずである。現に，女性参政権導入前後のアメリカでは，女性が単一のブロックとして投票することへの期待があった（Costain 1988; Mueller 1988; Carpini and Fuchs 1993: 30）。だが，各種の女性団体・女性運動などはあっても，社会の中のすべての女性が組織されるということは，実際にはあり得ない。M. オルソンのフリーライダー問題に即して考えれば，「強制」も「選択的誘因」も働きようがない「女性」なるカテゴリーは，そもそも組織されにくいのである（Olson 1962＝1983）[22]。

また，個々の女性有権者は，女性であると同時に，何らかの職業に従事したり，何らかの階級や階層，集団などに所属したりしており，それぞれに固有の利害をもつ。すなわち，多元主義論でいうところの「重複メンバーシップ」の問題も，「女性」としてのパワーを分散させる。一例として「保護」と「平等」をめぐり，女性の間に対立があることをのちにみる。したがって，選挙において「女性」としての立場で統一的なパワーを行使することは困難であり[23]，女性の問題が選挙の争点となることも稀である。性は階級や世代などと比べ，政策決定者から最も関心を払われず，有権者の政党選択に際してもマイナーな要素に過ぎない（Derthick 1979: 260; Henig and Henig 2001: 44）。

◇**決定過程における女性**

とはいえ、女性の権利をめぐる状況は国による格差も大きく、男女が完全に平等な国はない、といって済ますわけにはいかない。日本の議会における女性の過少代表ぶりは、国際比較でも際立っている[24]。

議会へ議員を送る以外に、政策に意見を反映するルートとして、審議会の女性委員を増やすという方法も考えられる。国の審議会の女性委員は、90年の10.4%から03年には26.8%にまで増加した。まだ4分の1にすぎないとはいえ、この急増ぶりにはそれなりの意義を見出すこともできよう。ただ、省庁の諮問機関は、委員の人選は省庁が行ない、対外的に明らかにされる選定基準も、年齢、在任期間、兼職数など形式的なものにすぎず、また答申の骨子ないし素案は事務局を勤める省庁が用意するため、「各行政省庁は、実際には自己の『応援団』を審議会に組織」するとされてきた（新藤 1983: 247）。審議会委員を選出するのが有権者でなく省庁であるからこそ、かくも短期間に女性委員の急増が可能であったという面もあるのだが、政府に「都合のよい」人物が選ばれているのではないか、という疑念も禁じ得ない。審議会の設置を定めた法令は委員の選出分野を大きく定めているにすぎず、具体的な人事権の行使は専ら当該行政庁の裁量に委ねられているため、審議会委員の人選に「行政庁の好みが反映し、偏っていることが多くの研究者によって指摘されている」（小野 1997: 82）。実際、審議会委員には特定の人物が「常連」となる傾向があるが、女性委員の場合はその傾向が顕著である（草野 1995: 第8章）。

非正規雇用というカテゴリーの場合、この問題はさらに甚だしい。パート問題を議論する労働省の審議会に、パート労働者は代表を送っておらず、いわば「当事者不在」の議論となっている（金田 1993: 33; 酒井 2003: 95）。

◇**圧力団体としての「女性」**

では、利益集団・圧力団体として、政府にプレッシャーをかけるという観点ではどうであろうか。

別系列と考えられてきた女性団体は、自民党にとっては重要な支持基盤でなく、そもそも圧力団体としての影響力はきわめて小さい。多元主義の結論を導き出したエリート・対抗エリート調査でも、日本の女性運動は、マスコミ、官

僚，政党，財界，労働，農業団体，学者・文化人，消費者，市民運動，部落解放同盟，といったアクターの中で，最も影響力が弱いと考えられている。同調査で下から二番目にマークされる部落解放同盟の影響力は，それでもなお「婦人運動」の2倍ほどある（三宅ほか 1984: 52, 表2-9; 137, 図6-1）。女性運動は政府との間に政策ネットワークを形成することも困難である。同調査によれば，「婦人運動」が，国会議員や役所の責任者と会談する頻度は市民運動に次いで低く，「地方議員や首長」と会談する頻度は最低である（三宅ほか 1984: 149, 表6-2）。

後述のとおり，ナショナル・マシーナリーの設立や格上げに寄与した三木武夫，橋本龍太郎，野中広務らが，いずれも当代屈指の実力者であったということは，象徴的である。つまり，票に結びつきにくい女性政策では，省庁に圧力をかけるべく族議員が殺到するという「猟犬型」の政治過程にはならず[25]，政策転換には大きなリーダーシップが必要とされる[26]。自民党が「創造的保守主義」だとしても，票になりにくい女性に関する政策は，「危機」においても顧みられにくい。

女性団体・女性運動の政策に対する影響力の小ささは，政治過程における弱さに加え，女性に関する政策の多くが，そもそも政治過程に登場しない「非決定」であるという点に現れている[27]。小林良彰は，日本では選挙公約がほとんど守られていないことを計量的に明らかにし，そのことを問題視したが（小林 1997），本書は公約にさえならない政策の問題性を指摘したい[28]。しかも，女性イシューの中には，非決定権力というよりは，むしろ社会の中にバイアスが構造化された三次元権力の様相を呈しているものも多い[29]。

もっとも，「女性」についての政策が，有権者の関心の上位を占めることは，日本以外の国でも多いとはいえない。たしかに，女性議員の10％以上が選挙期間中，最も重要な問題としてジェンダー平等政策を訴えるスウェーデンのような国もある（Wängnerud 2000: 79）。また，アメリカの世論調査では，「アメリカ政府が取り組むべき政策は何か」に対し（二つまで選択），「人権・公民権・女性の権利」を挙げる者が年によっては3％にも達することがある。だが，日本を含む他の国々では，そもそも世論調査にこのような項目を立てることすらできない（Hastings and Hastings eds. 1995: 129ff）。

女性運動・女性団体が，労働組合や経営者団体，その他多くの利益集団に比べ影響力が小さいことも，日本に特殊なことではなく，むしろロビイ団体として一定の政治的影響力をもつアメリカの方が例外的であろう。そのアメリカにしても，公民権法第七編に女性条項が入ったのは，のちにみるとおり偶然の結果であり，女性運動のロビイングが功を奏したわけではない。

なお，多くの国で女性運動の政策上の成功条件の一つは，穏健な旧世代の運動とラディカルなリブ運動の連携であった (Stetson and Mazur 1995b; Henig and Henig 2001: chap.2)。だが，日本では両者の連携がほとんど欠如していた（江原 1985: 105)。こうしたことも，日本における女性運動の政策に対する影響力を小さくした原因であろう。

◇**自民党と女性政策**

職業別に支持政党をみると，専業主婦の最大の支持政党は，「支持政党なし」を除けば，自民党である。彼女たちがもしもタイトに組織されていれば，「専業主婦」というカテゴリーは，屈指の圧力団体になり得たはずである。しかし一時期，主婦連が圧力団体として大きな政治力を発揮した時期もあったとはいえ（升味 1958: 368-371)，それはきわめて例外的である。また主婦連は，主婦全体の利益を代表しているわけでもない。

他方，働く女性はどうか。自民党のサラリーマン問題議員連盟は，「税制」，「定年・年金」，「住宅」，「転勤」，「金融」と並んで，「婦人勤労者」というテーマでプロジェクト・チームをつくったが（日本経済新聞社編 1983: 148)，自民党が女性労働者問題について，積極的に取り組んだ形跡は乏しい。

もちろん，自民党の「運動方針」をみると，例年，「婦人」「女性」への言及がある。また95年の新綱領には，「男女共同参画社会を！」がうたわれてはいる。だが，女性をめぐっては，個別業界とつながりが深い族議員が活躍する型の政治過程が展開しないと同時に，危機に陥った自民党が，選挙での票を当て込んで，女性向けの施策を充実させるということもない。たしかに，60年に中山マサ，89年に森山真弓と高原須美子，そして01年に5人の女性が入閣したのは，「危機」に際して自民党が女性へのアピールをねらったとも考えられ，とりわけ社会党「マドンナ・ブーム」の前に惨敗を喫した89年参院選後は，社会

党との政党間競争の結果であったといえるであろう[30]。ただ，それは政策の「内容」をめぐる競争ではないという意味で，後述のフランスのケースとは異なる。

88年1月から93年5月の間に，自民党政務調査会が各種団体から行なった意見聴取の割合を見ると，経済四団体11.5％，中小企業6.1％，地方公共団体9.2％，業界団体としては金融13.2％，運輸・自動車7.8％，建設不動産5.8％，資源エネルギー5.1％，通信3.7％，製造業3.7％，繊維・流通1.7％，製薬・酒造1.0％，農林水産8.8％などに対し，消費者婦人4.4％，教育3.7％，労働組合3.7％，医療関係2.0％，福祉2.0％など，いわゆる「別系列」の団体は依然として少ない[31]。

自民党婦人部の第一回中央委員会（61年）では，「日の丸バッジ運動，国旗の再認識運動などについて協議し，実施すること」を決定し，62年以来開かれている「各種婦人団体との懇談会」は，「婦人運動の健全化と党との協力体制の確立，婦人政策の浸透，対左翼対策などが主たるねらい」であったほか，65年には「違法スト反対にたちあが」る（自由民主党編 1975: 343，傍点は引用者）など，自民党婦人部は「女性の権利」や「男女平等」のための組織とは思われない。自民党婦人部とは，創造性を発揮した自民党が，女性票獲得をねらって新たに女性を組織したというよりは，もともと自民党を支持していた女性の組織にすぎない。「自由民主党婦人憲章」（69年）は，「婦人は，母として民族の伝承者であり，家庭のかなめであり光である」と始まり，地位の向上がうたわれるのは，「婦人は，国家，民族の伝承者として，その地位の向上がはかられなければならない」という文脈である（自由民主党編 1975: 625-626 に所収）[32]。79年というさらに遅い時期に出された「日本型福祉社会」では，女性は男性の付属物としか考えられておらず，女性の社会進出は懸念の対象であった（自由民主党 1979: 第六章）。

「女性」というカテゴリーが組織されていない以上，それに群がる族議員もいない[33]。のちに第6章でみるように，自民党内の均等法推進派議員は，労働省出身で省の利益を擁護する「番犬型」議員であり，基本的には労働省が進める線に沿って，その範囲内で均等法を推進することはあっても，労働省の意向を超えてまで労働運動や女性運動が求めるような，厳しい罰則つきの法律をつ

くろうとはしない。その点で、野党とは明らかに異なる。均等法の成立に尽力すれば、女性票の獲得が期待できそうではあるが、自民党にそうした意識は薄かった。フランスでは雇用平等法の制定過程において、保革の間で女性票を取り込もうとする政党間競争が起こったことが、厳しい罰則つきの平等法を実現したが、日本ではそうしたことは起こらなかった（御巫 1998）。

ただのちにみるように、自民党は専業主婦の妻をもつサラリーマン世帯の優遇策を取ることがある。いうまでもなく、これは女性全体の利益ではなく[34]、むしろ性別役割分業を固定化するものだと批判されている。「現行の年金制度はむしろ、専業主婦をもった夫の利益を優遇している制度」（大脇 1992: 254）だというわけである。ただこのことは、そうした改革を行なえば女性票を失うのではないかということを、自民党が懸念していないことを示していて興味深い。逆にいうと、「女性」としての票が政党にとって考慮に値するものとなれば、こうした政策は行なわれにくくなるということである[35]。

◇**野党・労働組合と女性**

次に野党や労働組合が、女性の利益をどの程度、代表してきたかを考えよう。左翼政党の綱領は一般に、男女平等への支持を含むが、左翼政党あるいは広義の左翼（男性左翼）は実際には、性差別是正への熱意は低い、といった批判がなされてきた（Beckwith 1987; Gelb 1989）。

女性議員や女性閣僚の比率が高いことがよく指摘される北欧でも、これは権力と同義ではないとする議論がある。というのも、ネオ・コーポラティズム的な意思決定が支配的な北欧諸国では、政党よりむしろ労使の頂上団体が意思決定に重要な役割を果たすが、労働界と財界のトップはほとんどが男性だからである（Stetson and Mazur 1995a: 7-8）。そのため、北欧諸国における女性の政治進出は、議会が影響力を消失したことの反映だとする見方すらある（斉藤 1997: 80, 注3）。日本の労働組合が「別系列」から脱し、政府の政策形成過程に積極的に参加するようになったとしても、そのことが即、コーポラティズム的な場で女性イシューが取り上げられることや、労使の代表として女性がそうした場に参加することを保証するわけではない。

そもそも、労働運動が女性労働者の利益を代表するということ自体、アプリ

オリには想定できない。フェミニストの間には，男性支配的な労働組合は，女性に不利に作用するという説と，労働組合が女性の地位を向上させるという説の対立がある（Hill and Tigges 1995）。女性労働組合員には，女性の困難の多くは男性のみがバーゲニングを行なうことに由来する，という考え方もある（Cook 1980: 71）。男性支配的な労働組合が，競争相手を減らすために，女性を家事専従者や周辺的な非正規労働者とする点で，使用者と手を結んでいるといった告発もなされてきた（Hakim 1997: 47; 柚木 2001）。家族賃金の定着に労働運動の関与を認めることは，フェミニストの間では「ほぼ共通の認識」となっている（木本 1995: 64）。労働法の女性保護規定に労働組合が賛成するのは，男性労働者が女性労働者を自分たちの競争相手にならないようにするためだという説もある（Hartmann 1976）。これらは，女性の社会進出や職場での男女平等が進まないのは，労働組合に力が足りないからではなく，むしろ労働組合の利益が実現した結果だという説明である。

とりわけ日本の労働組合の遅れは，しばしば指摘される。均等法制定前の総評大会では，「このように総評大会で婦人が発言をするのは歴史始まって以来のこと」（女性代議員）だという声が聞かれたほどで，「国民春闘共闘会議の役員名簿をみたら，みごとに女性は一人も入っていない。だから，春闘はすべて男性発想で行われている」と，内部からも批判があった（日経 84.5.14，傍点引用者）。企業や政界よりも，労働組合の男女平等は遅れている，といった批判すらある（大羽 1988a: 232; 酒井 1998: 13）。実際，日本の労働組合幹部における女性比率はきわめて低い（藤村 1993; 井上・江原編 1999: 164-165）。

もちろん，近年は労働組合も女性への配慮が欠かせなくなってきており，例えば連合の基本文書「連合の進路」は，「基本目標」として，「われわれは，労働運動をはじめあらゆる分野に女性の積極的参加を進め，男女平等の社会の実現をはかる」とうたっている。

また，男性主導の労働組合に女性があまり期待できないとしても，労働組合員の女性比率を高めていくことで，変化が起こるかもしれない。イギリスでは80年代に，労働組合への女性の組織化が進んだ。このことが即，女性の組合内での高い地位への登用や，労働組合が女性イシューに取り組む度合いを高めたとはいえないとの評価もあるが（Rees 1992: ch.5），女性の組合幹部が増えると，

労使交渉において男女平等賃金，育児，セクハラなどの優先順位が高まることを示すイギリスでの調査もある (Heery and Kelly 1988)。20カ国比較によれば，労働組合に女性が占める比率の高い国では，年金給付水準における男女差が小さいという相関もある (Hill and Tigges 1995)。女性の地位が高いとされる北欧諸国では例えば，フィンランド（50.9%），スウェーデン（50.1%），デンマーク（46.2%）などで組合員に占める女性の割合が高い。コーポラティズムに女性を締め出す傾向があったとしても，半数を占める女性組合員の意向を無視することは難しいと思われる。このことは，女性の地位が低いとされるスイス（18.6%），日本（27.7%）などの労働組合員に占める女性比率が低いことと，何らかの関係がありそうである[36]。

福祉国家形成を階級の観点から説明するパワー・リソース・アプローチに立つW．コルピは，働く女性が増えることは社会主義ブロックに有利になるとしている (Korpi 1983: 220)。これは働く女性の方が，主婦よりも社会主義政党に投票する傾向が大きいためであるが (Togeby 1994)，パワー・リソースは独立変数であるとともに従属変数でもある。有償労働へのアクセスや育児を支援する政策を充実させれば，女性の労働市場への参加が増大するからである (O'Connor 1996: 73)。「女性」全般の組織化にはリアリティがないにしても，「働く女性」は十分に有力なカテゴリーになりうると思われる。つまり，女性票は社会主義ブロックから，より戦略的に追求されてよいはずである。

なお，「左翼」政党ではないが，近年の日本では女性に不人気な民主党が，女性票獲得をねらった政策をしばしば提案している (朝日 01.3.8; 6.7)。01年参院選時でみると，自民党支持者の男女比49：51に対し，民主党は61：39と男性の支持が有意に多い (毎日 01.7.28)。そのため同党は，「われわれはなぜ女性にモテないのか」というテーマでレポートを作成したり，女性の好感を得る秘策を伝授するねらいで「より素敵な政治家になっていただくために」と題する冊子をつくったりし，03年総選挙前には女性向けマニフェストも作成したほか，女性の視聴率が高いテレビやラジオの番組で重点的に党のCMを流すなどした (日経 03.9.28; 毎日 03.10.3; 朝日 03.10.29)。これらは「イメージ」の次元であって必ずしも政策の内容ではないが，今後，民主党が女性票を意識した政策を推し進める中で，自民党が対抗姿勢を示せば，女性をめぐる政党間競争が起こ

り，女性に有利な政策の実現可能性が高まると考えられる[37]。

ただ，公的介護保険制度開始前に，与党から実施延期や家族介護への現金給付などの提案が相次いだのは，総選挙が近いためだと解されており（大沢 2002: 188-190），だとすれば，家族単位モデルから個人単位モデルへの転換は目先の支出ほどにも有権者にアピールしないと，与党が考えているということになる。その点で野党には，一般的な「男女平等」という表象を超えて，個人単位モデル志向をさらに鮮明にし，与党との差別化を図るという戦略があるはずである。ちなみに03年総選挙前の調査では，社会保障の個人単位化に積極的なのは民主党と社民党，消極的なのは共産党と保守新党で，自民党は明言を避けた。消極的な理由は共産党と保守新党でもちろん異なり，弱者保護・負担増反対の前者に対し，後者は「専業主婦としての内助の功を正当に評価すべし」であった（井原 2003: 13）。超党派の野党議員らがつくった「パートタイム労働者等の均等待遇を実現する議員連盟」（パート議連）では，税の中立性や個人単位の原則を盛り込もうとする民主党や社民党に対し，共産党の中心メンバーは，「私も理念はその通りだと思います」，「将来的には税制の中立性とか個人単位に移行すべきだと思っております」としながら，政府が配偶者特別控除の廃止で生じる7000億円の財源を，企業減税に振り向けるのは許せないとして，「税の中立性，個人単位等を盛り込むことはやめよう」と主張した（吉川 2003: 84）[38]。ここには，保革とは異なる対立軸が存在している。

働く女性に有利な政策は，ときに専業主婦（およびその夫）に不利になり，そのため，政党にとっては新たなリスクを抱え込む可能性もある。そのため，民主党の政策担当者も，「専業主婦という生き方を否定するわけではない」と断っている（井原 2003: 13）。

◇**非正規雇用労働者と政治**

非正規雇用というカテゴリーについても，女性と同様の問題がある。短時間雇用者数は1211万人に達しており（総務省統計局「労働力調査」02年），この数がもし単一の利益の元に組織されれば，一大政治勢力となりうる存在である。だが，非正規雇用労働者は，組織されにくいばかりか，むしろ組合組織率を下げて，労働運動の力を減殺すると捉えられてきた。（とりわけ日本の）労働組

合は、これらの人びとを組織化する上で、十分な働きをしてこなかったことを第1章でみた。ヨーロッパの多くの国では、パート労働は失業を減らす手段として公の場で議論されてきたが、アメリカでは、パート労働が政界の関心を引くことはないとされる（Drobnič and Wittig 1997: 289-290）。日本も同様である。

野党からは、近年ようやくパートタイマーの利益を代表しようとする動きが現れ、02年、野党と無所属議員57名で超党派のパート議連が発足した。他方、左にウィングを伸ばし、サラリーマンの利害にも敏感になったとされる自民党にとって、非正規雇用労働者は顧客としての魅力に欠けるようである。「派遣労働ネットワーク」が行なった国会議員アンケート（01年）に、衆参それぞれ10.83％、11.95％の議員が回答したが、自民党議員の回答率は衆議院で0.42％、参議院では0であった。自民党議員は、派遣労働者を顧客とは考えていないのである。

4　女性政策の推進要因

以上のように、「女性」なるカテゴリーは、通常の政治過程で小さな影響力しかもたないが、そのことは、女性の地位向上に資するような政策が策定され得ないという結論には直結しない。80年代、90年代には、その水準にはさまざまな議論があるとはいえ、均等法や育児休業法、あるいは男女共同参画社会基本法といった、女性の社会進出や男女の平等を促進する政策が実現している。90年代の労働政策は、「規制緩和」の語で特徴づけられることが多いが、97年の改正均等法では、規制が強化されていることは見過ごせない。これは労働市場の柔軟性を高めようという流れとは、相対的に独自の政策潮流の存在を示す。以下では、女性政策の進展をもたらす要因について検討を行なう。昨今の政治学では、アクターの権力や影響力には還元できない、例えば制度による説明が比重を増しているし、アクターの影響力それ自体よりも、むしろその外部の環境に着目する「政治的機会構造 political opportunity structure」の議論も、とりわけ社会運動論では有力である[39]。女性運動の場合、利用可能な＜外部＞の環境や制度として、ナショナル・マシーナリーや「外圧」の役割も重要である。また本書では、政策を単に政治の従属変数と捉えるのではなく、政策それ

自体がもつアクターへの拘束力にも注目している。さらに，女性運動についての考察を通じて，政治的影響力の現れ方についても，狭義の政治過程を越えた，より幅広い捉え方を考えている。

◇**ナショナル・マシーナリー**

ナショナル・マシーナリー（national machinery）とは，専ら女性の地位向上に関与する政府機関で，75年のメキシコ会議以降，多くの国に設置された（True and Mintrom 2001; Kardam and Acuner 2003: 96）[40]。政策が政治をつくるという視角から考えれば（Skocpol 1992; Pierson 1994），政府内にそうした機関ができることの意義は大きい。政策は，それを担当する部局やそれに関わる社会内アクターにリソースを与えたり，あるいは社会内アクターの政府へのアクセスを増大させたりすることが可能だからである（Pierson 1994: 39-41）。マシーナリーの設置は，女性の利益の実現を図ろうとする勢力の存在が政府内に制度化されることであり，政府と社会内アクターとの間に政策ネットワークをつくりやすくすることでもある。マシーナリーが女性運動をエンカレッジするという面も無視できない（Stetson and Mazur eds. 1995; Goetz 2003）[41]。同時にこのことは，政府内での弱い立場や少ないリソースを補うために，マシーナリーが社会内に同盟者を見出す過程としても理解できる（Kardam and Acuner 2003: 102）。オーストラリアでは，フェミニスト官僚をフェモクラット（femocrat）と呼んでいるが，本書は国家を一枚岩的なアクターとは捉えず，官僚制内部にも女性運動への同盟者がいると想定する。ただ，マシーナリーには政府の一機関（しかも多くの場合，周辺的な一機関）にすぎないということによる制約も当然あり[42]，その点はのちに事例に即して触れる。

日本で最初のナショナル・マシーナリーは，国際女性年世界会議終了直後に設置された婦人問題企画推進本部である。それまでは労働省婦人少年局が，労働問題に限らず女性の地位向上一般にも責任をもっていたが，75年に男女差別を廃し，平等を促進する任務に専ら当たる国家機関が，初めて設置されたのである。

設置の経緯は，以下のとおりである。74年12月に国会で市川房枝が三木首相に，翌75年は国際女性年であり，女性参政権30周年でもあるので，「総理の婦

人に対しての考え方」を聞かせてほしいと質問した。そのとき三木は,「婦人に関する問題というものは非常に広範多岐にわたっておりまして,複雑な問題もありますので,今後政府の施策を適切なものにするため,民間の有識者をさらに参集を求めて,……幅広く御意見をいただ」き,その結果を今後,「政府の施策の中に生かしていきたい」,「諸外国においても御婦人の活動というものは,……非常に活発な」ので,「日本においても,できる限りそういう機会を婦人の方々にも提供し」,「それぞれの分野で活動をしていただけるような機会」を,今後できるだけ提供するよう心がける,などと答弁した（第74回国会・参議院予算委員会74年12月23日）。そして75年の年頭,三木は「国際婦人年にあたって」というメッセージを発表する。それは,のちに推進本部発足時に副本部長となる植木光教総務庁長官の進言によるものであったが,三木は植木に「婦人問題についてこれから中心になっていろいろ努力をしてほしい」といい,「総務長官が,婦人問題担当大臣になって婦人問題に取り組むように」という指示も出した。植木はこれを,「市川議員の予算委員会での質問を受けた形だろう」と推測している（縫田編 2002: 20-22）[43]。

　こうして生まれた婦人問題企画推進本部は,首相を本部長,総理府総務長官（84年から内閣官房長官）を副本部長,関係11省庁（86年から全省庁に拡大）の事務次官等を本部員として組織された。その後,宮沢内閣は官房長官に「婦人問題担当大臣」の役割を与えた。94年6月には,総理府に男女共同参画審議会（首相の諮問機関）が設置され,同時に大臣官房男女共同参画室も設置された。同年7月には,首相を本部長,内閣官房長官を副本部長とし,閣僚全員を本部員とする,男女共同参画推進本部が設置された。そして01年の省庁再編に伴い,内閣府の男女共同参画局とともに,男女共同参画会議が設置された。

　このとき行政改革会議は,省庁「縦割り」の弊を廃し,内閣,特に首相による総合的な指導を可能とするよう内閣・官邸の強化を打ち出し,「横断的な企画・調整機能を担う」機関として,内閣府を設置した。総理府は22省庁の一つとして他省庁と同格であり,参画室は各省に連絡する権限しかもたなかったが,内閣府の男女共同参画局は総合的な企画・調整を行ない,より高い位置から総合的な男女共同参画行政の推進が可能な制度となった（橋本 2000: 155）[44]。行革会議でこの問題を提起した猪口邦子委員によれば,マシーナリーを内閣府に

置くというのは橋本首相の案であり，橋本のリーダーシップで実現したという（縫田 2002: 125-130）。背景には，社民党，新党さきがけが第二次橋本内閣に閣外連立する際の三党合意に，男女共同参画を推進する国内本部機構の拡充強化，女性に関する基本法の制定が含まれていたことがある（社民党党首は土井たか子，さきがけ議員団座長は堂本暁子であった）。男女共同参画社会基本法は，国内本部機構の任務を明確に根拠づけているが，こうした基本法をもつ国は，先進諸国ではデンマークのみである（大沢 2000: 80-83; 大沢・大野ほか 2003: 143-144）。

01年省庁再編では，各省の局を削減・統合した中で，唯一の新設局が，旧総理府の「室」から格上げされた，内閣府男女共同参画局である。同局は，98年秋に自民党の実力者，野中広務内閣官房長官の，「男女共同参画は内閣の重要な政策課題だ」というツルのひと声で新設が決まったという（朝日 01.1.19）[45]。「女性行政は，行革の嵐の中でしぶとく生き残っただけでなく，これまでよりも一段高みに上り，国の行政全般のあり方に男女共同参画の網の目をかけることができるようなポジションを確保したのである」（江橋 1999: 6）。

こうして，制度的にはきわめて強力な位置づけを与えられた新しいナショナル・マシーナリーが，どれだけの影響力をもちうるかは今後の検証課題だが，本書が焦点を当てるのは，労働省婦人少年局である。同局は，女性の地位向上のために，さまざまな活動を行なっており，特に第6章のケース・スタディにおいては，中心的なアクターとなっている。

◇ **外圧と政策**

政策を動かすアイディアやエネルギーは，国内にのみ存在するわけではない。小さなリソースしかもたないアクターにとって，「外圧」の利用が有効な戦術となることがある。

一般的に，グローバル化の進展に伴い，マクロ経済政策をはじめ，一国の政府の能力が減退するとされることが多い。80年代の日本政治について，アメリカを中心とする「横からの入力」が，「政策の主たる担い手にまでなった」との主張も現れたが（佐々木 1991: 403），こうした現象は「日本政治の特殊性」という文脈でのみ，読まれるべきではないであろう。

政策決定の型として,「外圧による政策決定」という類型化をする場合もあるが (中村 1996: 60-61),それはさらに,アメリカのような特定の国が要求をしてくる,文字通りの「外圧」(横からの入力) と,ILO や国連,EU などといった国際機関が設定した基準を各国が一様にクリアすることを求められるケースという下位の類型化が可能であろう。第6章では,「国際基準型」ともいうべき後者のパターンがみられる。他の章でも,官僚が国際基準を意識した形跡が散見できる。グローバル化には,規制緩和の推進力となる面もあるが,こうした国際労働基準が国内における規制緩和に対抗するバリケードとして機能する面もある (ILO 条約の批准を進める会編 1998)。

また,官僚がアイディアを意識的に国外からもち込むケースもしばしばあり (河中 1973: 70-71),外圧を利用して国内の利害対立を解決しようとすることもある (谷口 1997)。大蔵省が,金融の規制緩和に際してアメリカの外圧を利用したのは,その一例である (村松 1994: 149-150)。また,大蔵官僚は頻繁に OECD 諸国のデータを引用して,新税導入を正当化しようとする (加藤 1997: 150, 注20)。ある労働官僚は,時短問題に関連して,外圧を「錦の御旗」と呼ぶ。曰く,「時短を考えるときも,『錦の御旗』のようなものがないとなかなか進まない。錦の御旗というのは,日本は黒字が増えて諸外国から非難されるのだから労働時間を短くしましょう,というようなもの。これがないとなかなかできない」(佐藤 1991: 40),と。

外国の「水準」や「平均」は,官僚が政策を推進する際に,国内の反対勢力を押え込むための,有力なツールといえる。自国が国際的な水準からみて立ち遅れている,という象徴的な意味もさることながら,海外に市場を求める企業にとっては,不公正だとの国際的非難を避けたいため,実利に関わるという意味での効力はさらに大きい。労働官僚が具体的にこの「錦の御旗」を用いて,経済界を説得することを第6章でみる。

ことが労働基準に関わる場合は,ILO などの国際機関の存在により,「外」から規定される可能性は高まる[46]。ソーシャル・ダンピングにより国際競争力を維持している国は,そうした「外」からの規制に反発する。99年にクリントン米大統領が,労働基準に関する条項を WTO の通常合意に盛り込み,違反には制裁する仕組みが望ましいと語ったことがある。これは,児童労働や強制

第3章 政治学と女性政策

労働,極端な低賃金労働などで生産された製品の流入が雇用を損なっているため,労働基準を満たさない国の製品を締め出せというアメリカの労働界や議会にある考えであったが,これに対し中国政府は,(当時WTO未加盟であったにもかかわらず)「WTOで議論する問題ではない」と反発し,タイの副首相も「労働者の権利が強調されることには,憂慮を感じる」と語るなど,途上国側が態度を硬化させた(朝日 99.12.4)。マレーシアのマハティール首相は,「低い労働コスト以外は,比較優位がない」新興工業諸国の労働条件への同情にことよせた要求は,「最悪の偽善」だと批判する(マハティール 1994: 170)。女性労働者の夜業禁止に関するILO条約を,「国の発展の上での必要性」を理由に廃棄した国もある(中窪 1993: 186, 注39)。

グローバル化の進展が喧しく語られる昨今,国際競争力のための規制緩和を説く議論も多く,「グローバル化」と「規制緩和」の親近性がよく意識されるが,経済の相互浸潤は,国内的な規制の緩和・撤廃の推進力となると同時に,国際的な規制の条件にもなりうる。57年にEECのローマ条約に同一労働同一賃金原則が書き込まれた背景には,女性を低賃金に置くソーシャル・ダンピングで国際競争力を得ようとする国の出現を防ぐという狙いがあり,それは既に男女平等法制を確立していたフランスのイニシアティヴで実現した(Hantaris 2000: 14; 20-21; Stratigaki 2000: 28)。

男女の雇用平等に関する法制は,70年代後半から80年代前半に,多くの国で相次いで整備された。これは,一つには「外国のモデル」効果であり[47],もう一つには,国連女性差別撤廃条約や,ECの「雇用における待遇の平等に関する命令76-207」といった,国際機関による規制の効果でもある。75年に国連は「国際女性年」を宣言し,女性の地位向上を国際的な目標とした。さらに国連は,その実効性を高めるために,76〜85年を「国際女性の10年」と定め,女性差別撤廃条約を各国が運動期間中に批准することを目指した。均等法を推進した労働省婦人少年局は,この条約という「国際基準」を利用して,労使を説得した。多くの国で,フェミニスト官僚は外圧を利用している(Kardam and Acuner 2003: 101)。

もちろん,「国際基準」が高くなることには,国際的な女性運動の成果という面もある。その意味では,社会運動は国境を超える[48]。国際基準は,翻って

4　女性政策の推進要因

社会運動のツールともなる。ある女性労働運動家曰く，「会社や政府にさまざまな要求をしていくときに，国際婦人年の決議や行動計画にこうなっているではないか，ILOの決議や活動計画にはこれこれのことが確認されているではないかといって，迫ることができる」，「労働基準法が今のところ最低のレベルの武器ですが，これより上回る武器が世界的な立場でつくられたわけです。そしてこの武器を使って私たちがたたかえば，国内法である労働基準法自身を，……改正していくこともできる」（塩沢 1980: 209-210），と。

◆**政策課題化と政治的効果**

　本書では，アクターの権力や影響力に加え，政策それ自体が政治に対して及ぼす影響という次元をも説明変数として考慮する。権力や影響力といったもの以外にも説明変数を求める傾向は，近年の政治学の動向でもある。

　政策には，一度策定されれば，それ自身，今度は以後の政治過程を再構成（restructure）する面があり，政策は分析の終点であると同時に起点でもある（Skocpol 1992: 58）。本書はさらに，政策が政治を規定するというのは，既に制定された法や制度としてだけではなく，ある政策がアジェンダ化し，＜政策課題＞としての認知を受けると，以後のアクターの選択肢や行動範囲を限定するという点を，むしろ念頭に置いている。

　政策課題になるということは，上位のアジェンダに位置づけられることを意味する。非決定権力論は，政治過程に登場したイシューについてのみアクター間の権力関係を分析することの不十分さを唱え，あるイシューをアジェンダ化させない権力の存在を指摘した（Bachrach and Baratz 1962）。しかし，あるイシューの位置づけは，それがアジェンダ化しているかいないかという二者択一で捉えるよりも，むしろさまざまな重要度からなるグラデーションだと考えた方が，より実態に近いと思われる。より大きな政策課題であればあるほど，アクターに対する拘束力は大きいと考えられるが，それは「0－1」という関係ではないであろう。

　「政策過程という概念は，巨視的にとれば，長期的な政策（領域）の変化を意味しうる反面，微視的に見れば，政策決定過程に現れる行動のスタイル（のパターン）をも意味しうる」という大嶽秀夫は，前者の代表に，100年にわた

るイギリスとスウェーデンの福祉政策の発展過程を扱った H. ヘクロの研究や，戦後英仏の経済政策の特徴とその背後にある経済構造の成立過程を分析した P. ホールの研究などを挙げ，後者の代表として，個々のアクターの戦略・戦術に焦点を合わせた A. ウィルダフスキーの予算過程についての研究を挙げる（大嶽 1990: 4-6）。「微視」と「巨視」，「ミクロ」と「マクロ」，「短期」と「長期」などを適切に操作化することは難しいが，行論の便宜上これらを用いると，本書で現代社会が直面する諸課題と呼ぶもの——フレキシビリゼーション・平等・再生産——は，比較的長期かつ巨視的なパースペクティヴを必要とするマクロな政策といえる。例えば労基法の女子保護規定を維持すべきか撤廃すべきかというのは，フレキシビリゼーションの是非や，「平等」の意味内容を問う「マクロ」の次元である。他方，女子保護規定のどこをどの程度緩和するか，あるいは均等法や育児休業法，パートタイム労働法などに，どの程度の罰則規定を盛り込むかなどは，より微視的な視点が要請され，決定は短期間で行なわれる。

　前者，つまり長期間を要するようなマクロな政策過程は，社会の大きな構造変動とリンクする度合いが大きい。他方ミクロな政策過程は，マクロな政策過程に基本的には規定されていると考えられる。例えば，労働市場の柔軟性を増そうという大きな政策の流れがあれば，それは個別政策におけるアクター間の力関係に影響を与えずにはおかない[49]。だがミクロの政策過程には，それ独自のメカニズムで展開する部分があり，必ずしもそのような形で「社会」からは規定されずに，ときに偶然とも見えるさまざまな要因により，政策決定が行なわれることがある。そして，偶然によってもたらされた帰結であっても，「政策遺産」や暗黙の「制度」となって，以後，各アクターの行動を拘束することにより，逆にその後の政策過程を一定ていど規制し，最終的には「社会」にフィードバックすることもありうるのである。

　あるイシューが一度「マクロ」の政策（大きな政策課題）となると，それは制度のようにアクターを拘束する[50]。一度，重要な政策としての認知を受け，それが政策過程を開始してしまうと，当初のエネルギーが消失しても，政策過程はそれ独自の推進力で駆動を続ける場合もある。デンマークでは，高度成長期の人手不足の際，女性を労働市場へ進出させる必要から，マシーナリーが構

想された。のちに，景気低迷により失業率が高まった75年にマシーナリーは完成をみるが，これには女性イシューの制度化にいたる政治過程が既に動き出していたということが大きいとされる（Borchorst 1995: 62）。

第II部の各章では，ミクロとマクロの視点を，それぞれ叙述に反映させている。すなわち筆者は，パートタイム労働や派遣労働に対する各アクターの認識や，女性労働をめぐる保護と平等についての考え方が中長期的に変化する様を描き，それが政策転換の方向性や帰趨に反映する点を見極めようとする一方で，比較的短期的な政策形成過程におけるアクター間の個々の力学にも注意を払っている。

大きな＜政策課題＞という「流れ」は，アクターを拘束するだけでなく，合理的なアクターは流れに「乗る」という選択をする場合があり，そのため「流れ」は強化される。この「流れ」に「乗る」という行動原理をもう少し一般化していえば，アクターの選好はアプリオリには決まっておらず，いわばavailabilityの関数として決まる，という命題となる[51]。そのため，あるイシューはより＜上位＞のアジェンダに位置づけられることで，そのイシューに抗するアクターの影響力を遮蔽したり，「流れ」に乗ろうとするアクターが，その政策を推進したりすることがあるのである。

◆**社会運動としての女性運動**

こうした視角は，女性政策の政策過程分析に一つのメリットをもつ。というのも，たしかに「女性」なるアクターは，通常の「組織」を単位とした利益政治システムでは小さな影響力しかもたないが，それは前節でみたように，女性運動なり女性団体を，圧力団体と考えた場合である。オルソン問題が妥当するのは，組織の外延と内包がはっきりしている典型的な組織の場合に限られる。だが実のところ，女性イシューはある種の団体の構成員にのみ利害をもたらすのではなく，団体や組織の枠を超えた幅広い人びとの利害に関わる。そのため，構成員からの支持調達に関わるオルソン問題とは別次元の力学が発生する。これは，フェミニズム運動に代表される新しい社会運動が，「公益」の実現を目指すという点で，圧力団体と区別されるという点にかかわっている[52]。

そのため，狭義の運動体や組織の構成員ではないさまざまな立場の女性たち

が，社会運動と利害を共にする。のちにみる女性差別撤廃条約署名や均等法制定の政治過程で典型的にみられるように，女性イシューにおいては，女性団体・女性運動はもとより，女性政治家や女性官僚といったアクターが，女性運動と同じ目標の実現に向けてリソースを動員する。女性ジャーナリストも，そうしたイシューをより上位の政策課題に位置づける上で，貢献しているはずである。もちろん，これらの企図に参加するのは女性だけではなく，男性も何らかの貢献をしている[53]。「女性」の利益の実現に「男性」が貢献するということ自体，オルソン的パースペクティヴからの逸脱といえよう。

　新しい社会運動の戦略にかかわっていうと，女性運動は狭義の政治過程における影響力は小さくても，社会の中における「ジェンダー」問題の位置づけを上げることを通じて，「平等」や「共同参画」といったテーマを，政治が取り上げざるを得ない問題に格上げするという形で，いわば間接的に影響力を行使することが可能である。女性政策は「マイナー」である，という本書の主張になぞらえていえば，これは女性政策を「メジャー」なものにすることである。つまり，バーゲニング・レベルでの影響力が小さく，また有力な政策決定者との間に政策ネットワークを構築しにくいアクターも，あるイシューをアジェンダ化したり，下位のアジェンダから上位のアジェンダへ格上げするために世論を喚起したりするという機能は果たしうる[54]。実際，女性運動のような社会運動は，政治システムのインサイダーであるよりはアウトサイダーであることが多いため，新しいイシューをアジェンダ化する面において，それを制度化する面以上に成功しやすい（Kardam and Acuner 2003: 99）。

　丸山仁は，従来の（とりわけ日本の）政治学が，新しい社会運動の政治的な性格にのみ着目してきたことを批判し，その文化的・表出的側面にも眼を向けることを主張する。この点に同意しつつも，本書が強調したいのは，社会運動がもつこの二側面は断絶しているわけではなく，むしろ狭義の政治過程において影響力を行使しにくい新しい社会運動にとっては，一見「政治的」とは見えない領域での文化的・表出的実践が，人びとの意識への訴えかけを通じて，中長期的には政治的領域でも意味をもつ，という点である。丸山のことばを借りるなら，新しい社会運動は「象徴的な闘争領域の内部において自らの問題関心を社会的な争点として認知させ，公的なアジェンダにまで引き上げる」（丸山

2000: 32-33) ことができる。「個人的なことは政治的なことである the personal is political」というフェミニズム運動のスローガンは，その面と深く関係する。この標語は，「個人的」「私的」と考えられてきた多くの事柄が，政治的議論の主題でもあり，国家によって規制される対象でもあるということを示すために用いられてきた。女性運動は，公私の厳格な区別に疑問を呈し，従来は私的なこととされていた事柄（セクシュアリティ，育児，ドメスティック・バイオレンスなど）を公的な場に引き出し，さらに社会の中のフェミニスト的な意識を高めるという機能を果たしてきた（Carroll 1989; Sapiro 1991; Henig and Henig 2001: chap.2）。こうしたことは，政策形成への間接的な影響力の行使といえよう。

◇**社会運動の議題設定能力**

　女性運動のそうした機能がよく確認できるのは，セクシュアル・ハラスメントが社会的認知を得るにいたった過程であろう。今日，「セクシュアル・ハラスメント」（または「セクハラ」）の語が載っていない辞書を探すのは難しい。このことばは，日本語としての市民権を確立したといえる。だがこれは，ごく最近，日本語のボキャブラリーに入ってきたことばである。現象としてのセクハラはずっと以前から存在していたにもかかわらず，ほんの十数年前まで，「女性たちはそれを告発することはおろか，その行為を指す名前さえ持ってはいなかった」（杉本 1997: 161）。ところが，きわめて短時日のうちにその概念は日本社会に定着し，一定の役割を果たすにいたっている[55]。99年施行の改正均等法では，使用者にセクハラ配慮義務を課すようになった。ドメスティック・バイオレンス（DV）にも，同様の経緯がある。現象としては古くからあったDVは，「私的」なこととして名前すら与えられてこなかった。それが昨今ではセクハラ同様その存在が社会的に認知され，01年にはDV防止法という法律に規定されるまでになった。いずれも，今後ある程度の後退はあるかもしれないが，後戻りしそうもない陣地が一定ていど獲得されたとはいえそうである。

　だがこのことは，省庁や政治家へのロビイングが効を奏したということでは必ずしもない。そうした活動が行なわれたのは，法制化という最終局面においてだけである。狭義の政治過程においては大きな権力をもたないアクターが，

その外部の社会という次元で，問題の所在を明らかにし，それがどのような問題であるかを定義し，そしてそれを政治が取り上げるべきテーマへと昇格させたのである。新しい政治的問題やアイディアを，最初に明示的に述べるのは，政治システムの外部にある社会運動の機能の一つある (Goodwin and Jasper 2003: 4)。

ただ，主たる影響力行使の場が狭義の政治の「外部」であるがゆえの限界もある。というのも，あるイシューを政治的な問題として認知させることや，より上位のアジェンダへ格上げすることに比べ，既に重要な政治課題として定着したイシューを，脱アジェンダ化することには，はるかに大きな権力が必要だと思われるからである[56]。脱アジェンダ化が，社会の中の大きな「流れ」に逆らうものであれば，なおさらそうだといえよう。規制緩和への反対は，その好例である。

女性運動は他の社会運動以上に，「意識」を社会変革の道具としてきた (Katzenstein 1987: 8)[57]。それは女性運動が政治的社会化機能をもち，参加者に意識変革を迫るという次元 (Carroll 1989; Sapiro 1991) にとどまらず，広く社会内の意識変革にも寄与するという面までが含まれる。第二波フェミニズム運動後，アメリカでは女性の政治参加を容認する意見が増え，男女の政治的有効感の差も消失した。政治問題についての世論調査でも，女性回答者の「わからない」という回答が顕著に減少し，女性大統領候補に投票する意志があるかどうかが，世論調査でしばしば尋ねられる項目となった (Carroll 1989: 316-318)。たしかに，これらすべてが女性運動の成果ではないにせよ，女性運動がこの次元において一定の貢献を果たしたことも，否定しがたいように思われる。また，社会内のジェンダー意識の変容が女性運動の台頭をもたらす一方，女性運動がさらにジェンダー意識を高めるといった，相互規定的な関係もある (Sapiro 1991: 272-273)。

ジェンダー意識の昂揚は，運動のゴールを高いものとする効果もある。総理府「婦人に関する世論調査」で，「男女の地位が平等になっていない」とする者の割合は，79年の6割から，84年には男性で7割，女性で8割へと上昇した。この5年間に女性の地位が低下したというよりは，現状を「不十分」と考える者が増えたとみるべきであろう[58]。総理府「男女共同参画社会に関する世論調

査」(2000年) で,「政治の場」や「法律や制度の上」で男性優遇を感じる人が95年調査より4〜5ポイント増えたことを総理府は,「男女平等意識が高まり,『平等』のハードルが高くなったのではないか」と分析する (朝日 00.5.28)。平等の「実態」に対する評価は,平等への「期待」の関数であることは国際的傾向でもある (Banaszak and Pultzer 1993: 47-48; 堀江 1997: 110-111)。スウェーデンで,60年代のラディカルな女性運動があまり強力にならなかったのは,既に一定の改良が達成されていたから,という見方もある (Henig and Henig 2001: 27)。

国際女性年,およびその後の国連女性の10年に伴う諸々の行事やキャンペーンが,人びとの意識にも影響を与えたことも考えられるが (赤松 1985: 15),国連が女性の問題に取り組むようになったこと自体,世界各地での女性運動の成果という面もある。

既にアジェンダ化したイシューについての狭義の決定プロセスにおいては必ずしも影響力が大きくない社会運動も,問題の所在を明らかにし,そのイシューへの人びとの注意を喚起することを通じ,中長期的には政策転換に成功することがあり得る。その意味で,何を運動の「成功」と考えるかについても,長期的なそれと,短期的なそれは同じではない (Goodwin and Jasper 2003: 348)。

ただし,あるイシューをアジェンダ化したり,それを大きな政策課題へ引き上げたりするのは,必ずしもアクターの意識的な働きかけにのみよるわけではない。アクターの権力や影響力とは無関係に,ある種のイシューが重要な政策課題となることがある。そして,それが一度,重要な政策課題であると認知されれば,多くのアクターたちがその政策に参入しようとする。第7章で検討する少子化問題のアジェンダ化過程は,その好例である。

* 　　* 　　*

以上のような前提を踏まえた上で,第II部では80年代から90年代前半にかけての,いくつかの政策の展開を検討する。それらは,フレキシビリゼーション,平等,再生産のいずれかにかかわる政策であり,いずれも女性の就労と深く関係する政策である。

第3章　政治学と女性政策

注

1) 日本的特殊性を加味した「ハイフンつき多元主義」も多く語られた（猪口 1983; 中邨 1984; 佐藤・松崎 1986; 村松・クラウス 1987 など）。
2) 80年代における，例えば「ポリクラシー」の提起（山口 1980; 山口・大嶽 1985）も，成功したとはいい難い（馬場 1986; 山川 1993: 第12章をみよ）。
3) 日，米，英，カナダでは，対人口比でほぼ同じくらいの団体が組織化されている（辻中 1988: 20）。
4) こうした観点からの多元主義論批判として，小林（2000）をみよ。また，自民党政務調査会はブラックボックスであり，官僚制に対する民主的コントロールの面でも問題が多いという批判も可能である（山口二郎 1987: 序）。
5) のちに紹介する谷（1995）の調査は，利益集団間の差異の残存を示している。
6) 例えば，「このごろは，自民党こそは現実に即してみごとに役割を果たしてきたという礼賛がはやるのですが，いまの自民党が初めからこのような政党としてあったかのようなイメージが，一般有権者にとってはもちろん，ものを書く人にさえまかり通って，あまり怪しまれないことは驚くべきことです」（福田 1986: 14），というのがその一例である。
7) 樋渡展洋（1991）は，戦後の多くの政策で，対立線は与野党間にではなく，財政当局と政党の間に引かれたと主張する。
8) ヨーロッパの政党ファミリーの各系譜については，Seiler（1978＝1979）を参照。
9) 背景には社会党との選挙競争があった。厚生官僚は，まだ国民年金に対し消極的であったからである（Campbell 1993＝1995: 97-101; 143, 注29）。
10) 他党も同じ傾向なので，自民党だけがその時期に社会政策に傾斜したというよりも，社会政策が，その時代の大きな政策課題であり，自民党はそれに抗せず同じ土俵で競争をしたということである。
11) カルダーは，社会保障など多くの政策分野で，初期の段階で政策アイディアを出すのは，官僚や自民党ではなく，野党や革新自治体であったという（Calder 1988＝1989: 175）。
12) 村松はのちに，90年代政界再編の過程で，政策過程とイデオロギー過程という二環構造が消失したとしている（村松 1998）。
13) 髙橋彦博は，産労懇への労働団体代表の参加を稲上毅が指摘したことが，日本におけるコーポラティズム化についての最初の指摘ではないか，という（高橋 1993: 325, 注1）。
14) 私的諮問機関の役割は，「基本的には正式の審議会のそれと同じ」と考えられる（小野 1997: 81）。
15) 国家行政組織法第8条により法律または政令に基づいて設立される審議会に対し，閣議決定・了解，省令，局長決裁などの手続きで設置される「私的」諮問機関は，原則として省庁が経費を負担し，事務局も省庁内に置かれる（辻中 1985b: 67）。総務庁も，こうした私的諮問機関の「正確な数はわからない」という（上西 1985: 144-145）。
16) 社，公，民，共，二院クなどが77年に共同提出した「女子教職員の出産に際しての

補助教職員の確保に関する法律」がそれで，二国会にわたり継続審議となっていたが，会期延長への野党の反対をやわらげるため，自民党が賛成に回り成立した（佐藤・松崎 1986: 137-138; 280-281; 谷 1995: 221; 231, 注 8）。

17) 左派を排除した「労働界の右翼的再編」を批判する論者も，同時に連合の政策参加が格段に増えたことを指摘する。例えば，青木（1989）を参照。

18) ただ，その後の進展をみるに，コーポラティズムの基盤の狭隘化・脆弱化という印象は否めない（伊藤光利 1998）。

19) コーポラティズム概念の詳細な検討として，山口（1982）；Wiarda（1997）などを参照。

20) 労働省の「経済社会環境の変化と日本的雇用慣行に関する研究会」（主査・稲上毅法政大学教授）の調査（85〜86年）では，企業の九割は労使関係を安定しているとみなす一方，労働者の6割は，組合が会社に譲っているとみており（週刊労働ニュース86.7.21），ここでも両者の実力の非対象性が確認できる。

21) 高度成長期に日本の労働組合は，「組織労働者の獲得した賃上げが未組織労働者に波及するという論理構成のもとに」，未組織の低賃金層に対して本格的な組織化の取り組みをしなかったとの反省もきかれる（総評組織局 1981: 3）。

22) 筆者はここで，男性に比べ女性は組織化に向かないなどと述べているわけではない。「男性」なるカテゴリーも，組織されにくい点では同じである。ただ，社会の多くの面で男性より不利な立場にある女性には，男性以上にその利益を政治的に代表させるべく組織化することへの誘因があるとは考えられる。

23) 日本にも女性党なる政党はあるが，国会に議席を獲得したことはない。成功したとされるアイスランドの女性政党でも，5.5%の得票（83年）が最高である（Henig and Henig 2001: 113, n.3）。オーストラリアではたびたび女性政党が誕生し，女性の過少代表という問題に注意を喚起し，既成政党にそれを取り上げさせる上で一定の成功をみたが，自身が選挙で成功したことはない（Sawer 2002: 11）。

24) 決定過程における女性の少なさについて例えば，岩本（1996; 1997）；御巫（1999; 2000）をみよ。また，女性議員の少なさに関する説明は，世登（1997: 34-35）；堀江（2004）に整理されている。

25) 族議員政治の「番犬型」，「猟犬型」については，猪口・岩井（1987: 257 以下）を参照。

26) 猪口・岩井（1987）の族議員の類型では，三木，橋本，野中らは，「ジェネラル」ということになる。この点で，中野実の「実力者政治」という型も参照（1992: 第1章第2節）。

27) 逆にいうと，女性運動の影響力行使は，女性イシューのアジェンダ化という形で行なわれることが予想される。非決定については，Bachrach and Baratz（1962）を参照。

28) ちなみに，90年，93年，96年の総選挙を対象とした分析によると，「女性」は2.2%，2.2%，1.9%，「働く女性」は0.5%，0.6%，0.2%，「パート労働者」は0.9%，0.3%，0%の選挙公約において，政策の対象とされている（品田 2000: 155, 表2）。

29) 江原由美子が指摘する女性に対する権力作用は，S．ルークスの三次元権力論を思

わせる（江原 1988: 12-34; Lukes 1974＝1995）。関連して，江原・大嶽（1991）も参照。
30）この点は，全国政治研究会（01年10月12日・於法政大学）における筆者の報告に対する，岩本美砂子教授のコメントを参考にした。マドンナ・ブームについては，岩本（2000）を参照。
31）『月刊自由民主』の「政務調査会日誌」から計算した，谷（1995: 199, 図6-2）より。
32）自民党女性局に確認したところ，04年現在，この「自由民主党婦人憲章」は失効していない。
33）女性政策には「野党の女性議員を中心に専門家（ある種の族議員）が存在する」という三浦まりは，「ジェンダー問題をライフワークとする議員の存在が，準立法活動を活発化させたと考えられる」としているが（三浦 2003: 54; 68），この点は十分に展開されていない。そうした議員はたしかにいるが，その影響力はさして大きいとは思われない。
34）専業主婦世帯を優遇することは，相対的に共働き世帯を冷遇することになるからである。
35）アメリカでは，女性は明確にターゲットにされている。80年選挙で男女の投票行動が顕著に違うことが意識されて以来，二大政党は女性をターゲット視するようになった。大統領も女性票を意識し，女性を政府高官に抜擢したり，法制化への道筋を示したりしたことが，女性に有利な政策の実現にとって決定的に重要であったとされる（Carroll 1989: 219ff）。ロビイストも，投票行動におけるジェンダー・ギャップにより，議員が女性団体や女性イシューに応答的になってきた，とみている（Costain 1988: 151）。
36）他の先進国はほとんどが30％台である（法政大学日本統計研究所ほか編 1993: 319, 表14-3）。
37）なお，04年の岡田克也代表就任以後，女性の民主党支持率が上昇した。
38）これと似た論理を取る筑紫哲也は，男女共同参画の時代だからといって配偶者特別控除を廃止するのは，取りやすいところから税金を取ることである，日本の税金にはまだまだ無駄遣いが多いのだから，まずそちらをなくすべきだといった趣旨の発言をした（TBS「ニュース23」02年12月12日放送）。税金の無駄遣いはもちろんなくすべきであるが，女性の働き方に中立的でない税制の是非についても，筑紫は判断を示すべきではなかったか。
39）政治的機会構造についての筆者の検討として，堀江（1998）を参照。
40）ナショナル・マシーナリーについては，Stetson and Mazur (eds.) (1995); Rai (ed.) (2003) を参照。
41）特にオーストラリアでは，この役割は決定的であった（Sawer 1991）。
42）階級をはじめとするその他の社会的クリーヴィッジでは考えられないが，なぜ女性の地位向上や男女の平等のために，かくも多くの国の政府が特別な機関を設けているのか，と問う論者は，それが政府を脅かさないからだとシニカルに答えている（Goetz 2003: 91）。
43）三木内閣の記録は女性問題に全く触れておらず（中村 1981; 山川 1981），内閣の

重要な政策ではなかったといえよう。ただ，婦人問題企画推進本部の会議で，三木は非常に熱心であったという（影山 2001: 306）。

44) 政府内にマシーナリーをもつ国のうち，半分は社会問題（social affairs）関係，3分の1は労働関係の省庁に置かれている。地位が低い省庁にあるマシーナリーは，規模縮小圧力にさらされやすい（Rai 2003b: 26-27）。政府内の周辺的な位置にあるためマシーナリーが有効に機能しない例として，Goetz（2003: 71-77）を参照。

45) 野中は03年まで，自民党の男女共同参画推進協議会長，および女性問題連絡協議会会長の地位にあった。彼は，男女共同参画社会基本法の成立にも大きな役割を果たした（海野 2002: 179; 鹿嶋 2003: 37）。

46) ただし，この度合いは国により大きく異なる。日本に比べアメリカは，他国やILOを参照することがほとんどない（Campbell 1993＝1995: 258, 注52）。アメリカよりは高いが，日本もヨーロッパ諸国に比べILO条約の批准率が低い国である。04年現在，批准条約数はOECD諸国の平均71に対し，日本は46である。

47) 例えばイギリスでは，アメリカを範として立法化を行なった（浅倉 1987: 255）。

48) 国際的な女性運動のネットワークと関係が深い国ほど，マシーナリーの整備が進んでいるという相関もある（True and Mintrom 2001）。

49) 個々の労働立法の背景に「フレキシビリティ（柔軟化）戦略」があるという考え方が，これにあたる（後 1994: 154）。

50) 近年は，名文上の法制度に加え，アクターの選択肢や行動範囲などを限定するような慣習や暗黙のルール，手続きなどを広く制度と捉えるのが一般的である。ある種の政策が大きな潮流となり，何らかのアクターではなくその政策自体が，アクターが取りうる選択肢や行動範囲を限定したりする場合，それは制度と同じ機能を果たしていると考えられる。

51) 選好を所与とするかどうかは制度論の重要な論点だが，省庁でいえば予算や権限の拡大，政治家でいえば再選といった，アクターがいわば「生理」としてもつ選好と，政策の内容における選好は，区別されるべきであろう。ここでいっているのは，後者の政策選好についてである。前者が不変なのは当然だが，合理的なアクターが後者を変える場合があるのも驚くにあたらない。

52) 圧力団体論の側でも，「価値推進団体」という類型化を行なう場合がある（村松ほか 1986）。新しい社会運動は，ここに入るであろう。

53) アメリカでは，ERA，人工妊娠中絶，同一労働同一賃金法制，女性候補者，リブ運動などに対する有権者の支持は，男女で同程度である（Mueller 1988: 25; Carpini and Fuchs 1993: 31）。全米女性機構（NOW）は National Organization for Women であって of Women ではなく，男性の会員もいる（Ferree 1991: 223）。

54) この点は，マシーナリーについてもいわれている。ジェンダー平等の問題を，より上位のアジェンダに位置づけることは，特定の政策の実現に希少なリソースを割くよりも効果的だというのである（Rai 2003b: 31）。

55) 「『セクシャル・ハラスメント』という言葉を女性たちが得た途端に，女性たちは職場の中での性差別を我慢しなくなった」と，その効果を評する労働運動家もいる（伊藤みどり 1998: 47）。

第3章 政治学と女性政策

56) 問題を表面化させないための企業の権力は消費者運動と比べ圧倒的だが，社会問題化してしまったイシューに対しては企業も脆弱である，という分析（大嶽 1979: 第二章）をみよ。
57) 女性運動を，ロビイストや利益集団と区別すべきだとする論者はその理由に，具体的目標が何であれ，女性運動は女性たちの自己認識を変化させること，すなわち女性の間にジェンダー意識を発展させることを目標の一つとしていることを挙げる（Sapiro 1991: 273）。
58) 事実，この10年ほどで女性の地位が向上したと思う人は，73%に達している（総理府「婦人に関する意識調査」84年）。

II

第4章

フレキシビリゼーションの政治Ⅰ
―― 派遣労働に関する政策 ――

1 背景と経緯

　80年代における労働市場のフレキシビリティを志向する動きを象徴する政策の一つは，派遣労働の法認である。本章では，労働者派遣法[1]の成立にいたるまでの政治過程をトレースし，そこに現れた各アクターの選好と行動様式を分析する。同法には，「労働行政の"戦後総決算"を促進するテコ」（大野 1985: 15），「政府が『流動化を円滑にするために労働市場を把握する』政策を本格的に開始したという意味で重要な画期」，「戦後労働法体系を根本的に解体する」（脇田 1995: 6; 23），などの評価さえあり，職業安定行政における重要な政策転換を象徴する。

　労働省による労働者派遣事業に対する政策は，同法制定以前の「放任」から，同法の制定による一定の条件下での容認，そして90年代以降のさらなる規制緩和，といった大きな流れによって特徴づけることができるが，99年，03年の大きな改正については，本書では詳しく触れることはできない。本章では，86年の派遣法施行までを主たる対象としている。

◇職安法などによる規制

　労働者派遣法は，85年6月に成立，86年7月から施行されている。それまで，職業安定法は労働組合が労相の許可を受け無料で行なう場合を除き，労働者供給事業を禁止していた。すなわち，職安法44条は「何人も第四十五条に規定する場合を除く外，労働者供給事業を行い，又はその労働者供給事業を行う者か

ら供給される労働者を使用してはならない」とし、45条は「労働組合法による労働組合が、労働大臣の許可を受けた場合は、無料の労働者供給事業を行うことができる」としていた。この44条は、戦前の人買い業や強制労働、極端なピンハネ的職業紹介を禁止する目的で設けられた。戦前から、労働者供給事業は封建的労使関係の温床で中間搾取も多かったため、労働の民主化を推進しようとしたGHQにとって、許容できるものではなかった。他方、請負契約による労働力の利用と労働者供給との関係が問題になるため、1948年2月に職安法施行規則4条が定められ、請負事業を厳しく限定し、職安法44条の例外を認めない方向で実施された。それが、新しくできた労働者派遣法によって職安法45条によらず、人材（労働力）を他企業に派遣する業務が可能となったのである。

職安法の規定に加え、職業紹介事業は、労働者保護の見地から、原則として国の責任において国の機関がおこなわなければならないというのが、ILOの条約や勧告にうたわれてきた職業紹介事業の国際的基準であった。ILO96号条約は、有料職業紹介事業の規制、つまり民間の口入れ屋などの活動を規制する条約で、日本は56年に批准している。そのため、有料職業紹介事業は職安法32条できわめて狭く限定され、派遣法成立直前の84年時点では、家政婦、看護婦、理・美容師、経営管理者、医師など、専門的労働市場が形成され、前近代的労働市場が成立する余地がないと考えられる28職種にのみ許されていた。

◇**間接雇用の増大**

だが、労働者派遣法制定以前から、さまざまな形で、自分が雇用されている事業所とは別の事業所で働く労働者が増加していた。既に52年には、「財界からの強い要請を容れて」（林 1985: 83, 注②）、緩和の方向が打ち出された。職安法44条で禁止される労働者供給事業の範囲を確定する施行規則第4条を改正し、社外工や、臨時工などの雇用形態が容認された。この規制緩和について労働省は、「労働者供給事業の禁止が、労働ボスの排除の目的を超えて、企業の健全な事業活動に過重な負担を強いる事態もみられるに至った」ためだと説明している（高梨編 1985: 41）。

66年には、アメリカ資本の人材派遣会社マンパワー・ジャパンが日本に進出し、タイピストや一般事務員、技術者などを各企業に派遣しはじめた。そのた

め，労働省は職安法違反の疑いで，関係都府県を通じた実態調査を数次にわたり実施し，同社の告発について，法務省，警察庁などと協議したが，告発は難しいということになった（朝日 77.1.17, 夕; 高梨編 1985: 100-101)。その後，国内でも次第に派遣会社ができはじめ，高度成長期はさほど増えなかったが，オイル・ショック後の減量経営の下で，多数の人材派遣会社が設立されるようになった。特に82年頃から，マスコミで成長産業として紹介が相次ぐようになり，これがさらなる新規参入を促進した（川喜多 1986: 36-37）。事務処理等サービスの業者は，78年の約60社から，84年には約200社となり，そこに登録されているスタッフも10万人を超えるほどになった（坂本 1985: 25)。

企業側に縁辺労働力への需要が生じるとともに，労働者の側にも生活構造の変化，人口の高齢化，高学歴化などにより，「追加収入・家計補助」「生きがい的」就労へのニーズも生まれたが，公共職業安定所の果たす役割は低く[2]，そこからこうしたニーズを満たすものとして，人材派遣事業が叢生してきたと説明される（小室 1986: 222)。ただ，主婦の選好についての第1章での考察を踏まえれば，労働供給側の「ニーズ」は，需要の影響を受けていると考えられる。労働省職業安定局が84年に行なった調査では，事務処理業についての派遣事業所は，52.9％が78年以降に設立されている。また，全労働省労働組合の調査（84年）でも，派遣元事業所の設立は73～78年の間がピークになっており，調査時から10年以内に設立されたものが全体の46.9％に達していた。オイル・ショック以降の減量経営下で，企業から派遣事業へのニーズが拡大したわけだが，一方で派遣という形態で就労したい者が，この短期間にこれほど急増したのは，いわば需要によってニーズが掘り起こされたためであろう。

◇**取り締まりの不備**

こうした動きに対して，職安法違反の疑いが指摘されながら，取り締まりの組織体制は整備されなかった。「最初は強い規制の対象であったものが行政的怠慢によって拡大した」（脇田 1985: 94），とされているものである。人材派遣という就業形態がまず実態として先行したため，のちにできる労働者派遣法は，これを追認する事業法としての面が強く，労働者保護法としての側面が弱くなった。つまり，「派遣事業が拡大してきたことに対し，これをこれまでのよう

に禁止しては社会の実情に合わなくなったことから，一定要件のもとに認めたうえ，労働者の保護を図っていくということに法制定の目的」があり，したがって労働者派遣業法成立は，「現実後追い現象」であったとされる（金森・北村 1986: 153-154; 林 1988: 236-237）。

ただ，職安法の禁止規定があったため，当時これらの事業は，労働者を供給するというよりは，顧客企業からの業務の「請負」という形を取って行なわれていた。例えば製造業の場合，工場内の1ラインをまるまる別会社から「請負」すれば，「労働者の派遣」を受けたことにならないので，職安法違反にならないという仕組みである。だが，「請負」と見なされるためには，厳しい条件がある。すなわち，職安法施行規則第4条は，

①作業の完成について事業主としての財政上ならびに法律上のすべての責任を負うものであること
②作業に従事する労働者を指揮監督するものであること
③作業に従事する労働者に対し，使用者として法律に規定されたすべての義務を負うこと
④自ら提供する機械，設備，機器（業務上の必要なる簡単な工具を除く）もしくはその作業に必要な材料，資材を使用しまた専門的な規格，技術を必要とする作業を行うものであって，単に肉体的労働を提供するものでないこと

という四条件のすべてに該当するものでないと請負契約とみなさず，労働者供給事業として禁止された。

だが，「請負」の実態は，「当該業務を的確に処理するために，派遣先の業務と一体となって業務を処理する必要が大きい」から，「派遣先の業務と一体となって，業務を処理し，更には，派遣先の指揮命令の下に労働者が就業しているものも見受けられ」ると，指摘されるような状況であった（中央職業安定審議会労働者派遣事業等小委員会報告「労働者派遣事業問題についての立法化の構想」，高梨編 1985: 123 より再引）。つまり，請負といっても実際には作業場所が派遣先なので，派遣先の指揮命令を受けて派遣先の労働者と一緒に就業しており，だとすれば職安法違反の疑いがあるということである。例えば，秘書として派遣された者は，派遣先での指図を受けなければ秘書としての役割を果たせない

表4－1　従業員規模別他社労働者が就労している企業割合（%）

従業員数	30-99	100-299	300-999	1000-4999	5000以上	平均
1979年	9.9	22.2	38.4	60.5	75.4	15.6
1984年	14.8	27.3	50.0	71.1	79.4	20.6

労働省「雇用管理調査」（坂本 1985: 26 図；高梨編 1985: 66, 表13より）

はずであるし，派遣店員の勤務も，実態としては，派遣先の指揮命令を受けたり，派遣先自体の仕事を命じられたりすることが多い（林 1988: 235; 241）。

だが職安局は，「これをいちいち（職安法違反の疑いで）取り締まっていたらキリがない」としており，むしろ人材派遣業が社会に定着，発展している実態に合わせて今の法制を見直そうというのが「労働省の考え」だとされ（日経 84.1.16），労働省がこれらをほとんど摘発せず，事実上黙認してきたことが業界の急成長をもたらしたと指摘されていた（朝日 85.5.25）。要するに，「労働者供給事業は，労働行政の次元で野ばなし」であった（木下 1981a: 127）。

派遣業者の増加は，利用企業の増加も意味する。表4－1にみるとおり，同法施行以前に5000人以上の企業の8割では，何らかの形で他社の労働者が就労しており，しかもその比率は企業規模の如何を問わず増加傾向を示していた。また，その傾向は将来さらに拡大するとみられ，東京商工会議所「十年後の雇用予測アンケート」（83年）では，会員企業の72%が「人材派遣の利用を考えている」と答えた（竹内 1985: 31）。ただ，企業の派遣労働へのニーズも，派遣会社の急増により掘り起こされた面があろう。

2　審議会における議論

◇問題化のきっかけ

そのように事実上放置されていた人材派遣業が政策議題になったのは，77年に行政管理庁が，企業等に労働者を派遣して請負業務を処理する形態の事業所86ヵ所に行政監察を行ない，翌78年7月に，「業務処理請負事業に対する指導・規制の在り方」という勧告を労働省に行なったことがきっかけとされる（朝日 83.10.23; 外尾 1985: 19; 坂本 1985: 26; 浜岡 1985: 56）。その勧告では，これらの事業所は「現行法令［職安法―引用者補］にいう労働者供給事業に該当す

第4章 フレキシビリゼーションの政治 I

る疑い」があるとされたが,「一律に法を適用した場合,かえって実際的でないことも懸念される」ので,「業務処理請負事業に対する指導・規制の在り方について検討する必要がある」とされた（高梨編 1985: 106 より再引）。これを受け労働省は同年10月,職安局長の私的諮問機関として「労働力需給システム研究会」（会長・高梨昌信州大学教授。学識経験者5名で構成）を設け,検討を依頼した。同研究会は,派遣法制定へ向け「世論形成機能」を果したとされているものである（小野 1997: 101）。

ただ労働者派遣の法制化について「最初に口火を切った問題提起者」を自認する高梨は,それ以前から,すなわち中央職業安定審議会（会長・大内力東大名誉教授,公労使各7名で構成。以下,中職審）に「建設雇用改善法」（76年制定）を提言する際に,職安法に定める労働者供給事業と請負契約事業の見直しのため,研究会検討作業を開始すべきだという問題提起を75年に行なったのが,この件が問題になった最初だとしている（高梨 1985a 6; 高梨編 1985: iii-iv）。

78年には大手航空会社に労働者を派遣していた花王航空事業株式会社が職安法違反で有罪判決を受け,79年にはマンパワー・ジャパンが同じ容疑で告発される（起訴猶予処分），などの動きもあった（外尾 1985: 21; 竹内 1985: 32; 林 1985: 77; 83-84, 注③；④）。

当時,マンパワー・ジャパンは,人材派遣業の合法化に向け労働省に働きかけを行なっていた。それは,現状では事業の発展はのぞめないと判断したアメリカ本社から,「政府に働きかけろ」との指示が出たことによる。同社の企画部長は,「七八年から始まった法制化の動きの中で,わが社は業界のリーダーとして労働省に協力,『人材派遣』という事業が,今後の日本にとっていかに大切か,啓蒙活動を推進した」と語っている（河野 1998: 100）。

いずれにしろ,もともと職安法違反の疑いがある事態が先に発生し,それを労働省が取り締まらず放置しているうちに,人材派遣会社ならびに利用企業がどんどん増え,法と現実の乖離が著しくなったため,何らかの方策が必要となったというのが,立法化のきっかけである。もちろんこの乖離は,新法の制定ではなく,職安法の厳格な適用——取り締まりの強化——という方向で埋めることも可能ではあった。だが,労働省はその方向を模索しなかった。理由は,以下にみるとおり,派遣業が現実に定着している,との判断である。

2 審議会における議論

◇**労働力需給システム研究会**

そうした経緯で作られた労働力需給システム研究会は，80年4月に「今後の労働力需給システムのあり方についての提言」を出す。この「提言」は，産業構造高度化の過程で起きた産業・職業構造の変化や，労働力人口の高齢化，高学歴化，女性雇用労働者の増大などにより，「労働力需給の多様化が進むにつれて，現行のシステムでは的確に対処しきれなくなってきている」ので，「国全体としての需給調整機能がより総合的に発揮できるよう整備充実する必要がある」として，職業安定機関以外の労働力需給システム，労働者派遣事業のそれぞれについて「改善の方向」を示した。そして，「近年，現行職業安定法との関係で問題となってきた業務処理請負事業」については，

①専門分化してきた職業の労働力需給を迅速に結合させるという意味で労働力の需給調整面で有効な機能を有する
②労働力の需要供給双方のニーズに応えて，中高年齢者や家庭婦人など就職の困難な者に現実に多くの雇用機会を提供している
③各企業における一時的労働力需要をつなぐことで派遣労働者に継続した雇用を確保している

と，その役割を評価し，「社会的分業の利益もあって，経済社会活動の一環として広く活用されている現状」に鑑み，労働者派遣事業制度を創設し，労働力需給システムの一つとして位置づける必要がある旨を述べた。同時に，

①派遣労働者の雇用が不安定になり易い
②使用者としての責任の所在が不明確となりがちで，労基法の適用関係が必ずしもはっきりしないものがある
③社会・労働保険の適用が進まないおそれがある

など，労働者保護の観点から検討すべき課題も少なくないとした。そして，今後，経済活動の複雑・多様化に伴い，このような事業の役割がいっそう高まると考えられるので，派遣労働者の労働条件，雇用環境の向上を図るとの観点から，一定の規制を加えた上で，労働者派遣事業を労働力需給システムの一つとして制度的に確立していく必要があると結論づけた（高梨編 1985: 107-112; 労働省職業安定局編 1985: 60-65）。中でも特に労働者派遣事業の制度化と民営職業紹介事業の見直しにポイントがあると，高梨会長自身が労働省の広報誌などで述

べていたこともあり，労働力需給システムのうち，専ら派遣労働者の制度化の是非というところに，議論が限定されることになった（丸谷・松本 1981: 90; 小室 1986: 200）。この「提言」は，学界・実務界の双方に，大きな波紋を呼んだが（伊藤 1987: 207），学識経験者のみから構成される研究会の検討結果にすぎないので，労使各側の意見もきいて立法化作業に取り組むべきだとの付言がなされた。

そこで労働省は80年5月に労働者派遣事業問題調査会（会長・石川吉右衛門東大名誉教授）を発足させ，関係者の合意形成を目指した。同調査会も職業安定局長の私的諮問機関であるが，「提言」への付言を受け，学識経験者だけから構成されていた労働力需給システム研究会とは異なり，公益側5名，労働側4名，使用者側4名の各委員で構成されることに加え，特別委員として労働者供給事業を実施している労働組合や関係業界の代表委員も加わった。まず学識経験者からなる研究会でおおよその方向性を決めたのち，関係各界の代表で構成された正規の審議会の諮問に付すというのが，省庁の立法過程における一パターンであるが（西尾 1995: 65-66; 笠 1995），労働省の場合，後者の審議会には労使代表を含む。この経過は，のちに他の政策過程でも繰り返し見ることとなる。

◇**労働側の分裂と混迷**

しかし，同調査会の審議期間中から，労働側は足並みが揃っておらず，この法案に対する労働界の対応は分裂した。すなわち当初，職安法45条にもとづき労働者供給事業を行なう労働組合を傘下に抱える総評，新産別は反対，同盟，中立労連は賛成と，労働側は真っ二つに分裂した（週刊労働ニュース 84.10.8）。コンピューター関連業界の組合の多くが加盟する同盟や中立労連は，「労働者保護のためにも早急な制度化が必要」と賛成したのに対し，総評は，総評弁護団が反対の論陣を張っていたこともあり，基本的には反対姿勢で，新産別は「絶対反対」であった（朝日 85.5.13）。このため，労働側が意見調整の時間がほしいと申し出て，81年7月から約2年半にわたって検討が中断された[3]。だが，中断の最中にも，人材派遣をめぐる実態は進展を続け，事故の場合の使用者責任が不十分であることや，労働条件が違った場合のトラブル解決策が不明確であることなど，問題点が浮かび上がっていた。そこで，「ルール作りを急がな

いと複雑な雇用形態が広がり，労働者保護の規制が及ばなくなる恐れもある」（職業安定局）との判断から，労働省は83年秋，労働側に検討の時間は十分与えたとして（日経 83.10.24），調査会の再開に乗り出し，同年12月から検討が再開された。

再開に至った背景として，83年7月に東京商工会議所が，「労働力需給構造の急激な変化に対応するため，労働力の円滑な移動が必要であり，人材派遣業も健全に発展させるべきだ」との要望書を労働省に提出したことや，コンピューターやOAなど，人材派遣業と関連が深い電機労連が，同年7月の大会で「新たな労働力需給システムの確立と派遣労働者の権利を守るための制度化を求める」方針を決定したこと，それを受け同年11月に中立労連が，労相に対して「労働者派遣事業の制度化に関する申し入れ」を行なったことなどが，挙げられる（坂野 1985: 4; 伊藤 1987: 208）。

だが他方，労働者供給事業を行なっている全港湾など14の労働組合は，「人材派遣業が認められると中間搾取や強制労働に結びつくうえ，安い賃金で自由に使える労働者を利用する大企業がもうかるだけ」などと，法制化に反対した（朝日 83.10.23; 日経 83.12.16）。労働組合には，「人材派遣やパートタイマーが増えていくと，労組の組織率が低下していく」（日経 84.10.25）という切実な事情も，当然あった。

だが，総評は83年11月の幹事会で，派遣労働者が増えてしまった以上，「現状を放置することはできない。そこで働く人たちの雇用の安定，労働条件の改善を図る必要がある」として方針を転換し，人材派遣業を認知して労働者保護の立場からこの業種に対する法律による規制を求めていく方針を確認した。それは，「この事業が年々拡大しており，事業を認めない立場を貫けば，多くの労働者を無視してしまうことになる，との判断」からとみられる（朝日 83.11.19）。

だが，労働内部のねじれはその後も続き，84年2月には総評系の全港湾，中立労連系の全建総連などが参加し，上部団体の枠を超えた「労働者供給事業関連労組組織協議会」が結成され，派遣法は職安法が禁じている中間搾取を認知するものだとして，これに反対した。結成総会では「派遣元企業が賃金の一五─二〇％をピンハネしているのはザラだ。労働省は，中間搾取がないからと，

情報処理の派遣業を認知しようとしているが，実態を全く知らない」などと，労働省批判が続出した（朝日 84.2.2; 日経 84.2.2）。同協議会は，4月には人材派遣業の法制化を慎重に進めるよう，中職審に要請もした（日経 84.4.26）。さらに，11月に同協議会は，高梨昌信州大学教授らをパネラーに，「労働者派遣事業シンポジウム」を開催した[4]。法制化の急先鋒である高梨は，法制化に反対する労働組合主催のシンポジウムに出席することで，ガス抜きをねらったものと見ることもできよう。

◇**立法化の構想**

　ある時期まで労働省には，「労働市場の需給両面での構造変化を踏まえ派遣会社を育成していくのか，抑制していくのか明確な方針はないようだ」との見方もあった（日経 83.10.24）が，やがて労働省は，既存の「人材派遣業を職安法違反として取り締まるのではなく，むしろ法律のもとではっきり認め，派遣業について新しいルールを定めた方が労働者のためにもなると判断」したとみられる。省内には，職安法の方を改めてはとの意見もあったが[5]，同法の44，45条は「人を集めて劣悪な条件で働かせて暴利をむさぼる戦前の人貸業を禁止するものとして労働者を守る『シンボル的な条項』（総評）となっており，この条項を変更することには労働側の抵抗が強」かった（日経 84.5.16）。そこで，職安法はいじらずに，新しく派遣法を作って対応することになったのである。2年半ぶりの再開となった調査会で加藤孝職安局長は，「派遣事業会社は急増しており，早い機会に行政的対応をとる必要がある」と述べ，すみやかに結論を出すよう各委員に要請した。これに対し労働代表の一部委員から派遣業の法制化そのものに反対する意見が出されたが，「派遣業の制度化は必要」との判断が大勢を占めた（日経 83.12.24）。

　調査会は，完全には意見の一致はみなかったものの，84年2月に最終報告書をまとめた。総評の方針転換に伴い，労・使・公益，それぞれの代表の間で，「現在野放しの人材派遣業に何らかの対応が必要で，ルール化を急ぐべきだ」という点では一致が見られるようになったのである（高梨編 1985: 114-115）[6]。ただし，オブザーバー参加していた，労働者供給事業労組代表は，「職安法を厳守させるべきで，新たな法制化は反対」との意見を述べた（朝日 83.12.24; 日

経 83.12.24)。

　報告書の具体的な内容としては，

①法制化の対象を当面，事務処理，情報処理，ビルメンテナンス，警備の四業種に限定する

②事業は労働大臣の認可制とする

③事業主に，事前に労働条件を明示させる

④労基法上の使用者責任は派遣元事業主が包括的に負うが，安全衛生や作業環境などについては派遣先事業主が負う

などが盛られた（高梨編 1985: 115)。ただこの報告書では，「具体的な対応策については意見の一致をみなかったことを理由に，中央職安審にゲタをあずけた格好となった」(週刊労働ニュース 84.10.8)。なお，この報告書には，職安法44条が一層空文化するのではないか，雇用主，使用者の責任が不明確にされるような，労働者保護と逆行する状況を拡大するのではないか，という労働者側の内山達四郎委員（総評）の「意見」が付された（片岡 1986: 47-48，注11；伊藤 1987: 209)。他方，中立労連は，「今後の対象業種の無制限な拡大を防止するため，業種の選定は法律事項とすべき」など，6項目にわたって注文をつけているものの，「この報告書の内容は，概ねこれまで中立労連が主張してきた内容に沿ったもの」と評価した（「労働者派遣事業制度化に関する申し入れ」(84年2月9日)『中立労連情報・資料』No.39（84年3月9日)，6～7頁に収録)。

　同調査会の報告書の提出を受けた労働省は，労相の諮問機関である中職審に検討を依頼した。同審議会では専門的・集中的に検討するために「労働者派遣事業等小委員会」(座長・高梨昌，公労使各3名で構成）を設けた。労働側委員は，中立労連，同盟，総評からそれぞれ1名ずつ選出された。

　84年10月に出た小委員会の中間報告で，問題となったポイントの一つは，労働側が要求する「使用者責任の拡大」であった。中間報告では派遣先企業の使用者責任としては，「労働時間の管理，安全衛生業務を遂行する上での指揮命令権の行使」などを義務づけたが，労働側はこれだけでは不十分とし，「労働者が派遣元で労組を作っている場合には，派遣先企業との団体交渉もできるようにすべきだ」と主張した。それに対し使用者側は，「企業が派遣を求めるのは，そもそも手軽な労働力を供給したいからであり，団交権まで認めるとその

メリット（利点）は減ってしまう」と難色を示した（日経 84.10.25）。

従来の学説では，派遣労働者と派遣先企業との間の団体交渉を承認し，企業が正当な理由なく団交を拒否する場合は不当労働行為が成立すると考え，それを支持する判決もあった（片岡 1986: 36）。のちに政府の法案が出た際にも，雇用責任を派遣業者だけに限り，実際に労働者を使う派遣先事業主の責任は問われないようにしたことは問題だと指摘された。すなわち，「労働省は『従来あいまいだった雇用者責任を明確にすることで，労働者の保護を図れる』と説明しているが，労働関係の法律家の多くは『労働者が直接，使用者と労働条件をめぐって交渉する権限を奪ってしまった』と指摘して」いるし，法案は派遣先との団体交渉権を認めておらず，「わずかに派遣先に苦情処理の窓口ができる程度にすぎない」（朝日 85.5.25），と。結局，労働者派遣法は，派遣元に包括的な使用者責任を負わせ，派遣先には安全衛生など部分的な使用者責任を負わせるだけで，派遣労働者との団体交渉に応じる義務を派遣先に課さないものとなった。これが派遣先企業に好都合であることは，いうまでもない。そして，「派遣労働者が派遣事業場でおこなう組合活動が『正当な組合活動』の範囲に含まれないと認定される危険」（大野 1985: 14）が指摘された。

小委員会は84年11月に，「労働者派遣事業問題についての立法化の構想」を中職審に提出し，中職審に検討を依頼した。「立法化の構想」は，先の小委員会の中間報告を一部手直しし，違反業者には刑事罰を含む罰則を加えることなどを新たに盛り込んだ。「構想」は，労働者派遣事業の制度化の必要性を説き，具体的な対象業務にも言及した（高梨編 1985: 120-144）。

◆「登録型」をめぐって

「立法化の構想」では，派遣事業を常用雇用型[7]と登録型[8]にわけ，前者を届出制，後者のみを許可制とした。このうち登録型については，仕事がない時期があり，雇用関係が不安定になりやすいところから，その位置づけをめぐって小委の審議の過程でも最後まで難航し，労働側の一部からは，派遣事業として認めるべきでないとの意見も出されていたが，最終的には斥けられた（週刊労働ニュース 84.10.22）。

80年の労働力需給システム研究会「提言」では，登録型を否定し，常用化を

必要要件とするとしていたことと比べると，規制が緩くなったことになる。高梨座長自身，当初は以下のように述べていた。曰く，登録型では「雇用は不安定になり，労働・社会保険の適用も困難である」が，「このような規制［常用化の義務づけ―引用者補］を加えれば，派遣会社は，雇用主としての責任が強まり，手持ち時間が生じないように，派遣先を開拓すると同時に，常時いずれかの企業へ派遣するよう努力するはずである。この結果，雇用が安定し，常用労働者並みに，労働・社会保険の完全適用の道が開けることは確実である」(高梨 1981: 65)，「『登録制』を禁止し，書面による『常用雇用契約』を義務づけ，雇用の安定化と各種の労働・社会保険の適用が可能な仕組みとする必要がある」(高梨 1980: 151)，と。「大幅に後退した」(外尾 1985: 23) といわれる所以である。今日，「人材派遣」の語でしばしばイメージされるのは，この「登録型」であり，登録はしていても常に仕事があるとは限らないため，複数の人材派遣会社に登録する者も多い[9]。

　ちなみに，86年の法施行直前の時点で，大企業系の派遣会社でも，登録されている労働者のうち，実際に派遣されていたのは平均40％ていどであった（三富 1986: 174）。別の調査では，登録労働者の稼働率は3割と低かったが，その理由は需要側のニーズにあった人材が不足していることであった。そして，派遣会社の83.6％は派遣要員が足りないと回答している（佐藤 1986: 26）。つまり，登録労働者の数をさらに増やし，さまざまなニーズに柔軟に対応できることを派遣業者は目指しているわけで，稼働率が低くなることはむしろ織り込み済みということになる。登録労働者の数を増やし，対応できるニーズの幅を広げるということが，派遣業者のセールスポイントになるわけで，業者は稼働率を下げることに対してインセンティヴをもっているとさえいえる。現に，派遣会社への調査（89年）では，人事管理上の問題として，「全体として派遣スタッフが不足している」が67.0％で最も多く（週刊労働ニュース 89.3.27），派遣会社がスタッフを増やそうとしていることがわかる。要するに，登録している労働者の稼働率が低いのは，派遣会社の努力が足りないからではなく，逆に派遣会社が努力すればするほど，（さまざまなタイプのスタッフを揃えるわけだから）個々の派遣労働者にとっては仕事のない期間が長くなる，ということになる。なお，登録型の場合，登録はされているものの仕事をしていない時期には，非

労働力となるので,派遣労働者が増えるということは,失業率が下がることを意味する(大木ほか 1985: 48-49; 51)。

◇**法案作成時のポイント**

この「立法化の構想」には,中立労連,同盟,総評を代表する労働側委員から意見書が添付された。意見書は,職安法44条の「堅持」を訴え,労働者供給事業は「原則的に禁止されるべき」としつつも,「労働者派遣事業が擬似請負業として,多数存在するに至っている状況下で,この種の事業に従事する労働者の保護と雇用の安定を確保するための対策が必要になっている」ので,「労働者供給事業禁止規定の一部緩和も考慮せざるを得ない」が,「労働者派遣事業の立法化はあくまでも厳しい条件の下でのみ許されることであり,短期,もしくは繁忙期における要員確保に限定されるなどの条件が付されるのは当然」であるとして,具体的内容に関する注文をつけている(高梨編 1985: 141-142 より)。

この「立法化の構想」がまとめられた直後に,中職審において,「小委員会報告に沿って,派遣労働者の保護と雇用の安定を図るため,早急に立法化をはかる必要がある」旨の意見書が労相宛に提出された(坂本 1985: 28)。85年3月,労相の諮問機関である中職審は,労働省の「労働者派遣法施行令案要綱」を了承し,労相に答申した。それを受け労働省は法案の作成に入った。

中職審小委員会の座長としてとりまとめにあたった高梨は答申後,「労使の不満はあろうが,やっと合意できた。新法は職安法の根幹に関わる問題を扱っており,相当に重い意味を持つものだ」と語るとともに,「これによって職安法の欠陥が是正され,行政が不良企業の参入を排除する手だてができる。業界の健全化と労働者の賃金,労働条件の維持・向上が法律の最大の狙いだ」と述べた(週刊労働ニュース 85.2.18)。

法制化作業で最も時間がかかったのは,人材派遣業の定義と対象範囲をどうするかの議論であった。労働者派遣事業問題調査会が84年2月に出した最終報告では,「法制化の対象を当面は事務処理,情報処理,ビルメンテナンス,警備の四業種に限定する」との考え方が打ち出されたが,労働省がこの4業種以外にも対象範囲を広げる考えをもっていたこともあり,労働者派遣事業等小委

員会での論議でも最終的な結論が出なかった（日経 84.10.11）。対象業務の範囲については，10月の小委員会の中間報告でも結論を先送りとなった（日経 84.10.19）。

国会提出前から，労働省の野見山審議官は，「具体的な対象業務は，法案が成立したあと，施行までの間に決める」としており，その理由は「今の時点で決めてしまうと，対象から外れた業務が巻き返しを図」り，「大混乱になる恐れがある」一方，それを避けようとあらかじめ対象範囲を広げると「労組の反発にあう」，というものであった。ところが，中職審からも「対象業務は早く限定すべきだ」との意見が出るなど，議論がその点に集中し，労働省は「業務を限定しないで国会審議を乗り切るのは困難」との判断に傾いた（日経 84.10.25）。

そこで84年11月に，中職審が「立法化の構想」を決定した際には，秘書・通訳，ワープロ操作，コンパニオンなど14業種が初めて小委員会試案として示された。だが，それは「あくまで暫定的な例示」（大内力会長）とされ，労働省も法制化に当たっては「専門的知識や経験の必要な業務」，「昇進，昇格などの雇用慣行が一般的には認められない業務」，などの原則を盛り込むだけとし，具体的な業務名は，法案成立後，改めて同審議会で審議し，省令の形で示すこととした（朝日 84.11.18; 日経 84.11.18）。ちなみにこの14業種について，法制化反対の立場からは，「業務の範囲はきわめて広汎であり，現在人材派遣が行われているほぼ全部の領域をカバーする。したがって，この法律ができたために人材派遣を行なえなくなる業務は，事実上あり得ない」，という評価もあった（林 1985: 79, 傍点は原文）。

84年10月に開かれた日本事務処理サービス協会の臨時総会では，小委員会に使用者側委員として参加していた郷良太郎東京商工会議所労働委員会委員長への質疑では，具体的にどんな業務が法制化の対象になるのかに質問が集中した。事務処理系の場合「手がけている仕事のうち，六〇—七〇％は補助的な一般事務サービス」（ある大手業者の役員）という事情があるため，「単純労働者以外の専門的知識を有する者に行わせる必要のある業務」を対象業務としている「立法化の構想」の基準が厳格に適用されると，事務処理系派遣業者は壊滅的な打撃を受けると見られていた（日経 84.11.5）。日本労働協会が85年に開いた

公開討論会でも，業界を代表して発言した宮川尚三マンパワー・ジャパン社経営統括マネージャーが，「一番の関心は対象業務に入れるかどうか」だと語った（週刊労働ニュース 85.2.4）。

だが結局は，対象業務が具体的に確定しないうちに法案は国会に提出され，対象業務は，

① その業務を迅速かつ的確に遂行するために専門的な知識，技術又は経験を必要とする業務

② その業務に従事する労働者について，就業形態，雇用形態等の特殊性により，特別の雇用管理を行う必要があると認められる業務

という漠然とした規定となり（4条），具体的には法の制定後1年以内に政令で決めることとなった。この内容について，国会の参考人として宮里邦雄弁護士は，「四条一号，二号で定められている業務基準は，私は事実上無限定に近いと思います。このような基準では，あらゆる産業に派遣事業が拡大される危険性をぬぐうことはできません」と懸念を表明した（第102回国会・参議院社会労働委員会 85年5月29日）。対象業務は，86年7月の法律の施行時点では13業務，その後10月に3業務が追加され，以後約10年間にわたって16業務が対象とされた。

その他にも，法律の具体的な内容の多くは，政令または省令で決めることになった。細則を詰めないで，法律自体を先に作ってしまうという手法は均等法でも見られるが，均等法の場合は法律制定後に細則を省令・指針で決定したのに対し，派遣法は政令で決定したところが異なっている。省令・指針は所管大臣が定めるが，政令は内閣が定める。細則が政令に委ねられたのは，同法に対し通産省や警察庁から意見が強く出され，労働省単独では決定できなかったからである。派遣法が労働法にとどまらず，事業法という性格をもつゆえである（伊藤 1987: 221-222; 脇田 1995: 121）。中職審答申後，法案提出までに労働省が最も頭を悩ませたのがこれら他省庁との折衝で，この結果，法案には新たに一般労働者派遣事業を労相が許可するに当たっては「関係行政機関の長に協議する」との項目が加わった（週刊労働ニュース 85.3.25）。法律の実施にかかわる具体的・技術的事項が政令・省令等に委ねられることは珍しくはないが，「制度の趣旨や，直接，人権にかかわるような基本的事項について」実質的な中身を，

政令・省令に委ねるのは「国会の形骸化」(伊藤 1987: 223) だと批判されている。

以下では，労使の各アクターの動きについて，もう少し具体的に検討する。

3　財界・業界・労働側の動き

◇**経営者団体のスタンス**

労働者派遣法ができることにより，実態にマッチした運営が可能になるとして，日経連が法制化に賛意を表明していた（外尾 1985: 20）ことにも明らかなように，一般的にいって，経営者は派遣労働の自由化に異論のあろうはずがない。減量経営の圧力下では，なおさらのことである。経済同友会が84年10月に「中間労働市場論」を提唱し，職安法44条の改訂と，労働者派遣制度の確立を主張したことは第2章で詳論した。この「中間労働市場論」に応えるものが，労働者派遣法だとの見方も多かった。

しかし，労基法改正による女子保護規定の緩和を，経営者団体が古くから度々要求してきたことに比べれば，派遣法の制定を財界団体が強く求めていたことを示す証拠は少ない。むしろ，使用者側は現在のあいまいなままでもよいとして，法制化を求めていなかった（週刊労働ニュース 84.10.8）。「利用者としての立場からは頭から否定できないが，労使関係に含めない人が入ってくるのは新たな問題を引き起こす可能性がある」，「改めて制度化する必要性がどこまであるのか」，「制度化されれば企業としても安心だが，いまのところ目立ったトラブルもないし」，などの慎重な意見も見られ（日経 83.10.24; 朝日 80.11.18），84年2月の日経連中小企業問題特別委員会でも，委員から「悪徳業者が許可された場合，その行為により新たな労使紛争の火種が生れないか」との懸念が表明された（日経連タイムス 84.3.8）。

国会の審議の段階に入っても，財界団体から派遣法制定へ向けて，特別な働きかけは見られなかった。この点は，同じくフレキシビリゼーションを求める政策であるにもかかわらず，労基法改正のケースと大きく異なる点である。

第4章　フレキシビリゼーションの政治 I

◇派遣業界の動き

　当の人材派遣業界は当初，法制化問題を静観していた。組織的に動こうとしても，業界内部の相互信頼が欠けていてまとまった対応が取れなかったことに加え，ことを荒立てるのは得策ではないとみていたからである（日経 84.11.5）。大手派遣会社の一つ，マン・フライデーの竹内義信社長は法制化の是非について，「どっちでもいい」としながらも，「規制の厳しい内容では商売がやりにくくなる」と警戒気味ですらあった（日経 83.10.24）。もちろん，派遣業界も規制が緩和されることに反対のはずはないが，もともと違法だとの指摘が多く，労働省さえ実態をつかんでいない中，「もぐり営業」（朝日 85.5.24），「法的にはいわば"私生児"の存在」（週刊労働ニュース 84.10.8），「いわば，ヤミ的存在」（小室 1986: 297）と呼ばれる事業を行なっていた派遣会社は，法制化によって却ってそれまで行なってきた事業に支障を来すのではないか，と警戒したのである。派遣会社の経営者さえ，派遣法施行以前を「非合法時代」と呼んでいるほどである（三浦・浦 1999: 76）。

　派遣業界内部に意見の一致はなく，例えば事務処理関係では，大手の派遣業者に賛成するところもあったが，小規模のものには法律の許可基準によっては淘汰されてしまうという不安があった。他方，情報処理サービス関係や，警備，ビルメンテナンス関係の業界では，事業の自律性を強めた請負形式を望むものが多く，派遣形式を固定化することに反対する声が強かった（梅沢 1986: 72-736; 脇田 1995: 98）。

　事務処理サービス業は，顧客企業のニーズが多様化しており，業務も広範囲かつ流動的であるため，業務の特定は死活問題になりかねないとし，「対象業務は中職審の試案のような縦割りでなく，包括的な幅広いものが望ましい」と主張していた。一方，情報処理サービス業の業界団体，情報サービス産業協会は，法案の国会提出直前の85年1月末，情報処理サービスを対象業務から外すよう要望書を労相に提出した。通産省も同産業育成の立場から，これを強く支持した。同様の見解は警備保安業界からも主張された。警備業法に則り，請負事業として業界の健全化を図ってきたにもかかわらず，もし派遣事業の対象となれば，過当競争に油をそそぐばかりでなく，業者のモラルが低下し，ひいては従業員，需要者の利益も損なう，というのが業界の主張で，「派遣業法の適

用を必要とする事由は皆無」と強く反発していた。所管の警察庁も警備保安業界を対象に組み入れることに断固反対であった。要するに，それぞれの業界が，通産省，警察庁という所管の省庁をバックに，労働省に圧力をかけていた。これに対し労働省は，いずれの主張も職安法施行規則で定める「請負」の規定を拡張解釈したもので，もともと無理がある，という考えであった（週刊労働ニュース 85.3.25）。

そういうわけで，対象業務の範囲や規制の程度など，業界にとって気がかりな部分が不透明なため，業界では法的な認知を喜ぶどころか，「業界の声にじっくり耳を傾けてほしい」と，作業のスピードをゆるめることを求める意見さえ出ていた（日経 84.11.5）。

そもそも，業界としての意見の一致どころか，派遣業界にはそれまで業界団体がなかった。それが，この労働者派遣法の法制化過程で，不利にならないよう業界ぐるみで働きかけを行なうため，84年4月，「日本テンポラリーワークサービス協会」（仮称）という業界団体を結成することが決定された。業界団体設立は，早くから検討課題であったが，先発大手各社の中には「体制整備が進んでいない新規参入組と共同歩調をとってもメリットはない」との慎重論が根強く，実現が延び延びになっていた。それが，法制化の動きが急になってきたため，「統一した折衝窓口を設けないと，業界の要望がくみ入れられないまま，改正案が成立する恐れがある」という危機感から，各社が急遽，歩み寄ったのである（日経 84.4.16）。人材派遣会社のマンパワー・ジャパン，テンポラリー・センターなど大手9社は84年7月，業界団体名を「日本事務処理サービス協会」として設立総会を開いた。そして同協会は，業界の実情に合った法制化を労働省に働きかけていくことを決定した（日経 84.7.7）。その後，同協会は85年には参加社が22社となり，市場の60％以上を占めると見られた（竹内 1985: 32）。

国会では，参考人として質疑に立った協会監査の宮川マンパワー・ジャパン経営統括マネージャーが，労働者派遣事業の必要性を述べるとともに，協会内部では，「法制化に対して従来の法のはざまにいたところから脱却」することは「結構であるという意見が大半」だが，「その枠づけが余りにも実態からかけ離れて本来のこの需給システムの機能を果たさない法制化ならば，現状のま

まの方がいいのじゃないか」との意見もある，などと述べた（第102回国会・衆議院社会労働委員会 85年4月19日）。受付嬢や簡単な経理など，単純事務労働者を派遣していた事業所などは，「業務の特定は死活問題，包括的な幅の広いものにしてほしい」と主張した。

だが団体名にみられるとおり，日本事務処理サービス協会は派遣業者の中でも，事務処理業の企業による団体である。それに対し，情報処理業，警備業では，労働者の保護，業界の発展，利用者の利益などを理由に挙げ，基本的には制度化に反対し，請負事業としての存続を引き続き主張し，「請負事業としてやってきたのに派遣業の対象となるのは迷惑。業界も混乱する」と強く反発した（週刊労働ニュース 85.6.17; 渡辺 1985; 乗本 1985）。つまり，人材派遣業界内部でも，業種により法制化へのスタンスが異なっていた。同じビルメンテナンス業界の内部ですら，意思は統一されていなかった。国会における法案審議の最終局面になっても，ビルメンテナンス業界では，「対象になればこれまで守ってきた請負形式が崩れ，業界が混乱する」という意見と，「仕事の中には派遣的業務もあり，法の網をかぶるのもやむを得ない」という意見が対立し，反対派が独自に，法案審議中の参院社会労働委員会に，対象から外すように陳情するなどの動きも見られた（朝日 85.6.4）。

ただ派遣業界は，派遣法制定には足並みが揃っていなかったが，これらの業界からは，既に70年代に職安法改正を求める意見が出ていた（朝日 77.1.17, 夕）。つまり，職安法を改正して規制を緩和することには賛成であるが，派遣法を制定することで，新たな規制ができてしまう可能性があるため，新法制定には消極的だったということである。ただ，80年代には既に，職安法改正ではなく新法制定が既定の路線となっており，そのため，業界としては新法の中味に疑心暗鬼を募らせていたのである。

◇**労働側の動き**

労働側が複雑に分裂していたことは既に述べた。均等法と違って，「こちらの方は労使というより労労対立の構図」だと報じられたほどである（週刊労働ニュース 85.4.22）。総評は，83年末に労働者派遣事業問題調査会の再開には応じたものの，当初は「法制化という基本的方向にさえ賛成したわけではない」

としていた（日経 84.1.16）。また，調査会における審議中，労働側は「いまのところ，事務系の女子が主力だが，製造業にまで広がってくると，終身雇用制の破壊につながる」と，派遣事業の広がりを懸念する声も聞かれた（朝日 80.11.18）。

労働側の分裂は，法案が国会で審議される段階になっても続いた。同盟，中立労連は，「現実に無権利状態のまま放置されている派遣労働者を救済するためにも早急な法制化が必要」とし，総評，新産別は

①中間搾取を規制する規定がない

②派遣先企業との団交権がない

③正社員の派遣労働者化が野放しにされ，労働者と家族の人生設計が脅かされる

④法で認められている労働者供給事業が形骸化する

などの理由で廃案を要求した（週刊労働ニュース 85.6.17）。総評は，法制化自体はやむなしとの判断に傾いていたが，政府が提出し，自民，公明，民社により修正されたこの法案には，あくまでも反対であった。

衆院社会労働委員会では，労働者派遣事業等小委員会にも労働側委員として参加していた総評の山本興一自治労副委員長が参考人として質疑に立ち，法案はこれまで要求し，主張してきた点に未だ到達していないので反対だとして，雇用慣行に悪影響を及ぼすこと，派遣元が不当な利益を得ること，適用対象業務が容易に拡大される可能性があることなどに懸念を表明した（第102回国会・衆議院社会労働委員会 85年4月19日）。他方，同じく小委員会に参加していた幸重義孝同盟政策室長は参院社会労働委員会で，同盟は法案に対し原則的に賛成だと述べた（第102回国会・参議院社会労働委員会 85年5月29日）。

コンピューターやOAなど，人材派遣業に関連が深い電機労連は，情報関係の派遣労働者が既に増えてしまった以上，むしろ現に定着しているこれら労働者の存在を前提としたうえで，その労働条件の向上に取り組むことこそ，労働者の要求と期待に応えることになるとして，派遣法制定を積極的に推進した[10]。そのため，中立労連は賛成に回った（週刊労働ニュース 84.10.8；西村 1985b: 110；天野・井ノ部ほか 1985: 25）。中立労連は，政府提出法案の成立を主張したのみならず，「派遣先である親会社の高齢退職者を主たる従業員とする子

会社」による,親会社への労働者派遣の制度化まで主張した(大野 1985: 15)。「立法化の構想」では,「労働者の保護及び雇用の安定の観点から必要なルールを定め」,「常用雇用者の代替を促すこととならないよう配慮する必要がある」とされていたことを考えれば,中立労連の主張は,それよりさらに労働力の流動化につながるものといえる。

　他方,最も激しく反対運動を展開したのは,「法制化は労働組合の行う労供事業を成りたたせなくする」などと主張して,全港湾,全国一般東京中央市場労組,新運転など労働者供給事業を実施している組合が,84年2月に結成した労働者供給事業関連労組組織協議会だが,これは上部団体の枠を超えたものであった。同協議会は,むしろ現行法違反の取り締まりを強化することが筋で,その上で厳しい制限を加えられている労供事業や無料職業紹介の許可基準を緩和,拡大すべきだと主張していた(週刊労働ニュース 84.10.8)。

　政府案に反対の総評は,85年1月に開いた不安定雇用・労働者派遣事業対策委員会で,以下の諸点についての十分な解明と法的措置が明確にならないかぎり賛同の立場に立てないことを確認した。すなわち,

　①雇用者(派遣元事業主)と使用者(派遣先事業主)とが分離され,使用者でありながら派遣先事業主は使用者として責任を問われない事態が起こる
　②登録型事業を許可制で認めるという考え方では,民営職業紹介事業との関係を考えると,中間搾取に対する明確な規制措置が盛り込まれていない
　③対象分野については,業務指定を中央職業安定審議会の議を経て,省令によって定めるとしているが,現状を追認していく結果になりかねない
　④仮に新たな法制度ができたとしても,改正職安法に基づく監督,規制が十分に行なわれるか否か疑問である
　⑤労働組合が行う労働者供給事業の認可条件を緩和することとされているが,前向きの行政の対応,労働力需給調整システム上の位置づけがなされるべきである

である(週刊労働ニュース 85.2.18)。

　だが,派遣法への総評の取り組みは,非常に遅れた。「みんな危機感をもった」のは85年の3月からだという内部からの証言もある(天野・井ノ部ほか 1985: 26)。総評は,4月5日付の労相宛「労働行政に関する申し入れ」の中で,

法案に関して重要な点で問題があるので，撤回し再検討することを要求したものの，法案についての態度は明確にしなかった（大野 1985: 15）。総評は最終的に反対の立場を取り，国会で審議中に日比谷の野外音楽堂で反対集会を開いたが，総評内には賛成する単組も多かった。同盟も総評と同様に，加盟単組の中で法制化賛成と反対に意見がわかれ，明確な姿勢が打ち出せなかった（朝日 85.5.25; 林 1985: 82; 脇田 1995: 98）。衆院通過後，参院での審議中に，総評などが主催の廃案を求める「労働者派遣法反対緊急集会」に，総評系組合だけでなく，同盟系や新産別加盟の組合も含め，会場からあふれる約6600人が参加した（朝日 85.5.29）。だが，それは手遅れだったのである。

4　国会での審議

◇国会審議中の動き

法案が国会に提出される頃までには，野党や労働側は，「現在すでに相当数の派遣事業が存在しており，そこで働く労働者の保護の観点から法的認知はやむを得ない」というのが「大勢」になりつつあったが，派遣労働者の増加が常用労働者を圧迫することになるなどの警戒心も強く，「今国会で政府原案通りすんなりと成立するかどうかは流動的」，と伝えられていた（朝日 85.2.5, 夕）。ただ，労働省の担当者は，法案提出前に「共産党以外はすべてご理解をいただいている」と語っていた（小沢 1985: 73）。

政党以外では，派遣法成立にさきがけて，総評弁護団と労働法学者の二つのグループが，法案反対の意見書や声明を出していた。国会審議の最終局面では，「雇用安定にほとんど役立たず，かえって労働条件を引き下げる危険が大きい」などとして，派遣法に反対していた日本民主法律協会と自由法曹団が，中曽根首相と山口労相宛に公開質問状を出している（朝日 85.5.15; 6.1; 片岡 1986: 48, 注11）。また，日本民間放送連合会，日本出版労組連合会など法制化に反対していた6団体は，参院で審議中の85年5月，ブランジャールILO事務局長に，同法案がILOの第96号条約違反だとして，「適正な措置」を求める要望書を送った。第96号条約とは，営利を目的とする有料職業紹介所の廃止または規制を定めたもので，既述のとおり日本は56年に批准していた。しかし労働省は，派

遣法の立法作業に際し，ILOへの問い合わせはもとより同条約の検討も行なっていなかった。労働力需給システム研究会や労働者派遣事業問題調査委員会でも，検討された形跡はない（朝日 85.5.30; 三富 1986: 168）。

法案は85年3月，衆議院に提出された。同法は衆参両院で重要な点での修正がなされ，細かな点についても付帯決議が採択された。

社会党は政府案には反対し，85年4月，派遣業を情報処理業務についてのみ特例として認める独自の対案を国会に提出した。公明，民社の両党は，中立労連や同盟が，修正点として法律施行後3年以内の見直しや海外への労働者派遣の禁止などをまとめたのを受け，この線で政府・自民党と折衝に入った（朝日 85.5.13）。この折衝はまとまり，公明，民社両党は修正案の共同提案者になった。修正の主な内容は，

①派遣元事業主に対し，事前に派遣労働者の標準料金を労働省に提出させる
②一般企業が労働協約，就業規則に基づいて従業員を他の企業に派遣する場合も，本人の同意を必要とする

③海外派遣の場合は，労働者を受け入れる派遣先企業側の責任者を選任するなどで，さらに付則で法施行3年後の見直し規定を盛り込んだ。他の各党は，「派遣先での組合活動が事実上できなくなる」（社会），「中間搾取を認めたピンハネ合法化法案だ」（共産），「日本の良好な雇用関係を破壊するもの」（社民連）などと反対したが（朝日 85.5.15），法案は衆院を通過した。なお，新自由クラブは自民党と連立して与党であり，山口敏夫を労相に出していた。

参院では，参考人として総評弁護団の坂本修弁護士，宮里邦雄弁護士が反対意見を述べたが，同盟の幸重義孝政策室長は，「新しい経済社会の状況に労働組合のアプローチが運動として十分であったのか」，「第二次産業，製造業を中心として発展を遂げてまいりました我が国の労働組合運動の弱点が，この問題を中心として，総評，同盟を問わずここに噴き出してきた」と反省し，「現実に数多くの労働者が不安定雇用のまま無権利状態で法と行政のはざまに取り残されている現実を放置をしていいはずがありません。その意味で，本法案の成立をもって派遣労働者の雇用の安定と就業条件の整備を図る必要がある」，と賛成を表明した（第102回国会・参議院社会労働委員会 85年5月29日）。法案は参院でも修正されて衆院に回付され，85年6月に成立した。参院での修正のポイ

ントは，
　①企業が常用雇用者を派遣労働者に置き換えないようにするため，派遣期間を業務ごとに労相が定め，制限する
　②派遣労働者が派遣先で苦情処理を申し出た場合，派遣先は派遣元に連絡して話し合い，適切に処理しなければならない

の２点で，自民，公明，民社の三党が共同提案し，三党の賛成多数で可決された。独自の対案を提出した社会党と，共産，社民連は反対した。他にも，海外への派遣についての修正や，施行後３年で検討を行なうという付則が加えられるなどの修正が行なわれた。また，８項目にわたる付帯決議がつけられた。

◆野党の対応

　この法案は国会で多くの修正を加えられているわりには，審議期間はかなり短かった（伊藤 1987: 218）。それは，「人材派遣業の急成長という現実が先行して労働条件をめぐるトラブルが目立ち，早急に法律を整備しなければならないという焦りが業界だけでなく一部労組にさえ根強かった」ことが原因と見られ，コンピューター関連企業の組合を多数抱える中立労連は，野党各党に早期成立を強く働きかけていた（週刊労働ニュース 85.4.22; 朝日 85.5.15）。

　また，社会党が明確な反対の態度を示さなかったことも，法案の早期成立を助けた。当初，野党各党は本会議での提案主旨説明と各党による審議を要求していた。仮に本会議の主旨説明がなされていれば，社労委での審議入りは２週間ほど遅れ，この国会での成立は著しく困難になったとみられる（草島 1985: 66）。ところがその後，社会党がまず要求を取り下げ，ついで公明・民社両党がこれに同調したため，法案はただちに社労委に付託された。中立労連（特に電機労連）から社会党に対し，法案成立促進の要望書が提出されたことが，同党の姿勢に大きく影響した（草島 1985: 65-66; 松井 1985: 46; 伊藤 1987: 219; 脇田 1995: 109，注37）。中立労連は，４月に社会，公明，民社の三党に申し入れを行なった際，「派遣労働者の雇用・労働条件の現状を考慮すれば，早急な法制定と行政指導の開始が必要」だと述べ，「法案審議の促進を切にお願い」した（「労働者派遣法案に関する申し入れ」（85年４月２日）『中立労連情報・資料』No.51（85年４月10日），11〜12頁）。それは電機産業が，派遣労働者なしではやっていけ

ないような仕組みになっているからだといわれている（大木ほか 1985: 50-51）[11]。社会党議員は、「何しろ労働組合の態度がばらばらなので物がいえん」と公言していた（小沢 1985: 74）。

国会の審議では、他にも労働省が行なった調査の公表の問題など、さまざまな点が問題になったが、これまでに触れていない論点を、以下で二点のみ概観しておく。

◇正社員の派遣

特に重要だと思われるのは、政府原案に、就業規則や労働協約に定めがあれば、本人の同意がなくても正社員を他企業に派遣できる、という規定があったことである（修正前の32条2項）。この正社員の派遣という問題は、審議のどの段階でも取り上げられておらず、法案作成関係者からもそうした趣旨が語られたことが全くなかったので、突如浮上した論点ということになる。そのため、多くの論者から、また国会での審議においても、批判の対象になった（松林 1985: 5; 井上・岡田 1985: 7-8; 加藤・椎名 1985: 48; 林 1985: 80; 伊藤 1987: 216-217; 脇田 1995: 101）。正規労働者の派遣労働者化を認める法律は、諸外国に類例をみない（三富 1986: 170）。

国会で加藤職安局長は、労働者派遣法の考え方は、新たな労働力の需給調整システムを設けていこうというもので、「労働者のいわば常用雇用、終身雇用、こういう慣行をむしろ阻害しないように、こういった慣行との調和においてこういったものを認めていこう、また、そのための業務限定も厳しくやっていこう」という考え方だから、「従業員を派遣労働者に切りかえるシステムとしてのこういう派遣事業」を「公認しあるいは許可していくというような考え方は毛頭ございません」と、答弁している（第102国会・衆議院社会労働委員会 85年4月16日）[12]。だが、この点は総評を中心とした労働界の強い反対にあった（小井土 1985: 83; 小沢 1985: 76; 林 1985: 80）。そのため衆議院で、正社員が容易に派遣労働者となるのを防止するために、新たに労働者派遣の対象としようとするときには、労働者派遣の対象となる旨の労働協約、または就業規則の定めの適用を受ける労働者についても、予めその旨を明示し、その同意を得ることを要するものとするよう修正された。だが、この修正の実効性を疑問視する声は多

い（松井 1985: 39; 三富 1986: 170）。

　この点は、以下のような事情と関係している。すなわち、従来、「ベンチャー企業の独壇場」（朝日 86.6.14, 夕）だった派遣事業に、派遣法の成立・施行をにらみ、商社、銀行、損保などの大手企業が次々に参入しはじめた。これらの企業では、自前の派遣会社を設立し、そこに結婚などで退職した自社の元女性社員を登録し、繁忙期の事務を担わせようとしたのである（日経 86.5.23; 大野 1985: 13-14; 佐藤 1986: 24-25）。ただ、大手企業系列の労働者派遣事業の登録社員は、当面は女性が中心だが、将来は中高年層も活用する意図があるとみられており、労働省労働力需給システム室長まで、「余剰人員がさらにふえれば、首切りより派遣を、ということになると思う。積極的にお勧めはしないが、やむを得ない場合も」と述べていた（朝日 86.6.14, 夕）。労働者派遣という手段を手に入れた企業は、「合法的にフリーハンドで人べらし『合理化』を強行することが可能になる」（大野 1985: 14）、ということが懸念されていたのである。

◇**中間搾取**

　成立に至る過程でのもう一つの焦点は、中間搾取の問題である。職業安定法が長く人材派遣を禁じてきた理由の一つは、業者による中間搾取を防ぐというものであった。国会に提出された原案では、派遣先が派遣元に支払う料金を労働省に示すことが義務づけられたものの、そのうちの何割を派遣労働者に払うかは派遣元の自由となっていた。そのため、中間搾取を容認することになると、総評などから強い批判の声があがっていた。例えば、公明党の大橋敏雄は、「派遣事業というのは確かにピンはねの事業なんだ、低賃金で労働者を非常に過酷な状況に追いやって、そしてもうけているんだ、こういう一般的な認識がある」と述べている（第102回国会・衆議院社会労働委員会 85年4月19日）。派遣法に反対する日弁連意見書のまとめ役となった増本敏子弁護士も、「実質六割以上のピンはねさえあります」と語っていた（朝日 85.6.5）。情報サービス業においては、派遣単価70万円のうち、派遣労働者本人に支払われるのは18万円にすぎない、という高率の中間搾取の実態も報告されていた（西村 1985a: 21）。日本経済新聞社の調査によれば、「顧客企業への請求金額のうち派遣会社が受け取る率（マージン率）」は、「20％以上25％未満」が最も多く（35.7％）、次い

で「25％以上30％未満」と、「15％以上20％未満」がともに19.6％、「10％以上15％未満」が16.1％、「10％未満」が5.4％、「30％以上35％未満」と、「35％以上40％未満」が1.8％となっている（伊藤 1986: 147-148）。

　派遣会社はマージンを取ることで経営が成り立つわけであるから、派遣会社を認める以上、それがゼロということはあり得ない。問題は何％以上であればそれが「高額のマージン」であり「ピンハネ」であるといえるかという点であるが、この点には法の規制はかけられなかった。ちなみに、職安法に定めのある有料職業紹介業（看護婦・家政婦など）は、紹介手数料を月収の一割と上限を定め、しかも期間を6カ月までとしている。それに対し、国会に提出された派遣法では、派遣元の中間搾取に歯止めのないものとなったのである。

　労働省は、①最低賃金が地域別に決まっている、②もともと派遣労働者は一つの企業に縛られたくないという人が多いのだから、賃金が気に入らなければ他の会社に移るだろう、と料金規制には消極的であった（日経 85.6.3）。また、高梨労働者派遣事業等小委員会座長は、ピンハネは「今日では、例外的にはともかく、ほとんどみられなくなっており、またピンハネ行為を行いうる経済的社会的基盤も全くないといってよい」と、その心配を否定した（高梨 1985a: 10）。彼は国会でも、「労働者供給事業の場合には雇用と使用は供給先でございますが、派遣事業の場合には雇用と使用主としての包括的責任は派遣元にございます。こういうように形態が違っておりますから、直ちに他人の就業に介入して賃金のピンはねをするというような形態ではないのじゃないか」と、中間搾取の懸念を払拭しようとしている（第102国会・衆議院社会労働委員会 85年4月19日）。

　この点をめぐって、政府原案は衆議院で若干修正され、派遣会社が労相に提出する「事業計画書」の中に「労働者派遣に関する料金の額」を記載しなければならないことになった（16条3項、22条2項）。ただ、労働者に対して派遣元が「派遣料金」（いわゆる中間マージン）を明示する義務は定められなかった。この点を問われた加藤局長は、「企業が労働者に利益を全部公開しなければならない理由はない」と答えている（林 1985: 80）。

◇その後の推移

　労働者派遣法は成立の翌86年7月から施行された。その後，99年にはネガティブ・リスト方式による原則自由化の改正が行なわれ，03年改正では製造業への派遣も解禁された。86年当時，労働省大臣官房参事官は，労働者派遣法により「常用労働者の職場が奪われ，不安定雇用が増大する」という懸念を，「対象業務がかなり限定されており，あらゆる業務に派遣労働者が導入されることはない」と否定していた（坂根 1986: 80）[13]。逆にいえば，派遣法改正により対象事業を原則自由化したことは，労働省が常用雇用の代替促進を容認したといえるのではないか。

　規制緩和に加え，規制が守られていない問題もある。01年の厚労省の調査によれば，受け入れ会社が面接をして採用するかどうかを決める「事前面接」が，厚労省の指針で禁止されているにもかかわらず51％の会社で実施されており，同じく禁止されている「性別の指定」も45％が行なっていた（朝日 01.9.4）。「三人必要だけれどもとりあえず五人連れてきて」という派遣先会社の要求はしばしばで，その5人から3人を選ぶのは派遣先企業である。また，派遣先企業は同一の仕事に複数の派遣会社から人材をいれることはできないことになっているが，契約書上の区別さえあればよいので，そうしたことはまかり通っている。当然これにより派遣会社間の競争が加速する（松本 1998: 69-70）。最近では，スタッフ1人を採用するのに複数の派遣元に声をかけ，時間差で事前面接をしたり，一つのポジションをめぐり複数のスタッフを並べてコンペが行なわれたりもする。派遣元企業は派遣先企業に対して弱い立場にあるため，事前面接などを断ることは難しい（三浦・浦 1999: 73; 171）。競争にさらされ，何とかクライアントに食い込みたいと思っている派遣会社が，クライアントに違法性を説明することを期待するのは限界がある。規制が緩和された上に，残った規制が守られていないため，派遣労働者はいっそう弱い立場に立たされている。

　改正派遣法で，年齢を採用条件とすることが禁止されたが（努力義務），折り込み広告でも年齢制限はあとを絶たない。関根秀一郎・東京ユニオン書記長は「年齢制限は当然という派遣先企業の意向が反映している。規制すべき労働省の腰は引けている」と語っている（朝日 00.9.25）。

5 政治過程の分析

以上の政治過程の概観から引き出せる含意を，アクターの動きごとにまとめておこう。

◆**労働省のイニシアティヴ**

この法制化の動きで，主導権を握っていたのは労働省であった。法制化の直接のきっかけは行政管理庁による指摘だとされているが，そもそも労働省は，派遣法制定に権限の拡大という利益をもっていた，とある労働省 OB は指摘する。曰く，職安法違反の「もぐり業界」だった頃から，「派遣業者が氾濫し，巨大市場になってしまっている。就職情報誌市場など比較にもならない巨大市場だ。そこで，労働省としては何とか法改正をして直々に認知し，この巨大市場を掌握したかった」，と（田原 1990: 88）。

本来は派遣労働の法認を望むはずの財界団体や人材派遣会社も，法制化に積極的ではなかった。現行のままで十分であったし，下手に法制化することで却って，既に行なっている業務ができなくなることを恐れたのである。経営者団体にしろ，派遣業界にしろ，現状どおりの労働者派遣が可能であれば，ことさら新しい法律を作る必要はなく，むしろ法制化によって新たな規制が課せられるリスクがあると考えれば，法制化には慎重にならざるを得ないということにもなる。

他方，労働組合は足並みが乱れており，しかもそれはナショナル・センター・レベルの分裂と，ナショナル・センター内部の分裂の双方からなる重層的なものであった。当時は，労線統一を目指す動きの中で，民間部門対公共部門の利害対立もみられたが，派遣法をめぐる労働側の対立は，民間—公共という部門ごとのそれでもない。

労働組合の分裂状況を反映して，野党も法案への反対姿勢を貫くことができず，共産党と社民連だけが法制化に反対した。社会党は，政府案には反対したが，法制化を求める電機労連の働きかけにより，派遣業を情報処理業務についてのみ特例として認める独自の対案を国会に提出し，法制化容認には踏み込ん

だ。しかも、政府案には反対したとはいえ、その反対も中途半端であったとも指摘されている（松井 1985: 46; 小沢 1985: 75）。そもそも、野党が当初要求していた本会議での提案主旨説明と各党による審議を実現させれば、会期中に同法は成立しなかったと見られている。しかし、成立を求める労働組合もある以上、社会党も審議サボタージュ等により廃案を目指す戦術は取れなかった。

派遣労働者に関する政策においては、一番の当事者である派遣労働者自身が組織されておらず、その独自の利害が政治過程にインプットされないという点が、大きな特徴である。派遣労働の法認は、こうした「物言わぬ」当事者を増やすことでもあった。労働組合の分裂状況を前に、労働省は「派遣業の認知で救済されるのは派遣会社の従業員。声なき声だ」（職業安定局）と、その「意気込」みが報じられていた（日経 83.10.24）。ただ、派遣労働者がこのような内容の派遣法を求めていたということは証明されない。文字どおり、「声なき声」である。

労働省は、業界にも注文を出した。「業界の人たちの言い分もわからぬではないが、法律ができたら厳正に守ってほしい。いぜんグレーゾーンのままなら、派遣法の対象にした方がルールがはっきりするし、無用なトラブルは避けられる」（斉藤雇用政策課長）というのが労働省の基本的な考え方であった（週刊労働ニュース 85.6.17）。

いずれにしろ、労働省は労働市場をフレキシブルにする方向へ、重要な一歩を踏み出したということができる[14]。そのことを可能にしたのはしかし、労働省の一次元的な影響力の大きさでは、必ずしもない。むしろ、積極的に反対するアクターがない中で、相対的に一貫したパースペクティヴを保持し得たことが、労働省のイニシアティヴを可能にしたといえよう。

◇政治化の度合いの低さと立法化のタイミング

そうした労働省主導の動きを生んだ大きな原因として、成立過程における、同法の注目度・政治化の度合いの低さが挙げられる。派遣法制定には、一部の労働組合と共産党、社民連が反対したものの、政治化の度合いは必ずしも高くなかった。84年11月に「立法化の構想」が発表された頃から、マスメディアでも派遣事業法の問題が何度か取り上げられるようになったが、「必ずしも大き

第4章　フレキシビリゼーションの政治 I

な反響を呼んだとは言えない」（林 1985: 78）。特に，同時期に並行して審議が進められていた男女雇用機会均等法と比べると，そのマイナーさはきわだつ。ちなみに，朝日新聞の記事検索によれば，80年代に均等法が見出し語になった回数は194回にのぼり，しかも均等法は当初「平等法」と呼ばれていたから，そちらを合わせると274回に達するが，「派遣法」はわずか17回しか見出し語になっていない。

　派遣法が大きな注目を集めなかった理由について，労働省が意図的に政治化させないようにした，という解釈もある。すなわち，中職審労働者派遣事業等小委員会の答申が出て，わずか数ヵ月で国会上程，さらには国会でもスピード審議と，政府が法案の成立を急いだのは，法案の中味が知られていくにつれ，日増しに高まってきた反対運動の高揚を恐れたからだという指摘も，多数なされている（井上・岡田 1985: 7; 天野・池谷ほか 1985: 33; 伊藤 1987: 220）。「最初，労働者供給事業協議会が反対したので，供給事業の人のほうが反対するのかという，その程度の認識しかなかった」（天野・池谷ほか 1985: 36），というジャーナリストさえいる。「法案自体が大きな問題をはらんでいるにもかかわらず，人材派遣業の実態がまだ世間では余り知られていないこともあって，国会での審議は盛り上がりを欠いた」（朝日 85.5.15）。要するに，法案成立までの期間の短さと情報の少なさが，各アクターの行動をかなり抑制したといえる。そういう意味では，労働省が非決定権力を行使したという見方も成り立つであろう。

　派遣法が均等法とほぼ同時期に推進された，ということも運動の注意を逸らす効果があった。「均等法には一生懸命反対したのに，派遣法は反対する間もなくやられたという感じ。恐ろしさに気づいたときには遅かった」，「均等法ばっかりぎしぎしやってて，派遣法はなかなかつかめなくて」，「『均等法』でカッカカッカしている間に，どんどんつくられてしまって」（天野・池谷ほか 1985: 31; 36;「均等法でどう変わる」1985: 66），などと反省が聞かれる。ある法案に対する審議に注目が集まるあまり，同時期に審議される他の法案があっさり成立してしまう例は他にもある[15]。

　派遣法は，均等法の効果を殺ぐねらいをもつとする説もある（「労働者派遣法7問7答」1985: 83; 脇田 1995: 98）。だが，アジェンダ化の時期などから考えると，均等法の防御策として派遣法がつくられたとはいえない。ただ，同じ時期

に均等法が成立確実になっていたことが，派遣法成立に拍車をかけたとする見方は成り立つかもしれない。つまり，雇用における男女の平等に対する要請が高まることにより，女性を不安定な雇用形態で確保しておきたいという経営側の対応を招くことになった，という説である（脇田 1995: 98）。いずれにしろ，均等法と同時期に立法化が進行したということは，派遣法成立にとって有利であったことは間違いない。

◇**雇用のフレキシブル化と労働組合の対応**

同法に対する労働運動の対応が分裂したことも，法案の帰趨に大きな影響を与えた。労働運動が，ナショナル・センターの内と外で，複雑な分裂の構図を取っていたため，野党は姿勢を明確にできず，よってヴィスコシティを利用して法案を葬り去ることもできなかった。自民党は83年総選挙で敗北を喫し，当時は新自由クラブと連立していた。野党と労働組合が一致して反対すれば，国会における法案の成立は阻止し得る条件は揃っていたともいわれている。つまり，ここでは労働運動が分裂していたということが，政策の帰結に大きく影響している。

派遣労働者の利用に関する企業の自由度が広がることは，正規雇用の職を脅かすでもある。しかも，派遣労働者の増大は，組織されない労働者が増えること，すなわち組合組織率の低下という形で，労働運動のリソースを減少させることでもある。正規雇用と非正規雇用のデュアリズムにもつながりかねず，労働運動にとって不利益となるはずのこの政策は，正に労働運動が分裂していたことの帰結である。

一般的に労働組合は，その集権度自体をリソースとする。そのため，「要求が細分化してくれば，労組中央の資源は，奪われてしまう」（Dogan and Pelassy 1987＝1992: 207）。労働組合のある企業とない企業の賃金や労働条件を比較した研究は，組合のある企業は，組合のない企業に比べ，良好な雇用機会を提供していることを示した（中村ほか 1989: 24-46）。別の調査でも，組織化の有無によって，約8％の賃金格差があることが明らかとなっている（古郡 1997: 125; 第8章補論）。つまり，労働組合は確かに「役に立っている」のである。日本では労働運動が分裂していたがゆえに，穏健派の組合が大きな成果を勝ち取

第4章　フレキシビリゼーションの政治 I

った，という主張すらある（久米 1998）。

しかし，労働組合はそのように「役に立っている」だけでよいのか，という疑問も生じる。政治経済体制の大きな組み替えともいえるデュアリズム化の戦略を前に，労働運動が分裂しているとすれば，短期的には自社の賃金や労働条件を改善・維持できたとしても，中長期的な労働市場自体の変容を許すことで，やがては正規の雇用が派遣やパートにとって代わられ，組合自体も足下からその依って立つ基盤を掘り崩されることにもなりかねない[16]。その意味で本章の事例は，労働組合の役割と機能とは，本来どのようなものかという問題を，改めて考えさせる。労働組合が組織された組合員の利益のみを追求する戦略を取るとき，労働組合が労働者全体の利益を追求する戦略を取るときと比べ，労働組合の交渉力は弱くなるからである（井戸 1998）。

労働者派遣法施行後，労働者派遣事業と派遣労働者の数は，ともに急増した。労働省の調査によると，労働者派遣事業の事業所数は，86年度の3881から，翌87年度には6942に，92年度には9263へ増えている（労働省職業安定局民間需給調整事業室編『平成五年度図表労働者派遣事業』）。他方，労働者数は86年に14万人だったのが，96年には72万人に増えている。同法の制定過程で，派遣業界の経営者たちから，新法の制定が規制の強化になるのではないかとの懸念があり，そのために派遣業界も，そして派遣労働者の受け入れ先となるべき企業からも，労働者派遣法の制定に対する強い後押しはみられなかった。しかし，同法施行後における以上のような事態の推移から，彼らの懸念は杞憂であったことがわかる。同法の制定はそれ以前から徐々に進んでいた派遣労働者の増大をいっそう促進したのである。

注
1）正式名称は，「労働者派遣事業の適正な運営の確保及び派遣労働者の就業条件の整備等に関する法律」。同法成立前や，成立後しばらくは，通称として「人材派遣法」が用いられることが多かったが，本稿では最近の用法に従い，「労働者派遣法」を用いる。引用文中においては，もちろんこの限りではない。
2）全就業者中，公共職安による者は19.8％にすぎなかった（大宮 1980: 128-129）。
3）労働サイドの問題に加え，情報処理業については通産省が，警備業については警察庁が，それぞれ消極的であったことも，意見調整がつかなかった理由とされる（週刊労働ニュース 84.10.8; 伊藤 1987: 208）。

4) このシンポジウムの内容は,『労働法律旬報』1114号(1985年)に,収録されている。
5) 高梨も以前は職安法の見直しを提言していた(高梨 1980: 150-151)。
6) 高梨は,この点が同報告書の「最大のメリット」だとしている(高梨 1985b: 7)。
7) 労働者を常時雇用しておき,その事業活動の一環として,労働者を相手方企業に派遣することがあるというタイプ。
8) 派遣労働を希望する労働者を登録しておき,相手方企業から求めがあった場合に,これに適合する労働者を雇い入れた上で相手方に派遣するというタイプ。
9) 複数の派遣会社に同時に登録できるサービスも,インターネット上で提供されている(http://www.b-cards.com/entrysql.htm)。むしろ複数の会社に登録することの方が,派遣労働者にとっては普通のことかもしれない。
10) 電機労連は,派遣労働者保護のためには事業法でなく保護法が必要だと考えたが,保護法を要求すれば法案は通過せず事態が深刻化するので,不完全でもともかく法律を通すため,労働者保護については付帯決議やのちの法改正で行なっていくしかないと考え,このときの事業法としての法制化を推進した(西野 2003: 83)。
11) 電機労連の小林良暢企画部長は,「ある会社で1つのシステムを受注して10人位のチームを組んだとすると,このうち正社員は1〜3人。残りは旗本,親藩といわれる別会社,あるいはそれ以外の人材供給会社からの派遣社員」と業界の実情を紹介し,いまやこの業界に派遣労働者は不可欠だと主張していた(週刊労働ニュース 85.2.4)。
12) 加藤が,終身雇用制に強い信頼を寄せていたことは,第1章でみたとおりである。
13) 高梨も,労働者派遣法が終身雇用,年功賃金の常用雇用分野を狭め,よき日本的労使関係を崩すのではないかという批判に対し,同法は政令で定めた対象業務でのみ派遣事業が行なえるとしており,その指定の基準が①専門的な知識,技術又は経験を必要とする業務,②特別の雇用管理を行なう必要があると認められる業務であるから,「あらゆる分野において派遣事業が行われ,常用雇用労働者の代替となるとは予想しにくい」と反論していた(高梨編 1985: 12)。
14) この点はのちの派遣法改正(規制緩和)で,さらに進展する。
15) 例えば売上税法案で紛糾していた国会で,リゾート法が実質的審議なしに成立してしまったことは,その好例である(大石 1994: 229)。
16) ゼンセン同盟の運動企画部長は,こういう言い方でこの問題を表現する。曰く,非正規雇用労働者が増え,組織率が低下することは,「労働市場のコントロールが労働組合の一つの目的であるとするならば,非常に大きな問題です」(菅井 1980: 8),と。

第 5 章

フレキシビリゼーションの政治 II
―― パートタイム労働政策 ――

1 本章の課題と対象

◇**本章の対象領域**

　本章では，パートタイム労働をめぐる政策の展開を検討する。派遣労働は労働者派遣法で初めて法認されたのに対し，パートタイム労働は以前から違法ではなく，93年制定のパートタイム労働法（正式名称は，「短時間労働者の雇用管理の改善等に関する法律」）も，その実効性はともかく，パートタイマーの保護を狙いとしている。つまり，本章で検討するパートタイム労働に関する政策は，前章でみた派遣労働者に対するそれと性質を異にしている。端的にいって，法制化は野党と労働組合が求め，それに反対するのは経営側であった。

　非正規雇用の中でも，社会的に最も広範な認知を得ているのがパートタイム労働であり，パートタイマーの数は，派遣労働者とは比較にならないほど多い。女性の社会進出が指摘されるようになって久しいが，今日では雇用されている女性の四割程度がパートタイマーであることには，注意が必要である（表序－1）。

　こうしたパートタイマーの増大は，市場における需給メカニズムのみによるものであろうか。たしかに，企業はパートタイマーを求めたし，主婦の側からもパート就労を希望する者が増えた。だが第1章で確認したとおり，この「希望」は提供される雇用機会やその他の環境条件に影響を受けていると考えられる。また国際的にみれば，パート労働の使用に厳しい規制を設けている諸国ではパート労働者は少なく，ルールの緩い諸国でパート利用が増大する傾向があ

ることも，第1章で確認した。パートを利用しようとする企業の行動や，パートとして就労することを「希望」する主婦の選好の背景に，政策の展開とその帰結としての制度があると考えられる。

　パート労働に関する法律としては，パートタイム労働法が93年6月に成立し，同年12月から施行されているが，それまでに既婚女性を中心としたパートタイマーの存在がクローズアップされてから既に長い年月が経過しており，労働省でも同法制定のかなり前から，パート労働に関する法的整備は課題となっていた（松原 1994: 1）。だが，パート労働者に関する対策を定めた法律としては，同法が初めてのものである。それに先だつ立法化の動きは80年代に二度あったがいずれも挫折し，最終的に法律が成立するのは，三度目の試みによってである。二度の挫折はそれぞれ，84年の「パートタイム労働対策要綱」，89年の「パートタイム労働指針」に帰結する。

　本章では，法の制定に直接結びつく時期だけでなく，対象となる期間を少し「長期」に取って，政府，経営者団体，労働組合などのパート労働者に対する認識と対応がどのように変化してきたかという「マクロ」な政策過程の検討を行なう。同時に，法制化を目指す二度の動きが失敗し，三度目が法制化に至った経緯を観察することで，「ミクロ」な政治過程にも接近する。三度目の試みで法制化は実現するが，法律には強制力もなく，規制の水準としてはそれ以前から施行されていた「指針」を超えるものではなかった。そのため，法制化は大きな政策転換とはいえない。だが，大きな政策転換が起こった政策に劣らず，それが期待されながら成功しなかった政策にも，政治過程を観察する意義がある。

　パート労働政策の政策過程を分析する際の論点の一つは，当該政策の最大の当事者たるパートタイマーという存在が，決定の場に占める位置である。組織率の低下が著しい現在の労働組合にあって，パート労働者の組織率は一段と低く，したがってパートタイマーの利益は労働組合にも代表されにくい。そこで，パート労働者に関わる問題が政治の場に登場する際には，当事者以外のアクターの思惑と行動が重要となる。

　そのことを理解するため，本章ではいわば補助線として，別の切り口を用意している。というのも，パート労働に関する政策は，以上述べてきたようなパ

第5章　フレキシビリゼーションの政治II

ート労働者の保護に関するものばかりではない。税制における非課税限度額引き上げをめぐる政治家と大蔵当局の攻防も，パート労働者の就労に影響を与える。本章の後半で，この非課税限度額をめぐる政治過程をあわせて検討することで，既婚女性を中心としたパート労働者というアクターが，政策決定過程においてもつ特性を考える。

◇さまざまな定義

日本ではパートタイム労働者について，複数の定義が用いられてきた。そのため後述のとおり，パートタイマーとは誰かということ自体が，政治的な議論の対象である。

一般に，「パートタイム」というその名称からして，正規雇用労働者に比べて，労働時間が短い者を指すと思われる。パートタイム労働の定義は国により異なるが，週に30時間または35時間といった労働時間の上限で定義する国が多い (Thurman and Trah 1990: 24)。ILOの「パートタイム労働に関する条約」(94年) は，パート労働者を「通常の労働時間が比較可能なフルタイム労働者のそれよりも少ない就業者」と定義している (第1条)。だが日本には，正社員と労働時間が等しいパート労働者が多く存在する。例えば，ある調査によれば，女子パートタイマーの14.7％は1日に7.5時間以上労働していて，しかも2割程度の者は残業まで行なっている (パートタイム労働問題研究会「今後のパートタイム労働対策のあり方」92年)。1日の所定労働時間が「6〜8時間未満」(54.1％) と「8時間以上」(11.2％) の合計が65.2％と，3人に2人は6時間以上の所定労働時間となる調査もあった (週刊労働ニュース 82.07.05)。正社員と労働時間が違わないパート労働者は，「擬似［的］パート」と呼ばれる[1]。日本のパート労働時間は国際的にみても長い (OECD 1990: 22, Table 1.4.; 井上・江原編 1995: 105, 図41-2)。

日本には，「パートのようなもの」についての複数の定義がある。その中には，週労働時間が35時間未満の者を「短時間雇用者」とする総務庁統計局「労働力調査」のようなものがある一方，同じ総務庁の「就業構造基本調査」は，就業日数，時間に関係なく，勤め先で「パート」などの名称で呼ばれているものをパートタイマーとしている。労働省「第三次産業雇用実態調査」(79年)

も,「事業所においてパートタイマーと称している者またはそれに近い名称で称している者」をパートタイマーとし,時間の長短を問わない。労働省「パートタイム労働者総合実態調査」では,労働時間ではなく待遇に着目した「いわゆるパート」を,さらにＡパート（一般の正社員より所定労働時間が短い者）とＢパート（一般の正社員とほぼ所定労働時が同じ者）にわけている。労働省「雇用動向調査」では,「一日の所定労働時間が,一般労働者より短い者,又はその事業所の一般労働者より一日の所定労働時間が同じでも一週の所定労働日数が少ない者」である。労働省「賃金構造基本統計調査」は,「一日の所定労働時間又は一週間の所定労働日数が一般労働者より少ない常用労働者」と定義するが,同省の「パートタイム労働対策要綱」（84年）ではそれと似ているものの,「一日,一週又は一箇月の所定労働時間が当該事業場において同種の業務に従事する通常の労働者の所定労働時間よりも相当程度短い労働者」ということが適当であるとし,「相当程度」とは,１割から２割程度以上としている。労働省「雇用管理調査」では,パートタイムとは「当該企業においてパートタイマー,パート又はアルバイトと呼ばれている労働者」を指し,ここでも労働時間は考慮されない。労働省の外郭団体である日本労働研究機構の「パートタイム労働実態調査」は,「正社員」に対してパート,派遣,臨時,嘱託などを一括して「非正社員」と分類している。日経連は,所定の手続きを経て会社に採用され,１日,１週または１カ月の労働時間が社員より短く,かつ期間を定めて雇用された者をパートタイマーとしている。92年度の女子雇用者総数は1974万人で,うち週間就業時間35時間未満の短時間雇用者は592万人（30.7％）であるが,これに日本開発銀行調査で401万人にのぼる擬似パートを加えると,女子雇用者の約５割が「パート」という身分になる（相澤 1994: 86-87）。

　なお,「パートタイマー」と「アルバイト」は,一般的に区別されることが多いが,89年版労働白書（高齢者雇用と女子パートタイム労働者特集）を担当した,労働省の和田信五労働経済課長は,両者は「基本的にはあまり違わないと思います。そこをはっきりしないまま使っている」と語る（和田ほか 1989: 27）。要するに,パートタイマーとは,「家庭をもった主婦など中高年女性の非正規従業員の呼び名」（塩田 2000: 47）である。

第5章 フレキシビリゼーションの政治Ⅱ

　最終的に，パートタイム労働法では，「短時間労働者」を次のように定義した。

第2条：一週間の所定労働時間が同一の事業所に雇用される通常の労働者（当該事業所に雇用される通常の労働者と同種の業務に従事する当該事業所に雇用される労働者にあっては，労働省令で定める場合を除き，当該労働者と同種の業務に従事する当該通常の労働者）の一週間の所定労働時間に比し短い労働者

　同法の解説によれば，「企業における呼称としては，パートタイム労働者，アルバイト，定時社員，準社員等様々なものが存在するが，本条の定義に該当する者は名称の如何を問わず短時間労働者として本法が適用される」。また，「短時間労働者か否かを判断するに当たっては，一週間の所定労働時間より短い者はその短さの程度にかかわらず短時間労働者となる」（松原 1994: 162; 164, 傍点は引用者）。

　以上のように，政府内においてすら定義が一様でなかったため，パート労働者についての調査は，調査ごとに対象となる労働者の母集団が微妙に異なっている。明快な定義の不在は，パートタイマーというカテゴリーのあやふやさを示すもので，施策の遅れもこの点を反映している。とりわけ，正社員と同じほど長時間の労働をしながら，身分としてはパートタイマーという，疑似パートの存在には注意が必要である。

◇疑似パート

　上述の「パートタイム労働者総合実態調査」ではAパートが463万人，Bパートが120万人と推計されていた。つまり，「パート」待遇を受けている者の2割強は，フルタイマーと遜色ないほどの時間，働いているということである。正社員と変わらないのは，労働時間だけではない。正社員の仕事をしている者も多く，パート向きの仕事だからパートを雇っているとは限らない。「所長以下全員が契約社員やパート」という職場や，「店長・副店長もパート労働者」という職場，パート労働者と正規労働者が同じ仕事をしている職場などの存在や，パート労働者が正規労働者を指揮する「逆転現象」などが指摘されている

（筒井・山岡 1985; 塚野 1998; 山根 1998: 93）。ある調査では，「正社員とパートタイマーが同じ仕事」をしている割合が，総合スーパー・食品スーパーで64.4％を占め，さらに「パートタイマーの方が正社員と比べて，商品知識や仕事に対する取り組み方がよい」とする者が，そうでないとする者を上回っている（ゼンセン同盟「流通・サービス産業に働く人々の意識」91年）。労働省の「パートタイム労働者に係る雇用管理研究会」（座長・佐藤博樹東大教授）の調査では，正社員と職務内容がほぼ同じパートが「多数いる」事業所は10％強，「一部いる」は45％に達し，残業や配置転換の面で正社員と大差ない事業所も2割あった。一方，「正社員と同水準の仕事をしている」と答えた非正社員の75％は，「正社員より賃金が低い」とし，そのうち3割が「納得できない」としている。職業安定局長通達（81年）が，パート労働者の「時間当たりの賃金は，当該事業所に勤務する同職種，同作業，同経験で，かつ勤務時間帯が同じである一般従業員の時間当たり賃金と比べて低い額でないこと」を，公共職業安定所が求人の受理に際し助言・指導するよう定めているにもかかわらず，である。このため2000年に同研究会は，正社員と同じ仕事をさせながら処遇に差をつけるのを改め，公平にする方法を提言した（今野 2000: 92-93; 朝日 00.4.19; 01.5.18; 日経 00.6.9, 夕）。

　高度成長当時から既に，日本のパート労働者の特色として，その労働時間が極端に長く，常時必要とされながら，身分的には一般労働者と差別されていることが指摘されていた（小林 1970: 72）。「女子パートタイム雇用に関する専門家会議報告書」(69年) は，「フルタイマーと同等，あるいはそれ以上の時間労働をしながら身分上パートタイマーと呼ばれている者」の存在を指摘している（大脇 1989: 7)[2]。こうした事情からILOは，日本のパートはパートではないと指摘する（相澤 1994: 87; 朝日 94.4.9）。労働省はこのことを早くから問題視しており，例えば83年に同省の研究会は，擬似パートの存在が「欧米諸国と基本的に異なり」，「我が国のパートタイム労働者の問題を複雑にしている大きな原因」だとして，擬似パートに「一般労働者と同様に労働関係法規を適用し，その周知・徹底と遵守を図る必要」を訴えた（パートタイマープロジェクトチーム 1983: 79; 81）。

　だが90年代を通じて，擬似パートの賃金は正社員より短時間パートに接近し

た（今野 2000: 89）。教育，職種，地域，年齢などをコントロールしても疑似パートの賃金率は正社員より3割低く，疑似パートであれ短時間パートであれ，教育年数，経験，職種など個人の人的資本で説明できる賃金差は小さい。パートタイマーと呼ばれる限り，長時間パートと短時間パートの間に時間当たり賃金の差がない以上，フルタイマーとパートタイマーの賃金格差は身分的な格差と考えられる（永瀬 1994; 1995）。ヨーロッパの場合は，パート職が格付けの低い仕事に集中しているがゆえに賃金が低いのに対し，日本では仕事の格付けや仕事内容にかかわらず，パートの賃金がフルタイマーよりも安く，このこともパートが「身分」であることを示している（三山 2001: 187）。労基法第3条は，労働者の国籍，信条，または社会的身分を理由とした労働条件の差別的取り扱いを禁じているものの，雇用形態の違いには触れておらず，パートタイムなどの従業員の地位は，「社会的身分」に入らないというのが多数説であるため[3]，パートタイム労働者の差別的待遇を直接規制する法律はなかった（伊藤 1993: 20; 今野 2000: 90）。

なお，労働時間の短さで捉える「労働力調査」では，「パート」の女性比率が7割ほどなのに対し，就業日数・時間に関係なく，職場での呼称にしたがって「パート」を定義する「労働力特別調査」や「就業構造基本調査」でみると，パートの94〜95％が女性となる（近藤 1985: 2-3; 大沢 1994: 35）。つまり，「擬似パート」には女性が多いということである。

2　パートタイマーの増加

◇高度成長期におけるパートタイマーの増加

日本で初めてパートタイマーという呼称を導入したのは，1954年の大丸百貨店だとされるが（山岡 1989）[4]，パートタイム労働者は，労働力不足が若年層から次第に中高年齢層に及んだ60年代に増加しはじめた。需要側の要因は，新規学卒者や若年労働力の確保が困難となった企業が，新しい労働力として主婦に着目してその活用を図るようになったことである。高度成長による全般的な人手不足に加え，高校進学率が高まり，未熟練労働が不足しはじめた。そこを埋めたのが30代半ばから40代の女性である。子育てのために職場を離れていた

彼女たちは，労働経験が乏しく男性よりも学歴が低いため，企業には都合がよかった（Brinton 1993: 10）。ベビーブーム世代が，15歳で就職して平均5年で退職するとすれば，67〜69年以降は女性労働力が減少に転じる計算となる。さらに，女子の高校進学率は65年に約70％に達し，以後も70年に83％，75年に93％と上昇を続け，そのことがいっそう若年女子労働力不足を招いた（鎌田 1980: 180）。総評は，高度成長期の労働力不足により，「臨時工を本工にせざるを得な」かった企業が「臨時工と呼ばれる安全弁を失」い，「家庭の主婦を中心にしたパートタイマーという労働市場を開発し」たとみる（総評組織局 1981: 9）。

また，急成長をとげた金属機械部門で，同時に進展した技術革新の結果，「作業の単純化，規格化が進み，特別の技術，技能を要しない労働の分野が拡大して，なかんずく不熟練労働力に対する需要が増大した」（松原 1994: 14）ことも関係している。テイラー主義の普及により，重工業への女性の参入が進むという面であるが（岩本 1993: 77），製造業のブルーカラーに女性パートタイマーが多いということは，日本の国際的な特徴である（Brinton 1993: 7; Delsen 1995: 25; 1998: 66; 74, n.3）。アメリカでは，パート比率が高い販売・サービス業の就業人口が増えたことがパート労働者増大の理由であるが，日本では製造業を含むほとんどすべての産業でパート労働が増加している（Houseman and Osawa 1998: 244-246; 本書の表 序−2 も参照）。

他方，供給側の要因としては，出生児数の減少で子どもから手が離れる時期が早まったこと，電気洗濯機や炊飯器といった，まさにフォード主義によってもたらされた大量生産の家電製品の普及が，家事労働時間を短縮したことの他に，高学歴化や価値観の変化などが挙げられてきた。ただ，第1章の論点に即していえば，主婦の労働供給増は，供給側にのみ要因を求めるべきではなく，需要側の影響も考えなければならない。60年代には主婦を新しい労働力供給源として着目する企業の中には，保育所を設置したり，送迎バスを走らせたり，団地に作業場を移したりして，パート労働力の確保に努める企業も現れた（大脇 1989: 7; 1992: 124）。こうした求人のあり方も，主婦の就業意欲を掘り起こしたと考えられる。

第5章　フレキシビリゼーションの政治Ⅱ

◇**高度成長期のパートタイム労働対策**

この時期の政府の対応を確認しておこう。政府が女性の就労を促進しようとしたのは，高度成長期に入ってからである。それ以前の雇用政策は，「労働力供給の総量を減少させること」を目指していた（氏原 1989: 5）。経済状況が思わしくない上に，復員や旧植民地からの引き上げが続き，戦後しばらくは労働力の過剰感が強かった。高度成長期に入っても政府は，成長の事実を認めることに慎重であった。だが60年代中頃になると，特に若年層を中心とした労働力需給が，過剰から不足へと基調の変化をはっきりと示すようになる。66年までは1倍を下回っていた有効求人倍率は，67年から74年まで1倍を上回る。「OECD対日労働報告書」（72年）は，若年労働力不足が，日本経済の成長と安定にとって「衝撃的」な「脅威」だと述べた（柴山 1989: 21）。そして，経済審議会労働力研究会の報告書は，75年までの労働力見通しについて，第二次産業の労働力需要を満たすには，5割以上を中高年女性と第一次産業からの転職者に頼らざるを得ないとした（「労働力需給の展望と政策の方向」69年）。

そうした中，労働省の婦人少年問題審議会（以下，婦少審）婦人労働部会の「婦人労働力の有効活用についての中間報告」（64年）は，「パートタイム雇用は，家庭責任をもつ婦人が，家事負担を果たしつつ雇用の機会をうる制度として，欧米諸国で行きわたって」おり，「パートタイム雇用の導入について，婦人労働力活用の見地から検討を行う」とした（松原 1994: 43 より再引）。67年には，「女子パートタイム雇用に関する専門家会議」が婦人少年局に設置された。同会議は69年2月，「女子パートタイム雇用に関する専門家会議報告書」を出し，パートタイマーの保護と労働条件の向上，パートタイム雇用制度の整備をはかり，近代的パートタイム雇用を確立するとし，行政指導強化を提言した。これを受け婦少審は，「女子パートタイム雇用の対策に関する建議」（同年8月）を労相に提出し，二つの方向性を決めた。すなわち，

①パートタイム雇用の改善と労働条件の向上
②パートタイマー職域の拡大

である。これに沿って婦人少年局は，70年1月に「女子パートタイム雇用に関する対策の推進について」という通達を出し，パートタイム雇用は一つの雇用形態であって身分的区分ではないことを徹底することや，受け入れ体制の整備

を打ち出した（松原 1994: 51-53 に所収）。また，パート労働者に労基法，最低賃金法がフルタイム労働者と同様に適用されるよう監督指導することが強調され，パートタイマーの「諸条件の適正化をはかるための対策を緊急に講ずる必要」がうたわれた。68年には「大都市に潜在している労働力の活用…特に婦人労働力の活用をはかる」ことが職安行政の重点施策とされ，69年から全国の職安でパートタイマーの紹介が始められた。同局は69年9月，「賃金は，当該事業所に勤務する同職種，同経験の他の労働者の時間当たりの賃金と比べて低い額でないこと」，「就業規則を作成するよう指導すること」，「年次有給休暇を与えること」などの通達を出した（労働行政調査研究会編 1973: 85; 久保村 1982: 137; 浅倉 1991: 199; 209, 注22; 猪瀬 1993: 127; 山根 1993: 108）。みられるとおり，パートタイマー独自の保護というより，既存の労働法規をパートタイマーにもきちんと適用せよということが，これらの通達の趣旨の中心的な部分である[5]。

だが日経連は70年3月，「パートタイマー管理研究会のまとめの方向」を公表し，「労働省通達の実施に当たっては企業や働く者の実態に留意し，働くものの保護と同時に雇用の促進をもたらすよう十分な配慮をしつつ，弾力的に行われる」よう要望した。これが規制を嫌ったものであることは明らかであるが，70年の東京商工会議所「労働基準法に関する意見」はさらに踏み込んで，パート労働者に別個の労働基準を適用することを要求した（川口 1970: 130-131; 川口・井上 1975: 348; 田辺 1985: 160; 大脇 1989: 7-8; 唐津 1989: 149）。

パートタイマーへの別個の労働基準は実現しなかったが，使用者側のこうした姿勢もあり，上記の各種施策はあまり浸透しなかった。

◇**低成長期におけるパートタイマーの増加**

主婦のパート就労という現象は「当初，高度経済成長下の労働力不足の時代に限って生じる一時的なものと予想されることもあった」（塩田 2000: 47）が，高度成長の終焉後もパート労働者は増加を続けた。高度経済成長期に企業は，若年労働力を得られないという理由でパート労働者を採用したが，オイル・ショック後には別の要因が加わった[6]。まず，減量経営姿勢と ME 化などによる省力化・合理化が常態化し，製造業では単純作業や軽作業分野でのパート化を従来以上に促進した。この間サービス経済化も進んでおり，第三次産業でのパ

ート労働も増加した（筒井 1982: 131-132; 労働省婦人局編 1987: 21; 古郡 1997: 8）。つまり，人手が足りないから「やむを得ず」パートを用いるのではなく，パートの使い方がより戦略的になったといえる。

企業が女子パートタイマーを雇用する理由も，65年（労働省婦人少年局「女子パートタイマー雇用調査」）には，「若手労働力が得られないため」（31.4％）が最も多かったのに対し（2位「特定日，特定時間に繁忙のため」25.8％，3位「経費が軽減できるから」22.8％），83年には，

①仕事の内容がパートタイム労働等で間に合うため（63.1％）

②人件費が割安となるため（29.2％）

③雇用調整が容易であるため（19.5％）

となった（労働省「雇用管理調査」）。後者からは「若手労働力が得られないため」という選択肢が消え，「一般労働者の採用困難」という選択肢も14.1％にすぎない。低成長時代には，若年労働力不足をパートで埋める必要は薄れたのである。99年の調査では，「正社員を確保できないから」は，「短時間パート」については9.3％，「その他のパート」については10.9％にすぎない（厚生労働省官房政策調査部「平成11年就業形態の多様化に関する総合実態調査」2000年）。

他方，供給側では高度成長期から続く理由に加え，低成長下で世帯収入の伸びが鈍化したことが，いっそう主婦を労働市場へ駆り立てた（水野 1983: 216-217; 大脇・諏訪ほか 1993: 9; 松原 1994: 18）。

こうして，若年労働者が確保できないから「已むを得ず」使われはじめた主婦のパートタイマーは，低成長期には戦力として期待されるようになり，また家計収入の停滞もあって量的にも増大するが，その対策がほとんど野放しであることを，野党や労働組合が問題視しはじめた。また，ある時期から，労働省もパートタイマーに関する法整備を進めるべきだという認識をもつようになる。以下で，三度にわたる法制化の動きを概観しよう。

3　最初の法制化の動きと「パートタイム労働対策要綱」

◇**行政管理庁による指摘**

労働省は81年10月，横浜と大阪に初めてパートバンクを開設した[7]。82年に

3 最初の法制化の動きと「パートタイム労働対策要綱」

は雇入通知書のモデル様式の普及による労働条件の明確化促進などの対策を講じた。さらに83年1月からは，企業に，賃金，労働時間，有給休暇日数などを明示した雇い入れ通知書を労働省に提出するよう行政指導を始めた。背景には，もちろんパートタイマーが増えたことがあり，83年にはパートタイマーが就労女性の5分の1になっていた。パート労働者が増え，パート労働への社会的関心も高まるなか，「個々の問題に対して対症療法的に対応策を講じるだけでなく，総合的な対策の樹立が各方面から強く要請される」ようになったのである（白井 1985: 50; 松原 1994: 53-54; 89-90）。

そうしたなかで行政管理庁が82年5月にパート労働調査を行なったところ，実に83.8％の事業場が法令違反を犯していた。就業時間，職務内容は一般労働者と差異のない者が多く，労働時間が1日7時間以上の者が57.9％，雇用期間が1年を超える者が63.1％もいるのに，パートタイマーに適用する就業規則を作成していない事業場が60.9％，有給休暇がない事業場が56.3％，雇用の際，賃金に関する事項を書面で明示・交付していない事業場が55.9％，雇用保険に加入していない事業場が42.9％，健康保険・厚生年金保険に加入していない事業場が35.7％，健康診断を実施していない事業場が21.2％，労働者名簿を作成していない事業場が19.1％，労災保険に加入していない事業場が14.7％あった。行政管理庁はこの調査に基づき，急増するパート労働に労働基準局および監督署は十分対応していないと指摘し，法令遵守に十分配慮するよう勧告した。そこで労働省は，上述の雇い入れ通知書制度を創設する方針を立てて行政指導を始めたほか，就業規則の作成・整備を徹底させること，自主点検制度を効率的に運用することなどを柱とする監督指導の方針を決定した（行政管理庁行政監察局編 1982）。

これに対し日経連は82年10月，「今後の行政指導のあり方についての要望」を労相に提出し，パートタイマーの労務管理指導などの行政指導は産業界の実勢から遊離しており，企業経営の活力を阻害し，労使自治・自主決定の原則を損なうので，このような行政介入はやめるべきだと主張した（週刊労働ニュース 82.10.11; 本多 1983: 13-14）。

一方，労働省は，行政管理庁の勧告を受けて82年に省内にパート・プロジェクトを設け，83年6月，「パートタイム労働対策の方向」という提言をまとめ

第5章　フレキシビリゼーションの政治Ⅱ

た。その骨子は，
　①パートに適用される就業規則を作成する
　②使用者は労働条件を明らかにした「雇い入れ通知書」を交付する
　③パートには超勤や休日労働を原則としてさせないよう努める
　④勤務日数に応じた有給休暇を与える
などで，「各方面の意見をよく聞いて十分時間をかけて検討し，関係労使等のコンセンサスを得た上で実施することが望ましい」としながらも，初めて具体的な方向を示した（パートタイマープロジェクトチーム 1983）。なお，この提言は，「その後の労基法［研−引用者補］報告に受けつがれ，労働基準行政の中心的位置づけにある」とみられる（山本 1987: 359, 注15）。後述の「要綱」も，同提言を踏まえ策定されている（週刊労働ニュース 83.9.5）。

◆野党と労働組合の動き

　しかし，こうした労働省の措置は，「労使交渉にゲタを預けた生ぬるいもの」（総評）だとして，各政党や労働組合から法制化などを求める声が強まりはじめた（白井 1985: 51）。

　もともと労働組合は，70年代からパート労働について政府に要望を行なっており，中には部分的に実現したものもある。例えば，労働条件を文書で明示せよという要望（72年，総評）は，その後，雇入通知書の作成という行政指導で活かされたし，労働態様のいかんにかかわらず労基法の適用があることを施行規則に明示せよという要望（72年，同盟）や，パートタイマー等に対し，雇用関係の明確化，および就業条件改善の強力な行政指導を行ない，労基法，最賃法などを含む雇用関係諸法，社会保険諸法の適用を義務づけよといった要望（80年，81年，政策推進労組会議）などは，薄められた形でではあるが，労働監督行政の方針の中に採り入れられた（外尾 1983: 41）[8]。80年には社会経済国民会議が，パートなどの労働者の雇用身分と労働諸条件を明示させる措置として，「特別就業規則」を定めるよう法律で義務づけることが必要との見解を示した（パートタイマープロジェクトチーム 1983: 39-40）。総評は，「パートタイマーの低賃金，低労働条件」を「放置しておくならば，結果はみずからの労働条件低下に及ぶ」との問題意識から，組織化方針の中でもパート問題を取り上げ，1

3　最初の法制化の動きと「パートタイム労働対策要綱」

年半にわたって研究会を重ねた末，81年に「パートタイマーの組織化に向けて」と題する報告書を発表した（総評組織局 1981）。84年6月には同盟の「パートタイム労働者の雇用対策指針」や「パートタイム組合員の労働条件指針」が，8月には全民労協の「パートタイム労働者等の保護に関する法律（案）の制定に向けて」が発表された。パート労働者を多く抱えるゼンセン同盟も，独自の指針を決めていた（週刊労働ニュース 84.8.27）。

　政党の動きとしては，既に74年には公明党が「短時間労働者保護法案」を，78年には社会党が「短時間労働者及び短時間労働者の保護に関する法律案」を，それぞれ国会に提出していたが，83年6月に社会党は「パートタイマー等の不安定雇用労働者の保護に関する法律案要綱」を発表した。同要綱は，「六ヶ月を越えた短期労働者には一般労働者の資格が与えられる」などの内容を盛っていた。同じ頃，公明党は「安定したパート労働者の生活を確保するための提言」とともに，「パート労働法」（仮称）に関する政策要綱を，また民社党・国民連合も「パート等勤労婦人の雇用保障対策の提唱」を，それぞれ発表した。社会党はさらに，同年10月に「短期労働者及び短時間労働者の保護に関する法律案」を衆議院に提出し，直後の12月には，民社党が「新たな総合的婦人政策」を，共産党が「パート労働者の雇用の安定と待遇改善のために」を発表した。翌84年3月には，公明党・国民会議が「短時間労働者保護法案」を，そして社会党は再び前年10月と同じ法律案を，それぞれ衆議院に提出した。これらの法案・提言はいずれも，パートタイム労働者の特性に対応した取り扱い，各般の施策の強化を求めるものとなっている（白井 1985: 51; 労働省女性局編 2000: 60）。

　このように当時，パート労働者を保護する内容の法案や各種提言が，野党から相次いで発表されたことにより，法制化への気運が高まった。同時期に各党の対応が相次いだのは，パートタイマーの労働条件が急激に悪化したとか，パート労働者の組織化が進んだからではなく，野党間に競争が起こったためである。つまり，83年の「参議院選を控えて野党がいろいろ出し」たという見方ができる（白井ほか 1983: 15）。野党は，「総選挙対策を念頭に」臨時国会での成立を目指し攻勢をかけると伝えられる一方，自民党は使用者側の意向を受け，法制化に消極的であった。ただこの頃，自民党内にも「法制化はやむなし」と

いう意見が出はじめていた。このため臨時国会で，「この法案が与野党の取引材料」となり，「場合によっては議員立法で成立する可能性もありそう」，「解散・総選挙含みの臨時国会では，選挙を意識した与野党が立法の方向で合意する公算も大きい」などと報じられた（日経 83.9.22）。

◇労働省の対応

しかし，労働省はこのとき，当面は行政指導でパートタイム労働の実態を整序し，当事者の合意を形成していくとして立法化に踏み切らなかった。その理由は，「パートタイマーの定義がマチマチ」で，「現時点ではなおパートタイム労働者をどのような就労形態で定着させるのかについての合意が形成されていない」ので，現状では法制化は時期尚早などと説明された（逢見 1984: 6; 柴山 1993: 263; 松下 1993: 171; 日経 83.9.22; 84.9.17）。これらの理由づけをみるに，この時点で労働省はパートタイム労働の位置づけに確固たる考えをもっておらず，そのことが後述の「女子パートタイム労働対策に関する研究会」設立につながったと考えられる。実際，プロジェクト・チームの報告が出た直後の労働省は，「パートタイム労働政策の基本は，パートタイム労働を推奨すべきか，あるいは抑制すべきか，あるいは自然の流れに任せるかというふうなところの視点がまだ決まっていない」段階であった。相当数のパートタイマーが「すでに労働市場に存在して」おり，トラブルもいろいろ起こるので，「対策を打つべきところには打って，そのトラブルを解消していくべき」だが，「現状では……行政指導面を表に出した総合的な対策ということで進めていく施策の段階ではないか」と，法制化には時期尚早と判断したようである（白井ほか 1983: 19-20）。

◇パート労働対策要綱

こうして一度目の動きは法制化には至らなかったが，各政党からパート保護のための法制化などを求める声が強まっていたため労働省は，中央労働基準審議会にパート労働力委員会を設置し，そこでの審議を経て84年10月に「パートタイム労働対策要綱」（通達）を策定し，労働条件・雇用管理の適性化などの行政指導を強化していくこととした（日経 84.6.19; 水町 1997: 12-13）。この「要

綱」は，パート労働に関する行政指導指針を包括的な形で定めたもので，以後の労働省の具体的な施策内容を規定するものである（野田 1984: 10; 浅倉 1991: 204）。少し中味を検討しておこう。

「要綱」は使用者に対し，
①パートタイム労働者に雇入通知書を交付することによって労働条件を明確化すること
②パートタイム労働者に適用する就業規則を作成すること，その際，パートタイム労働者の意見を聴取すること
③通常の労働者の所定労働時間を超えて，パートタイム労働者を時間外に労働させないこと
④一年を超える反覆契約を更新せず期間の満了とするときは，30日前に予告するよう努力すること
⑤通常の労働者を雇い入れるときは，パートタイム労働者に優先的に応募資格を与えること

などを要請している。

また，この「要綱」ではパートタイム労働者を，「その者の一日，一週又は一箇月の所定労働時間が当該事業場において同種の業務に従事する通常の労働者の所定労働時間よりも相当程度短い労働者」と定義し，その後出た通達「パートタイム労働対策要綱について」で，「相当程度短い」とは「一割から二割程度以上短いことが望ましい」とした[9]。ただ，「処遇や労働条件等の面で通常の労働者と区別して取り扱われているにもかかわらず所定労働時間は通常の労働者とほとんど同じである者」（擬似パート）にも，この「要綱」を適用するとした。この「要綱」により，パートタイム労働とは，労働時間が短いだけで，正規労働者と同じように，労働基準法などの労働関係法が適用されるという原則が確認された[10]。

だが，「要綱」からは，先に職業安定局が出した実質的平等賃金に関する通達の内容が抜け落ちるなど，これまでの諸通達よりむしろ後退したという評価もあり（大脇 1989: 8; 1992: 126），また法的拘束力のない努力義務にすぎない。パート労働者の労働条件の適切な設定が望ましいが，これは労使の自主的な話し合いに委ねられているのでこの側面への行政的介入は不適切とし，行政の役

第5章 フレキシビリゼーションの政治II

割を行政指導による適切な労働条件設定のための環境整備に努めるという点に限定してもいる。そもそも,「対策の内容そのものは,すでに民間企業で実施されているものもあり,使用者の反発は少ないと労働省は判断してい」た(日経 84.8.9)。

東京商工会議所の調査(88年)によれば,「要綱の内容は全て実施」している企業は9.2%,「要綱の内容は一部実施」している企業は3.5%,「要綱は知っているが未実施」の企業が12.9%で,「要綱を知らない」企業が最大の45.5%を占めた(週刊労働ニュース 88.9.5)。また,柴山恵美子が行なったアンケート調査では,女性パート労働者のほとんどが,「要綱」を知らなかった(柴山 1989: 25)。「要綱」を出すことで,パートタイマーに正規労働者と別の労働基準を適用しようとしているのでは,との推測すらあった(天野・井ノ部ほか 1985: 21)。だが日経連は,経営者との意見交換の場で松崎芳伸専務理事が,この「要綱」を「今後の労働行政の柱としたい考えのようだ」と述べ,出席者に注意を喚起するなど,警戒の姿勢をみせた(日経連タイムス 84.10.4)。

いずれにしろ,この「要綱」の策定により,法制化へ向けての一度目の動きは収束する。このときは,労働組合が法制化を要求し,野党がそれに呼応,経営者団体は当然ながら反対し,自民党は消極的,そして労働省も法制化に意欲をみせていなかった。当時,労働省にはまだ法制化の意志はなく,自民党も法制化に向けて動くということはなかった。

◇労働省の姿勢

労働基準法研究会は84年8月に「パートタイム労働対策の方向について」をまとめており,そこではパートタイム労働対策の方向として,パートタイマーの多様性と将来の増大の可能性を踏まえて立法的規制の意義を認めながらも,「当面は,パートタイム労働者の定義を明確にしつつ,パートタイム労働者の処遇や労働条件等について労使をはじめ関係者が考慮すべき事項を指針として示し,これに基づき行政指導を行なうなかで,……関係者の合意が形成されることを期待すべき」と,法制化に慎重な姿勢を示した(労働省女性局編 2000: 54-60に所収)。「要綱」は,この労基研報告や中央労働基準審議会答申をベースに策定されている。ただ,労基研の研究成果は,プロジェクトチームの提言

を,「さらに具体的に,あるいは法律的に裏づけをしていただいた」ものだと,労働省の担当者が語っており(近藤 1985: 6),基本的な方向性は,先に出た省内のプロジェクトチームが定めたと考えてよい。労働省自身,当面は法制化しないつもりであった。

国会での男女雇用機会均等法の審議中にも,パート労働法を制定する必要について問われた坂本労相が,「行政指導を進める中で,関係者の合意が形成されるのを待ちたいと思います」と回答している(第101回国会・衆議院本会議 84年6月26日)。86年には佐藤ギン子婦人局長が,「対策要綱だけでは不十分,パートタイム労働法を定めるべきだとの声もあるが」と問われ,「別に新しい法律を作らなくても,労基法で様々な労働者に対する保護があるわけですから,それをキチンと適用することが一番大事です」と,事実上,法制化の意志がないことを表明した(週刊労働ニュース 86.2.24)。

だが,その後も労働組合の要求は続き,パート労働者の初の全国交流会(86年2月)には女性を中心に約200人が集まった。86年の春闘を「パート春闘」と位置づける総評が呼びかけたものだが,交流会は翌日も開かれ,格差解消のための要求書を,労働,厚生,通産の各省に提出することにした(日経 86.2.4)。全民労協は「要綱」の発表直後に,年次有給休暇の付与や解雇の制限などを中心に,ほぼフルタイム労働者並みの条件を確保しようとする独自の「パート労働保護法案」をまとめ(週刊労働ニュース 84.8.27),傘下にチェーンストアを多く抱え,パートの組織化に取り組んできたことで知られるゼンセン同盟も,パートタイム労働法の立法化を政策提言した(週刊労働ニュース 86.3.31)。

4　二度目の法制化の動きと「パートタイム労働指針」

◇研究会報告と労働省の転換

法制化へ向けた一度目の動きのあと,労働省の委託を受けて84年に設置された「女子パートタイム労働対策に関する研究会」(座長・高梨昌信州大学教授)が,87年に「今後のパートタイム労働対策のあり方について」と題する報告書を提出,その中でパートタイム労働者を経済社会に欠くことのできない基幹的労働力と位置づけ,福祉面からサポートする「パートタイム労働者福祉法」の早

急な制定が必要だと提言した（労働省婦人局編 1987: 17 以下に所収）。ただ，この「福祉法」について高梨座長は，「派遣労働者の三〇万人弱に対して一，〇〇〇万人とも言われる大変に規模の大きい」パート労働市場に，「初めから厳しい法規制を課することは，いろいろと難しい」ので，当面は「いくつかの基本的理念を盛った基本法的なものにとどめ，……福祉サービスを先行させていくのはどうか」という提案だとし，「パート労働市場はこの一〇年くらいの間に急速に拡大した市場で，まだ明確な秩序が形成されていない」ので，「立法化するとしても当面は基本法的なものでいくしかない」と，罰則規定つきの厳しい法律を提案しなかったことを説明している。また，パートタイマーの「定義については，研究会内での意見の一致を見なかった」し，基本法的なものならそれほど厳密な定義は必要ないと，定義もしなかった（高梨・網代ほか 1988: 37; 40）。したがって，ここで提起された「福祉法」は，労働条件の向上を目的に労働団体や社会党などが提起していたものとは基本的に異なり，労働省も「勤労婦人福祉法と類似したものを想定している」としていた。だが，労働側からは「1つのステップとして評価できる」（加藤全民労協事務局次長）との意見も出，経営側からは「パート労働の重要性を指摘した現状認識について異論はない」が，「今までパート労働者と使用者は外から（法律）の制約を受けずにやってきた。福祉という名でも法制定は慎重にやってほしい。労基法の"ジュニア"をつくることには反対だ」（丹下日経連労務管理部長）と慎重論が出た。また労働側からも，「パート労働者だけの福祉対策は常用労働者とパート労働者の格差を固定するのではないか」（柳生総評組織局次長）との懸念が表明された（週刊労働ニュース 87.10.19）。他にも，「報告の対策内容は不十分だ。福祉法も任意のものならパート労働者は救済されない。すべてのパートに適用されるものをつくってほしい」（江戸川ユニオン）といった意見が出た（週刊労働ニュース 87.11.2）。

　この研究会報告が「擬似［的］パート」の語を初めて用いたことは既に述べたが，「これからパートタイム労働対策として重点を置くべきことは，この擬似的パートタイム労働者よりもむしろ典型的な［短時間の―引用者補］パートタイム労働者のほうであり，これに的を絞って政策を準備すべき」（高梨ほか 1987: 48; 52, 発言は高梨）だとして，疑似パート問題は放置された。擬似パート

4 二度目の法制化の動きと「パートタイム労働指針」

対策を優先すべきという労働組合からの批判に対し高梨座長は、それについては「要綱」があるとした上で、今回の「報告書では、それをもう少し拡充・整備すれば『擬似的パート』については十分対応可能だということを強調しています。むしろ既存の労働法制をうまく適用できないのが、私どものいう『典型的パート』です」（高梨・網代ほか 1988: 37-39）と説明した。ただし、その後も婦人局では、擬似パートを「パートタイム労働対策の対象範囲から除くことは適当でない」（婦人局婦人労働課 1989a: 18）としており、また後述の専門家会議報告も、擬似パートの労働条件改善には、「要綱」に基づく対策では不十分であると指摘している。

この報告書がパート労働を、「我が国の経済、社会に欠くことのできない雇用・就業形態の一つとして位置付け」るとうたったことから、小野功東京商工会議所常務理事は、パートは補足的あるいは縁辺的労働力だという従来の通念に対し、「今やパートタイム労働力が基幹労働力の一つになりつつあることを明らかにした点」で、「私どももこの報告書を高く評価している」という一方、「定義が不明確なままで、たとえ福祉法であるにしろ制定することは、かえって後に問題を残すことになるのではないか」、「パート福祉法にまだ時期が早い」と、法制化には反対した（高梨・網代ほか 1988: 38-39; 週刊労働ニュース 88.1.11）。

この研究会報告を受けて88年6月、労使公益の三者構成による「パートタイム労働問題専門家会議」が発足するが[11]、同会議は秋には報告書をまとめ、関係審議会での審議を経て成果を得たいとした（荒川 1988: 42）。

この前後から労働省は、パート労働者保護を目的とした関係法の整備や福祉政策を進めている。まず85年度から、労働条件の改善、雇用の安定等を促進する目的で、パートタイム労働旬間を開始した。87年の労基法改正では週の所定労働日数が4日以下のパート労働者に対しても、その労働時間に比例して有給休暇を付与すべきことが定められ（88年4月施行）、89年には週労働時間が22時間以上の者には雇用保険を適用する内容の、雇用保険法改正がなされた[12]。さらに90年度からはパート労働者への中退金制度加入を促進することにしたほか、雇用が不安定との声を受け、契約に関して労基法見直しも検討していた。

こうした一連の施策をみても、労働省はパート問題への取り組みを重視しつ

つあったようであるが，その背景にはパート労働者が量的にも増え，また不可欠な存在になりつつもある，という事情があると思われる。つまり，今後「労働力人口の伸び率が急速に鈍り，労働力不足，とりわけ若年労働力不足の状態になる」ことに「対応するためには，パートタイム労働を希望する主婦や高齢者の活用が現在以上に必要となろう」（婦人局婦人労働課 1989a: 15）し，実際にパート労働者が増えてしまったということが対応を迫った面も大きい。「八〇〇万人といった状況になってきますと，縁辺労働力という考え方では十分に対処していけない」，「少なくとも重要な労働力の一つとして認識していかないと，社会，経済的にはもう動いていかないレベルまできて」おり，しかもそれは短期的な「景気の要因」だけでなく，人口構成上，「若年労働力というのはどんどん少なく，タイトになっていく」という判断である（亀島 1989: 2-4; 17）。

　ただ，84年には法制化に乗り気でなかった労働省の方針転換には，以下のような事情も指摘されている。すなわち，85年の均等法，派遣法成立後，労働省関連のめぼしい立法案件がなかったおり，景気拡大で急増したパート保護法制定の構想が急浮上し，野党や労働組合の後押しもあって，「労働省は大いに張り切った」（日経 89.7.7）というのである。労働省の組織利益が，二度目の法制化の起動因だという解釈である。

◇**経営側の反発**

　専門家会議は当初，88年11月には報告書を提出する予定で，労働省はそれをもとに同年末の通常国会にパート法案を提出すると伝えられていたが（日経 87.10.12; 88.6.12），その後，経営側の反対が顕在化する。

　まず10月には東京商工会議所が，「パートタイム労働対策に関する意見」を発表し[13]，「パートタイム労働者の労働諸条件の最低基準は，既に労働基準法・最低賃金法・労働安全衛生法等々において定められており，直ちに新たな法律を制定する必然性は乏しい」と主張したほか，労働省が当時パートタイマーに対して雇用保険の適用を検討していたことについても，「安易に適用を広げるべきではない」などと釘を差した（週刊労働ニュース 88.10.24; 朝日 88.10.15)[14]。もっとも，その半年前に東商が会員企業に行なった調査では，パートタイム労働者に対する福祉の向上をねらいとした法律を必要と考える企業は

65.2%にのぼったのに対し（理由の1位は「就労意識を高め戦力化できる」45.3%），不必要とする企業は34.8%であった（週刊労働ニュース 88.9.5）。東商が反対声明を出したのは，準備される法律が，単にパート労働者の「福祉の向上」以上のものをねらっているとみたためであろう。専門家会議でも使用者側は，「事業主，パートタイマーの双方に本当のメリットがあるのかどうか判明していないので慎重に検討すべきである」と主張した（荒川 1989: 15）。

全国中小企業団体中央会は同年10月，パート労働についての調査結果をまとめたが，それによれば，雇用条件を「書面で明示する」事業所は30%しかなく，「パートのための就業規則・規定はない」が3分の2に達し，1年を超えて継続勤務しているパートに有給休暇を与えている事業所も29%にすぎなかった[15]。さらに，定期昇給は6割強で実施しているものの，退職金を支給するのは12%にすぎなかった。だが，このような調査結果にもかかわらず，同中央会は「新法の制定で経営コストが高まり，零細な中小企業の経営を圧迫しかねない面もある。既存法規の枠内でパート労働条件を進めていくのが現実的」との見解を公表し，新法制定に反対した（朝日 88.10.22）。

11月には鈴木永二日経連会長も，「パート労働は経営の面から欠かせない労働力だが，パート労働は勤務時間，内容もまちまちで幅広い。一つの法律でくくるには無理があり，パート市場を混乱させる」，パート福祉法は「いたずらに規制を加えるもので好ましくない」などと述べ，新法制定を経営側は歓迎できないとの姿勢を示した（朝日 88.11.26）[16]。

◇**労働側の動き**

他方，労働側では当時，総評が雇用関係の安定や均等待遇精神の具体化，格差の縮小などを柱とした方針を打ち出していた。88年には，民間連合の第1回中央婦人集会に「パートタイマーを守るための対策」が，第33回総評働く婦人の中央集会では「パート労働法の制定」が取り上げられた。連合は，88年2月にパート対策会議を設置，パートタイム労働に対する基本的方針の策定に取り組んだ。6月には，「パートタイム労働に関する調査」を実施し，この結果を踏まえて「パートタイム労働者対策の基本方針」を策定した。この方針は，「パートタイム労働法」（仮称）の制定を要求し，フルタイム型パートは原則と

して認めず，すみやかに正規社員化の取り組みを強力に進める，としている（足立 1989: 91）。さらに連合は，88年10月の三役会議で「パートタイム労働法」（仮称）の制定などを含む，パートタイム労働者対策の基本方針を確認した。6月には加盟組合を対象にしたパートタイム労働に関する調査を実施したが，連合傘下企業でも38％で労働基準関係法令に違反しているなど，「かつての臨時工的な社会問題で，二重の労働市場が生まれている」という認識から，今回の方針では均等待遇の原則を前面に打ち出し，それを前提とした諸施策の整備や制度の改善を求めた。具体的な内容は，

①労働基準関係諸法令の違反の一掃
②フルタイム型パートタイム労働の原則禁止（フルタイム雇用者との完全な均等待遇）
③パートタイム労働者の保護と雇用改善のための「パートタイム労働法」（仮称）制定

などとなっている（日経 88.10.10; 週刊労働ニュース 88.11.7）。

◇法制化の失敗と「指針」

だが，労使学からなる専門家会議では，立法的規制の可否やその内容をめぐる労使間の見解の相違が大きく調整がつかず，それどころか，立法化の前提となるパートタイム労働者の定義が詰められなかった。そのため，「今後のパートタイム労働対策の在り方について（中間的整理）」（88年12月）は，「法的整備の問題については，関係諸法令についての検討を含め，引き続き検討を行うことが適当」とし，研究会報告で提案されたパートタイム労働者福祉法の制定は，今後の検討課題として先送りされ，伝えられていた通常国会提出は見送りとなった（労働省労働基準局監督課編 1991: 137 以下；日本労働年鑑 1989: 366; 中島正雄 1989: 95; 足立 1989: 93; 荒川 1989; 唐津 1989: 150; 日経 88.12.23）。

専門家会議報告は，「労働者保護法令等の不徹底」や「労働条件面の問題点」を指摘するなど，87年の研究会報告よりも，パートタイム労働をめぐる現状に厳しい認識を示しており，「賃金，賞与，退職金等における格差」と，「福利厚生における格差」に新たに言及している点では，「要綱」よりも踏み込んだものとなっている。「今後のパートタイム労働対策の方向」という項目も，「パー

4 二度目の法制化の動きと「パートタイム労働指針」

トの保護対策としての色彩が強い」ものとなった。これは，労使公益の三者構成であることの反映，つまり労働代表が入ったことの結果と考えられる（中島正雄 1989: 95-96）。通常国会提出は見送られたものの，専門家会議のメンバーの一人であった山野和子総評婦人局長は，「パートは"身分"ではなく，あくまで普通の労働者とくらべて労働時間が短いだけであるという定義をはっきりさせ，均等待遇の原則が守られるような法的な手当ても，今後さらに主張していきたい」と語るなど，引き続き法制化へ意欲を見せていた（朝日 89.1.15）。

その後，連合は89年3月，「パートタイム労働法」の制定，擬似パートについては正規従業員化，短時間パートについても時間比例による均等待遇などを労相に要請し，同様の要請を6月にも行なっている。4月には総評と合同で，16項目からなる「パートタイム労働法（仮称）についての考え方」をまとめ，社会，公明，民社，社民連の4野党政審会長らに，これをもとに共同法案をつくり国会に提出してほしい，と要請した。連合と総評は，「要綱」は「内容，実効ともに不十分」なので，「抜本的なパートタイム労働対策が必要」と主張し，独自に法案化を検討している公明党などを含め4野党が共同した具体的な法案づくりを求めた。野党がまとめたこの「考え方」では，パートタイム労働者を1日，1週，1ヵ月の所定労働時間が，同種の仕事についている正社員より2割程度以上短い人と定義し，そのうえで，これ以上働いている擬似パートについては，正社員と同様に扱うべきだと均等待遇の原則を強調した（朝日 89.4.27；週刊労働ニュース 89.5.1；『れんごう政策資料』56号，89.11.17）。同年7月には，社会党がパートタイム労働法の概要を発表，公明党もパートタイム労働法案の要綱を発表した。社会党は以前にも法案を国会に提出しているが，このとき新たに，「通常労働者が育児，介護などを理由にパート労働者となること，その後通常労働者に復帰することを保証する」という内容を加えた。また，公明党も社会党の呼びかけに応じ，今後，連合政権協議の中で，野党四党で検討していくとの姿勢を見せた（日経 89.7.13，夕）。なお，共産党も89年に，一般労働者との差別を是正し均等待遇をすすめるための法案大綱を発表している。

だが結局このときも，「日経連等経営者団体の激しい抵抗によって」（川口 1994: 135），労働省は6月下旬，法制化を断念する。今回は労働省が乗り気であったにもかかわらず，専門家会議で議論がまとまらなかったのは，「働く方

も，雇う方も自由がきくというパート労働の最大の利点が失われる」(日経連)として，当初から法制化に強い難色を示していた使用者側を，労働省が説得できなかったためである。通常労働者との均等待遇を要求した労働側に対し，使用者側は「パート労働者は転勤や責任が少なく，正社員と同じ扱いにできない」と反発したのである（日経 89.7.13）。89年7月の産労懇で堀内労相が，「安定した労働力としてパートタイム労働者を確保するためにも，その定義付けを明確にする必要があると考えている。現在は大臣告示の行政指導で環境整備を行っているが，法的な対応も考え厳格に臨みたい」（週刊労働ニュース 89.7.31）と語っていることをみても，労働省としては，立法化する意欲はあった。

労働省は，「久しぶりの大型立法」と熱意を見せていたが，パート労働者の厳密な定義に最後まで手を焼き，経済界からの反論にもこたえられなかった。労働省が考えた「通常の労働者よりも一日，一週間，一ヵ月当たりの所定労働時間が短い労働者」という定義が法律の対象にしにくいと批判されたほか，労働者保護のため労基法があるのにパート保護法をつくればパート労働者だけ二重に保護することになってしまう，などの声もあがった。日経連は「パート労働の内容はきわめて多様で，この多様性が働く側にとっても働いてもらう側にとっても有益なのに，法律で縛れば元も子もなくなる」と主張した。経済界からはさらに，「労基法さえ徹底できないのに，新たに法律や制度を作っても意味はない」との意見も出，労働省幹部は「これから二，三年は静観せざるをえない」と判断した（日経 89.7.7; 仲 1990: 288; 諏訪 1993a: 215-216; 1993b: 21; 水町 1993: 30-31; 小嶌 1993: 40）。このように，パート法制定の二度目の動きも頓挫し，パートタイム労働対策としては，「要綱」を強化した，「パートタイム労働者の処遇及び労働条件等について考慮すべき事項に関する指針（パートタイム労働指針）」（労働大臣告示）による行政措置にとどまった。

◇ **パートタイム労働指針**

労働省は，「パートタイム労働指針」を告示するとともにその定着を図り，パートタイム労働市場の円滑な需給調整を促進するため，「総合的パートタイム労働対策」という事務次官通達も出した。「指針」には，「規制緩和」だとの評価もあるが（鈴木 1998: 126），「要綱」を拡充強化したものである[17]。内容的

には，労基法等の遵守をパート労働に関し改めて要請した部分と，労基法等では処理できない課題について，「努めるものとする」，「望ましい」などの表現で考慮を要請した部分にわけられるが，「このうち後者の事項が，指針の要」と考えられる（清正 1989）。とはいえこれは努力義務規定であり，罰則規定はない。

東京都の調査（91年）で6割ほどの企業がこの「指針」があることは知っていたが，「内容をよく知っている」企業は2割にとどまり（諏訪 1993b: 5），実効性には疑問も大きい。そのため，「『告示』化され，その実効性を一応図ったことは評価」する論者も，「強制力の担保を欠く点では，『対策要綱』と大同小異」だとする（福島 1990: 130）。連合も，指針は要綱に比べ一定の前進がみられるものの，法的強制力をもたないため実効性は疑問だと主張，行政指導の強化をはかりつつ，指針をステップにパートタイム労働法を制定し，抜本的な対策を図らなければならないと強調した（週刊労働ニュース 89.6.26）。

労働立法の場合，審議会に労使代表を含むのは，労使の利害が真っ向から対立する場合が多いためであるが，審議会での合意づくりには，労使双方の代表を抱え込んで決定に参加させるという狙いがある。次章でみる均等法の場合，政府法案に反対する労働代表を，労働省は国際条約批准というタイムリミットで説得し，法案成立へまとめ上げた。他方，今回の場合，使用者代表を説得できるだけの材料を労働省はもたず，審議会方式は機能しなかった。審議会でまとまらなかったため，労働省は法案を提出することができなかったのである。

5　三度目の法制化の動きとパートタイム労働法成立

◇野党の主導と労働省の反応

その後，連合の要請を受け，社会，公明，民社，社民連の4野党は，国会に提出していたそれぞれのパート労働法案を一本化し，共同法案を92年2月に国会に提出した。この野党による法案の国会提出で，立法化へ向けての波が急激に高まったとされる（金田 1993: 32; 水町 1997: 13）。同法案は，労働時間の長短によって労働者を差別してはならないという原則を打ち出し，賃金，休暇・休憩や，女子を対象とした育児時間，配置・昇進・定年・解雇，教育訓練などに

ついての差別を禁止している。連合は，山岸会長談話で「パート労働者をめぐる不明朗な労働契約によるトラブルや著しい賃金格差は，現行法では解決が難しい」と指摘，同国会での成立に全力を尽くすとした（週刊労働ニュース 92.2.10）。この野党法案は国会で継続審議となったが，野党案共同提出を受けて，衆院労働委員会に「パートタイム労働に関する小委員会」が設置された。

翌3月に4野党は，パート労働法の「法案審議に弾みを付ける狙い」（日経92.8.3）もあって，当時100万円だった所得税の非課税限度額を110万円に引き上げるパート減税を，92年度予算案の共同修正要求に盛り込んだ。それに対し政府は，「共稼ぎ世帯など他の世帯との課税のつりあいや財源をどうするかといった問題がある」，「税制上，パート収入に対する配慮はすでに行われている。…予算案を修正するのは難しい」（羽田孜蔵相），「百万円の非課税限度は妥当な水準」（近藤鉄雄労相）などと，慎重な姿勢を示した（朝日 92.3.8; 3.10, 夕; 日経 92.3.10）。結局，政府・与党はこのとき，予算案の修正には応じなかったが，パート減税については与野党協議機関を設けることとし，継続協議を約束した。これは，「結論を出す時期を設定したわけではなく，協議結果を補正予算案などに反映する保証もない」ので，公明，民社が決着に傾く中，社会党が孤立回避に動いたもので，「自民党が歩みよりつつも予算案に手をつけさせず実を取った」，と報じられた（朝日 92.3.13; 日経 92.3.13）。

だが，これら一連の野党の攻勢には意味があった。「労働省はすっかり野党側に主導権を握られた格好で，何かしなければならないという焦りが省内に広が」ったからである（日経 92.8.3）。こうして92年7月に労働省に「パートタイム労働問題研究会」（座長・高梨昌前信州大学教授）が設置された。学識経験者4名，労働者代表3名，使用者代表3名で構成する同研究会では，パートタイム労働者の権利保護を目的とするパートタイム労働法の制定や，労働条件の適正化などを事業主に求める現行「指針」の見直しなどを検討した（松原 1994: 111以下；日経 92.7.18）。

だが研究会では，「この程度の内容ならあえて法律にする必要はない」という意見も出，「野党に主導権を握られる格好で議論に加わった労働省は当初から，『野党案とは別の形で法律を作れないか』と考えていたフシがあり，とにかく法律をつくればメンツが立つと実情をもらす関係者もい」た（日経 92.12.

9)。パート労働者を労働行政の中でどう位置づけるのかという問題に,それまで「本格的に取り組んでこなかった」同省では,「野党案とは別の形で法制化が可能かどうかという技術論での話し合いに時間を取られ」(同省幹部),取り敢えず自民党の対野党公約を受け,学識経験者や労使代表からなる研究会を発足させたが,「いつまでに研究会として結論を出すのかは白紙」(婦人局)であり,「省内の意見調整すらできていない状態で研究会を開いても混乱するだけ」との意見もあった(日経 92.8.3)。それでも,研究会設置に動いたのは,労働省が野党の共同法案に対応して,独自法案を出そうとしたためだと考えられる。参議院で与野党が逆転していたことも,過去2度とは条件が異なる点として挙げられる。つまり,このときの法制化は野党が火をつけたもので,労働省が野党案に「対抗する必要があった」ことが,政府案提出につながったのである(伊藤 1993: 18)。

◇**研究会報告から法案の作成へ**

研究会は同年12月に報告を発表した。「補助的労働と同義語とみなされるようなこれまでの評価は改められるべき」だとする同報告書は,パートタイム労働を魅力ある良好な就業形態として確立し,パートタイム労働市場を適正かつ健全に育成するための対策を総合的に推進する必要をうたい,そのために法的整備を行なうべきとした。ただ,「法的整備については,対策の拡充の必要性は認めつつも法律の必要性は乏しいとの意見,罰則付きの法律による規制が必要であるとの意見」があったことが付記された。前者が使用者代表,後者が労働代表のものであることはいうまでもない。それでも,使用者代表が認めない「法的整備」の必要性を,研究会としては認めたのである(労働省女性局編 2000: 110-113)。

なお,賃金について高梨座長は,法定最低賃金でカバーされている労働者は少なく,法定最低賃金には「影響力がほとんどない」という問題意識をもっており,法定最低賃金の日額を「八で割るか七時間半で割るか」で労使論争があるが,「時間額表示基準に変えてもらうということが必要だと思う。これによってもっと法定最低賃金の有効性が発揮できます」としながらも,「経営者側の反対もあり研究会報告に盛り込めなかった」,と語っている(高梨・深尾ほか

1993: 17; 高梨 1996: 17)[18]。

　労働省はこの提言を受けて、パートタイム労働についての法案の検討を決めた。そして、93年の通常国会に法案を提出し、94年1月の施行をめざした。ただ婦人局としては、労働時間や賃金、契約の方法などについて具体的に制限する法律ではなく、「事業主の自主性に期待する法律にしたい」とし、そのため当初からこの法案には罰則規定を設けない方針であった（日経 92.12.8）。法制化の方向としては、パート労働者を基幹的、恒常的労働力と認め、パート労働市場を適正、かつ健全な市場として育成する必要を強調し、擬似パートは「所定労働時間が短い労働者と同一に論じられ」ないので、「『パート労働問題』としてとらえるべきものではない」として、法律の対象外とした（猪瀬 1993: 124-126; 大脇 1994: 8; 朝日 92.12.8）。なお、公労使からなるパートタイム労働対策専門家会議は、88年に中間報告を出したあと開店休業状態にあったが、92年に4野党の共同法案が提出されたため、その取り扱いをめぐって再開の運びとなった（大脇・諏訪ほか 1993: 18）。

　もちろんこのときも、経営者団体は法制化に反対した。ある経済団体の役員は、反対の理由をこう述べる。曰く、パート労働者は、「時間も場所も自分で選べるし、人手不足のなか、条件が良くなければ、より良い職場に移って行けるという状況です。そのなかで……労働省は労働者が虐げられているという従来の固定観念から口を出してくる」、「パート労働法を推進することによって、政治家は婦人票が取れる、労働省はその先に、外郭団体を作って天下れる、といった思惑が隠れているとしか思えません」（屋山 1996: 205）、と。たしかに、パートタイム労働法は、労相が短時間労働者の福祉増進を目的として設立された公益法人（全国で一つのみ）を「短時間労働援助センター」として指定することができると定め、センターは情報・資料の提供、事業主等に対する講習、短時間労働者に対する相談その他の援助を行なうとしている。そしてこのセンターとして、財団法人21世紀職業財団が指定され、労働官僚が天下っている事実もある。しかし、経営者の上の反対理由は、もちろん本質的なものではない。法制化によって規制が強化されることを嫌ったものとみるのが、妥当であろう。

　実際、日経連の荒川春労務管理部長は、法規制をすることに対し、「使用者としてやはり慎重でなければならないと思っている」、「本来は経営者というの

は，労働基準法を超えた部分につきましては，なるべく自由な労使関係，労働条件の設定などを求めて」おり，パート問題についてもそうだが，「雇用管理上の未整備な部分があり，さまざまな問題を起こすような原因があるわけですから，ただすべきところはただしていくという意味で，経営者としても今回のパート労働法を受け止めざるを得ないところに厳しさがある」とコメントしている（高梨・深尾ほか 1993: 10-11）。反対だがやむを得ず受け入れた，ということである。

他方，連合の加藤敏幸労働政策局長は，「雇用管理に関する改善を内容とする法律であって，差別禁止や法の実効性が確保されているかという点については大きな問題がある」としながらも，88年以来の取り組みが法律の形を取ったということで，「一歩前進」だと評価した（高梨・深尾ほか 1993: 10）。

◇擬似パートの扱い

研究会では，法の適用範囲に擬似パートを含むかどうかをめぐり，「活発な議論があった」（神代 1993: 19）が，最終的には擬似パートをパートとみなさず，対象を短時間労働者に絞った。研究会の高梨座長は，「この研究会の短時間の議論ではとてもできないし，むしろ基準法研究の専門家の議論に任せたほうが，筋の通った回答が出せるに違いない，という期待を込めて今回は外した」と語る（大脇・諏訪ほか 1993: 21）。同研究会の神代和欣委員は，「社会通念的に見ると，労働時間短縮の時代に，一日七〜八時間も働いていて，なおかつ『パート』扱いの者こそ問題のように見えるが，営業の自由，労働契約の自由と，労働基準法との関係から判断すると，……『擬似パート労働者』に対してのみ格別に強い規制を加えるべき法的根拠はない」と語る。ただ同時に，「単に雇用上の身分が形式上『パート』であるために，一日七〜八時間前後も働いている彼らの給与や待遇が社会一般の正社員よりも著しく劣るのは，今後の社会問題として残るであろう」ことも認めている（神代 1993: 19）。

なお高梨座長は，擬似パートを対象外としたとの批判に対し，労基法を審議する場に任せたのであって，批判は「誤解」だと反論しているが（高梨・深尾ほか 1993: 9; 13），他方で，擬似パートを対象とすることに，「使用者団体は真っ向から反対です。したがってこれを書き込むことはおそらくできなかったと思

いいます」と,正直に認めてもいる（大脇・諏訪ほか 1993: 21)。研究会報告が,「労使間の非常にむずかしい焦点」である擬似パート問題を避けたことは,同法の「成立をよりやさしく」（諏訪 1993b: 21）したといえる。

◇**国会提出と野党の対応**

この報告に基づき労働省は93年2月,婦少審（会長・赤松良子女性職業財団会長）に,パートタイム労働者の労働条件改善を促す「短時間労働者の雇用管理の改善等に関する法案」の要綱を諮問した。このとき労働省は,「パート労働者を今後の中長期的な労働力不足を解決する『重要な就業形態』と捉え,その能力を十分に発揮できるような体制の確立をめざす」と伝えられた（週刊労働ニュース 93.2.15)。

婦少審では,法規制に一貫して反対する使用者側委員と,賃金その他の労働条件に関して,通常の労働者との均衡が図られることを,指針ではなく法律に明記すること等を要求する労働者側委員との激しい対立があったが,内容的には大きな修正もなく,「対策の充実強化が必要であるとの基本的認識で一致をみた」として,答申を行なうことになった。しかし,その具体的方策としては,法案要綱どおりの法的整備でよしとする意見（公益代表委員),差別是正のため罰則つきで法規制する必要があるという意見（労働者代表委員),法的規制は労働市場に不要な混乱をもたらすおそれがあるので,労使の自主性に任せるべきで法制定の必要なしとする意見（使用者代表委員）の三論併記となり,「経過をふまえて法律案作成の検討を進められたい」という微妙な表現となった。それでもその答申を受けて閣議決定が行なわれ,法案が上程された（小嶌 1993: 43, 注10；松下 1993, 注7；山田 1993: 6；本多 1993a: 4；週刊労働ニュース 93.3.8；朝日93.3.2)。使用者側が法制化に反対しているまま,政府が初めてパート労働に関する法案を国会に提出することにしたのは,伝えられるように,野党が前年,罰則を盛り込んだ法案を共同提案したことに対抗する狙い,すなわち,野党主導の動きに対する労働省の焦りを反映するものと考えられる（松下 1993: 170；朝日 93.2.16)。

ただ目的としてパート労働者の福祉の増進をうたう（第1条）政府案は,パート労働者の雇用管理が中心で,労働条件等の直接の改善を意図するものでは

ないため，野党にいわせると，均等待遇の原則と差別是正を柱とする野党共同法案とは「水と油」であった。実際，社会党の大脇雅子によれば，政府案は「パートタイム労働の現状を固定化するだけで，つぶした方がよいという意見が，労働委員会の野党側でかなりの優勢を占めた」。だが，「法案提出の経過や長い間の立法化の要望とその挫折の歴史を考えれば，反対して流してしまってよいかと疑問を呈する意見も少なくなかった」。そこで，「半歩でも前進するために，法案にどのような修正が可能か議論が重ねられ」（大脇 1994: 8-9），最終的には，共産党以外は政府案を一部修正した上で賛成に回った。「『野党案を通すのは難しい』という現実的な判断から」（朝日 93.6.23）である。そのため，法案に批判的な論者からは，野党共同法案と政府法案の距離の大きさを考えれば，野党は「歩み寄れる余地はないはず」，「与野党の共同修正が成立したというニュースは耳を疑うようなもの」などと，野党へも批判が寄せられた（金田 1993: 33; 中山 1993: 2）。

　国会では，「近年にない修正」といわれた6項目にわたる修正がなされたが，これを大脇は，「恐らく，労働省もパートタイム労働立法を二回見送っていて，今国会でどうしても通したいという熱意があったと思われる」（大脇 1994: 13）と解釈している。

　審議過程で，野党が均等待遇原則を盛り込むことを強く主張したのに対し，政府は事業主の責務を定める第3条に「就業の実態，通常の労働者との均衡等を考慮して」という文言を付加することで法案を可決に持ち込んだ（水町 1993: 33, 注6）。この修正で事業主の責務全体に「均衡等」の考慮がかかる形となったため，野党はこの修正によって，均衡を主目的とする野党の主張が受け入れられたと考えることもできるからである（中山 1993: 2）。こうして成立した法律は，「かつて立ち消えとなった『パートタイム労働者福祉法（提案）』の枠組みを受け継いだもの」といえる（水町 1997: 14）[19]。

　同法は，従来「指針」の形で行政指導による規制をしてきたパートタイム労働者の処遇および労働条件などに，法的な努力義務を課すものであるが，労使間および与野党間の対立の中で，比較的合意を得られやすい事項について立法化したものといえる（神代 1993: 18; 水町 1993: 33）。したがって，労働組合などは，

①「差別禁止」,「均等待遇の確保」が明記されていない
②事業主の行なう改善措置は努力義務にとどまる
③公共部門のパートには適用されない

などの点が不十分だと主張した。そのため法律には,「施行から3年後, 必要な場合は (法律見直しの) 検討を加える」との付則がついた。

◇パートタイム労働法の効力

成立したパートタイム労働法は, 二度にわたって成立しなかったこともあり (特に二度目は労働省自身が推進しながら), 労働省も成立を期していた。だが, 使用者の一貫した反対姿勢は変わっていなかった。また, 前章でみた派遣法同様, パート労働法をめぐる政治過程は均等法とは比較にならないほど, 盛り上がりを欠いたものとなった。国会の審議でも,「連合も全労連も動員はチョボチョボ。ともかく当事者のいない攻防なんだ, 審議なんだ」, と指摘された (金田 1993: 33)。マスメディアの報道量も少なく, 労使以外の社会内アクターを巻き込む大争点となることもなかったため, 成立のための基礎条件は過去2回と大きくは変わっていなかった。そこで, 使用者団体の理解が得られる水準が考慮され, 結局「指針」の域を超える内容が盛り込まれることはなかった。

法の目的は,

> 短時間労働者について, その適正な労働条件の確保及び教育訓練の実施, 福利厚生の充実その他の雇用管理の改善に関する措置, 職業能力の開発及び向上等に関する措置等を講ずることにより, 短時間労働者がその有する能力を有効に発揮することができるようにし, もってその福祉の推進を図ることを目的とする (第1条)

とされるが, 国等が行なう施策としては, 労働大臣による,
①短時間労働者基本方針の策定
②雇用管理改善の指針の策定
③報告の徴収, 助言, 指導, 勧告
④国, 都道府県, 雇用促進事業団によるパート労働者の職業能力開発, 向上

促進のための啓蒙宣伝，職業訓練実施への配慮
⑤国の職業紹介の充実

があるものの，内容は「指針」でいわれていた範囲に留まった。事業主の責務としても，短時間労働者について，「その就業の実態，通常の労働者との均衡等を考慮して」，適正な労働条件を確保するなど雇用管理の改善等を行なうという努力義務を定めたにすぎず（3条1項），事業主の違反についての罰則規定はない。焦点の一つであった疑似パートに関しては，「これらの者についての問題は，短時間労働者ゆえに生じているものではなく，むしろ非正規従業員に共通するもの」だとして（松原 1994: 162），対策を講じなかった。

女性労働者からは，「指針」に比べても「後退している」などの声があがり，「こんな法律ならいらない」（江戸川ユニオンの児玉正昭副委員長）との意見も出た。「指針」では労働時間が通常の労働者より「相当程度」（1，2割以上）短い労働者をパート労働者とし，疑似パートについては「通常の労働者としてふさわしい処遇をするように努めるものとする」としていたのに対し，新法ではこのような者もパートタイマーとみなされ労働実態がほとんど違わないのに雇用形態が異なるというだけで行なわれている差別的取り扱いをそのまま固定化しかねないと懸念された（杉井 1993: 50; 本多 1993b: 2）。パート問題に詳しい中野麻美弁護士は，「『労働時間が正社員より少しでも短ければパート』という定義は，経営者に都合よく利用され，正社員との差別を助長するおそれがあ」り，「指針」より後退しているし，パートは「不況時に雇用調整弁とされやすいが，短期の契約を更新しないことによる事実上の解雇の問題にも触れていない」，と疑問を投げかけた（毎日 93.3.30）[20]。「利点が一つもなく，これでは法律を作るよりも従来の『パート労働指針』の法がまだまし」（金田 1993: 33）との声すらある。

89年には法制化ができなかったために「指針」を定めるに止まったのに対し，今回は法制化を期した労働省が，法制化を優先するために，「指針」に盛り込んだ水準すら，法律に書き込むことができなかったということである。

◇事後の評価

パートタイム労働法には「労働大臣は，短時間労働者の雇用管理の改善等を

第5章 フレキシビリゼーションの政治II

図るため必要があると認めるときは，短時間労働者を雇用する事業主に対して，報告を求め，又は助言，指導若しくは勧告をすることができる」という内容が盛り込まれたため（第10条），施行前には「指針」よりも「行政指導は強化されそう」（朝日 93.6.23）との見通しも聞かれたが，行政指導による誘導という手法については，のちに「ほとんどその実効をあげていない」（水町 1997: 15）と批判されている。

次章でみる均等法が多くの問題点を抱えながら，その施行後，雇用における男女の平等が一定ていど進んだのに対し，パート法施行で雇用条件が改善されたというデータは乏しい。施行2年後に，酒井和子コミュニティユニオン首都圏ネットワーク代表は，「パート法で改善したのは助成金で健康診断が行われるようになったことくらいではないか。バブル景気崩壊後の不況下では，コスト削減策に利用され，雇用は一段と不安定になっている」と指摘する。同ユニオンが94年に発表したアンケート調査では，就業規則があると回答したパート労働者は4割弱にとどまり，3割以上が「口頭のみ」による契約をしていた。先に紹介した82年の行政管理庁調査では，就業規則を作成していない事業場が60.9％であったから，この点では改善がみられない[21]。契約更新時に労働時間を一方的に減らされたり，時給を引き下げられるなどの不利益変更に関する不満も目立った。また，社会保険への加入を希望するパート労働者からの訴えも増加していた（週刊労働ニュース 95.12.18）。施行10年近く経って，同法には，「事業主の自主的な努力と行政指導を基本としているため，ほとんど役に立っていない。その証拠に，パートの賃金は低いままで，正社員との格差は広がっている」（朝日 02.7.20, 社説）という評価もある。

なお，パート法は施行3年後に見直すとの予定をうたっていたが，改正は今日まで行なわれていない。経営側は，「現時点では，法の内容を事業主に周知徹底していくべき」（日経連労務管理部の長谷川茂課長）との構えで，改正には消極的である（週刊労働ニュース 95.12.18）。

6 パートタイム労働をめぐる政治過程の特質

◇**自民党とパートタイム労働政策**

　パートタイム労働法は，労働組合が求め，使用者が反対するという意味では労使対立型の政策ではあったが，さほど大きな政治問題にはならず，可視度は低かった。報道も少ない。同法をめぐり，自民党議員がさほど表面に表れなかったことも，このことに関係していよう。自民党議員にとって，パートタイマーはアピールすべき対象ではないのである。

　第Ⅰ部では，非正規雇用労働者は組織されにくく，またそれゆえに政治システムに利益が代表されにくいため，それらの人びとをめぐっては政党間競争も起こりにくいことを指摘した。これまで見てきたとおり，パートタイム労働法の成立にいたる過程でも，自民党が積極的に法制化を推進した形跡はない。野党は，法制化を行なおうとしたが，自民党はそれに対抗しなかった。

　しかし，法制化をめざす二度目の動きの最中であった89年参院選前に，パート労働をめぐる与野党の競争が顕在化したことがある。それは，非課税限度額の引き上げを公約した野党に対抗して，自民党も非課税限度額の引き上げを公約した，という文脈である（週刊労働ニュース 89.6.26; 日経 89.7.13, 夕）。また，83年末の総選挙で大きく議席を減らした自民党は，新自由クラブとの連立を余儀なくされたが，翌84年3月に予算案の修正問題で紛糾した国会の正常化を図るため，野党が要求していたパート減税の受け入れを決定し，6月には自民党税制調査会の正副会長会議がパート減税法案の要綱を決定，野党と共同提案したこともある。これは，「重要法案の審議が軒並み遅れているため，自民党はパート減税法案が審議の"促進剤"となるよう期待し」たからである（日経 84.6.27）。そして同法案は，同年7月に全会一致で成立した。

　前者のケースは，明確に政党間競争の例である。後者も，パート減税を要求した野党に対し，危機の中にある自民党が一定の対応をみせたものである。それに対し，本章で検討したパートタイム労働法については，自民党は野党と競うことも野党に譲歩することもなく，法律自体は実効性の乏しいものにとどまった。法制化を推進したのは労働省であって，自民党からの目立った動きは見

られなかった。93年の自民党運動方針にも，同法への言及はない。
　パートタイム労働法もパート減税も，ともにパート労働者に恩恵をもたらす政策である。両者は，一体どこが違うのか。二つの政策の性質を考察してみよう。

◇パートタイム労働法とパート減税

　パートタイム労働法に経営者団体が一貫して反対したのは，それが新たな規制となり，企業の労務管理に新たなコストや何らかの支障をもたらすからである。自民党は，経営者団体を敵に回してまで，パート労働者にアピールしようとはしなかった。

　他方，非課税限度額の引き上げは減税であるから，パートタイマー（ないしその配偶者）への再分配政策である。自民党が，本質的に再分配に反対の党でないことは第3章でみた。しかも，89年の参院選の時期は，自民党にとって未曾有の危機といえた。消費税，リクルート，農政，そして宇野首相の女性スキャンダルで，参院選の苦戦は確実と予想され，地方選挙や補欠選挙では連敗を続けていた。そうした中，野党が打ち出したパートタイマーの非課税限度額引き上げに，自民党は追随せざるを得なかったのである。また83年の総選挙後の時期も，議席を減らした自民党は苦しい国会運営を強いられていた。

　加えて重要なのは，経営者も非課税限度額引き上げに反対ではないということである。むしろ，限度額を超えないように就労調整するパートタイマーがより多く働けるようになることは，企業にとって好ましいことである。例えば，東京商工会議所は88年に非課税限度額の引き上げを強く要望し，92年にも中小企業などで続く人手不足の解消に，主婦のパート労働時間増を図るべく，非課税限度額を150万円程度まで引き上げる減税要求を決議し，労働省など関係省庁に要望書を出している（朝日 92.7.10; 塩田 2000: 146）。

　パートタイマーはたしかに組織されておらず，多くの業界団体のように票と金の力で自民党に要求をのませることはできないが，自民党は使用者団体が反対しないパート減税についてなら，その他の再分配政策と同様に，推進することにさほどの抵抗感はない。自民党が危機的な状態であれば，野党のパート減税要求に追随する場合もある。その結果，非課税限度額の引き上げに反対する

アクターは，大蔵省だけということになる。もちろん，半永久的な政権党として財政運営に責任をもつ自民党は，本来はさほど野放図なばらまきはできない。92年には野党のパート減税要求に対し，上述の羽田蔵相や近藤労相だけでなく，梶山静六国会対策委員長も難色を示し（朝日 92.3.6, 夕; 3.10），結局，予算編成には盛り込まれなかった。だが，党の危機に際しては話は別である[22]。

それに対し，パートタイム労働法への自民党の反応は鈍かった。この時期に，法制定へ向けて事態が動き出したことで，「近く総選挙が予想されていたなかで『パート＝野党』の構図を早く崩したいという自民党の思惑」を読み取る向きも，確かにあった（朝日 93.6.23）。だが，経営者団体の意に反してまで，自民党はパートタイム労働法を，積極的に水準の高いものにしようとはしなかった。その意味では，やはりパートタイマーは，各種業界団体や旧中間層のような，自民党の「顧客」ではない。そうした重要な顧客に対し自民党は，近年の例でいえば，セーフガードの発動やペイオフ解禁延期のように，経営者団体の反対にもかかわらずアピールを目論むことがある。

パート減税とパートタイム労働法という二つの政策には，対象とする層の面でも違いがある。非課税限度額引き上げにより減税の恩恵に与るのは，パート労働者と同時にその配偶者たるサラリーマン層でもある。80年代に自民党は，旧中間層を中心とした従来の「顧客」に加え，サラリーマン層にもアピールする志向を強めていたことを第3章でみた。それに対し，パート労働者だけに焦点を絞る保護法制には，自民党は魅力を感じなかった。

パートタイマーをめぐる政策は，派遣労働のときとは異なり，労働組合・野党が一貫して推進し，それが労働省の対応を生んだという意味では，野党の議員立法が，パート法自体をアジェンダ・セッティングしたといえる（谷 1995: 307）。しかし，この政策自体については，自民党があまり関心をもたず，パートタイマーにアピールしようともしなかったために，法律自体は，既にあった「指針」の水準を超えないものに止まった。

◇**労働省と大蔵省**

パート減税に反対するのは，自民党ではなく大蔵省である。大蔵省は，健全財政への選好をもつため[23]，減税に対しては一般的に消極的で，「非課税限度

額引き上げの話が出るたび抵抗している」(日経 89.7.13, 夕)。とりわけ低成長時代に歳入が伸び悩む中,「政高官低」状況を作りだした自民党は,大蔵省から予算を引き出す能力を増していたが,大蔵官僚はそのことに苦々しい思いを抱いていた[24]。与野党が,減税競争に走ることは,大蔵省にとっては「ばらまき」以外の何ものでもなかったと思われる。

他方,労働省は,第1章で述べたとおり,派遣労働者やパートタイマーといった非正規雇用について,存在を認めた上で法整備を行なっていこうというスタンスである。また第8章で再論するが,パートタイマーの「就労調整」について,労働省はきわめて否定的である。そこで,労働省はパート減税を行なって,非課税限度額が上がることには,むしろ好意的であり,非課税限度額の引き上げを継続的に要求してきた(亀島 1989: 17)。

例えば,バブル期に労働省は,人手不足の解消につなげる狙いで,主婦を中心とする女性労働力を積極的に活用するための就業環境整備の総合対策を打ち出し,その主な内容に,1兆円規模のパート減税でパートタイマーの非課税限度額を100万円から150万円程度へ引き上げるという項目を盛った(日経 90.8.14)。非課税限度額を100万円から150万円にすれば,就労調整をしている女性は1.5倍の労働力を供給することが可能になるので,人手不足解消に寄与し,企業のニーズにもマッチする。これに対し,財政負担を心配する大蔵省は反対したが(そのため,引き上げは実現しなかった),パートタイマーを多く使っている企業側からは,賛意が寄せられた。曰く,「優秀で熱心な人ほど給料が高いが,年収百万円を超えそうになると繁忙期の年末に時間調整や休暇をとったり,給料の返上を申し出るケースもあり,現場の悩みのタネだった。百五十万円程度に上がると安定雇用に大きな前進だ」(井出勇夫イトーヨーカ堂取締役),と(日経 90.8.21)。

◇パートタイマーの利益

次に,パートタイマーは組織化されておらず,自らの利益を適切に表出できないという特質が,パート減税をめぐる事態にもよく表れているという点も,指摘しておきたい。

パートタイマーが自らの労働条件に無頓着であるということは,労働組合か

らしばしば問題視されるところである。パートタイマーの賃金や労働条件の悪さについて、第1章で詳しくみたが、そうした低条件に甘んじているパート労働者をめぐり、政党間で行なわれる競争が、今まで以上に長時間働くことを可能にし、経営側からも歓迎される非課税限度額の引き上げだというのは、あまりにもささやかである。

確かにパート減税は、多くのパートタイマーから歓迎される政策ではあるが[25]、パートタイマーだけの選好にかなうものではない。パートタイマーと使用者の利害が対立し、ゼロサム的な関係となれば、組織化されず政治力の弱いパートタイマーの利益が使用者の利益に反して実現される可能性はきわめて低い。パートタイム労働法とパート減税は、ともにパート労働者に関わる政策だが、両者にはこうした相違がある。

◇国際的な動きと国内の政治過程

パートタイム労働法成立当時、ILOはパート労働の国際基準策定作業中であった。92年6月のILO80回総会では、パート労働者に対する不利益な処遇を改善する方向で条約化の検討が行なわれた。ILO事務局に、条約を策定すべしと回答したのが3カ国、勧告で捕捉される条約を制定すべしとしたのが37カ国で、勧告だけでよいとする国が22カ国であったが、日本は条約化に反対し、「柔軟な勧告のみでよい」としていた。条約の制定過程でも日本の使用者代表の日経連は、雇用を阻害する、施行したばかりの国内法を定着させることの方が大切だ、などと反対した。労働代表はもちろん賛成であるが、政府代表は政労使の合意がないことを理由に棄権した（日経 94.6.25; 大脇 1994: 14; 木村 1995: 8）。条約を採択した94年6月のILO総会では、賛成258、反対88、棄権43であった。

ILOが94年に、パートタイム労働者にフルタイム労働者と同等の労働条件を提供すべきことを掲げる「パートタイム労働に関する条約」（175号）、および「パートタイム労働に関する勧告」（182号）を採択した背景には、西欧諸国を中心に、パート関連の保護規制やパート促進政策などが作成され、次第に既存の労働法制度の枠内にパート労働を組み入れる努力がされてきたことがある。ILOの国際基準は、加盟国の先進的事例を後追いするからである（鈴木 1993:

第 5 章　フレキシビリゼーションの政治 II

44; 斎藤 1995: 152-153)。

　93年に日本でパートタイム労働法が制定されたのは，翌94年のILO総会におけるパート条約の採択など，「わが国の雇用破壊に対する国内外の批判に押されたもの」だとする説もある（鈴木 1998: 126）。これは，「外圧」をポジティヴに評価した見方である。

　他方，外圧のネガティヴな面に着目した解釈がある。すなわち，ILO条約という形で国際基準が確定する前に，国内法の整備を急いだという説がそれである（中山 1993: 5; 本多 1993b: 4; 川口 1994: 143）。条約と比較すると，日本のパート労働法は，フルタイム労働と同様の保護という観点に立っておらず，条約が対象とする公務員のパート労働も除外された。そのため，低い基準を先に作ってしまうことに誘因が働くわけである。

　ただ，後者の解釈が正しかったとしても，こうした駆け込み的な外圧逃れは，中長期的には機能しなくなるであろう。国際水準がさらに高くなれば，日本もやがて法改正を迫られると思われるからである。ただ，制定から10年以上を経過して，パートタイム労働法は，まだ改正されていない。

　注
　1）このことばを最初に使ったのは，女子パートタイム労働対策に関する研究会「今後のパートタイム労働対策のあり方について」（87年）である（高梨ほか 1987: 48; 仁田 1993: 38, 注 2 ）。
　2）同会議当初，ILOにならい，「1日，1週あるいは1か月の所定労働時間が一般労働者より短く，この就業が規則的，自発的であるもの」と定義していたが，日本にはフルタイマーと同等か，それ以上の時間働きながら身分上はパートの者がおり，「これらを切りはなして考えることは適切でないので…現在我が国で"パートタイマー"と呼ばれているもの全般についてふれることとした」。以後，この後者を定義とする統計が増えた（パートタイマープロジェクトチーム 1983: 79）。
　3）よって，3条の均等処遇要件に「雇用形態」を追加すべしとの意見がある（大脇 1999: 13）。
　4）英米仏各国における，初期のパートタイム労働については，三富（1992）が詳しい。
　5）そのため，高度成長期の政策の基調は「フルタイマーとしての女性の活用」で，「労働市場のなかで縁辺的な位置をしめる女性労働のうちでも，さらに縁辺的なものとしては，パートタイマーよりもむしろ内職・家内労働が意識されていた」とみられる。パート保護法は制定されなかったが，70年に家内労働法が成立しているからである（大森 1990: 87）。

注

6) ヨーロッパでも，パートタイマー増の理由はオイル・ショック前後で異なる（Ruivo et al. 1998）。
7) その後もパートバンクおよびパートサテライトの設置は進み，02年度末までに，それぞれ97カ所，117カ所が開設されている。
8) しかし，行政指導には法的拘束力がないため，実際に使用者によって守られている率が低いことは，先の行政管理庁調査でみたとおりである。
9) この点を労働省は，非常に多様なパート労働者に一律の線引きはできないが，「短いといっても比較の要素がないと困」るので，「あえていうならば二割から一割程度短いということを示すことによって短時間性というものを浮き彫りにした」と解説する（近藤 1985: 9）。
10) 「要綱」の内容および解説については，白井（1985: 第2章）を参照。
11) まず学識経験者からなる研究会で方向性を定めた上で，労使公益の三者で構成する場で議論を行なうという，労働立法の一パターンがここでもみられる。
12) だが22時間は，国際的にみると最も長い部類に属する（Thurman and Trah 1990: 32）。
13) この意見書によって法的整備に「急ブレーキがかかった」とされる。労働省の担当官は，立法の見通しについて「経営者側の反対が強くて，とても，とても」と嘆息していたという（大脇 1992: 127-128）。
14) だが，週労働時間22時間以上の者については，雇用保険適用が実現したことは前述した。
15) ここでも「要綱」が不徹底であったことを，確認することができる。
16) 日経連の反対の理由は，荒川（1988: 42-43）にまとめられている。
17) 「要綱」から「指針」へ拡充強化された点については，婦人局婦人労働課（1989b: 16）に対照表がある。事務次官通達であった「要綱」に対し，「指針」は告示であるから，文書の位置づけも格上げされている。
18) 87年の「女子パートタイム労働対策に関する研究会」報告では，「法定最低賃金は時間給を基本とする方式に改めることが望ましい」としていた。学識経験者だけの研究会と，労使の代表を含む研究会の相違である。
19) 法律の解説として，松原（1994）；婦人局婦人労働課（1993）；前田（1993）を参照。
20) これらの点は，法案に先がけて発表された研究会報告についてもいわれており，「労使間の利害が正面からぶつかって…議論が進まなくなるような部分は非常に慎重にはずされている」と指摘されていた（諏訪 1993b: 28）。労働省は，労使の対立で法制化ができなくなることを避け，内容はさておき，取り敢えず法制化することを目指したといえる。諏訪康雄は，「労使双方ともこれは絶対だめだというような，非常に難しい論点を避け」ていることや，選挙が近いため「どの政党も自分がつぶしたとはいわれたくない」などの理由で，「七～八割ぐらいの確率で成立する」と予測していた（1993b: 32）。
21) ただし，「パートタイム労働者総合実態調査」（95年）によれば，パート労働者に就業規則を適用している事業所は66.2%である。
22) 90年代の相次ぐ財政出動による景気対策は，自民党の危機の深さを示しているとい

第5章　フレキシビリゼーションの政治 II

えよう。
23) 大蔵省の課長曰く、「われわれはある種のイデオロギー集団である。財政の健全化をめざすこのイデオロギー集団があったからこそ、アメリカのようにならなくて済んだ。政治家の言いなりになる組織ばかりで、ノーという集団がなければどういうことになるか」。また他省の幹部は、「財政健全化という原則を守るためには内閣の一つや二つつぶれてもしようがないと大蔵省は考えているんじゃないか」と語る（田勢 2000: 55）。ただし、合理的選択理論の解釈によれば、大蔵省が選好するのは単なる健全財政ではなく、予算に対する同省の裁量権が最大となるような状況である（加藤 1997: 第2章）。
24) ある大蔵官僚は、「昭和四十年前後から、官僚がもっていた強力な予算編成権が、次第に自由民主党にもぎとられていった」ことについて、「従来のどぶ板的政治思考の延長線上にある自民党が、こうした権力を次第に蓄積してきているということが、はたして国家的立場から健全なのかどうかは、大いに疑問の存するところ」だと、自民党主導の予算編成の合理性に疑問を呈していた（榊原 1977: 81）。
25) 88年の東商調査では、「所得税の非課税最低限度額の引き上げ」（52.3%）がパートタイマーの要望（複数回答）の1位で、「正社員に準じた賞与の支給」（40.9%）や、「高齢になっても働けること」（33.8%）より多かった（週刊労働ニュース 88.9.5）。パートタイマーとして、より多く働きたい者は多いのである。ただ、第1章の論点にひきつけていえば、これが彼女たちの「希望」だという命題には、十分な注意が必要ではあるが。

第6章

「保護」と「平等」をめぐる政治
―― 女性差別撤廃条約と均等法制定・労基法改正 ――

1 本章の対象領域

　本章は，女性労働者の「保護」と男女の「平等」に関係する政策を対象とする。雇用における男女平等に関わる政策は，85年成立・86年施行の男女雇用機会均等法（正式名称は「雇用の分野における男女の均等な機会及び待遇の確保等女子労働者の福祉の増進に関する法律」）を中心に論じられることが多いが，同法の成立以前から女性の地位向上や男女の均等雇用をめざす動きはあった。本章では，それらの流れを簡単に押さえた上で，均等法成立に至る政治過程を分析する。周知のとおり，均等法は97年に改正されているが（改正法の本体部分は99年施行），そちらについては十分な分析を行なうことはできない[1]。本章では，基本的には80年代までが主要な対象となる。
　また従来，多くの研究が，そしてのちに見るとおり政策担当者までもが，既に署名された女性差別撤廃条約をいわば「所与」とし，それを批准しなければならなかったから，均等法制定が可能であったと主張する。しかしだとすれば，なぜそのような条約に政府は署名したのかが問題となるはずである。日本政府には，条約に署名・批准をしないという選択肢もあったからである。本書では，同条約の署名にいたる政治過程をも対象とし，プレ均等法期の重大な転換点たる同条約の署名がなぜ行なわれたかについても，明らかにする。

　◇関係者の証言および資料について
　均等法については，関係者に聞き取り調査を行なった，政治学者による先行

研究があるので(篠田 1986; 濱賀 1999)、本章も事実関係などについてそれらを参照している。そうした聞き取りに基づく研究に加え、関係者の回想(代表的なものとして、赤松 2003)も出ているほか、同法への社会的関心の高さから、政策決定に関与した人びとによるさまざまなインサイド・ストーリーが、今日までに明らかにされている。

政府の審議会における審議状況については、村山内閣で情報公開の一環として、192ある一般審議会については会議、議事録が原則公開となったが、80年代当時は非公開が原則であった。ところが、均等法を審議したときの婦少審婦人労働部会では、同法が「八四年産業労働界の最大テーマ」(読売 84.3.27)といわれたこともあり、また審議の難航ぶりが伝えられるにつれ、審議への世間の関心が高まり、公開を求める要請も強かったため、審議内容が公開されるという異例の事態となった。加えて上述の聞き取りや関係者が後年語った資料などもあり、当時としては、審議会でのやり取りがかなりわかるケースとなっている。審議会についての研究は80年代に若干行なわれるようになったが[2]、具体的なケースについての事例は多いとはいえない[3]。

本書で扱う他の政策と異なり、均等法の成立過程については、既に政治学者による上述の先行研究があるが、本章では屋上屋を架さない程度に事態の推移を追うとともに、こうした内部情報をも極力、収集して、通常の政策過程分析ではわかりにくい関係者の思惑についても、可能な限り叙述に反映させる。

◆諸外国の法制と日本の位置

主要先進諸国における日本の均等法と同種の法律の施行年をみると、アメリカの「公民権法第七編」[4]:64年、西ドイツの「経営組織法」:72年、イギリスの「性差別(禁止)法」:75年、フランスの刑法改正:75年、カナダの「人権法」:77年、イタリアの「労働に関する男女同一待遇法」:77年、ニュージーランドの「人権委員会法」:77年、アイルランドの「雇用均等法」:77年、デンマークの「雇用等に関する男女均等待遇法」:78年、ベルギーの「経済改革法第五編(雇用等に関する男女の均等待遇)」:78年、スウェーデンの「男女雇用平等法」:80年、オランダの「男女均等待遇法」:80年、ルクセンブルクの「雇用,職業訓練,昇進,労働条件に関する男女の待遇の均等に関する法律」:81年と

いった具合に，先進国の多くでは雇用における性差別を禁じる法律が，概ね70年代後半から80年初頭にはできている（教育社編 1979: 112, 表3.8; Ratner 1980: 36-39, Table 1-11; 森山 1982; 赤松 1985: 473-476; 労働省婦人局編 1996）。アメリカの公民権法だけが例外的に早いが，その理由としては「偶然」の要素が大きい。というのも，人種差別派が同法の成立を困難にするためにわざわざ性差別禁止を盛り込んだところ，彼らの意に反して成立してしまったという事情があるからである（馬場 1987: 322）。

多くの国で成立時期が比較的近接しているのは，75年の「国際女性年」および，76年からの「国連女性の十年」[5]が法制化の重要なきっかけとなったことの反映である。また，EC加盟諸国にとっては，「雇用における待遇の平等に関する命令76-207」によって国内法整備が義務づけられたという背景も重なっていた（御巫 1998; 大沢 2000: 69）。

日本の均等法は，女性差別撤廃条約のタイムリミットぎりぎりにようやく成立したもので，オーストラリアの「性差別禁止法」（84年），ギリシアの「労働に関する男女均等法」（84年）などとともに最も遅い部類に属する[6]。オーストラリアは男女平等の面で，ヨーロッパ諸国よりはるかに遅れていると評されることもある（Baldock 1994: 101）。それでも，連邦制を取る同国では早くから6州中3州の州法が（すべて労働党が与党であったが）性差別禁止規定を設けていた（労働省婦人少年局編 1978: 37; 教育社編 1979: 112, 表3.8; 赤松 1985: 476; Williams 1992: chap.9; Chappell 2002: 93）。また，ギリシアは，ヨーロッパではほとんど例外的に女性の地位が低い国である（Dobratze 1986: 122-123; Banaszak and Pultzer 1993: 47-48; 堀江 1997: 110-111; 117, 注40）。

しかも，「西洋からは，日本の均等法はかなり特異なものにみえる。女性に新しく与えられた権利は非常に限られており，使用者には限定的な法的義務しか課していない」（Lam 1992: 20）とも指摘された同法は，女性差別撤廃条約批准を目的として成立したにもかかわらず，「女子労働者は…家庭の一員として次代を担う者の生育について重要な役割を有する」と規定しており（第2条），条約に反して，家庭責任の問題で男女の役割を対等と規定していない。同様に，再雇用制（第24条）も育児休業制（第28条）も，女性のみを対象としている。

第6章 「保護」と「平等」をめぐる政治

◇**努力義務規定について**

均等法への批判としてしばしば挙げられるのは，募集，採用，配置，昇進などについて禁止規定ではなく，努力義務規定としたことである[7]。この「努力義務規定」こそ，同法の「最も問題の多いところ」とされ，国会で政府が「野党から厳しい質問を受けたところ」でもある（大矢 1985: 134）。労働側の不満も，この点に集中した（山本 1987: 75）。

72年制定の勤労婦人福祉法も，使用者にさまざまな努力義務を定めたが，施行後10年を経て，育児休業は14.3％，妊産婦の通院休暇は26％，妊婦の通勤緩和は20％，妊娠障害休暇は18％の事業所でしか実施されていなかった（本多 1984: 113）。これを見るに，努力義務の効果は疑わしいように思われる。また，「努力規定は日本特有の法概念であるという点では，多くの論者の意見は一致している」（瀬地山 1993: 37），とされる[8]。均等法成立前に来日したスウェーデンの平等オンブズマンは，同国の男女平等法に「もし罰則がなかったら，使用者側はこれほど忠実に平等法の規定を守らなかっただろう」と述べ，「一度法が制定すると，改定は非常に難しい」ので，「法が制定される前に，できるかぎり強行規定にすることが必要」（トーネル 1984: 167-168）と，日本に助言している。

このように，重要なポイントが努力義務規定になってしまったのはなぜかという点も含めて，以下では均等法制定の経緯と成立過程を検討するが，その前に同法を推進した中心的アクターである労働省の婦人少年局（→婦人局→女性局）というアクターについての検討を行なう。労働省自体，大蔵省や通産省などに比べると十分な研究がなく，婦人少年局についても，一般的にはあまり知られていないためである。

2　労働省婦人少年局

◇**労働省は女性労働者の敵か味方か**

均等法には，労働側の主張の多くは容れられず，同法は労働組合や女性団体に失望を与えた。例えば，同法が85年4月に参議院社会労働委員会で可決されるや否や，48の女性団体（2300万人）が加盟する「国際婦人年日本大会の決議

を実現するための連絡会」が声明を発表,「私どもが要請してきた内容が全く取り入れられなかった」,「この均等法が女子差別撤廃条約の主旨に応えていないことは明白」などとその内容を批判し,「婦人に対する全ての差別を禁止することを雇用平等法の目的に銘記すること」,「制裁を含む強行規定とすること」などを,政府に要求した(「男女雇用機会均等法案の参議院社会労働委員会可決に際しての声明」『婦人労働』10号,1985年,87～88頁に所収)。また同日,労働四団体と全民労協のそれぞれのトップが連名で声明を発表,そこでも「女子の就労実態や伝統的な社会通念を理由に,私ども労働団体や婦人団体,圧倒的多数の女性たちの意見を退け,労働基準法の改悪をセットにした『男女雇用機会均等法案』の成立をはかったことは,女子差別撤廃条約の基本精神に反するばかりか,働く女性の実態をまったく無視したものといわざるを得ない」(「男女雇用機会均等法案の参議院社労委採択にあたっての声明」『婦人労働』10号,1985年,89頁に所収)と,怒りを表明している。後日,統一労組懇婦人連絡会も,抗議声明を出している(「機会均等法の成立に抗議する声明」『賃金と社会保障』916号,1985年,64～65頁に所収)。さらに同年10月に,均等法・改正労基法についての省令・指針案[9)]が,労働省から婦少審に諮問された際には,「国際婦人年日本大会の決議を実現するための連絡会」が労働省案を「極めて不満な内容」と断じ,考慮されることを希望する項目を列挙した申し入れを行ない(「均等法・改正労基法にかかわる省令・指針案についての申し入れ」『婦人労働』11号,1986年,143～144頁に所収),12月に省令・指針についての婦少審答申が出た際には労働四団体と全民労協が連名で声明を発表,自分たちが主張してきた内容が「殆ど受け入れられなかったことに強い不満をもっている」(「省令・指針案についての婦少審答申に対する声明」『婦人労働』11号,1986年,142頁に所収)と,こちらでも怒りを表明している。

こうした女性団体・労働団体の声明を見れば,「一九八〇年代を代表する労働政策である一九八五年の『男女雇用機会均等法』……を見るかぎり,組合は経営者団体の抵抗を乗り越えて,重要な政策上の勝利を勝ち取っていた」,「これらの事例においては,政府,特に労働省は,経営者団体の意に反して,労働組合の側に立った」(久米 1998: 261)という評価には,首をかしげざるを得ない。

だが,均等法が以前の勤労婦人福祉法に比べ,男女の平等を促進するという

第6章 「保護」と「平等」をめぐる政治

意味で,「前進」であることも間違いない。また,同法成立時に婦人局長の地位にあった赤松良子は,「国連婦人の一〇年(一九七六〜八五年)が終わるまでに,条約の批准を果たすということが,政府の公約であり,婦人少年局の悲願でもあった」と述べている(赤松 1990: 12, 傍点は引用者)。少なくとも,「男女平等を政府がかかげてきたねらいの第一点は,実効のない法制化をおこなうことによって,男女平等を要求する民主主義運動の発展を双葉のうちにつみとってしまうこと」(木下 1981b: 187)だといった評価は,労働省,とりわけ婦人少年局に対しては,不当なものであるように思われる。

赤松は,均等法が外圧のおかげで成立したという説に対し,既に78年に労相の私的諮問機関である労働基準法研究会(以下,労基研)が報告書を出しており,行政サイドで8年前から対応していたのだから,「"外圧"で生まれたという説が正しくない」(赤松・花見 1986: 3-5),と反論している。赤松の二代前の婦人少年局長であった森山真弓も,同じように労基研で検討していたことを挙げ,外圧説を否定している(森山・長谷川 1984: 269)。

むろん,労働省の研究会が報告書を出していたというだけでは,外圧説を斥けることはできない[10]。というのも,それまでに社会党は6回,公明党は3回,社会,公明,民社,社民連の4党共同で1回,男女の雇用平等に関する法案を提出しているのである。長らく実現しなかった法制化が,なぜこのときに可能だったのかを考えれば,外圧を無視することはできない。現に赤松自身別の場で,この条約がなければ,あの時期に均等法は成立しなかっただろう,と述べている(赤松 1985: vi; 1990: 12)。さらに別の場で彼女は,「外圧がなければ,男女を平等に扱う法律なんて,日本では一〇〇年たってもできなかったでしょうね」とさえ述べている(NHK新・日本人の条件プロジェクト 1992: 211)。そもそも,78年に労基研報告が男女の平等に踏み込まざるを得なかった背景に,「国際女性年」や「国連女性の十年」といった「外圧」が関係しているように思われる。

とはいえ,政策担当者が以上のように「外圧」説に反論していること自体が,婦人少年局が,均等法成立に向け主体的に取り組んだことを傍証しているように思われる。彼女たちは,そのことをアピールしているのである。赤松は82年に婦人少年局長に就任するため,国連公使として赴任していたニューヨークか

らの帰国時に，飛行機が激しく揺れた際,「時代の要請であり，長年私自身の目標であった均等法を成立させるまでは，死んでも死にきれない」と思ったと，のちに語っている。そして,「労働省に入ってからの三〇年は，そのためにこそあったのだと言っても過言ではない」(赤松編 1990: 232-234),「そのために局長についたようなものだ」とも述べている（週刊労働ニュース 85.6.17)。

婦人少年局は，84年7月に組織替えにより，年少労働課を切り離し婦人局となった。最後の婦人少年局長で初代婦人局長となった赤松は，女性労働と年少労働の問題を分離するという趣旨には賛同しつつも,「局の構成，予算の比重等から言って，婦人問題だけで局として存立しうるのかというと，極めて危ない橋を渡る感じがあった。それを可能にする方策は唯一つ,『雇用における男女の均等な機会と待遇の平等を確保するための法律』を制定し，その実施を婦人局が担うこと，だった」(赤松編 1990: 234),「局を存続させるためにも，男女平等法はぜひとも成立させなければ」(NHKプロジェクトX制作班編 2001: 135)，と語っている。局の存続という組織利益の観点からも，婦人局は均等法成立に尽力する必要があったのである[11]。筆者には，均等法制定を目指した同局の姿勢には，リップ・サービスやカムフラージュ以上のものがあったように思われる。

ただし，何としても条約批准に間に合うよう均等法を成立させなければならなかったからこそ，婦人少年局は経営側や省内の他局に譲歩を重ねることとなり,「内容はさておき，とにかく成立させる」方針をとった。

他方，均等法制定と同時に行なわれた労基法改正については，推進役の赤松自身が，妊娠・出産に直接関わらない部分については，保護をなくし男性の労働基準に近づけていくべきだという考えを，かなり以前からもっていた。婦人少年局としても,「保護」と「平等」のうち,「平等」に比重を移していたように思われる。これらの点については後述する。

◇**ナショナル・マシーナリーとしての婦人少年局**

一般に官僚制にとっては，予算や人員，事業領域や影響力，天下り先などを維持・拡大することが，組織としての選好であり利益であると考えられる。しかし政府の省庁や部局の中には，官僚制が一般的に「生理」としてもつそのよ

第6章 「保護」と「平等」をめぐる政治

うな選好のほかに，具体的な政策内容についての選好を有する組織と，それをもたない組織がある。例えば内閣法制局は，その法律作成における専門性というリソースにより，全省庁に対し大きな影響力をもつ機関である（西川 2000）。しかしながら，法制局は法律が作成される際に，既存の法体系との整合性を厳格に審査することには大きな関心をもつが，それを超えた政策の「内容」に関わる選好をもたない。それに対しナショナル・マシーナリーは，女性の地位向上や男女平等の促進といった，明確な政策選好をもつ機関である[12]。

　日本にも75年の婦人問題企画推進本部以来，いくつかのナショナル・マシーナリーがあるが，それらができる以前には労働省婦人少年局が，単に労働に関する領域を超え，女性に関するイシュー全般について責任と権限をもっていた[13]。それは，1947年施行の労働省設置法第3条（労働省の任務）に，「婦人の地位の向上その他婦人問題の調査及び連絡調整」という項目があり，第9条（婦人少年局の義務）には，「婦人及び年少労働者に特殊な労働条件の向上及び保護を図ること」などと並んで，「婦人の地位の向上その他婦人問題の調査及び連絡調整を行う」と規定されていることによる。

　75年の国際女性年以降，主要国は少しずつナショナル・マシーナリーを整備しはじめるが，当初はいずれもわずかなスタッフと乏しい予算しかもたないセクションであったため，77年に初の世界婦人局長会議が開かれた際，30年の実績をもち，中央に局，地方に47室，200人余の職員と3000人の協助員をもち，女性関係だけでも十数億円の予算を動かす日本の婦人少年局は，先駆的な存在として他国から羨望の声を浴びたという（森山 1980: 170-174）。同局には「国の女性行政を全面的にリードし」，「女性の社会参画に関する『初』のできごとは，概ね女性局を中心に実行されてきた」こともあり，「施策の実績・経験に富み，組織も整備されており，集められた人材も圧倒的に優秀」だとの評もある（江橋 1999: 6）。とりわけ雇用における男女の平等を考える際，婦人少年局というアクターの考察を欠かすことはできない。「婦人少年局のすぐれた人権感覚と機能と権限による労働行政は，資本の側からみれば好ましくない」（田辺 1985: 159）[14]，「戦後一貫して女子労働者の地位の向上をめざし，婦人労働行政の担い手にとどまらず戦後婦人運動の行政上の推進者」（篠田 1986: 98），「この局の歩みはそのまま，戦後日本における男女平等の進展を示し続けている」

（仲 1990: 25），「名実共に我が国における女性政策の推進母体」（山下 2000: 39），などと評される同局は，本章の課題にとって，きわめて重要なアクターである。「労働省の女性官僚は昔から日本女性の地位向上を示すシンボルとみられてきた」（日経 94.1.24）というのは，婦人少年局についていっているのである。

逆にいうと，労働省全体としては，女性の地位向上に必ずしも熱心ではなかったともいえる。例えば，ある元婦人少年局婦人課長は，「『男女平等』という言葉ひとつでも省内で言ったら，男性から『馬鹿じゃないか』とか『婦人の地位向上はよいが，平等とは何事だ』と言われるような雰囲気がありました。ですから大先輩の高橋展子さん（婦人課長＝当時）などは，六七年の『婦人週間』から『婦人の能力を社会に生かそう』といった標語を作ったりして苦労しておられました」（縫田編：2002: 75），と語る。また，のちに女性初の事務次官となる松原亘子は，20代の頃，地方に出向する際，「お茶くみと掃除は女性が交代で，当番を決めてやっているようだから，その当番に組み入れられることは覚悟しておいたほうがいい」と忠告され，赴任してみると女性にはそれ以外にも，昼食の注文をとって配膳棚に並べ，代金を徴収して出前に渡すという仕事まであった。松原は，それらを拒否して孤立無援となったという「武勇伝」をもつという（佐高 2000: 316）。東大卒のキャリアである松原にまでそうした役割が回ってくるという点に，労働省内における女性差別のほどが表れている。76年に婦人問題企画推進本部参与の影山裕子は，職業安定局長から「女子労働者というのは，男子労働者に比べて役に立たん。結婚して子どもができるとすぐ，つわり休暇という制度を作ってくれと労働組合が言って来る。次は産前産後の休暇，更年期になるとまた更年期休暇を作ってくれと言って来る。一生涯休暇ばかりとっている。だから役に立たない」といわれたという（影山 2001: 328）。

無論こうしたエピソードは必ずしも，労働省が特別に男尊女卑の役所であったということを意味するのではなく，おそらく当時の日本においては，こうしたことは，他の省庁や民間企業においても珍しいことではなかったであろうが，少なくとも労働省が全体としては，男女の平等に関して取り立てて進歩的ではなかったことを窺わせる。ある時期までは，人事配置，昇進などといったキャリア・コースについても，労働省は男女で異なるコースとしていた。また赤松によれば，80年代になっても労働省の「幹部の男性の中には，条約の目指す男

女平等の考え方を好きではない人がいっぱいいた」(日本労働研究機構編 2000: 22; 27) という。

◇婦人少年局発足当初

婦人少年局は、47年9月の労働省設立と同時に発足した。GHQ は占領当初から、日本政府の中に婦人局のようなセクションをつくることを考えていたが、局をどこに置くかをめぐる対立がGHQ内部でもあり、またそれは日本側のアクターをも巻き込んだ[15]。

GHQ のアルバイトから婦人少年局へ転身した大羽綾子によれば、設立当時、同局には役人の経験があったのは厚生省からきた谷野せつと藤原栄子、ほかに男性が少数で、「あとは全部しろうと」(大羽 1988b: 11) であった。初代局長の山川菊栄も GHQ の抜擢で、初期の婦人少年局は、厚生省からわかれた新設の労働省の中でも、特に「しがらみ」のない職員によって担われていた。その中には、後に社会党議員となる田中寿美子をはじめとする、女性運動経験者が含まれていた。山川は、日本初の社会主義婦人団体「赤瀾会」を組織し、ベーベル『婦人論』の翻訳でも知られる。51年に就任した藤田たき第二代局長も役人経験が皆無で、津田塾大学で教鞭を取っていたところを、CI&E (民間情報教育局) の情報課女性情報担当官、E. ウィードが抜擢したものである。藤田は市川房枝とともに、戦前から婦人参政権運動に参加し、婦人参政権獲得同盟の副会長も勤めていた (藤田 1979: 108-110; NHKプロジェクトX制作班編 2001: 114-117)。

ちなみに発足当時、労働省はキャリア女性を採用する数少ない省庁であった。運輸省や郵政省などは、80年までキャリアの女性を一人も採用していない (赤松編 1990: 62; 70; 195)[16]。

GHQ の児童労働・女性労働担当であった G. スタンダーは児童労働専門の労働監督官であった。戦後改革の多くが GHQ の肝いりで、当時の日本の実状をはるかに超えた進歩的な内容を盛っていたように、婦人少年局の対象領域でも GHQ の意向が大きく物をいい、同局もそのバックアップを大いに受けた。改革に批判的な男性職員に対し、女性の地位向上を図ろうとする女性職員たちは、GHQ の権力を利用した。大羽はこう回想する。「男の役人たちはね、司

令部に対して批判的だったんですよ。女の方はね，司令部のおかげでようやく婦人労働の改善が始まったんだから批判どころじゃない」，「司令部が，あるとき，婦人労働課はまだ男を重用している，女をもっと起用すべきだといいまして，さっそく緊急係長会議を開いて企画会議にも女を入れることにした」，「ミス・スタンダーは，婦人少年局を盛り立てていこうという立場で一貫していましたからね，労働省の中ではけむたがられてた」（大羽 1988b: 13-14），と。

　婦人少年局には予算も多くついた。初年度の予算を作った婦人労働課長の谷野は，GHQ から「こんなちっぽけなものではだめだ」と大いにしかられたという（藤田 1979: 115）。そのため他局の反感を買い，GHQ が引き上げると途端に予算を大幅に削られた（大羽 1988b: 13）。48年には，婦人少年局地方職員室が各都道府県に設置され，52年に婦人少年室と改められたが，GHQ は地方の婦人少年室の職員をすべて女性にせよと要求し，局は人集めに苦労したという（藤田 1979: 115-116）。

　婦人少年局には婦人課があり，もっぱら労働問題に特化したアメリカ労働省の婦人局よりも幅広い機能をもつ（上村 1992: 15）。参政権，教育の機会均等など，戦後は女性の地位が大きく向上したものの，まだ法律上の地位と女性の生活実態や意識との間に大きな開きがあり，「婦人の新しい地位についての認識や，婦人に関係の深い法律・制度について」の啓発活動が，婦人課の初期の仕事であった。そのため，婦人週間をはじめ「農村婦人，労働者家庭の主婦の地位を高めるための運動」を実施し，女性の地位向上の見地から売春問題にも関与した。56年の売春防止法成立に，婦人少年局は中心的役割を果した（労働行政調査研究会編 1973: 86-87; 金谷 1983: 179）。ここでも同局が雇用問題を超えて，女性の地位向上一般に関わっていたことを，確認することができる。

　また，婦人少年局は，労働基準監督官と同様の権限をもっており，局員は「婦人少年局調査員」の証明書をもち，その権限を生かして各県婦人少年室では月に2回以上，訪問調査と称して企業へ立ち入り，事業場はもとより，ときには寄宿舎にまで泊まり込んで調査を行なっていた（田辺 1985: 154）。

第6章 「保護」と「平等」をめぐる政治

◇省内での弱い立場

　占領中の49年1月に，行政改革の一環として各省庁に30％の予算削減と行政機構の整理が義務づけられ，労働省では婦人少年局廃止の動きが出た。これには反対が起こり，廃止は阻止された。その過程でウィードは，女性団体や女性議員らにさまざまな助言を与え，いわば反対運動を裏側から組織したといえる（大羽 1988b: 15; 上村 1992: 16-18）。51年に再び婦人少年局廃止問題が持ち上がり，藤田局長は政界有力者への陳情にあたった。このときも，女性国会議員と女性団体を中心に反対運動が広がり，廃止は免れた。だが，占領中から既に，GHQの方針転換を反映して，48年10月に20％，49年9月に30％の人員削減が行なわれ，発足当時の313名が51年8月には170名に減らされていた（藤田 1979: 115-118）。

　68年に同局はまた，行革によって一省一局削減の対象となったが，結局，前年誕生したばかりの安全衛生局が労働基準局に統合された。当時の事務次官は，「婦人少年局をなんとか出来ないかというような考えもあったようだが，そういう動きはすぐに察知されるところとなり，ウーマンリブの偉大な力で真先に婦人少年局はつぶさないという了解がとりつけられて，無難な新設局をつぶすことに落着いた」，と語る（三治 1977: 132）。82年には，臨調行革路線で婦人少年局の基準局等への統合が図られた。調査会では，「女性の地位は十分に上がった。女性保護という局の役割はすでに終わったのではないか」などの意見が出た（山口 1992: 65; NHKプロジェクトX制作班編 2001: 134; 赤松 2003: 39-40）。

　このように，「行政改革が日程にのぼる度に常に，といってよいほど改廃の危機があった」（赤松編 1990: 233）婦人少年局の省内における地位は不安定で，決して高くはない。66年度と比較して，84年度に労働省内における定員の率が最も減少したのは，婦人少年関係である（坂野 1988: 239）。赤松は60年代を振り返り，「女性ばかりの婦人少年局は，人数も予算も少なく権限も小さい，労働省のなかでは最も『力』のない部署であった。上司は常に周囲を気にしており，突出した行動はまったく許されなかった」と語る（NHKプロジェクトX制作班編 2001: 120）。

◇**婦人少年局の政策選好**

　田辺照子は，婦人少年局が自らの機能と権限を貫き，「保護と平等を両立させようと努力したのは，[昭和]四〇年頃まで」だと評価している。曰く，「婦人少年局の姿勢は，戦前の婦人解放運動の理論的指導者の山川菊栄氏が基礎を築き，教育者の藤田氏，戦前の工場監督官補で女子労働者の実態を知り，労基法制定にかかわった婦人労働課長の谷野せつ氏が局長を退官するまで」だというのである。田辺がこの65年という時期を転機と位置づけるのは，「その後，毎年開かれていた婦人労働問題研究会議もなくなり，労働組合との話合いもなくなった」ほか，「婦人少年室が行っていた月二回の企業訪問調査の報告も，…何時の間にか取止めになったこと」などによる。そして，同局の「機能の一つである婦人労働者の実証的調査をする能力は，この頃[72年頃—引用者補]には世代も交替し消失し」て，局長は「戦後の上級職出身者」が就くようになった，と（田辺 1985: 157; 161; 171）。

　この点はのちに再論するが，結論だけを先に示すと，婦人少年局は「保護」と「平等」のバランスのうち，ある時期から「平等」の方へ比重を移した，つまり局としての政策選好が変わった，というのが筆者の解釈である。

3　女性差別撤廃条約署名の政治過程

　均等法成立の背景には，女性差別撤廃条約批准という外部から設定されたタイムリミットがあった。それなくしては，この時期に均等法はできなかったであろうと関係者が述べていることは，既にみた。比較的最近も赤松は，均等法の一番の推進力は条約だと思うと述べている（日本労働研究機構編 2000: 27）。婦人少年局はこの条約批准というタイムリミットを用いて，労使双方を度々説得している。いわば，条約はデッドラインという形で，均等法に関わったアクターたちを拘束するという，決定的な役割を果たした。ではなぜ，日本政府はこのような条約に署名したのであろうか。本節ではその問題を検討する。

◇**条約の採択**

　72年に国連総会は，75年を「国際女性年」とすることを全会一致で決定した。

第6章 「保護」と「平等」をめぐる政治

　日本の国会も75年のメキシコ会議を前に，満場一致で女性の地位向上に努力することを決議し，三木首相はメキシコ会議を前に特別のメッセージを発した。79年には女性差別撤廃条約が採択されたが，そのとき日本政府代表として国連総会に出席していた赤松良子は，条約が「採択された時，賛成投票をした政府代表や随員の女性たちは，文字通り抱き合って喜んだのでした。しかし，私はその興奮のさ中にあって，あゝ，でも日本は批准できるのだろうか？　と思わずにはいられませんでした。この条約の内容を知っていた私は，これが日本で問題になった時の人々の反応が，とても心配だったからです」と，のちに振り返っている。というのも，「わが国の法令と相いれないと思われる個所が何ヶ所かあり，それより何より，全体として，この条約を受け入れられる社会なのか，ということが気になりました。それほど，この条約は日本社会に与えるインパクトが大きいと思われたのです」（赤松 1989: 1），と。

　同条約の署名式は，80年7月14日からデンマークで開催される「国連女性の十年世界会議」で行なわれることになっていた。日本国内でも多くの女性団体が，署名を求める運動を繰り広げていた。条約へのNGOや女性議員の関心は高く，議員やNGOが連日のように「日本は署名するのでしょうね」と，総理府婦人問題担当室にいってきたと，当時の室長は回想している（縫田編 2002: 60）。

◇署名への障害

　だが会議1カ月前の通告期限を前に，政府は署名を見送る方針を決定した。条約に抵触する法律上の差別があり，それをなくすための法改正をして批准にもっていく見通しがない，というのがその理由であった。すなわち，条約第2条は「男女の平等の原則が自国の憲法その他の適当な法令に組み入れられていない場合にはこれを定め，かつ，男女の平等の原則の実際的な実現を法律その他の適当な手段により確保すること」，および「女子に対するすべての差別を禁止する適当な立法その他の措置（適当な場合には制裁を含む）をとること」を各国に要請していたが，批准可能かどうかを外務省国連局が関係9省庁に当たったところ，以下の3カ所で条文に合わない女性差別の問題が指摘されたのである。すなわち，

①労働の分野で，賃金の男女差別を労基法4条で禁止しているだけで，採用，職種，昇進，定年など，他の雇用上の差別は禁止していない（労働省）
②家庭科を女子のみ必修としており，男女同一カリキュラムになっていない（文部省）
③国籍法が外国人と結婚した日本女性の子どもは，父親の国籍しか取れない父系血統主義で，子の国籍について男女同権になっていない（法務省）

の各点である。これらについて，「労基法改正について研究会報告が出たところで，雇用平等法などを作るとしても時間がかかる」（労働省），「指導要領の改定は十年ごとで，家庭科についてもすぐカリキュラムは変えられない」（文部省），「国籍法改正は，二重国籍防止のため外国との交渉もあり，すぐにはできない」（法務省）など，各省とも署名に消極的であった。そのため外務省は，「条約の趣旨にはわが国としても異論はなく，留保つきで採択に賛成したが，国内体制を条約にあわせて批准できる見通しが立たない以上，署名はできない」と判断した（山本 1988；渡辺 1997: 136-137；朝日 80.6.7）。もともと政府内には，「これはアメリカのウーマンリブの思想の引きうつしではないか，とても日本の社会家庭の慣習感覚とは相容れない」との反応があった（毎日 80.6.20）。条約の作成過程でも，日本政府代表は，差別的な国内法を改めずにすむような条約にしようという方向の発言が目立っていたという（朝日 80.6.8）。

◇**署名を求める運動からの圧力**

ところが，「署名見送り」の報道を受けて10あまりの女性団体が抗議集会を行ない，署名運動やハンストなどで早期批准を政府に迫ることが申し合わせられた（朝日 80.6.15）。のちに政府代表団の一員として署名式に参加する縫田曄子は，「ある筋から，『大変難しい状況だが，政府は女性団体の動きを見ている。何か動きがあれば，必ずしも署名は不可能ではない』という情報」を受け，参議院議員の市川房枝に話したところ，市川は「分かった」といい，市川が委員長を勤め全国48の女性団体でつくる「国連婦人年日本大会の決議を実現するための連絡会」が6月16日，首相・外相はじめ関係当局に，「世界会議に代表団を送りながら署名式に参加しないとなれば誠に恥であり，国内婦人の厳しい批判は必至である。国内法との問題は一時留保しても署名式には参加すべき」と，

第6章 「保護」と「平等」をめぐる政治

申し入れた（山口 1992: 59; 縫田編 2002: 61-62; 朝日 80.6.17）。

その翌日の婦人問題推進会議総会には，各省庁の担当者とともに，首相の私的諮問機関である婦人問題企画推進会議（有識者35名で構成）の藤田たき座長以下，女性審議委員から，署名を求める発言が相次いだ。さらに，署名を早急に決定するように伊東正義首相臨時代理（官房長官，大平首相の急死による）に書面で申し入れることと，大来佐武郎外相に要望に行くことが決まった（毎日 80.6.18; 影山 2001: 358-361）。そして，藤田ら推進会議の委員5人が大来外相を訪ね，署名を強く要望した。これに対し大来は，「いろいろ問題点があるので難しいが，ぎりぎりまで前向きに検討したい。署名式に参加できない場合も，何らかのかたちでこの条約についての日本政府の態度を表明したい」と回答した。大来はこのとき，「個人的には，初代女性大使として任命した高橋展子さんに，署名式に出られないなどコペンの会場でつらい思いをさせたくない」とも語った。しかし，外務省はこのとき，会議で高橋駐デンマーク大使が日本代表として行なう演説の中に，「前向きに努力する」という文言を入れることを検討していた（朝日 80.6.20; 毎日 80.6.30）。他にも，超党派の男女議員200人による促進議員連盟が結成され，国会と小渕総理府総務長官，および大平首相に陳情を行なっている（毎日 80.6.20）。

外務省や関係各省にも女性団体の抗議が殺到した。市川も6月26日，小渕総務庁長官，小西外務省国連局企画調整課長，筧法務省官房長，柴田総理府婦人問題担当室長を訪れ，「肝心の条約に署名しないなど，デンマークへ恥をかきに出かけるのか。署名式に参加しないで帰ってきたら，全国的な運動をしますよ」と，「こわ談判」した。市川は，6月22日に行なわれた衆参同日選において，参議院全国区でトップ当選を果たすなど，国民的人気がきわめて高かった。これを受け外務省は，「署名できない」という立場を軟化させ，「前向きに再検討する」と市川に回答，国連局は再び関係各省と検討，翌週をめどに結論を出し，すべり込み署名に努力することになったと報じられた（朝日 80.6.27）。

翌27日，婦人問題企画推進本部（本部長・伊東首相臨時代理，関係省庁事務次官などで構成）は会議を開き，女性差別撤廃条約を国内行動計画後半期（85年までの5年間）の重点課題とし，批准できるよう国内法制を整備するため努力することを申し合わせた。この申し合わせに基づき外務省国連局は，労働，文部，

3　女性差別撤廃条約署名の政治過程

法務の関係省庁と折衝して，批准の壁となっている項目の法改正について見通しをつめ，署名式に間に合うよう署名を閣議決定に持ち込みたい，とした。国連からも，署名の通告は 2，3 日前までででよいとの連絡が入り，またイギリスを除く主要国が署名するとの情報も入ったことも，急遽，企画推進本部が批准に向け努力することを公式表明することになった背景にあると見られる（朝日 80.6.28）。コペンハーゲン会議は 7 月 14 日に開幕したが，15 日にようやく日本政府は署名を閣議決定し，署名式に辛うじて間に合わせることができた。

◇**署名を可能にした条件**

当時の柴田知子婦人問題担当室長は，この推進本部の申し合わせについて，後年こう語っている。「私がその申し合わせの提案をしました。外務省は要望書がきたからといって，ウンなんて言いません。『法律を全部きちんと整備して批准できるようにするという約束がなければ，絶対署名しない』といってましたから，『じゃあ，その約束をすればいいのですね』と。それに対して外務省はすぐには『いい』と言いませんでしたが，私は何とかしたい，申し合わせならいいのではないかと，提案したのです」，と。また柴田は，この提案を推進本部に対して行なう前に，課長で構成する連絡会議で，「法務省が『国籍法を改正しましょう』と言ってくれたわけです。一番難関だと思った法務省がやるのなら，文部省も反対はできない」，「ワラをもつかむ思いで，『批准のため，各関係法令を整備します』という趣旨の申し合わせ案文を通し，外務省も批准することがはっきり約束されているから，署名してもいいだろうということになった」（縫田編 2002: 63）という。

この結果，84 年 5 月に新国籍法が成立し（85 年 1 月施行），国籍上の男女差別はなくなった。文部省は消極的で，取り組みが遅れた。同省の職業教育課は，82 年になっても「男女には，それぞれに応じた教育配慮があっていいから現行のままでも問題はない」としていた。家庭科教育に関する検討会議を設けたのは 84 年になってからで，その検討会議でも女子必修を主張する委員が半数もいた。文部省の消極的な態度に，外務省は不信感をもっていたのではないかともいわれている（日経 82.10.29，夕; 渡辺 1997: 141-143, 162, 注57）。労働省について柴田は，労使間の隔たりが大きく，「労働省だけが努力すればできるという問

題ではない」ためはっきりしたことがいいにくかったのだろうという（縫田編 2002: 67）。だが，労働省も結局，賛成に回る。それは，桑原敬一事務次官が，世界会議で主席代表となる高橋駐デンマーク大使が労働省出身であることも配慮し，「労働省の反対によって署名が見送られることにならないよう」，均等法を作る方針を「急遽局長会議を開いて決定し，……労働省が『申し合わせ』に賛成であると明言した，と言われている」（赤松 2003: 28）。

　柴田はさらに，署名を可能にした好条件について語っている。例えば，署名の閣議決定が持ち回り閣議[17]で，「幸か不幸か同時選挙で大臣は飛び回っておられた。普通主要な法律を通す時などは自民党の了解を取りますが，その方々も選挙でおられませんでした。もしまともに説明に行っていたら，『とんでもない』ということになったと思います」，と（縫田編 2002: 64-65）[18]。ただ各大臣や自民党の有力議員が忙しくしていた理由は，柴田の記憶違いではないかと思われる。というのも，衆参同日選は6月22日で，署名決定は7月15日だからである。したがって，選挙ではなく何か他の事情で忙しかったために，閣僚や有力議員から異論が出なかったのではないかと思われる。そしてその事情とは，鈴木善幸内閣の組閣作業だったのではないかと，筆者は推測する。

　政府が署名を決定した持ち回り閣議は7月15日で，鈴木内閣の発足は17日である。あるジャーナリストによれば，署名時の藤波労相も，鈴木内閣の藤尾新労相も，この件について「さっぱり記憶にない」と語っていたという（屋山 1984: 253）[19]。新内閣発足直前には，組閣をめぐり水面下で自民党内の派閥間に，さまざまな駆け引きが繰り広げられるのが常である。こうした中で，条約自体について詳しい知識をもたぬ退陣間際の各閣僚が，持ち回り閣議で回ってきた書類を，十分に検討せずに署名してしまうということは，大いに考えられることである。

　こうした事情を，条約署名を推進しようとする女性官僚たちが，どれだけ意識的に利用したかはわからない。同条約の署名には「多分にハプニング的要素」（山本 1988: 89）があったとされるのは，もしかしたらある程度は，彼女たちによる意図的なものであったかもしれないが，もちろんそれは推測の域を出ない。いずれにしろ，閣僚の多くは署名の意義について十分に理解はしていなかったといえそうである。

3 女性差別撤廃条約署名の政治過程

政府が署名にふみきった理由として，国内の抗議の声に加え，署名しなかった場合の国際的非難の高まりや，「世界会議で恥をかきたくないという気持」を指摘する見方も多い（朝日 80.7.19; 本多 1984: 20; 赤松 1989: 1-2; 縫田編 2002: 65）。国際社会における日本の地位の高まりにつれ，日本は女性を差別することで不当な利益をあげているのではないか，といった国外からの批判が出るようになっていた[20]。そしてこれまでみてきたように，市川房枝をはじめとする女性国会議員や女性運動の関係省庁に対する働きかけが，功を奏した面もあろう。そうした運動の力を利用しつつ，女性官僚も署名へもって行くべく根回しを行なっていた。

◇ **平等法の非争点化による経営者団体の沈黙**

しかしながらより根本的には，このときに経営者団体から反対が起きなかったということが，さらに大きな要因であるように思われる。

というのも，経営側は条約署名の意義を，この時点で十分には理解していなかったようなのである。経営側が，均等法ができたらどうなるかという「事の重大さ」を認識しはじめたのは83年に入ってからのようで，その頃になって人事・労務等を担当する課長クラスから，「これは革命だ」といった声が出はじめたとされている（日経 83.11.4, 夕）。日経連の喜多村浩労務管理部長は，「署名後3年ちかくたった段階で，産業界は何も知らない状態であったといっても過言ではない」（喜多村 1984: 10）と語る。

84年3月に，婦少審婦人労働部会の公益委員試案が出た際に日経連は，中曽根首相，安部外相，坂本労相に質問状を送り，このような企業経営に重大な影響をもたらす条約の署名について，事前に日経連に何の連絡もなかったが，政府はその点を認識していなかったのかと，詰問している（日経連タイムス 84.3.8）。これをみても，日経連が80年の署名当時，条約の意義を十分に理解していなかったことは明らかである。ちなみに政府の回答は，「六月になって，婦人団体を中心に本条約に署名せよとの意見が高まった」が，「労働省はもちろん，各省とも条約のもつ重大性については重々認識しており，署名については，事前に検討すべき種々の問題点があるという態度であった」が，「この頃は五月十九日大平内閣による衆議院の解散，六月二十二日の衆参同時選挙，しかも六

241

第6章 「保護」と「平等」をめぐる政治

月十二日大平首相の急死という政局混迷のさ中にあり，政府としても本条約署名について時間をかけて討議する雰囲気にはなかった。労働省事務当局としても，本条約に署名することが簡単に決定されることはあるまいとの観測が強く，したがって事前に日経連はもちろん，労使双方に連絡はしなかった」（日経連タイムス 84.3.29），というものである。

　これまでに数多く引用してきたように，署名前から一般紙でも条約について度々，報道はされている。したがって，日経連は条約の存在を知らなかったわけではなく，条約に署名することの意味——署名すれば85年にそれを批准することになり，批准には雇用における男女の平等を定めた法律の制定が必要だということ——を，理解していなかったのである。そのことを，のちに喜多村日経連労務管理部長は率直に語っている。曰く，「問題の検討に当たっているわれわれにしても，男女差別撤廃条約の採決（1954［昭和54—引用者補］）や署名（'55）が行われたことは，知識としては知っていた。といっても，その当時，直ちに知ったわけではなくて，その後の問題の説明過程で知っただけだが，それでも，その事実を知った時，直ちにこれが重大問題につながると直感した人はあまりいなかったのではないか」，「報道がなされていても，産業界一般にはほとんど心にとまらなかったというのが事実であろう。熱心な問題意識をもっていたのは，関係婦人団体と，行政の人々だけであったし，産業界はとくにこの条約の内容も，いわんやその意味するところについて，何の説明も，警告もきいていなかったのである」，と。そして，こう悔やむのである。「この条約を批准するということ，したがってそのために国内法を整備することが，企業経営にとってどのような問題を提起することになるかが，その当時説明され，PRされていたら，それから今日までの4年ちかくのあいだにはかなり問題意識も浸透し，今日の事態はかなりちがったものになっていたにちがいない」（喜多村 1984: 10），と[21]。

　さらに付言すれば，条約署名の意義は，外務省にさえ十分には理解されていなかったようである。というのも，外務省国連局企画調整課長でさえ，署名の翌81年11月に，以下のように語っているからである。曰く，「婦人差別撤廃条約が突きつけている問題は大変な話で，私どもは，当時は今ほど勉強していたわけではありませんが，あまり簡単に署名しない方がいいのではないかという

気持ちは相当にありました」,「条約と労働基準法との関係でいけば条約優位ですから,ここに書いてあるようなことは権利としては認めざるを得ないです」,「こういうものが単なるウーマンズ・リブの問題ではなくて,条約という形で出てきたということは,かなり深刻です」(小西 1982: 59-60),と。

◇**政治過程の特質**

　以上の女性差別撤廃条約署名についての政治過程は,興味深いパターンを示している。すなわち,多くの閣僚が条約のもつ意義をよく理解していなかった可能性が高く,また経営者団体も理解を欠いていたが,とりわけ後者は,もし十分な理解を持ち合わせていれば激しく反対したであろうことは,後年の対応から見て間違いない。すなわち,反対に回るはずの強力なアクターが,情報の欠如ゆえに反対しなかったことが,通常は政治過程ではあまり大きな影響力をもたない「女性」というアクターの利益の実現に帰結したのである。

　だが,条約の署名自体は,全く政治化せず官僚がルーティンで決定を行なったという類の政策では決してない。女性議員や婦人問題推進会議の委員,そして女性運動は,条約をきわめて重視し,総理府婦人問題担当室や外務省をはじめとする各省庁,首相臨時代理や外相などに継続的に圧力をかけているし,労働省から婦人問題担当室長に出向していた柴田知子のような女性官僚も,署名のために省庁間の調整に奔走している。新聞もかなり報道している。「政治化」はしているのである。

　しかし深い関心を抱いていたのは,女性官僚,女性政治家,女性運動など,要するに女性だけであった。条約批准が雇用における平等法の制定を必要とすることを知って以降,経営者団体は政府に質問や抗議を行ない巻き返しを図るが,彼らが関心を抱くようになったのは,署名の数年後である。おそらく80年当時には,条約を何か象徴的なものと捉え,企業経営にとって実質的な意味をもつものとは考えていなかったためであろう。

　専門性の高いイシューの場合,官僚制は多元的な社会内の諸権力を遮蔽することができるが (Sacks 1980: 356; Greener 2001: 134)[22],このケースの場合,専門性よりもむしろ「関心」が,情報へのアクセスをわけた。また,情報の多寡は官僚制と社会内アクターという違いに応じてわかれたわけでもない。分断線

第6章 「保護」と「平等」をめぐる政治

は，条約に関心を抱く「女性」と無関心な「男性」の間に引かれるのである。いずれにしろ，こうして日本は80年に女性差別撤廃条約に署名し，85年の批准を目指し，雇用における男女の差別を禁止する法律を整備せざるを得なくなった。「署名はいわば，批准を約束したようなもの」であり，「署名をしておきながら批准ができない事態になれば，国際的信頼を裏切ることになる」（週刊労働ニュース 83.11.21）からである。そしてそのことは，署名が行なわれる80年当時，国内のほとんどのアクターには十分に理解されていなかったのである。

4　均等法以前の女性雇用と政府の方針

◇均等法以前の女性雇用と差別

　均等法以前の日本の法律には，労基法4条の賃金差別禁止規定以外には，雇用における性差別を規制する条文がなかった。労基法は3条で，国籍，信条，社会的身分を理由にした労働条件の差別的取り扱いを禁じているが，性別による差別的待遇には触れていない[23]。そのため，均等法成立以前には，労働における性差別を民法90条の公序良俗違反で争うしかなかった。

　しかも，賃金差別を禁じた労基法4条が1947年以来存在し，加えてILO第100号条約「男女同一価値の労働に対する同一報酬」にも，日本は67年に批准加盟しているにもかかわらず，日本の男女間賃金格差はきわめて大きかった。均等法施行直前の85年時点で，女性の賃金は男性の56.1％に過ぎなかった（労働省「賃金構造基本統計調査」の「きまって支給する現金給与額」）。83年にILOは，73年からの10年間に唯一男女間賃金格差が拡大した国として日本を挙げた。84年にもILOは，前年に賃金男女比が広がった唯一の国は日本だと指摘した（Brinton 1993: 10; 濱賀 1999: 34）。大羽綾子元婦人労働課長は，「男女同一賃金原則の施行の四十年は，いわば，婦人少年局のからぶりの歴史」と総括する（大羽 1988a: 195）。男女別の初任給や男女別の賃金表は明らかに労基法4条違反であるが，この違反もかなり広範にまかり通っていた（下山 1997: 165）。

　賃金以外の項目についても均等法成立直前のデータで見ると，四年制大卒者を公募した企業の3分の2は男子のみを募集しているし，「女子を全く配置していない仕事がある」企業は63％，「女子に役職への昇進の機会がない」企業

が44％に上っていた。女子にも昇進の機会がある企業は54.9％で，うち35.6％は係長相当まで，24.8％は課長相当まで，5.4％は部長相当までで，それ以上まで昇進の機会が与えられている企業は14.3％であった。日本が66年に批准した国際人権規約の第7条は，男女に対する昇進の平等を規定しているにもかかわらず，である。教育・訓練についても，男女全く同じに受けさせている企業は40.0％，女子にも受けさせるが教育訓練の内容が男子とは異なる企業が39.3％で，女子には全く受けさせない企業が20.7％もあった（「女子労働者の雇用管理に関する調査」84年）。

　以上のように，日本における女性労働者の地位は低く，改善を求める女性労働者の運動が続けられていた。実際，男女別定年制などいくつかの分野では裁判運動による判例の積み上げの結果，均等法以前に一定の是正はなされていた[24]。83年時点で男女別の定年年齢を設けている企業が18.5％あったし，結婚・妊娠・出産など，女性のみに適用される退職制度のある企業も2％あったが（「昭和五八年雇用管理調査」），均等法制定の直前には，「採用差別を除いては，ほぼ，差別的取扱いが女子なるがゆえであることの立証がなされる限り，司法上の救済が行われることは疑問の余地なきもの」（浅倉 1991: 215），といわれるほどの段階であった。逆にいうとそこまで，つまり裁判運動が到達したところまでしか，均等法には盛り込まれなかったともいえる。例えば均等法では，募集・採用，配置・昇進については企業の努力義務とされたが，教育訓練，福利厚生，定年・退職・解雇については，罰則なしだが禁止とされた。これらは既に裁判で度々違法とされており，禁止規定にせざるを得なかったためだと思われる（中西 1984: 179; 井ノ部 1984: 255; 筒井・山岡 1991: 68; NHK 新・日本人の条件プロジェクト 1992: 220）。

　ただ，このように判例の積み上げにより，一定の差別是正が行なわれていたとはいえ，民事司法救済には諸々の限界もあった。判例で違法性が確定しても訴訟を起こされない限りは，企業は違法的行為を続けることが可能であるし，裁判による民事上の救済では，労働者個人が訴訟を遂行するには多大な負担を伴う等の問題があった。また，行政指導にも法的拘束力がないという限界がある（労働省婦人少年局編 1978: 41; 浅倉 1991: 230-231; 下山 1997: 141）。しかも，労基法上に均等待遇規定があり，その実効性確保機関として労働基準監督機関

が存在したが，その権限は性差別に関してはほとんど機能していなかった（浅倉 1991: 231）。

◆女性労働者と企業側の意識

均等法制定直前に，企業の現場が女性労働者についてどのように考えていたかをみておこう。上場，非上場トップ企業の人事部長への当時の調査では，女子社員は「職業意識・意欲に欠ける」[25]，「女性・母性保護規定があって使いにくい」とする人事部長がいずれも67％で，「勤続年数が短い（あるいは読めない）」が87％あった。また，「女子が男子と同等の働きをするようになる条件」としては，「本人の自覚・努力」が80％，「社会的規範，習慣の変革」が61％で，「男女雇用平等法の制定」と答えた人事部長は，10％にすぎなかった。男女雇用平等法への賛否では，「努力義務として賛成」が56％，「罰則規定として賛成」は7％，「反対」が40％であった（『週刊ダイヤモンド』84年3月3日号，20頁以下）。

逆に，女子労働者の意識をみると，「あなたは現在の日本の職場では女性であることによって不利に扱われていることがあると思いますか，ないと思いますか」の問いに対し，表6－1のような結果であった。「非常に」と「多少」を合わせると，雇用の各ステージにおいて，女性であるがゆえの差別が，きわめて高い率の女性によって認識されていた。

◆労基法改正を求める動き

以上のように男女平等とはほど遠い一方，労基法では女性にのみさまざまな保護規定が設けられていた。経営者たちは，戦後かなり早い時期から一貫して

表6－1　職場における女性差別についての世論調査（1984年）（％）

	非常にある	多少はある	ない	答えない
募集・採用	22.2	57.4	11.7	8.8
配置・昇進・昇格	34.6	49.0	6.9	9.5
教育訓練	14.7	50.0	20.0	15.1
定年・退職・解雇	26.2	50.3	11.9	11.5

（出所）『読売新聞』1984年5月14日

女子保護規定を「過保護」だとして，その撤廃を要求していた。

　労基法には制定当時，世界で最も先進的な内容だったとの評価もある（Lam 1992: 9）。「昭和二四年労働基準監督年報」は，女子年少者関係の悪質な違反はすべて司法事件として取り扱うことを方針とした。この方針がそのまま実施されたわけではないとしても，女性労働者保護への積極姿勢はうかがわれる。だが，労基法は早くも50年代には女性の深夜業の例外を追加する規制緩和がなされた。55年，臨時労働基準調査会（労相の諮問機関）が設置され，そこでの審議の結果，法改正には至らなかったが，56年に労基法の新しい運用方針が出された（木下 1981b: 175-176; 180）。女性労働者に関する違反件数の多さに比べ，その司法処理件数は著しく減少し，60年代になると，労働災害重点監督方針に基づき，女子保護は監督行政の重点事項から外され，女性労働者保護行政は，予算と人員の削減とあいまって形骸化していく（浅倉 1977）。

　66年の住友セメント判決以後，結婚退職，定年，解雇についての裁判で次々と原告側が勝訴したため，日経連は「婦人労働者過保護」論のキャンペーンをはった（田辺 1985: 160）。過保護論に乗り規制緩和を要求したのは日経連だけではない。当時は人手不足のため，危険・有害業務の規制を緩和し，女性や年少者を第二次産業に導入したいという強い要請があった。また，労基法は18歳以上の女子について，三六協定による場合でも時間外労働は，1日2時間以内，1週6時間以内，1年150時間以内に制限しており，休日労働は禁止されていた。そのため，67，68年頃から，自動車，鉄鋼，紡績などの企業から，労働省に就業制限緩和の要望が相次いだ。この時期に女性労働についての規制緩和を要求した団体・企業として，自動車産業雇用会議，鉄鋼連盟，中小企業団体中央会，日本紡績協会，東京工場団体連合会，電電公社，民間放送連盟，日本新聞協会，造船雇用会議，などがある。これらを集約した東京商工会議所「労働基準法に関する意見」（70年）は，「過保護論」に立ち，時間外労働の制限・危険有害業務の就業制限・深夜労働禁止の緩和，生理休暇の廃止などを主張した（松岡 1970; 鎌田 1980: 196; 布施 1984: 66; 本多 1984: 90; 浅倉 1991: 198; 山本圭子 1993: 208-209, 注10）。東商の労働部長が後年「ナショナル・センターや婦人労働運動家から総攻撃を喰って，後味の悪い思いをした」と述懐しているとおり（井沢 1979: 49），この文書には多くの批判が寄せられた。

第6章 「保護」と「平等」をめぐる政治

◇労働基準法研究会の設置

こうした中, 69年9月に労基研が設置される。これは, 経営者側からの保護撤廃要求を受けたもので, 労働需給逼迫の下で女性を積極的に戦力化する狙いがあった（日経 69.9.19; 田辺・高島 1979: 24）。労基法改正を求める企業側の狙いの一つは, 深夜業解禁による賃金コストの削減であった。時間外労働には割増賃金が要るので, 元の賃金が男性の約半分ですむ女性を長時間残業や深夜勤につけることができれば, 経費が節減できる（島田 1979: 39; 本多 1984: 91）。また, ME・OA化の下で機械をフル稼動する際, 交替制・深夜労働も可能な女性労働力づくりも意図された（桜井・髙林 1985: 16）。

実は当時, 総評も「終戦直後に制定された同法が今日の社会的経済的条件や労使関係の実態を反映しなくなった」と考えおり, 労基研設置直前に「基準法改正対策特別委員会」（委員長・岩井章事務局長）を設けて労基法改正に乗り出した（日経 69.9.12）。ただ, 経営者団体と総評では改正の方向は逆であり, 女性に関する点でも保護撤廃を要求する経営者団体に対し, 総評は労働時間規制の強化, 産休・育休の有給化などを求めた。

こうした見解の相違を受けて労働省では,「この研究会は労基法改正をあらかじめ想定したものではなく, 改正するかどうかは研究会の結論しだい」としていたが, 研究会が法改正の必要を認める結論を出せば,「これを尊重する」との態度であった（朝日 69.9.19）。

この労基研の第二小委員会である「労働時間・休日・休暇および女子年少者問題専門部会」が, 労基法の女子保護規定の見直しを始めたことが, 均等法に至る出発点とされるのは, 均等法成立と同時に, 労基法改正で女子保護規定が緩和されたことによる。85年の労基法改正は, 51年の改正以来最も大きな女子保護の緩和だとされ（大羽 1988a: 139-140）, 特に「基準法の保護規定自体を外すという変え方」は,「実現すれば初めてなのではないか」ともいわれた（有泉ほか 1979: 62, 発言は花見）。第二小委員会は, 78年11月に検討結果を公表するが, その内容についてはのちに詳しくみる。

◇平等の主題化

保護規定撤廃の動きと密接に関連しながら, だが相対的に独自の動きとして,

女性差別禁止の問題が，徐々に検討されはじめている。婦人少年局は，65年に男女差別を研究対象として取り上げた。『女子の定年制』（65年9月）は，婦人少年局として労基法施行以来，保護と平等の関係をとりあげた最初のもので，同書では法律，労働科学，社会保障などの専門家が，問題を多角的に検討している（労働省婦人少年局編 1965; 田辺 1985: 155）。

「平等」の問題が浮上したのには，国際的な背景もある。67年7月，日本政府はILO条約第100号「同一価値の労働について男女労働者に対する同一報酬に関する条約」を批准し，これを契機に男女を均等に待遇するよう啓発運動が行なわれた（労働行政調査研究会編 1973: 85-87）。

74年に労相の私的諮問機関で，学識経験者からなる「就業における男女平等問題研究会議」（座長・大河内一男東大名誉教授）が設置された。これは，75年の国際女性年との関連で設けられたものだが，国際女性年前後から，雇用上の男女平等に関する建議や提言が相次ぐ。75年に婦少審は，「職場における男女平等の促進に関する建議」を公表し，76年には「就業における男女平等問題研究会議」が，報告書「就業における男女平等について」を浦野労相に提出した。同報告書は，「労働基準法関係の女性保護規定のなかには不合理なものもあるから見直しが必要」と述べ，特に「過保護規定」が却って女性の職場を狭める原因となっているとした上で，「合理的理由のある女性保護の範囲を明確にし，必要のないものは廃止または対象を限定することが必要」とした。この報告書をめぐっては，会議内で議論がわかれ，結局，大河内座長が「婦人少年局の意向を了承する形で」まとめたとされている（田辺 1985: 162-163）。労働省は，報告のうち労基法の見直しについて婦少審や労基研に検討を要請した。それを受け，婦少審「雇用における男女の機会の均等と待遇の平等の促進に関する建議」では，雇用と職業に関する差別を禁止したILO111号条約の批准の必要に触れたが，「科学的根拠が認められず，男女平等の支障となるような特別措置は終局的には解消すべきである」としたため，労働組合や女性団体から批判を浴びた（日経 76.10.3; 関谷 1985: 2; 浅倉 1991: 234）。

保護規定については，労基研から委嘱された専門委員の報告「医学的・専門的立場からみた女子の特質」が74年にまとめられ，特に，生理休暇に「医学的根拠がない」とした点が注目される。もともと生理休暇は，戦時中に学徒動員

第6章 「保護」と「平等」をめぐる政治

で女学生を工場で働かせる際，厳しい労働条件下での保護策の一つとして始まったもので，インドネシアや韓国などにはあるが先進国にはなく，ILOにも生理休暇に関する労働基準はない（朝日 78.11.21; 日経 84.4.28; 労働省婦人少年局編 1978: 49-50; 有泉ほか 1979: 76; 大羽 1988a: 107; 浅倉 1991: 324）。ただ規制緩和反対論者は，欧米諸国に生理休暇が存在しないのは，有給病気休暇など基礎的な条件が高いからだという（本多 1984: 137-138;「私たちの男女雇用平等法を！」1984: 238-239）。生理休暇取得率は低下しつづけ，65年の26.2％から81年には13.4％に半減していたが（本多 1984: 140），女性運動は長年にわたり，生理休暇獲得のための努力を行なってきた経緯から，生理休暇は「婦人解放運動の象徴」であり，「手放すことに心理的な抵抗感も強」かった（日経 83.11.4, 夕）[26]。

生理休暇に医学的根拠を認めなかったこの報告はしかしながら，長時間労働や深夜業，危険有害業務などの規制緩和には否定的で，同報告は「むしろ規制を強化することの必要性」を示しているように読めるものであった（田辺 1985: 161-162）。

他方，婦人問題企画推進本部は77年1月に，以後10年間の展望に立って女性の地位向上に向けての目標と課題を明らかにするため，「婦人施策10年『国内行動計画』」を策定したが，この中でも「雇用における条件整備」が掲げられ，婦少審建議と同様の内容が，さらに具体化されて列挙された（前田 1979: 44; 関谷 1985: 2; 赤松 1985: 119-120）。この国内行動計画にも，労働組合や女性団体からの批判が集中した。

ただ，ここまでの提言は，労使の自主的努力や行政指導，相談業務の強化などにとどまり，75年9月の婦少審建議や，同年10月の「就業における男女平等問題研究会報告」においても，差別是正のための立法の必要性には，明示的には触れられていなかった。他方で，この時期の一連の文書は，女子保護規定については明確に見直しの方針を提示していた（浅倉 1987: 258-259）。つまり，しばしば均等法成立の前史とされる以上の動きは，いずれもまだ，雇用における男女の平等の法制化をめざしていない。政策課題としての「雇用における平等」は，「女子保護規定の撤廃」よりも，遅くアジェンダ化したわけである。

◎労働基準法研究会報告

 以上の動きに対し，78年11月の労基研第二小委員会（委員長・有泉亨東京大学名誉教授）の報告は，政府の文書として初めて平等法の必要をうたった。そこでは現行の賃金（労基法4条）だけでなく，採用から解雇まですべてにわたった平等のための立法を考えるとされた。この文書の存在をもって森山や赤松など歴代の婦人少年局長が，均等法は外圧でできたわけではない，と主張していたことは既にみた。

 同報告はまず，女子保護規定を「母性保護」と「一般女子の保護」にわけた上で，後者については「労働時間の短縮等労働条件の向上，労働安全衛生法の制定等法規制の強化，科学技術の進歩による作業態様の変化，女子の能力の向上，生活様式の変化等により現在では合理的理由がなくなったと考えられる……特別措置を存続することは，女子の保護というよりは，かえって女子の職業選択の幅を狭め，それ自体差別となる可能性もある」という理由で，「女子に対する特別措置は，母性機能等男女の生理的諸機能の差から規制が最小限必要とされるもの」に限定し，「それ以外の特別措置については基本的には解消を図るべき」だとした。保護撤廃の具体的な中身では，女子労働者一般に対する時間外労働の制限と深夜業禁止の制限の廃止，重量物など危険有害業務の就業制限の撤廃，生理休暇の廃止，などに踏み込んだ。他方，「女子本来の特質である妊娠，出産に係る母性保護については，女子自身の健康と福祉だけでなく，次代を担う国民の健全な育成という観点からも重要」だとして，妊娠・出産に直接関わる母性保護については現行法より充実を図り，産後休暇期間を従来の6週間から原則8週間に延長することを打ち出した。そして，民事訴訟に訴えるにしても現実の救済が極めて困難であることや，行政指導には法的強制力がないことを指摘し，男女の機会均等と待遇の平等を確保するためには，「新しい立法」が必要であると述べた（労働省婦人少年局編 1978）。

 ここでいう「母性機能等男女の生理的諸機能の差から規制が最小限必要とされるもの」が，妊娠・出産に直接関わるものだけを対象とし，それ以外の特別措置（時間外労働・深夜業の制限，危険有害業務への就業制限，坑内労働の禁止，生理休暇等）は削減すべきとされことについては，妊娠・出産に直接関わる短い時期だけでは母性は守れない，といった批判がなされている（坂本 1983: 6; 布

251

第6章 「保護」と「平等」をめぐる政治

施 1984: 62; 本多 1984: 94; 159-160)。総評も,「母性は生涯なものなのに,妊娠,出産時に限定して論じている」と,報告書を批判した(高橋 1979: 15)。なお,母性保護をめぐる同様の論点は,女性差別撤廃条約に関しても展開された。日本政府は,同条約第4条2項の解釈をめぐって労基研報告と同じ見解を取り,「母性保護をめぐる特別措置」とは,産前・産後の休暇,育児時間など妊娠・出産に直接かかわる部分のみにかぎり,労働時間の制限,深夜業の禁止などは含まれない,との考えを表明している(田沼 1981: 198)。

妊娠・出産に直接関わる部分のみを母性保護の対象と見なすか,より広く夜業や危険業務からも保護すべきかについては,国際的にも議論のわかれるところで,ILOなどでも時代による変遷が見られる。ただ大きな流れとしては,妊娠・出産以外の部分では,男性との差を認めない方向へ移行してきた。国連でも母性保護は妊娠,出産にかかわる問題に限定されるとする考え方が優勢となってきた(労働省婦人少年局編 1978: 31-33; 森山 1982: 28-31; 筒井・山岡 1991: 64; 本多 1984: 30)。ただその分,ILOや先進諸国では,男女を含めた深夜業規制の強化の方向をたどった。例えば夜業に関するILOの第171号条約は,女性労働者にも夜業を認めることによって旧来の「保護」を外す代わりに,夜業労働者全般の保護基準を高めている(木村 1979; 深澤 2000: 74; 82, 注12)。

この報告は「労基法制定以来の大がかりな改定案」で,「女子保護規定改正問題を集大成したもの」(金谷 1983: 187)とも評されるように,「平等」を実現するため女子保護規定を撤廃し,男子と同一に取り扱うべきことを明快に主張している。労基研から委託された専門委が,74年に先述の「医学的・専門的立場からみた女子の特質」で,生理休暇以外の規制緩和に消極的であったにもかかわらず,その結論がこの報告書では,「平等政策を理由に結果的に無視」(田辺 1985: 165)された。政府の審議会から平等法制が出てきたのは,国際世論に対する配慮および,規制緩和とバーターにするため,との解釈もなされた(有泉ほか 1979: 71, 発言は田中)。

当時の森山局長は,「行政としては,今後の婦人労働法制については,男女平等法の制定,労働基準法の見直しのいずれについても,労働基準法研究会報告の趣旨を十分尊重する」(森山 1979: 11)とし,実際「労働省は,労働基準法改正のキャンペーンとも受け取れるほど熱心に報告内容のPRにつとめ」(佐

4 均等法以前の女性雇用と政府の方針

渡 1979: 42) た。そして、女子保護規定を緩和しながら、妊娠・出産に直接関わるものについては充実を図るという、このとき打ち出された方針は、基本的には85年労基法改正まで貫かれることになる（大羽 1988a: 34)。

◇報告書への労使の反応

同報告書に対し総評は、「男女平等化と保護に対する基本的な視点で総評と根本的な相違がある」とし、「深夜労働は男子も含めて規制を加えることが必要」などの「幹事会の態度」を即日発表した。同盟も同日、「男女平等の問題を形式的にとらえ、現実には婦人労働者の労働条件の切り下げをもたらすものでしかない」という趣旨の前川書記長談話を発表した。中立労連も、「この報告でいう男女平等の確立、婦人の雇用機会の拡大の建前が生理休暇の廃止や時間外労働、深夜業規制の緩和にむすびつけているところに問題の本質的な誤りがある」として、反対の意志を表明した（「労働基準法研究会報告に対する総評幹事会の態度」、「労働基準法研究会報告に対する同盟書記長談話」、「『労基法研究会報告』に関する中立労連の当面の見解と今後の方針について」。引用はいずれも『婦人労働』5号、1979年、47〜51頁から）。ゼンセン同盟も当日、不満と反対の意思表示を行ない（大羽 1979: 6)、全労働省労働組合「労働行政の民主化をめざす全労働の提言」(79年3月) も、女性の低賃金に触れ、「かかる条件のもとで『平等』を理由とする婦人労働者の深夜業への『解放』は低賃金労働力の再生産以外のなにものでもない」と批判した（引用は、江口ほか編 1981 より）。多田とよ子ゼンセン同盟婦人委員会委員長は、「不確実な『平等』と引き換えに婦人の保護措置を軽々に廃止しようとしている」と批判した（朝日 78.11.21)。これらを見る限り、労働組合は一様に保護の廃止に反対しており、また政府の諮問機関が「平等」の法制化を打ち出したことを評価するより、むしろそれを規制緩和のための「口実」にすぎないとする見方が支配的である。約言すれば、「『平等』に名を借りた保護撤廃」（小山内 1979: 45) という評価である。同時に、研究会が十分に女性労働者の実態を把握していないことや、「婦人労働について研究するのに、男性7人、女性1人のメンバー」という委員会の構成なども問題とされた（広木 1979: 48; 山野 1979: 40-41)。

赤松は、のちにこう振り返っている。「報告に対して、主として労働組合側

の反発がものすごく強くて，これはたいへんだ，基準法の保護規定を廃止しようとしたら大変なことになるんだという恐れみたいなものを感じました。だから，私は労働省がえらい窮地に立たされたと言ったら言い過ぎかもしれないけれども，あの発表はえらいこっちゃと思いました」（日本労働研究機構編 2000: 25），と。

 他方，東商の伊沢実労働部長は，「かなりつっ込んだ合理的内容」などとし，特に生理休暇廃止に言及したことを，「思い切った指摘」と評価した（朝日 78.11.21）。伊沢は，報告書の内容が70年に東商が発表した「労働基準法についての意見」と「共通するところが多く，感慨無量である」，「かつて東商がこれを世に問うた意義が8年余を経た今，ようやく認知されたかに思われ，ひそかに感慨を覚える」（伊沢 1979: 49）などと，東商の意見を反映した報告書を高く評価する。労働組合サイドも，報告が70年の東商「意見」をとり入れたものだと指摘している（前田 1979: 44; 小山内 1979: 45; 山野 1979: 41; 塩沢 1980: 136）。

◇一枚岩ではない労働側

 以上みられるとおり，報告書に対する労使の評価は正反対であったというのが，当時の報道であり，また従来の評価であるが，筆者は事態がそう単純ではなく，とりわけ労働組合間に意見の幅が相当ていどあったことに注意を喚起しておきたい。そのためにここで，労基研報告直後に，企業・労働組合双方を対象に行われた調査をもとに，女子保護規定に関する企業と組合の意識の差を確認しておく（「労務事情」編集部編 1979 より）。

 まず，時間外労働規制については，企業では「時間，職種等を改正すべき」（規制緩和）23.1％と「撤廃すべき」66.8％を合わせるとほぼ九割に達したのに対し（「現行法通りでよい」は7.7％），組合では意見が割れ，最多は「現行法通りでよい」の48.4％であるが，「時間，職種等を改正すべき」も40.9％に達していた。休日労働の禁止については，企業側は「撤廃すべきである」71.7％，「振替制度を利用すればよいので改正する必要はない」21.3％，「現行法通りでよい」4.5％，組合側は「現行法通りでよい」が最も多く38.7％，「振替制度を利用すればよいので改正する必要はない」33.3％であるが，「撤廃すべき」も24.7％あったことは注目してよい。深夜業禁止についても企業側が「撤廃す

べき」14.3％,「原則としては規制,例外の事業・職種を広げるよう改正」（規制緩和）61.9％を合わせると, 4分の3以上が規制の撤廃か緩和を望んでいるのに対し（「現行法通りでよい」22.4％）,組合では「現行法通り」(51.6％)と規制緩和（43.0％）に大きく意見がわかれた（「撤廃すべき」は2.2％）。危険有害業務の就業制限についても傾向は同様で,企業では「撤廃すべき」14.0％,「原則としては規制,例外の事業種類の範囲を広げるよう改正」（規制緩和）64.7％を合わせると,八割近くが規制の撤廃か緩和を望んでいるのに対し（「現行法通り」20.3％）,組合では「現行法通り」(48.4％)と規制緩和（43.0％）に大きく意見がわかれた（「撤廃すべき」4.3％）。生理休暇についても企業側では「撤廃してもよい」(59.8％)と「母性保護を強化すれば撤廃してもよい」(23.8％)を合わせると8割を超え,「現行法通りでよい」は12.2％に過ぎなかった。他方,組合では「現行法通り」が64.5％だが,「撤廃してもよい」10.8％と「母性保護を強化すれば撤廃してもよい」21.5％を合わせると3割を超えた。組合だけに対する調査項目では,現行労基法の女子保護規定に対する評価を尋ねたところ,「規定によっては過保護と思う」37.6％,「妥当である」30.1％,「現行水準をもっと引き上げるべきである」26.9％に三分された。

　労基研報告が打ち出した方向全体に関する意見みても,一般女子保護規定に関する提言については,企業側では「賛成」30.1％と「大筋として賛成」60.5％を合わせると九割以上に達する。組合側は「反対」7.5％,「実質的な男女平等になることが前提」19.5％,「現行労基法の水準を引上げ」22.6％を合わせると49.5％に達するが,他方で「賛成」6.5％と「大筋として賛成」37.6％の合計も44.1％とかなり拮抗している。

　なお,女子保護規定がなくなれば,男女は「平等になると思う」が企業では23.1％,組合では11.8％,「平等になると思わない」が企業で73.8％,組合でも86.0％で,企業・組合双方とも,女子保護規定を外しても男女が平等になると思わないとの意見が大勢を占めた。さらに興味深いのは男女平等法の立法化についてで,「賛成」が企業で58.4％,組合で45.2％,「反対」企業で30.4％,組合で47.3％と,男女平等法の制定に組合の方がより多く反対しているという事実である。

　以上をまとめると,企業側ではほとんどの項目について規制の撤廃ないし緩

和に7割〜9割の合意があるのに対し,組合側は,報告発表直後に主にナショナル・センターから表明された抗議声明とは異なり,規制緩和に賛意を表明する組合も2割〜4割はあった。同盟系労組指導部にも同意を表明した者がいた(田沼 1981: 195)。特筆すべきは,「組合員の約6割が女性である産別として,この報告書につよい関心をもっている」という商業労連が,「母性保護」と「女性保護」を明確に区別し,母性保護は更に強化するとともに,女性保護については積極的にこれを見直し,解消の方向をめざすとしたFIET(国際商業事務技術労連)の方針にしたがい,「今回の研究会の報告書は,概ね,FIET並びに今日の国際的な潮流に沿うものであり,商業労連としても共鳴しうる」(秋元 1979: 46)としている点である。

◇**婦人少年局と平等法の必要性**

なお報告書は,「労基法3条を改正し,『性別』を入れるべきとの議論もある」としながらも[27],労基法は労働関係存続中の労働者の労働条件を規定するものだから,「募集,採用における差別の問題が残る」し,刑事罰を背景に労働条件の最低基準を確保しようとする労基法の中に「あっせん,勧告などの弾力的措置の根拠となるような規定を設けることは,本来的になじまない」との理由で,これを斥けている(労働省婦人少年局編 1978: 43)。有泉委員長も同様の説明をしており(有泉 1979: 9; 有泉ほか 1979: 64),のちに赤松婦人少年局長も,労基法改正では採用についての規制ができないので,新法が必要だと思うと述べている(日経 83.6.13, 夕)。

だがこの点を,「婦人少年局の存続」と関わらせる見方がある。すなわち,労基法3条に性を入れる改正なら行政の主管は労働基準局に移され,婦人少年局は「勤労婦人福祉法が危ない立場に成れば,再び独自の法律を失う」ので,この報告書が「婦人少年局管轄による行政救済の根拠規定を設けることができるように想定されていることを見落としてはならない」(田辺 1985: 164-165)というのである。勤労婦人福祉法制定時の高橋展子婦人少年局長は「是非,婦人少年室が主役を演じられるような,法律に根拠を持った行政を展開したい,そのためには何が何でも法律が必要なのだ」と語っており(有馬ほか 1991: 4),同局は「独自の法律と予算を持ち,法にもとづいて施行する行政マンになりた

いという念願を、この法律によって叶えられ」（田辺 1985: 161）たという経緯
がある。

◇**報告書の受容のされ方**

　雇用平等問題が、論議の火ぶたを切るのがこの時だといわれるように（本多 1984: 84; 大矢 1985: 86; 篠田 1986: 87）、この労基研報告に関する報道は非常に大きく、各紙は一面で取り扱った。労使はもとより、一般の関心も高く（秋元 1979: 46;「労務事情」編集部編 1979: 82; 森山 1980: 244-245）、「久々で婦人労働に関する議論が論壇をにぎわし」た（大羽 1979: 6）。専門家も、「一面トップ記事というのは労働関係では、春闘とか、スト権とかいうこと以外ではあまりないことで、今後かなり問題となる報告書ではないか」（有泉ほか 1979: 62, 発言は花見）、とみていた。実際、以後の女性労働政策は、この労基研報告を軸にすえて展開することになる（桜井・高林 1985: 19）。

　しかし、当時の新聞をみると、労働組合の受け取り方と同様に、「平等」よりも「保護撤廃」ばかりがクローズアップされている。当時は新聞が「女性の深夜業禁止解除」、「生理休暇は廃止」などという大見出しで報道したこともあって、議論がもっぱらこの部分に集中し、労働組合や女性団体から一斉に批判が起こった（例えば、浅倉 1979;『婦人労働』5号の「労基法研究会報告特集」など）。この報道について有泉委員長は、「新聞によっては男女平等法の提案よりも生理休暇の廃止を大見出しで報道したものさえあり、驚かされた」（有泉 1979: 10）と述べている。また、「このように大きく扱い、保護廃止を大きな見出しとして出すと、それがあたかも規定のことのような重みをもつ」と、報道のあり方を批判する向きは、女性運動サイドにもあった（島田 1979: 40）。「同研究会の目的が労基法の改正にあったいきさつを考える時、肝心の『男女平等法』制定がいつの間にかかすんでしまい、経営者側に都合のよい生理休暇の廃止などが"つまみ食い"される懸念」（読売 78.11.21）も表明された。

　報告書発表後、婦人少年局は平等法制定に向けた広報活動を活発化する。発表を受けて藤井労相は、報告の趣旨を尊重して、必要な措置をとるとの談話を発表し、労働省を中心に労基法改正や新規立法を検討する方針を明らかにした。また、労働省もこの報告書を婦少審の婦人労働部会および、中央労働基準審議

会に提出した。特に，前者で雇用における男女平等の具体的な姿を明らかにすべく方策の検討を求めた。

　なおこのとき，労働組合が報告書を批判したことを歓迎する意見が企業側にあったことは見逃せない。つまり，保護規定を楯に取り，男子に偏った採用を行なった方が有利との判断があったのである。ある大手損保は「男女に同じ就職試験を受けさせたら，ペーパーテストに強い女子の入社がふえる。そうなったら，人事計画は"革命的"変革を求められる」と警戒していたが，労働組合の保護撤廃絶対反対の姿勢をみて，「それなら，従来通り，女子は保護規定が多いので遠慮してくれと主張できる」とし，労働省幹部からも，「女子を男子と同条件で雇いたくないのが企業の本音。……労組の主張はこうした企業を結果的に喜ばせるだけ」との声が聞かれた（日経 78.11.30, 夕）。

◇男女平等問題専門家会議

　79年7月，労働省内に婦人少年局長を責任者とし，婦人少年局，労働基準局，職業安定局の3局にまたがる「雇用平等法問題調査研究会」が設置された。同研究会の検討事項は，男女平等法の必要性，性格，適用範囲，規制範囲とその基準，救済方法，執行機関など，立法に必要と思われる広範な項目にわたり，男女平等の法規定と女性に対する特別措置の関連，特別措置の必要な理由とその範囲なども検討された。

　さらに同年12月には，婦少審婦人労働部会の「確保されるべき男女平等の具体的な姿について検討を行う専門家からなる会議を設けることが適当である」との申し合わせを受け，「男女平等問題専門家会議」（労相の私的諮問機関，座長・三淵嘉子弁護士）が設置された。同会議が設置されたのは，労働組合や女性団体の激しい反対に対し「冷却期間」を置くためである（篠田 1986: 87-88; 赤松編 1990: 118）。赤松はこう証言する。労働組合が「とにかくえらく怒ってしばらく手がつけられなかった」ので，「男女平等問題専門家会議を作って，表現は適当でないかもしれないけれども，そこに『げた』を預けた。とにかく冷却期間を置いて，男女平等の方にぐっと舵を切ろうということで専門家会議を開始した」（日本労働研究機構編 2000: 27），と。

　専門家会議は82年5月に，2年半にわたる審議の結果を報告書「雇用におけ

る男女平等の判断基準の考え方について」にまとめた。報告書は，職業意識が低いなどの理由で企業が女性を採用などの面で差別するのは不当，社会通念や平均的な就業実態の差を理由に企業が男女異なる扱いをすることは妥当性がないなどとし，同時に労基法など現行の女子保護規定については，妊娠・出産など母性保護に関する法的措置は必要だが，それ以外の体力の違いなどを理由に男女間で異なる規定を設けることは，男女平等の観点からみて好ましくないとの考えを打ち出した。

同報告書が，雇用における男女平等とは，「機会均等を確保」することで「結果の平等を志向するものではない」と述べたことは，多くの論議を巻き起こした（坂本 1983: 5）。もともと同会議は，労使あるいは男女の間で，雇用における平等に対する考え方にずれがあるのではないかということで，婦少審が「まず男女差別とは何かという判断の基準が必要」として，設立を提案したものであるが，同会議は2年半の審議の結果，雇用における男女の平等とは機会の平等である，という見解を出したことになる。ここでいう結果の平等とは，具体的にはアファーマティヴ・アクションや，クォータ制が考えられていたとみられる（竹中 1983: 268）[28]。

ただ，同報告書には母性保護の側から多くの批判があるものの，「わが国の女子労働をとりまく現状を考慮に入れると，妊娠出産機能をもつことに係る母性の保護を目的とする規定以外のすべての男女異なる規定を今直ちに廃止することが必ずしも適当でない場合がある」と，保護撤廃に一定の歯止めをかけ，労基研報告よりトーンダウンしている。

このときもまた，生理休暇が母性保護に入るかどうかが焦点となった。「妊娠」「出産」「哺乳＝授乳」だけを母性保護の対象と考える経営者側に対し，労働側は生理休暇まで含まれると主張，議論は平行線をたどり，結局，生理休暇が母性保護に含まれるかどうかについて専門家会議は判断を下さなかった。このため，「二年以上も時間をかけたにしては内容が期待はずれ」と報じられた（日経 82.10.29, 夕; 83.11.4 夕; 11.26）。専門家会議は，結論の一部を出さないうちに「いわば"時間切れ"のような感じで…婦人少年問題審議会にゲタを預けた格好」（大矢 1985: 97）となった。

というのも，生理休暇以外でも，労働側委員と経営側委員の意見の相違を反

第6章 「保護」と「平等」をめぐる政治

映して，深夜労働などの具体的な取り扱いには触れておらず，「女子は一般に勤続年数が短い」，あるいは「勤続期間の予測が困難である」という理由による差別的取り扱いをどう評価するかについても両論併記となった。使用者側が，「女子は一般的に勤続年数が短いことは重大な問題であり，長期的，計画的雇用管理を行うためには，男女異なる取扱いをしなければ企業が崩壊する」と主張して譲らなかったからである。労使双方から委員が入っていることもあって，三淵座長も「いろいろ意見があって，はっきりした結論が出せなかった」と認めるような状況で，使用者側，公益側それぞれの内部で意見がわかれたところもあった。そのため労働省幹部も，「判断基準とはいうが，基準になっていない。婦少審でもう一度，母性保護の範囲について検討し直すことになる」と語った。報道も「難問に玉虫色」，「焦点がボケたもの」，「それぞれの団体を背景にした企業エゴ，労働エゴが前面に押し出され，有識者としての個人的意見が弱められた」，「両者の妥協点をさぐることに力点が置かれ，その結果，あたらずさわらずのあいまいな内容になった」，などといった具合であった。さらに，労働省幹部の話によれば，答申が玉虫色になったのには，婦人少年局と他の部局という労働省内部での意見の不統一も反映していた（朝日 82.5.8, 夕; 日経 82.5.8, 夕; 5.11, 社説; 田辺 1985: 166; 本多 1984: 100-104）。

こうして，「ゲタを預け」られた婦少審に審議の場が移されることとなったが，これまで見てきたような，労使間の意見の隔たりは，婦少審の場でも再び表れることとなる。

5　男女雇用機会均等法制定の政治過程

◇婦少審婦人労働部会

専門家会議が82年5月に報告書を出したのを受け，均等法それ自体の審議が開始された。そして同年7月には，婦人少年局に男女平等法制化準備室が発足した。均等法の審議は，婦少審婦人労働部会で行なわれたが[29]，情報提供その他の形でお膳立てをするのが準備室である。

婦少審は，「婦人労働部会」「年少労働部会」「婦人問題部会」から成り，均等法の審議が行なわれた婦人労働部会は，公益，労働，使用者からそれぞれ3

人ずつ，計9人の委員で構成され，うち4人が女性である。当時の公益委員は，部会長の渡辺道子（弁護士），青柳武（毎日新聞論説室顧問），和田勝美（全国勤労青少年会館館長，労働省OB），使用者側委員は，喜多村浩日経連労務管理部長，三矢隆夫小田急百貨店社長（日本商工会議所推薦），山本貢全国中小企業団体中央労働部長であった。労働側委員は，山野和子総評婦人局長，市川清美同盟青年婦人対策部副部長，佐野美代子生保労連婦人対策部長で，それぞれ総評，同盟，中立を代表する構成であったが，対立軸が労―使に加え男―女でもあったためか団体間に方針の違いはなく，三者は一貫して同一歩調を取った。三者の中では山野がイニシアティヴを取ったが，それは彼女が最大組織の総評を代表していることに加え，77年の婦人局長就任以来，労働組合の男女差別撤廃運動の中心的指導者だったことにもよる。山野は均等法づくりに「自分の運動のすべてをかける」と語り，「母性を守る」一点に傾きがちだった守りの女性労働運動を，この機会に「働く女性の権利確立の運動」と位置づけると，意気込みを示していた（朝日 84.1.25; 篠田 1986: 92）。

◇経営者側の反対

　浅倉むつ子によれば，男女平等問題専門家会議での論議が契機となり，82年以降，経営者団体の反対が活発化したという。曰く，「雇用平等立法の構想が具体化し始めると，それまで漠然としたイメージしかなかった経営者側にもようやく均等待遇政策の何たるかが自覚されたのであろう」。というのも，それまで経営者にとっては，保護撤廃が「優先的な課題」で平等の方は「口実にすぎなかった」が，「ひとたび男女平等待遇の実現可能性が生ずると」，「経営効率の観点からみても，男女平等政策は，容易には受け入れられるものではないと判断して，反対する意見を固め始めた」（浅倉 1991: 240-241）と考えられる。
　まず，関西経営者協会労働法規研究委員会「労働基準法の改正に関する意見」（82年3月）が，企業内の労働条件の決定は労使の自主性に大幅にゆだねるように主張，
　①女子の時間外労働規制をゆるめる
　②労働協約を結べば深夜業を認める
　③管理職の女性の深夜業規制は削除

第6章 「保護」と「平等」をめぐる政治

④生理休暇は，生理に有害な業務に従事する女性だけという方向性を打ち出すと同時に，ILO の条約・勧告は，必ずしもそのまま直ちに準拠すべきものとは考えない，とした。またその中で，「男女平等問題は……基本的には機会の均等であって，結果の平等を求めることは，悪平等を招き，却って困難な問題を惹起する」，と述べている（『労働法律旬報』1059号，1983年，14〜27頁に所収）。続いて同年7月には，東京商工会議所が「労働政策に対する要望」を発表し，「企業の活力低下をもたらさぬことを前提に国民各層の合意の形成に努めるべきであり，法制化については慎重に」，「"男女平等"のためには，これ［女子保護規定の再検討－引用者補］が不可欠であること，また雇用における男女平等とはあくまで機会の均等であって，結果の平等ではないことを明確にすべき」と主張した。全国中小企業団体中央会は，82年の中小企業労働対策への要望で，「男女平等政策の推進に当たっては，労働基準法における現行女性保護規定の見直しを行い女性が十分に能力発揮できるようにすること」を要請し，84年の要望では「法的整備の推進に当たっては，わが国の社会経済事情を十分に踏まえ，雇用の実態に即したものとする」ことを要望した（布施 1984: 61; 赤松 1985: 206-207）。

婦少審婦人労働部会の審議で使用者代表は当初，そもそも男女平等を定めた法律について審議すること自体に拒否の姿勢を示し，公益委員の最初の仕事は「使用者委員を席に着かせること」だった。渡辺部会長は振り返る。「日経連の代表の方は，会合が始まっても立ったままなんです。『私どもは，こういった法律の制定そのものに反対ですから，作るための話し合いの席につくわけにはいきません』とおっしゃって。差別撤廃条約は批准しなくてはいけないし，男女平等の法律がないのは，先進国では日本だけなんですよ，と説き伏せて，やっと座ってもらったものでした」，と。しかし，渡辺の説得で何とか話し合いは始まったものの，日経連は立法化それ自体への反対を取り消したわけではなく，審議が進み，具体的に禁止にすべき項目が明らかになるにつれ，反対の姿勢はますますかたくなになった（渡辺 1995: 5; NHK 新・日本人の条件プロジェクト 1992: 213-214）。赤松によると，「労使間に暗くて深い川がある感じです。諸外国の実情を知れば知るほど，日本の立ち遅れは否めないのですが，使用者側には『外国が実施しているからといって単純に日本もというわけにはいかな

い』との反発が大き」かった（日経 83.6.13, 夕）。

　審議会で日経連代表の喜多村委員が反対するだけではなく，日経連は審議会の外においても反対の動きを見せた。当時，日経連の大槻文平会長はさまざまな場で，「法制化は経済成長の失速にもつながりかねない」などと反対した（日経連タイムス 84.3.29; NHK 新・日本人の条件プロジェクト 1992: 215）。83年9月には記者会見で，雇用における男女平等の法制化への反対を表明した。そのときには反対声明も準備されており，その内容は「生理休暇や深夜労働の就業禁止など，労働基準法の女子保護規定の撤廃が先決であり，現状のまま法律の成立が強行されれば，日本の労働慣行を根底から覆し，終身雇用制にも影響を及ぼす恐れがある」というものであった（毎日 83.9.28, 夕）。日経連の松崎芳伸専務理事は，「反対を表明するのと，裏で根回しするのとどちらが得策か，日経連には両論ある」と述べていたが（日経 83.9.29），「表明」が選択されかかったのである。「本来ならとっくに日経連が反対声明を出していてもおかしくないの」に，83年になってようやく声明を準備しはじめたのは，「①審議会が議論百出で，どうまとまるか見通しが定まっていない②労働省から事態を静観してほしいとの要請が日経連事務局にあり，事務局も応じてきた――などの事情がある。審議会には日経連事務局からも委員が出ており，審議経過は逐一わかっていたはずなのだが，会員企業への情報提供が限られたものだったことも反対運動の立ち上がりを遅れらせた一因」（日経 83.9.29）だとされる。ただ，条約署名の節で確認したとおり，そもそも経営側が事態の重大さを認識したことが遅かったのである。

　82年に「日経連のある幹部」は，「男なら会社にいれば［入れば――引用者補］十人中，八，九人は定年まで勤めるが，女性はほとんど辞めてしまう。それでも同等に扱え，というのは従来の人事管理を根底からひっくり返すようなものだ」と，その影響の大きさに警戒感を示した（日経 82.10.29, 夕）。83年に入ると，人事，労務等を担当する課長クラスから，「これは革命だ」といった声が出はじめたとされる（日経 83.11.4, 夕）。危機感は，徐々に現場にも浸透していったのである。

　日経連の動きは，女性運動の動きも本格化させた。「国際婦人年日本大会の決議を実現するための連絡会」は，立法化反対の動きに対し申し入れを行ない，

第6章 「保護」と「平等」をめぐる政治

労相には条約批准，男女の雇用平等法，育児休業法制定などを申し入れた（糸久編 1990: 94; 山口 1992: 63-64）。

◇経営者側の戦略変更

日経連の動きに対し，「そんな声明を出したら日経連としても後へ引けなくなってしまうから，それは何としても止めなければいけない」（日本労働研究機構編 2000: 36）と思った赤松は，公表を控えさせるため，以下のように説得した。すなわち，その時点では婦少審での結論や法律の内容が固まっていない段階だったため，「法律の中身が決まってもいない段階で反対するのは，日経連が男女平等の理念そのものに反対していることになるんですよ。世界中に日本企業の頭の古さを暴露するようなものです。おやめになったほうがよろしいのではありませんか，とお話ししました。最終的には，男女不平等の是正は世界的な機運であり，条約の批准のためにはどうしても法制化しなくてはならないのだと，いわば外圧を利用して説得しました」，「反対声明というのは……天下に公表することですからね。日本の新聞に出ればもちろん諸国にも報道されるわけで，それはやっぱり，やるべきことじゃないんじゃないかというお話をしたんです」，「そうしたら，『なるほどね，それはそうだね』と思っていただいたようです」（〈誌上再録〉密室の攻防 1985: 49-50; NHK新・日本人の条件プロジェクト 1992: 214; 日本労働研究機構編 2000: 36; 赤松 2003: 70）[30]。

そこで日経連は，「男女平等の理念に逆らうような印象を与えるのは好ましくない」と判断し，声明は公表されずに処分された。このときの事情について，喜多村はこう語っている。「ほんとうにやるんだったらね，財界の総力を挙げて自民党政府とね，対立しなきゃならなくなる可能性があるわけですよ。えらいことだと……それで夏の頃に，……まあ法制化もやむをえずという，百八十度の大転換だな」（〈誌上再録〉密室の攻防 1985: 50; 日経 83.11.4，夕），と。

そこで日経連は，「法制化が止むを得ぬとすれば，法案の中味を"骨抜き"にすること」と，労基法改正による女子保護規定撤廃をセットにすることに戦略を変更した（田辺 1985: 168; NHK新・日本人の条件プロジェクト 1992: 219）。

赤松は日経連だけでなく，均等法制定に反対している経済界の大物経営者たちを訪ね理解を求めたが，反対に遭いつづけた。女性を差別することで現状が

うまくいっているという認識の経営者も多かったという（NHKプロジェクトX制作班編 2001: 134）。法律の制定自体には反対しなくなったものの，婦少審婦人労働部会の審議でも使用者側は，

①募集，採用，昇進，昇格は努力義務とする
②定年，退職，解雇については判例があるので，罰則なしの禁止規定もやむを得ない
③労基法の女子保護規定撤廃については，男女平等の気運が高まる中，保護規定こそが女性の社会進出の障害であり，平等は保護規定廃止が前提である

などと主張した。審議会のそもそもの目的は平等法の制定にあったにもかかわらず，「平等を求めるならば保護は削減すべきだ」という使用者側の主張で，審議会での議論は保護削減論に傾いた（田辺 1985: 168; 篠田 1986: 95; 筒井・山岡 1991: 59）。

当時，経済界には，男女平等をいうなら深夜労働禁止とか生理休暇規定は廃止しなければ，男子並みには採用できないとの声が強かった。「平等」がイシュー化した以上，「すでに先進国では『保護より平等へ』という趨勢にあるが，この潮流を無視して保護も平等もというぬるま湯的な考えのままで平等を唱えるだけでは女性の雇用機会の拡大も地位向上も進まない」（藤井 1982: 51）というのが，経営側の主張となった。労働省が81年に従業員30人以上の企業を対象に実施した「女子労働者の雇用管理に関する調査」では，四年制大卒女子を男子と同等に扱えない理由（複数回答）では，「勤続年数が短い」（55.9%）がトップだが，「法制上の制約があるため」（35.4%）が二番目に多かった（日経82.5.8，夕）。ただ，前掲の産業労働調査所「産業労働調査」（79年）によれば，女子保護規定の撤廃で，男女の平等が促進されるとは，多くの企業も考えてはいなかった。

婦少審婦人労働部会においては，男女平等を実現したいのなら女子保護規定を見直すべきだとする使用者側委員に対し，労働側委員は男女平等を女が男の厳しい労働条件に合わせるのではなく男性が女性の良い条件に合わせるべきとし，女子保護規定見直しに反対するだけでなく男性の労働条件をも問題にした。これに対し公益委員は，男性の労働条件にまで議論を拡大することは婦少審の

第6章 「保護」と「平等」をめぐる政治

場では不適当だと主張した。

　他方，男女平等規定については，使用者側委員が一応その必要を認めながらもできるだけ実効の上がらないものをねらうのに対し，労働側委員は罰則つきの禁止規定を主張した。平等規定について，使用者側委員であった喜多村日経連労務管理部長は，「画一的な『強硬法規』で網をかけられては困る」，「向こうは実効のある法律とかなんとか言っているけれども，実効が上がっちゃ困るの，これ。はっきりいって，実効のあがらないものをまずつくってもらわなきゃね」と公言していた。また彼は，「われわれは日本がこういう法律（男女雇用機会均等法）をつくって，世界の，主として先進国の潮流に乗ることを別に否定しているわけではないが，日本は日本だというところから出発しないといけない。条約の内容や国内法案の内容から考えて，急激な変化を要求されるのは，はなはだもって迷惑千万という気持ちは今でもあります」，とも語っていた（日経 83.11.4, 夕;〈誌上再録〉密室の攻防 1985: 49; 大矢 1985: 69-70）。均等法成立10年後に喜多村は，「泰山鳴動して鼠の一匹も出ない，という状況にしたかったのが本当の気持ちである」と振り返っている（喜多村 1995: 6）。他の経営者団体でも，例えば山田潤太郎関西経営者協会理事は，「職場の待遇に不満がある女性は会社に文句をいったり，裁判に訴えたりすればいいでしょう」と，一律の規制に反対の考えを示し，さらに「世界にはいろんな国がある。どの国の文化が進んでいる，遅れているということはいえない」と述べ，条約批准にも否定的なニュアンスを示していた（朝日 84.1.23）。

　募集，採用，昇進などが努力義務規定になったとしても，民法90条の公序良俗違反と並んで，裁判で勝利する基本要件となるため，女子労働裁判の多発を憂慮する声も上がっていた。「社会的使命を問われる大企業ほど，違法行為に対する世論も厳しくなる」から，「罰則規定付きの法律が，一発で相手をノックアウトできるパンチとすれば，努力義務規定は，ジワジワと効力が浸透していくボディーブローみたいなもの」だとの意見もあり，「現実にはそぐわない罰則規定付きの厳しい法案を作り，廃案に持ち込みたいという読みもあるらしい」との噂も飛び交った（日経 83.11.4, 夕）。経営者にとっては，努力義務規定とはいえ均等法はできない方が望ましかった。

5　男女雇用機会均等法制定の政治過程

◆**女性・労働運動からの圧力**

　労使代表の激しい対立が度々報じられたこともあり，この問題への社会の関心は高まり，論争の場は審議会の外にも広がった。

　労働側がまず問題にしたのは，労基法改正による女子保護規定の緩和・撤廃であった。生理休暇などの保護規定は，長年にわたる運動の獲得物でもあり，また深夜業の解禁は，家庭責任を負っているため深夜業ができない女性労働者をパート労働者化すると懸念された。「パート化進める機会均等法」という捉え方である。時間外労働の規制緩和が先行して，残業が今まで以上に恒常化されはしないかとの不安も指摘された（田辺・高島 1979: 25-26; 島田 1979: 39; 鳥居 1984: 16; 桜井・高林 1985: 16; 藤井 1985: 30; 多田 1986: 28）。総評組織局長は「男女雇用平等法（機会均等法）の運動を通して痛感するんですけど，結局，このままでは，女子の労働時間を男子の長時間労働に近づけるだけになってしまう」，と懸念したが（佐野 1984: 34），それに耐えられない女性はパート化するのではないかと予想されたのである。つまり，男女の労働条件を対等にすることが，却って女性の社会進出のマイナスとなるとの懸念である。

　また，保護廃止に反対するだけでなく，雇用平等法に対し経営側が反対している，あるいは実効性のないものにしようとしていることが知られるにつれ，実効性のある平等法を求める声も上がるようになった。これらの点については，細部に後述のような相違があったものの，大枠では労働団体の間で特に方向性の違いはなかった。

　82年5月の男女平等問題専門家会議報告直後から労働組合は，条約の早期批准，実効性ある平等法制定，労基法女子保護規定の廃止反対を，ハガキや手紙，労働省への陳情で繰り返し訴え，ハガキ等の要望書は均等法が国会に提出されるまでに15万通を越えた。また，総評は83年10月に実効ある男女雇用平等法を実現するため，全国規模の長期連続行動を実施することを決定し，11月10日〜12月24日の間に全国の各都道府県から連日40〜60名を動員，労働省交渉及び労働省庁舎前での座り込みを実施した（赤松 1985: 207-208）。こうした活動は，この問題へのマス・メディアの関心を高める上で効果があったと考えられる。84年2月の第70回臨時総評大会には，約60人の女性代議員が特別参加し男女雇用平等法問題を討議した。そこで，84年春闘方針の一つとして男女雇用平等実

現へ向けた取り組みが決定された。また，全民労協，同盟も，男女雇用平等法の早期実現と育児休業法の制定に取り組んだ（糸久編 1990: 93）。総評は，婦少審婦人労働部会の公益委員にも接触していた（『密室の攻防』を見終わって 1985: 63）。

ただ，同盟が83年に作成した雇用平等法案では，募集，採用，配置，昇進，昇格およびその他労働条件と，賃金，教育訓練，福利厚生，定年，退職および解雇の2グループにわけ，「前者は，違法行為があれば裁判で決着をつける。後者は罰則付き」としたため，「退職や解雇差別については，既に最高裁判例などもあることだし，法案が多少『強硬になる』のはやむをえない」という日経連への「歩み寄り」（日経 83.11.4, 夕）も指摘された。

◇労働運動内部における男女間の温度差

労働組合も，男性組合員の関心の薄さを反映して，組織全体の問題としての取り組みが遅れた（篠田 1986: 94; 山本 1987: 28; 大羽 1988a: 19）。執行部と婦人部で均等法，女子保護緩和のそれぞれについて意見が一致しておらず，ナショナル・センターが雇用平等法に組織をあげての取り組みを開始したのは，審議が大詰めを迎える84年に入ってからであった。総評は84年1月に婦人局からの要求により，2月の臨時大会で雇用平等法制定の闘いに組織として取り組むことを確認したが，法制化を条約批准のための条件と位置づけ，女子保護規定についても「オールマイティではない」と見直しに弾力的に対応することを表明し，婦人部の方針とのズレをみせた。こうした基本的な方針は労働五団体に共通してみられた。総評が遅れ馳せながら本腰を入れるようになったのは，この問題それ自体のためでなく，春闘の一環として政策制度闘争でも全面対決を挑むことで，賃上げ交渉で労働側有利の環境をつくろうとしているためだとの報道もあった。そして，「そのためには国民世論に必ずしも支持されていない女子保護の見直しに反対するよりも，政府を含めて国際的な潮流となっている男女平等に力点をおくほうが効果的であると判断した」とされる（朝日 84.1.23; 篠田 1986: 94; 濱賀 1999: 42）。「保護か平等かという短絡的な二者択一論でも，平等法と保護見直しのセット論でもない」（山野）というのが労働側代表委員の基本的方針であったが（週刊労働ニュース 83.11.21），平等法制定に比べると，

保護規定維持の方が旗色が悪かったのである。ここにはおそらく，78年の労基研報告書への反応においてみられたように，労働組合内部に規制緩和へのスタンスに幅があったことも関係していると思われる。

　84年4月の労働4団体など主催の春闘総決起集会では，初めて「雇用における男女平等の実現」がスローガンに登場したが，組合員の関心は低く，「平等法の前に賃上げを」，「法律よりまず男と対等に働く女の自覚がなけりゃ」，「女が家庭を守る慣習を壊したら家庭崩壊じゃないか」などといった声が出，「はからずも垣間見た，労働組合にも浸透している男中心社会の根強さ」などと報じられた（朝日 84.4.2）。

◇公益委員試案とそれへの反応
　労使が厳しく対立し審議が難航をきわめる中，労働省は83年10月24日に「中間報告」を発表し，それまでの審議状況を公開した。ただ，その時点まで労使双方譲らず平行線をたどっており，危険有害業務の就業制限に対する見直しや帰郷旅費の廃止など若干の項目については合意をみていたが，

①機会均等と待遇の平等を確保するため，雇用管理のどの範囲まで，またどの程度の強さで規制の対象とするか
②法の実効を担保するためどのような措置を取るか
③労基法女子保護規定の改正の程度
④育児休業請求権を法制化するか否か

などの点で意見が対立していた（赤松 1985: 147-153; 岸井 1984: 4-10）。生理休暇について使用者側は，「先進国でも例がない制度で廃止すべき」とし，女性団体からは「母性保護の立場から廃止すべきでない」との意見が出たが，労働組合の中にも「病気休暇制度や年次有給休暇の充実で解決すべきだ」との意見もあり，「議論百出の状態」（労働省）であった（日経 83.11.26）。平等については，労働側が罰則つき強行規定を主張するのに対し，使用者側は法による一律強制に反対し，他方，労基法の女子保護規定については，時間外や深夜労働に対する規制の撤廃などを使用者側が求めたのに対し，労働側はすべて現行通りとし，さらに産前産後の休業を8週へ延長し，妊産婦の時間外労働や休日労働を禁止することを主張した（関谷 1985: 3）。結局，中間報告では，「労使両論併

第6章 「保護」と「平等」をめぐる政治

記もやむを得ない」との見解が出された。ただ労働側は，深夜業禁止撤廃には反対ながら，時間外・休日労働の制限に関しては，男性も含めた時短や週休二日制の実施を前提に柔軟姿勢をみせ，また「中間報告」は「女子保護規定の適用を受けた者と受けなかった者との間の昇進・昇格等に当たって取扱いに差が生ずる問題については，当面法律による一律規制の対象とはしないことで合意された」とも述べており，労働側は若干，歩みよりの姿勢をみせたともいえる（本多 1984: 107-108）。

85年に条約を批准するため労働省は，84年中には法案を国会に提出しなければ間に合わないとしていた[31]。そこで，84年に入ると労働省の再三の要請に応じて，公益委員がそれまでの議論を元に，たたき台の試案を作ることになった。同年2月に発表された試案では，募集・採用での男女平等は企業の努力に任せるとした一方，採用後の配置・昇進や教育訓練，定年・退職については差別禁止を打ち出した。また，女子保護規定については，時間外労働および深夜業の規制を緩和ないし廃止し，生理休暇制度も原則廃止となった。

大きな焦点の「募集」は，試案公表の3日前まで禁止規定であったが婦人少年局に止められたと，公益委員の青柳武が明かしている。曰く，「行政側が言ったんですけれどね，こんなことされたら，委員総退場になっちゃう。われわれが叩き台つくるときにですよ。要するに募集条項を強行規定にしろと言ったわけですよ。そんなことされたら経営側の委員総退場になります，と『総退場』ということを何回も言いましたね。いや，脅かしなのね」。この件について赤松は，「作業ストップしてしまうようなのはちょっとやっぱり困るんじゃないかと思います，ということは申し上げましたね」と認めている。努力義務となった点を労働側が抗議すると，使用者側委員は，「仮にですよ，五人採用し，そのうち四人が男で，女が一人だったとする。そのとき，応募した側から，そりゃ不公平じゃないか，法律違反じゃないか，と裁判に持ち込まれたら，企業はなぜ女性を一人しか採用しなかったのかということを証明しなければならなくなる。そんなトラブルがしょっちゅう起きてたらたまらんですよ」と反論した（〈誌上再録〉密室の攻防 1985: 55-56）。

こうして「募集」について努力義務規定となった試案だが，経営者団体からは，均等法への禁止規定の導入や，労基法に一部保護規定の留保があるとして，

労働団体や女性団体からは，全体として男女平等にはほど遠いとして，双方から激しい批判が寄せられた。経済同友会は，「配置，昇進，昇格，教育訓練，定年，解雇などは，各企業の人事制度に係わる問題であり，それを法律によって規定するのは，企業のダイナミズム，ひいては自由企業体制の根幹にもふれる重要問題である」（経済同友会「『男女雇用平等法』（仮称）に対する考え方」，赤松 1985: 204-205 より再引，傍点は堀江）と反発した。

日経連の喜多村労務管理部長は，公益委員試案の衝撃をこう語る。「この問題の検討に携わってきた人々が，本当に愕然としたのは，その『男女異なる取扱い』個々の事例がほとんど差別とみなされて，禁止される可能性が強い，という点に気がついたときである。入口の募集・採用から出口の定年・退職・解雇までの全段階，全局面について，事々に男と女を全く同じように扱い，遇し，対応しなければならないということを，日常行っている雇用慣行上のディテールにわたって思いめぐらせたとき，一部の人々から『革命ではないか』という声すら上がるぐらいの衝撃を与えたのである。尻に火がついた，という実感をもって受け止めたのである」，と。そして，「公益委員試案も，配置から定年までの企業内管理が強行規定となってしまっている点は，定年・退職・解雇を除いてとくに反対せざるを得ない」と主張する（喜多村 1984: 11; 14）。

2月の日経連中小企業問題特別委員会で，この試案について喜多村は，「保護の撤廃は不完全のままで平等のみつよく追求されている」と説明し，「企業経営，とりわけ雇用慣行に与える影響が大きい」，「労働省はこの"試案"に基づく法案を国会へ提出の予定と聞くが，国会への法案提出は急ぐべきでない」との点で，全出席者が一致した（日経連タイムス 84.3.8）。そして日経連タイムスは，早速この試案に反対の論陣を張った。曰く，試案は「経営側にとって有利と風評されているよう」だが，「はなはだ的外れな風評で……心外といわざるを得ない」。配置，昇進・昇格，教育訓練，福利厚生，定年・退職・解雇が，罰則抜きの強行規定とされたことについて，「罰則はないが強制される以上，差別と判定されればその扱いは直ちに無効となり，その企業の慣行からみれば全く新しい対応を直ちに迫られる」し，「強行規定によって現状の急激な変革を求めることは，企業内に重大かつ無用の混乱を起こし，ひいては企業の活力を減殺するもので……到底容認できない」。他方，女子保護規定の緩和は「不

徹底」で，生理休暇についても「一見廃止をうたっているようだが，就業が著しく困難な女子に配慮せよといっている以上，実態は廃止ではなく現状と全く変わらない」，と。さらに，条約署名について「婦人少年問題審議会には，事前に何の話もなかった」として，「署名したからといって必ず批准しなければならぬものではない」，「批准を遅らせても，じっくり検討することがこの際必要ではないか」とまで述べた（日経連タイムス 84.3.1）。

さらに日経連は，

① このような企業経営に重大な影響をもたらす条約署名について，事前に日経連に何の連絡もなかったが，政府はその点を認識していなかったのか
② どのように現行法を改正し，あるいはどのような新法を作れば，条約批准のための最低要件を満たすと考えているのか

の2点についての質問状を，首相，外相，労相に提出した。そして日経連は，政府の回答に先立ち，「条約批准は最低要件で」との主張を発表する（日経連タイムス 84.3.15）。これに対し労働省は3月27日，口頭で政府見解を説明した。①についての回答は，既に第3節で紹介した。②については，条約批准のためには「本条約二条および一一条に照らし，わが国においては，雇用における男女の機会均等および待遇の平等の確保について法的措置が講ぜられていない事項については，しかるべき法的措置を講ずることが求められているものと解される。そのうち本条約一一条二項(a)に規定されている『妊娠又は母性休暇を理由とする解雇および婚姻をしているか否かに基づく差別的解雇』については，何らかの制裁を伴う禁止措置（最低限民事的強行規定）により担保しなければならないと解される。したがってその他の規定については強行規定でなくても批准可能であると考えられる」としたほか，生理休暇は母性保護とはいえない，救済機関の新設は批准の要件とはいえない，などの内容を含んでいた（日経連タイムス 84.3.15）。

政府のこの条約解釈は，「かなり限定的」だと批判されているが（浅倉 1991:85），日経連は，この日の回答で最低限の条約批准要件について「政府の言質を取った」とし，以後，法案作成過程で禁止規定の盛り込みなどに抵抗していくと伝えられた（日経 84.3.28）。

3月16日には経済同友会が，男女差別問題は，早急な法律の規定によって解

決できる性格のものではなく，むしろ女性自身が勤労意欲を高めることによって，企業が男女のセグリゲーションをなくすような状況を自ら作っていくことが必要だなどとする，「『男女雇用平等法』(仮称)に対する考え方」を発表した (赤松 1985: 204-205 に所収)。

他方，労働側では同盟が，
① 公益委員のたたき台をベースに議論を進めることは，議論に一定の枠をはめることになり同意できない
② 雇用における男女平等は基本的人権であり，女子保護撤廃による平等化は時代錯誤である
③ 雇用平等法は実効性のあるものでなければならない

などの見解を明らかにした (赤松 1985: 208-209)。

◆**三論併記の建議**

労使双方譲らず議論が平行線をたどっていた婦少審婦人労働部会は，労働省から報告書提出の要請に促され，3月26日，公益側委員，労働側委員，使用者側委員の三論併記，あるいは少数意見付記という異例の建議を労相に提出した。労働法学者の松岡三郎は，「報告書を見て感じるのは，公益委員が労使の説得に失敗したなということだ。だから，足して二で割ったような内容になっている」と解釈する (朝日 84.3.27)。現に，公益委員の渡辺部会長はこう語る。「何とかしてアノ……譲っていただいて，歩みよらせたいと思ったんですけれども，問題が問題なものでございますから，もう両方，とにかく組織を背中にしょっていらっしゃいます方たちでもいらっしゃるし，とっても歩みよることが不可能でございました」(〈誌上再録〉密室の攻防 1985: 57)，と。

例えば規制の対象では，定年・退職・解雇については「禁止規定」でまとったものの，その他は「募集・採用は努力義務規定とし，配置，昇進，昇格，教育訓練，福利厚生は強行規定」との公益側意見を軸に，「すべて強行規定」(労働側)，「当分の間すべて努力義務規定」(使用者側)とそれぞれ意見がわかれた。救済措置についても，「各都道府県ごとに労使の代表を参加させた調停機関を新設」との公益側見解に使用者側が歩み寄ったが，努力義務規定に反対する労働者側は，「有効な救済措置(勧告・命令)を取り得る行政機関の新設」

を主張し，少数意見として付記された。女子保護規定についても，管理職・専門職は原則廃止の方向に踏み込んだ意見で一致したものの，その他については「工業的業種・職種（製造，建設，運輸＝タクシーを含む，鉱業など）の従業者は，現行規制を存続させ，非工業的業種・職種（サービス業など）は現行規制を廃止」という公益側の分離案に対し，「業種・職種を問わず，現行規制は廃止」（使用者側），「現行規制を存続」（労働者側）で，ここも三論併記となった。「労使攻防の争点」（読売 84.3.27）と見られた生理休暇でも，「母性保護措置ではないので廃止」（使用者側），「母性保護のため必要なので存続」（労働者側），「廃止すべきだが，生理日の就業が著しく困難な者は，配慮が必要」（公益側）といった具合である。労働側3委員は，早速，見解を発表し，「経営側は保護と平等のバランス論でしか問題を取り扱わなかった」と不満を表明するとともに，三論併記となった建議を法案要綱にまとめるに際し「労働省がどの意見を選ぶのか，責任は重大である」と釘を刺した（赤松 1985: 166-180; 大矢 1985: 164; 週刊労働ニュース 84.4.2）。

　この建議は公益委員試案をもとにしてはいるが，中身は絞りきれずに「労働省にゲタを預けた」（岸井 1984: 13; 大矢 1985: 102）ものであり，婦人少年局はこの三論併記の建議を基に，一つの法案を作ることになった。赤松はこういう。「一本にまとまるコンセンサスが得られればということを，よく，初めの段階では言っていましたけれども，コンセンサスなんか得られっこないと。…こんなに離れているんだからどっかで，もう諦めるしかないと…コンセンサスを得られるまで待ってたら，あと十年や二十年かかる，もっとかかるかな」（〈誌上再録〉密室の攻防 1985: 58），と。

　こうしたやや強引とも取れる異例の措置は，ひとえにタイムリミットのなせる業であり，「『今国会提案』を掲げている以上，上程案締め切り日（27日）までに，『せめて審議会ぐらいはあげておかねば』との意識が"歯止め"になった」（読売 84.3.27）のである。

　この建議が出ると，稲山嘉寛経団連会長と大槻文平日経連会長は，強行規定に反対し，「平等実現なら保護規定撤廃」，「男女雇用問題を法律によって画一的に決めるのは早計」，「企業活力を減殺することになるため，強行規定を盛り込むべきではない」などとする所感を発表し，条約を「あわてて批准する必要

はないのではないか」との意見を示した。さらに,「経済四団体は今後足並みをそろえて労働省などに法制化反対を働きかけることにしている」と伝えられ,稲山は「法制化すれば人材の評価をめぐって訴訟がひん発することにもなりかね」ないとの懸念を表明した（日経 84.3.27; 日経連タイムス 84.3.29）。

他方,労働側は,3月29日に労働四団体および全民労協が共催で「婦人差別撤廃条約批准,男女雇用平等法制定要求集会」を開催し,4月5日に「男女雇用平等法に関する申入書」を労相に提出した（赤松 1985: 209-211 に所収）。「先進国の一員である日本が,相互依存・相互協力の国際社会で,国際規範を無視して他国とは異なる男女差別の慣習を取り続けることは許されない」といった論理を持ち出している点が,注目される。

◇**労働省による均等法案要綱**

この建議が出た日,参院予算委員会で女性問題が初めて集中審議され,その中で社会,公明,共産の女性議員らから,実効性ある差別禁止規定を求める発言が相次いだが,坂本労相は「男性中心の年功序列,終身雇用というようなものがここまで日本がのしあがってきた大きな一つの原因」なので,急に180度転換はできない,「スロー・バット・ステディー」だ,と消極的な姿勢を示した（第101回国会・参議院予算委員会 84年3月26日）。

建議を受け,労働省は法案策定を行なったが,これは新たに独立した法律を作るのではなく,72年施行の勤労婦人福祉法を全面改正して均等法を作り,合わせて労基法を一部改正するというものであった。そのため,勤労婦人福祉法は家庭責任が女性にあることを前提とし,その解消への努力は含んでいないので,同法の改正として行なうということは,そもそも性別役割分業に手をつけないということだ,と批判の声が上がった（久場 1984: 24）。もともと同法は,家庭責任をもつ女性労働者が,職業と家庭生活の調和を図ることを目的とするILO第123号勧告（65年）に基づいて作られたものであるが,国際社会ではその後,男女平等が進展し,女性差別撤廃条約やILOの156号条約,165号勧告（81年）は,家庭責任をもつのは男女労働者と規定した。したがって,123号勧告に基づく勤労婦人福祉法の改正では,基本理念が古く女性差別撤廃条約にも適合しないと批判された（例えば,第101回国会・衆議院社会労働委員会 84年7月

3日における金子みつの質問；同7月10日における竹村泰子の質問)[32]。

　婦少審の建議にも勤労婦人福祉法の改正とは全く書かれておらず，審議の過程でも新たな法律を作るものと思われていた[33]。にもかかわらずこうした形になったのは，原案を見てこれは「平等法」と呼べるような新しい法律ではない，と内閣法制局に判断されたためではないか，との推測もなされたが（「『禁等法』『平等法』Q&A」1984: 221），真相はそうではない。このときには，同時に労基法の改正が行なわれているが，一方が新法，他方が改正法である場合は法案が二本必要になる。他方，二つの法律がともに改正法なら，一本の法案で国会提出が可能である。法案を二本出すと，「食い逃げされる可能性」がある。すなわち，労基法は改正され，均等法が否決される可能性がある。そこで「国会対策上」，一本の法案としたと，赤松がのちに証言している（日本労働研究機構編 2000: 46）。

　法案要綱の内容は，公益側試案を基調としつつも，試案が差別禁止としていた配置，昇進が企業の努力義務へ後退した上，保護規定では試案が生理休暇を原則廃止としていたのが，改正後の労基法では，タイトルから「生理休暇」という文字が消えたものの，それに代って新68条で，「使用者は生理日の就業が著しく困難な女子が休暇を請求したときは，その者を生理日に就業させてはならない」と定め，実質的には存続させるという形になった。これは，公益委員の意見を基調にしながら，労使の主張にも配慮して「微妙なバランスをとった」ものだと，赤松は述べている（本多 1984: 194）。

　だが，この要綱に労働側委員は激しく反発した。山野は，「何と見てびっくり」，「平等の文字がいくら探してもひとつも見あたらない」とし，経営側の主張を「全面的にうけ入れ」平等の面が不十分な上，女子保護規定を大幅に緩和した「やらずぶったくりの法案要綱といわざるをえない過酷なもの」と表現し，「はげしい怒りがこみあげてくる」と労働省を強く批判した。実際，日本商工会議所の五島昇会頭臨時代行がこの要綱について，「妥当な内容ではないか」，「方向としては，われわれの希望がだいたいもりこまれている」と語っており（山野 1984: 38-39, 傍点は原文），経営側の主張を全面的に受け入れたとする山野の評価は，必ずしもオーバーとはいえない。

　そのため，労働側委員は審議会への欠席を通告した。赤松は成立をあきらめ

かけたが，審議会当日，労働省に現れ，会議室とは別の部屋で「ぎりぎりまで向こうの出方を待っていた」（山野）労働側委員に対し，赤松は「全部ね，御破算にして，批准もこの法律がなければできないということもずっと前からご説明しているわけです。批准もだめになると，それはちょっとあまりにも残念じゃないかということで，考え直していただきたいと」説得した。その後，赤松は歩みよりを求めるぎりぎりの条件として，時間外労働の規制と生理休暇について，労働側の意見を一部取り入れることを申し出，労働側委員は再び審議会のテーブルに着くことに同意した。労働側の市川清美委員は，「この時期をのがしたら……一体どういうことになっていたのかということを総合的に考えれば，……非常に厳しい選択ですけれどね。……まあとにかく答申を出して，……あとは国会の修正で最善の努力を尽くそうと」と，語っている（〈誌上再録〉密室の攻防 1985: 59-60）。山野は，後年こう述べている。「求めた法律とは異なる均等法の制定に踏み切らざるを得なかったのは，すでに署名していた女性差別撤廃条約を批准するには，この法の成立が必要であったからである」（山野 1995: 7），「審議会に出席を決めたのは，今法律を作らなければ，次にいつ機会があるかわからない。女子差別撤廃条約も批准できないと思ったからです」（NHK「プロジェクトX　女たちの10年戦争──『男女雇用機会均等法』誕生」2000年12月19日放送），と。条約批准のタイムリミットという制限が，労働代表に対して機能していたことを，これらの回想は示している。結局，労働側としては，「小さく生んで大きく育てよう」（山野 1995: 7）ということにならざるを得なかったのである。ここで降りてしまえば，労基法の改正は免れるかもしれないが均等法はできず，ゆえに条約も批准できない。

　こうして84年5月9日，婦少審は諮問された要綱について，「女子差別撤廃条約の目指す方向に照らせば，なお多くの不十分な点がある」ことを指摘し，法律施行後，適当な時期に「法改正を含む必要な措置」を取ることを求め，労使の付帯意見を添え，「法案作成に当たり適切な配慮をされたい」とした上で，現状ではやむなしとの答申を労相に提出した。この答申を受け，労働省は直ちに法案作成に取りかかり，時間外労働，生理休暇に関する部分など，一部を手直しし，5月14日，法案を国会に提出した。

第6章 「保護」と「平等」をめぐる政治

◇野党のスタンス

　均等法は国会で実質的修正なしに成立したが，与野党の法案に対するスタンスは全く異なっていた。

　雇用における男女の平等を確保する法律を，最初に国会に提出したのは社会党である。同党は74年からこの問題に取り組み，78年には「雇用における男女の平等扱いの促進に関する法律案」を第84国会（参議院）に提出したが，これは「保護も平等も」（朝日 78.11.21）という内容であり，保革伯仲状況とはいえ自民党が過半数を維持する下で成立するはずもなく，審議未了で廃案となった。ちなみに同党は，同法案を若干修正し5回にわたり（第91回，94回，96回，98回，100回）国会に提出したが，いずれも審議未了，廃案となっている。また，公明党は「男女雇用平等法案」を計2回，社会，民社，社民連，公明の4党共同で「男女雇用平等法案」を1回提出しているが，いずれも成立に至っていない[34]。野党各党の法案および日弁連の試案に共通するのは，「保護」と「平等」は矛盾しないという立場に立っている，という点である（浅倉 1991: 248, 注14）。

　また，勤労婦人福祉法の改正という形を取っていること，募集・採用・配置・昇進が努力義務規定になっていること，調停委員会に法的拘束力が与えられていないことなど，多くの点で与党案は不十分だと考えていた点でも，野党は一致していた。さらに，労基法改正による女子保護規定の撤廃にも，野党は一様に反対した。そして，社会，民社，公明，社民連の四党は，共同法案の提出を準備した（中西 1984; 久保田 1984; 抜山 1984; 江田 1984）。共産党も，以上の点でほとんど同意見であったが，共産党との共闘に同盟が難色を示し，共産党を除く4党共闘となった。4野党は，共同提出法案をまとめるに際し，政府案を修正する場合は，対案を取り下げるという点を確認した。野党案を取り下げない場合，与野党対決となって法案の成立が困難となり，条約批准を危うくしてしまう恐れがあったためである（濱賀 1999: 48-49）[35]。条約の批准を最優先とするという点でも，野党は共通していた。タイムリミットの効果は，野党をも拘束していたのである。

◇自民党の取り組み

　他方，自民党内では均等法への反応は鈍く，党の要綱などは特に発表してい

なかったが，政府が条約批准を決めた以上，法制化に反対はしないという姿勢であった（濱賀 1999: 44）。審議会での審議中，大野労相が均等法の法制化について，「日本の歴史，文化，労使関係を考え，日本の土壌に合ったものにしたい。短兵急な改革は混乱を招く」と述べたことはあるが，罰則規定を設けるかどうかについては，「審議会の議論に任せる」としていた（日経 83.11.22，夕）。

自民党内の意見集約に大きな役割を果たしたのが，元婦人少年局長の森山真弓である。党の婦人局次長という地位にあった森山は，諸外国の男女平等雇用法制を紹介する本を出版したり（森山 1982），均等法に反対する論者と雑誌で論争したりするなど[36]，この問題に並々ならぬ関心を抱いていた。

同じく労働省出身で，政務調査会労働部会長の大坪健一郎も，均等法成立に尽力した。彼は84年6月に48の女性団体が，均等法について「各党の意見を聞く会」を主催した際に自民党代表として出席し，「日経連など経営者の組織では，こういう形の法律はいらない，権利上男女は平等なのだからと言っております。こういう方々とも議論して，現実にある差別の克服のためには法律も必要ではないか，という意識で説得して自民党の中の議論がすすめられた」などと，均等法成立への働きかけを行なったことを語っている。ただその席で大坪は，法の実効性を問題にする出席者に対し，「これは条約を批准するための制度の枠組みをすることであり，完全な形で差別撤廃ができるのは，ご婦人の皆様と現在の諸慣行との闘いにかかっております。日本の社会全体のあり方として，男女とも仕事の上ではすべての面で平等になるのはどういう形ですすめていくのかというのは実質の問題であり，私どもがいま議論しているのは，その枠組みとして，邪魔になるものは取り払おうということです」などと述べ，同法が平等の実質を保証するものではないことを示唆した（大坪 1984: 172-175）。森山も大坪も労働省出身であり，基本的には労働省がつくる政府案の線で均等法を成立させることを目指した。

つまり，自民党の推進派議員の中心は労働省出身の「番犬」型議員であって，基本的には労働省が進める線に沿ってその範囲内で経営者団体を説得したりはしたが，労働省の意に反して，労働代表が求めるような厳しい罰則つきの法律をつくろうとしたわけではなく，その点で野党の姿勢とは大きく異なる。また，均等法の成立に尽力すれば，女性票の獲得が期待できるのではないかと思われ

るが，自民党にはそうした意識は薄かった。「女性」は業界団体のような形では組織されていない上，女性団体の多くは元来，野党に近い「別系列」であって，「猟犬」型の族議員は発生しなかった。

◇国会における審議

均等法の国会における実質的な審議が行なわれた衆議院の社会労働委員会は，「労働組合，婦人団体及び報道関係者の傍聴希望者が多かったため」通常よりも広い部屋で行なわれた。多くの傍聴者が押しかけ，4交代の入れ替わり制で審議を傍聴し，採決時には議場は騒然とした（赤松 1985: 225; 濱賀 1999: 47）。

総じて野党の質問は，募集，採用，配置・昇進の努力義務，および女子保護規定の緩和・撤廃に集中し，とりわけ努力義務の点は，「国会審議において最大の争点となった」（中島 1988: 5）。だが野党の抵抗にもかかわらず，均等法は国会で実質的な修正なしに成立した[37]。条約批准を最優先に考え，政府提出法案を廃案に追い込んでしまうわけにはいかない野党にとって，政府案は「不完全だがやむをえない法律」（濱賀 1999: 50）といえた。

6　政治過程の分析

最後に，以上の政治過程から析出されるいくつかの論点を整理する。はじめに，均等法をめぐる各アクターのスタンスと対立図式を簡単に整理しておこう。

◇経営側のスタンス

基本的構図としては，審議会においてもその外部においても，使用者側と労働者側の主張は完全に対立した。従来から労基法の女子保護規定廃止を望んでいた経営側は，一貫して労基法改正を主張するとともに，当初は男女の平等を規定する法制化自体に反対であり，制定やむなしとなった以降は，実効性の上がらないものを作る方針に切り替えた。

ただ，「保護廃止」の点では歩調を揃えたものの，「平等」という観点からみると，経営者団体間には若干スタンスの相違があった。日経連は法制化に最後まで消極的で，法制化容認後も条約批准の最低条件をクリアすればよいとの考

えであったのに対し，女性比率の高い産業を多く組織する日商などは女性の能力活用で企業の活性化につながる内容であれば法制化に反対しないとの姿勢であった（篠田 1986: 94; 96）。団体間の相違ではないが，84年の産業労働懇話会（労使トップと学識経験者で構成）で，「あわてて法律をつくり条約を批准する必要はない」（経済団体首脳），「日本の男女の役割は欧米とは違う。日本の経済発展には……子女の教育，養成で母の力が役割を果たした。それが女性の最大の任務ということを忘れては困る」（企業経営者）などの意見とともに，「経営側も積極的に進める方が有利だ」，「使用者全部が法律に反対しているわけではない。人口増加率が下がっており，女性の創造力を引き出した方が企業経営にとって有利な面もある」（企業経営者）との賛成論も出て，経営側が「反対一色でないことが注目を集めた」（朝日 84.1.25, 夕; 週刊労働ニュース 84.1.30; 隅谷ほか 1984: 46）。

ただ，コスト高をもたらす禁止規定に反対するという点では，使用者側の足並みは揃っていた。労基法改正による保護規定撤廃についても，すべての使用者団体が望んでいた。

◇**労働組合・女性運動のうごき**

他方，女性運動は女子保護規定を残しつつ，少しでも実効性のある平等法を制定すること，および女性差別撤廃条約を批准することを望んでいた。労働組合も，基本的には同じであるが，男性組合員と女性組合員の温度差については既にみたとおりである。

自民党は，野党や革新自治体との対抗上，福祉政策の充実などを図る場合もあるが，この問題への反応は鈍かった。「女性労働者」というカテゴリーが票になると自民党が考えなかったためである。赤松は労働省OBから，「一生懸命担いで走り回ってくれる人［政治家－引用者補］がいない法律だよね。だから，苦労でしょう」といわれたことを明かしている（日本労働研究機構編 2000: 34）。このことは，「女性族」議員の不在を意味している。均等法成立に尽力した若干の自民党議員は，労働省出身の「番犬型」議員であり，政府提出法案以上の水準のものを要求したわけではない。そうなると，自民党優位の状況下で労働側が求めるような法律の成立は，望むべくもない。そこで，低い水準の均

等法を条約批准のために甘受して労基法改正も同時にのむか，条約批准を断念して均等法・改正労基法ともに葬り去るかの選択肢が残る。

83年の「国際婦人年をきっかけとして行動をおこす女たちの会」などの女性団体による，「企業の平等法くずしを許すな，二・二五決起集会」では，公益委員試案に対し，「こんな男女雇用平等法なら，むしろない方がいい。政府主導型の平等法をつぶそう」と強い反対の声があがり，この時点では，強行法にできないなら「『むしろ平等法制定をもっと先に延ばすべきだ』という意見も目立っていた」（読売 84.3.1）。だがその後，状況は変化する。48の女性団体でつくる「国連婦人年日本大会の決議を実現するための連絡会」が，日経連，労働省，労相，関係審議会，各政党，国会などに申し入れや要望を行なった際には，政府案をめぐり連絡会内部が割れ，野党の国会対策委員から「婦人団体は均等法を通すのか通さないのか」と，決断を迫られたという。結局，連絡会は，条約批准を「最大目標」とし，政府案の修正を全野党に働きかけることにした（山口 1992: 63-64）。女性団体の多くは条約批准を目指していたからである。政府案に批判的な論者からも，85年になると「いまはもうつぶすわけにはいかない…婦人差別撤廃条約の批准ができませんよといわれると，反論しにくい。四十八婦人団体も結局，批准を妨げないで，どうやったら後の運動にプラスできるかです」，「この機会をはずすと男女雇用均等法はできなくなるんじゃないか。目をつぶって通した方がよいという気がする」，といった声が出るようになっていた（大羽ほか 1985: 6，発言は前者が大羽，後者が井上）。

婦少審婦人労働部会の労働側委員にも，最終的には条約を批准するためある程度の妥協をする覚悟があるのではないか，と赤松はみていた。曰く，「労働組合側の戦術が，終わりの方から逆算していて，すなわち，一番最後の批准に合わせて何年何月までに通せばいいんだと思っていたようです。…結局，労働側は，この法律は上げるつもりだったみたいです」，と。ただ，「途中ではものすごく協力的でないように見えたのです。本心は容易に分からなかった」ということではあるが（日本労働研究機構編 2000: 39）。

労働4団体の婦人部が，組織の枠を越え，結束して統一要求を組んで闘ったことを高く評価する声もある一方で（田辺 1985: 179; 山野 1990: 125），女性運動の側からは，労働運動との連携が足りなかったとの反省が聞かれ，同時に「女

の問題が労働組合の主テーマになっていない，戦後四十年，賃上げ闘争しかできない。物とり主義でずっとやってきて，女がどういう痛みを感じてるかなんてことについては婦人部まかせにしていた，労働組合の非民主性がこういう結果をついに生んだ」などと，男性中心の労働組合への批判や，「総評は本当にこの法案に反対しているのだろうか」，「総評がもっと反対すれば，別な結果が出ていたのではないか」などの不満の声もあがった（天野・井ノ部ほか 1985: 12-13）。

　先に労基研報告直後の調査で，労働組合側は経営側ほど一枚岩ではなく，規制緩和への賛意も相当ていど存在したことをみたが，女性労働者の中でも女子保護規定をめぐる意見は一様ではなかった。労働運動の反対が盛り上がりを欠いた理由として，男性労働者の関心が薄かったことに加え，女性労働者内部に対立があり，統一が取れなかったことも挙げられよう（山本 1987: 28-29）。筒井清子らは，平等と保護に対する女性労働者の態度を以下のように整理する。すなわち，「男性並の地位確保あるいは管理職・専門職コースをめざすいわゆるキャリア女性組の一部」や，「各自の日々の労働生産性によって所得額が変化する賃金労働者層に属し，かつ自ら生活を支えるため，より多くの収入を求める母子家庭等の女性たち」（タクシー運転手など）が保護削減を求め，他方「一般女子労働者の多く」は，「『女子保護の存続』を望み，そのうえで地位向上を求めた」（筒井・山岡 1991: 62）。83年には女性タクシー運転手13人が，これでは生活できない，深夜労働を認めて欲しいと，労働，運輸両省に訴え出て話題を呼んだ。深夜に主婦パートを働かせていた弁当会社が摘発された際，働いていた主婦たちは，「この時間帯のパートは，昼間は子供たちの世話や家事ができて，夜は主人が帰って夕食も食べさせ，後片付けまですませてから働きに出られ，翌朝子供の起きる前に帰れるから，主婦のもっとも働きいい条件なのに，なぜ禁止するのか，私たちは働きたい」と主張した（塩沢 1980: 182）。また，管理職を目指すキャリア女性の間では，保護規定が昇進を妨げているとして，その撤廃を求める意見は多かった（日経 83.9.4; 朝日ジャーナル編集部 1983: 18-19）。例えば，新聞社に入社した頃，泊まり勤務ができないために「お前は頭数に入らない」といわれた女性記者は，「男性の同僚と同じように働けないことを，すごく引け目に感じ」ていたが，86年に"おミソ"状態から正規メン

バーになった」気がしたと述懐する（坂本・福沢 1997: 11）。他方，ある女性労働運動家は，「繊維や電機や食品など，合理化のきびしい職場で，機械にふり回されたり，二交替をさせられたりして……これ以上残業なんかしたらバテてしまう婦人たち」のことを「全く知らない一部のエリート婦人だけの，自己中心的な発言」だと，「キャリア・ウーマンとかエリート女性」の保護廃止論を批判する（塩沢 1980: 106; 211）。このように，女性の間に利害の対立があったことは，ただでさえ弱い運動の力をそいだと思われる。

ただ，女性運動の活動では，政党や省庁へのロビイング以外に，彼女たちの運動が報道されることにより，問題の所在を社会に知らしめるという機能を果たしたという面が無視し得ない。そのため，たとえ運動の目標が当該の政策において実現できなくても，例えば5年後，10年後に，再びその政策領域で何らかの法改正や政策転換が政治問題化した際には，社会が受容するハードルが高くなっている，といった効果をもつ場合がある。これは，政策過程を「長期」に考えた場合に浮上する論点だが，終章でこの点を再論する。

◇**労働省内の対立と調整**

女性労働者の保護と平等を追求する婦人少年局の活動は，ときに省内の他局の利害と抵触した。例えば，女性・年少労働者保護の観点から行なう事業所の実態調査が，調査結果を共管していた労働基準局の監督課に握りつぶされたこともあったとされる（田辺 1985: 155）。ここには，婦人少年局の省内での力の弱さも反映している。

均等法についても，労働基準局や職業安定局などは法制化に消極的で，保護規定見直しについての意見も，婦人少年局とは異にしていた。労働省は80年代から産業政策に対応した政策基調へシフトしつつあった。低成長時代への突入やハイテク化・情報化・ソフト化などによる労働市場の構造変化の中で，従来の労働政策を変更しつつあったこれらの部局は，その点で通産省などの経済官庁や経済界と同じ認識に立っていた。そのためこれらの部局は，そうした意見を代弁する形で婦人少年局に注文をつけた（日経 82.5.8, 夕; 篠田 1986: 101; 濱賀 1999: 46）。「平等法ができたら日本は潰れると本気で考える」者が省内にもおり，そういう立場の部局は，法のマイナス面を強調してほしいとマスコミに頼

んでいたし,「『省内の幹部は法案の内容を厳しくして非現実的なものを作り,廃案に持ち込みたいらしい』といったうわさ」もあった(鹿嶋 1984: 52; 1995: 21)。法制化準備室設置後も他局は消極的で,均等法制定にかなりの難色を示した省内有力者もいたという(日本労働研究機構編 2000: 31)。

80年代半ばに行なわれた高級官僚調査では,日本が直面する問題として圧倒的多数が,「国際経済」を挙げているが,その比率を省別にみると労働省(59.3%)は,経企庁(85.7%),大蔵省(65.9%),通産省(65.0%)に次いで高く(農水省,自治省,厚生省は40%台,建設省は20%台),「福祉問題」を挙げる比率でも労働省は(11.1%)は厚生省(24.4%)の半分以下であり,労働省が経済官庁と同じ傾向をもつことが指摘されている(村松 1994: 227)。そうした中で,労働市場の柔軟性を奪う政策にも関心をもつ婦人少年局は,やや「浮いていた」のではないかと考えられる。逆にいうと,規制緩和に舵をきることは,同局が省内の大勢にパースペクティブを近づけることでもある。

婦人少年局と他部局の間の権限をめぐる対立は,いくつか具体的に指摘されている。例えば職業安定局は,職安を通さないヤミ採用が増えるとして「募集・採用」を禁止事項とすることに反対したが,これには行革で職安の立場が苦しくなる職安局は,募集・採用の罰則化には企業以上に反対なのだとの説もあった[38]。また労働基準局は,時間外労働や深夜業の女子保護規制について緩和の方向で検討しており,基準局監督課長は,85年を目処に法制度を見直すと発言をしていた。こうした部局間の調整は法制化準備室でなされたが,いずれの項目も婦人少年局が譲歩した。女子保護規定の面では,婦人少年局は緩和を決断した。また,職業安定局からの反対を受け,婦人少年局は「募集・採用」を強行規定から努力義務規定へ変更した。「いずれも,立法化をまず優先しての決定であった」(日経 82.5.8, 夕;『密室の攻防』を見終わって 1985: 63; 濱賀 1999: 43; 46)。ただ,スウェーデンの男女平等オンブズマンによれば,「最も苦情が多いのは,採用・募集・昇進」ということであったから(抜山 1984: 180),これを強行規定から外すということは,労働者側の訴えだけでは成立しない調停制度と相まって,企業にとってはリスクが大幅に減ることを意味していた。

これにはもちろん,もともと省内における婦人少年局の地位が低く力が弱かったという面もあるが,同局は条約批准に間に合うよう法制化することを最優

先する立場から，内容には目をつぶったといえる。均等法の内容を婦人少年局も不十分と考えていたことは，例えば赤松が国会で，「この法律は百点満点だとは決して思っておりません」，「見直しを今後も引き続き行っていくべきものだというふうに思います」（第101回国会・衆議院社会労働委員会 1984年7月3日）などと答えていることからも確認できる。元婦人少年局長の森山真弓も，均等法の影響を懸念する論者にこう語っている。曰く，「それは非常な買い被りです。それほど強力な法律じゃないんです。そこが私にとってはいささか不満なんですけど，皆さん我慢して答申を作って下さったんですから，これ以上は文句を言うまいと思って言わないんですが，あれは結局，現在の労務管理で行われていることを基本にして，使用者に少しでも前向きに考えてもらおうというだけで，とてもそんな力のある法律じゃない。……だからこそ，勇ましい女性の方々が不満を持って，今もガンガン抗議してらっしゃるわけですよ」（森山・長谷川 1984: 271），と。森山は別の場でも，「現状を肯定してそのまま法律にしたのに近く，それ程大騒ぎするようなものではありません」，「先ずは実現可能なことからという考え方もわからないではありませんが」，「むしろ不満が残ります」と，法案への不満を表明している（森山 1984: 195）。総評の山野まで，「労働省の担当局は，もう少しましな法律を作りたかったんじゃないかと思うんですよ」（山野 1990: 126）とみていた。

内容的に不十分と思いながらも，条約批准のために経営者がのめるレベルの法律にした点を赤松は後年，こう証言している。曰く，経営者団体への説得に際し彼女は，「お会いした経営者の方に，『企業がものすごくお困りになるようなことは考えていませんよ』と」いい，その結果「かなり強い規制のある法律を一応担いではいたけれど，経営者側に根回しなり話を進める過程で，話をまとめるためには到達目標を少し下げざるをえない」と考えたという（日本労働研究機構編 2000: 37）。

◇婦人少年局

他の部局に譲歩を重ねたとはいえ，均等法の成立過程を一貫してコントロールしたのは，婦人少年局〜婦人局である。そもそも，雇用における男女の平等を定める法律の必要を最初に打ち出した政府の文書は78年の労基研第二小委員

会の報告書であり，同小委における議題設定も資料の準備も同局が行なっている。第二小委の有泉亨委員長は，同小委は「初めは労働基準法の女子に関する規定は妥当であるかということで出発した」が，「七〇年から国際婦人年の動きが出てきて，今度は平等のほうが少し表へ出てきた。当局は基準法だけでは形がつかないと見たのでしょう」と推測している。労基研は69年秋に，「労使を入れないで，学識経験者だけでフリートーキングをしてもらいたいというような趣旨で出来た」が，議題設定や資料の準備は婦人少年局婦人労働課のスタッフが行なっていた（有泉 1979: 5; 有泉ほか 1979: 62-63; 73）。「平等」の問題を議題にのせたのは，婦人少年局だということである。

有泉委員長の以下の発言は注目に価する。曰く，報告書に対し，「女子労働の実態を少しも把握していないで出しているではないかという批判の声が出ました。それはある意味ではもっともで，実はこの委員会は労使の当事者の意見を…聞かないという方針でした」。専門家会議は調査をしたが，「こちらの場合はそれはしていません。主として労働省などの官庁のやった統計が参照されました」。さらには，「ぼくなんかの考える頭の中にすぐホワイトカラーが出てくるのです。ブルーカラーが十分に出てこない。それは生活体験がないからよいそうだけれども，接触する人がホワイトカラーなものですから，その点は反省しています」（有泉ほか 1979: 64; 66），と。労使からの聞き取りも，労働者の実態調査も行なわず机上で作文したものであること，とりわけブルーカラーの実情を全く知らないということを，委員長自らかくも率直に認めている点はきわめて興味深いが，このことも婦人少年局が審議の方向づけをしたことを，裏づけているといえよう。審議会など諮問機関の機能として，政府の方針の「権威づけ」がしばしば挙げられるが[39]，学識経験者である諮問機関の長が，自らの学識の及ばなさをここまであからさまに認めるということは，まさに諮問機関が「お飾り」の「権威づけ」であったことを示しているといえよう。

婦少審婦人労働部会に場所を移し，均等法自体の審議に入ってからも，婦人少年局は，資料の準備をはじめ議論のお膳立てをし，労・使・公益各委員に働きかけを行ない，期限内にまとめさせようと尽力した。労使の対立が大きい中で84年には公益委員試案が作成されたが，この原案も婦人少年局がつくっている。しかも，労使双方からの反対を見越して，同試案には「折りしろ」として，

のちに妥協することになる部分（例えば，経営側に対しては，昇進・配置の強行規定など）を設けていた（日本労働研究機構編 2000: 43-44）。

さらに同局は，労使の主張の隔たりの大きさから両者の決裂を予想し，法案も予め準備していたとの説もある。すなわち，婦人労働部会が三論併記の建議を発表してから短期間で法案が完成したことについて，ある労働法学者は「この報告を受けて労働省は待っていましたとばかり，二ヵ月足らずで，『男女雇用機会均等法案』なるものを発表して諮問しました。……これだけの大きい法案がわずか二ヵ月足らずでできたということはもう相当前から労働省はかくあることを予想して法案の制定に着手していたことを意味します」と語る（岸井 1984: 13）。このことも，婦人少年局のペースで事態が進行したことの傍証といえよう。

法案自体も，労使の「バランス」に配慮した上で同局が書いている。政府案には，労使ともに不満を表明したが，最終的に婦人少年局は，条約批准というタイムリミットを持ち出して，両者に政府案をのませている。

◇婦人少年局の政策選好の変化

先に触れた論点に戻れば，均等法および労基法改正案に，婦人少年局の政策選好の変化を見ることができるように思われる。同局は省内の他局に譲ったり，また経営代表を審議会から退出させないために大幅に譲歩したりしつつも，可能ならば実効性ある均等法の制定を望んでいたのに対し，労基法の女子保護規定緩和については，ある程度は受け入れようと考えていたと思われる。婦人少年局は，政策に対する組織の選好として「男女の平等」をもっていた点で労働側と共通するが，労基法の女子保護規定については，妊娠・出産機能に直接関係するもの以外については規制緩和し，男女で等しくすることをある程度容認する，という点では労働運動・女性運動と異なっていた。

赤松自身はかなり以前から，少なくとも60年代には，以下のような考えをもっていた。すなわち，「母性機能と直接関係のない，むしろ歴史的・社会的に必要とされてきた女子保護については，男子を含めた全労働者の労働条件の向上という姿のなかに解消してゆくべきものだと考えられる。あらゆる労働者が長時間労働などしない時代になれば，女子のみに労働時間制限を設けることがナ

ンセンスになるというのは何の不思議もない」(赤松 1969: 187)，と。これはのちに労基法改正の過程で打ち出されてくる考え方を先取りしたものといえる。また，赤松は「直接母性保護」と「間接母性保護」という区別も設け[40]，こうも述べていた。曰く，「男性をも含めて一般の労働条件がよくなり，その結果女性に対する特別の保護を必要としないような条件ができれば，これ［間接母性保護—引用者補］はなくなってもいいのではないか。むしろそうでなければ男性と平等という片一方の要求とは矛盾するのではないか。そういう時代になれば，母性機能に直接結びついた保護規定は今よりもっと厚くなるでしょうが，それと関係のない保護は解消することになりましょう」，と（赤松良子「母性保護の問題点」『婦人問題懇話会会報』17号，1972年，赤松編 (1990: 113) より再引）。

つまり赤松自身は，男女平等を推進すると同時に，妊娠・出産機能に直接関係する以外の女子保護規定については，（男性も含め一般の労働条件がよくなるという条件つきで）撤廃すべしという考えを，比較的早くからもっていた。この点は，均等法・改正労基法の方向性と合致している。妊娠・出産機能に直接関係する部分についてはむしろ手厚くするという点も，労基法改正と同じである。労基研第二小委においても同様の議論がなされていた。有泉委員長によれば，「保護は外す，平等のほうはできない，なんていうことはあり得ない」，「男子のほうもよくして，そして女子のほうを外していったらどうかという議論」であった（有泉ほか 1979: 64）。問題は，「男子のほうもよく」なっていたか，つまり時短をはじめとした労働条件の改善が，女子に対する規制を取り払っても支障がないほど十分に改善していたか，という点である。現に，有泉のこの説明に対して，現状認識がおかしいとの批判が出ている（有泉ほか 1979: 65; 73, 発言は田中）。

のちにみるように赤松は，均等法が不十分なものに終わったことについては，後年，不満ないし反省の気持ちを表明しているが，労基法の女子保護規定緩和については，特に問題視していないように思われる。97年改正への赤松の評価は，「前の法律の不十分だと思うところはかなりの部分，今回の法律改正で強化されました。労基法改正も，前回引いた路線で進めることができました」（日本労働研究機構編 2000: 54, 傍点は引用者），というものである。赤松は，女子保護規定の緩和に対し肯定的である。また，松原亘子は均等法改正後，こう振

第6章 「保護」と「平等」をめぐる政治

り返っている。「前の均等法が法案の形になったとき,みんなが批判しました。それを聞いて私は,これは醜いアヒルの子なんだ,ほんとうは白鳥になるんだけれど,それをまだだれも知らない,と思ったものでした,それで,この改正均等法ができて,あぁ,やっとアヒルの子が白鳥になった。やっぱり私が言っていたとおりだった,と非常にうれしく思いましたし,よかったと思いましたね」(NHK プロジェクト X 制作班編 2001: 154),と。97年には均等法と同時に労基法も改正され,均等法への罰則規定といわばバーターで,労基法の女子保護規定がさらに緩和されたが,松原はここで女子保護規定緩和にはいっさい言及せずに,均等法が強化されたことだけを取り上げ,肯定的に評価している。これも,女性局の志向性を示す傍証の一つである。赤松の次の佐藤ギン子婦人局長は,均等法施行直前に,より直接的な表現でこう語っている。曰く,「以前のように若年の未婚の労働者が多かった頃は一番大事なことは保護でした。しかし今のように中高年の既婚者が女子労働者の大半を占め,しかも教育水準が高くなり,男子にヒケを取らない状況では,むしろ機会均等が重要になる。当然,婦人局の施策も重点が移っていかざるを得ません」,と(週刊労働ニュース 86.2.24, 傍点は引用者)。佐藤は,のちにもこういっている。「機会均等の観点からいえば,女性だけに法律上の保護があることは,必ずしもいいことではないと思います。男性の労働時間が短くなれば,女性だけを保護する必要もなくなる」(佐藤 1991: 40),と。

戦後,GHQ が日本に持ち込んだ女性労働政策は,「保護」と「平等」であった。それは,戦前の日本における女性労働の悲惨な実情を考えれば至極当然のことであって,「保護」と「平等」はいずれも「進歩的」なことであり,両者が相容れない可能性については,誰しも思い至らなかったものと思われる。中窪裕也によれば,戦後しばらくは「保護と平等の抵触可能性,つまり女性のみに対する特別の保護(特に使用制限)は平等原則に合致せず,かえって機会均等を阻害しかねないのではないか,との疑問は,あまり強く提起されていなかった」。それが70年代に入ると,「女性のみに対する特別の保護と平等との関係についての疑問が強くなり,妊娠・出産機能保護以外の女性保護は見直して,できるだけ男女で同じ規制とすべきだ,と考えられるようになってきた」(中窪 1993: 174; 177)。

こうした国際的動きを受けて,目指すべき方向が変化したことを,赤松はこう証言する。曰く,「保護が大事だということはずっと思ってましたから,均等法を作る時に保護を捨てなければいけないというのは心の中でも葛藤がありました。だから,それをちゃんと理論的にも心情的にもそれでいいんだと思わせたのは,やはり女子差別撤廃条約だと思います」(日本労働研究機構編 2000: 23),と。そして赤松は,この転換のモデルをアメリカに求めている。曰く,「アメリカの婦人局というのは,同じように保護を大事にする局だったのが,ある時点でぱっと方針転換して平等に切り変え,それで保護をやめということに転換する時期がだいぶ前ですけれどもあるんです。……日本も長いこと保護をやってきましたから,そのアメリカのウィメンズビューローが保護をやめるときの苦しい決断というのを,男女平等を進めるためには,私だってしなければいけない」(日本労働研究機構編 2000: 26),と[41]。

また赤松は,均等法成立後に以下のように述べている。「平等を主張しつつ,保護には手を付けるなと言う意見は,企業側のみならず,世論の支持を得ることは難しく,そのような方向で法案を制定することは,到底良識ある人々に理解されるところではないと思われた」(赤松 1985: viii,傍点は引用者),と。戦後,婦人少年局は,省内での弱い位置と少ないリソースという制約の下で,「保護」と「平等」の双方を追求した。しかし,両者の矛盾が指摘されるようになると,同局は「平等」に比重を移したのである。その際,国際的な動向や世論の支持を得やすいとの判断が,背景にあったと考えられる。通産省が,生産者中心主義から消費者中心主義へとパースペクティブを移行させたように,官庁の政策選好はアプリオリに決まっているのではなく,利用可能なリソースの増減や,環境の変化に対応して変わると考えられる(村松 1994: 第五章)[42]。したがって,このときの労基法改正は,財界が労働省を圧倒したというよりは,むしろ婦人少年局の政策選好とある程度は一致していたと考えられる。第1章で主婦の選好が availability の変数ではないかという見方を導入したが,組織にも同様のことがいえる。コスト・ベネフィットの計算において個人以上に合理的と考えられる組織においては,こうした傾向がいっそう顕著に表れるように思われる。

ただし,均等法の制定過程においては以上の原則は貫徹されなかった。例え

ば，労働側に譲歩して，事実上，生理休暇を残す一方で，均等法の募集条項を強行規定にすれば経営側委員が「総退場」になるとして，公益委員に努力義務にするよう働きかけたりもしている。それは，この時点では同局が，他の何を措いても条約を批准するということを最優先したためである。そのために，労使双方がのめる案をまとめるということが，このときの最優先の原則となっていたのである。

◇婦人少年問題審議会

　労働省所管の審議会では，しばしば労使の代表が委員となる。80年代には，労働代表の審議会入りが増えたことをもって，日本型コーポラティズムの確立も主張された。均等法と労基法改正が議論された婦少審婦人労働部会でも，労・使・公益の三者から委員が出ている。学識経験者のみからなる（「研究会」などの）諮問機関では，婦人少年局が相当ていどに方向づけを行ない得たことに対し，労使の代表を含む審議会はそれぞれの組織利益が表出するため，労働省の筋書きとは異なる意見が出てくる可能性はそれだけ高くなる。しかも多くの場合，労使の意見は対立する。そのため労働省としては，両者の主張のバランスを考慮しながら，「落としどころ」を探る，という作業を必要とする。本章の叙述からも，それはかなり読み取れよう。

　自民党一党優位体制下では利益を代表されにくい労働側にとっては，審議会に代表を送ることで自らの主張を政策決定過程に注入できることにはメリットがある。審議会でまとめられた案以上に労働側に有利な法律が，国会で成立することは考えにくいからである。同様のことは，「女性」についてもいえる。とりわけ，婦人少年問題審議会という，女性の問題を検討するために設けられた審議会で，しかも部会の9委員中4人が女性という比率は国会では望むべくもなく，審議会は国会に比べれば，女性の利益が反映されやすい環境だということになる。

　しかし，その婦少審という場が，女性の利益をある枠の中に押しとどめる役割を果した面もある。すなわち，平等を求めるならまず女子保護規定をなくすべきだと主張する経営側の論理に対し，労働運動・女性運動のロジックは，そもそも日本では労働時間の長さなど，男性の労働条件が劣悪であるから，女性

の保護をそれに合わせて外すより，むしろ男性も含めた全体の労働条件を高くすべきだというものであり，婦少審の労働側代表もその論理で審議に臨んだ。それに対する，婦少審とは男性の労働条件を議論する場ではないという公益委員の説明は，論理的には筋が通っているが，運動の出口をふさぐ効果をもった。要するに，婦少審においては，男女双方の労働条件を向上させるという方途が閉ざされているため，この枠組みの下では，保護を残して平等を諦めるか，平等を達成する代わりに保護を手放すかの二者択一を迫られることになる。女性労働者のためにわざわざ設けられた審議機関であることを考えれば[43]，制度の逆機能ということもできよう。ちなみに，母性保護以外の女子保護規定を外すことを提言した78年の労基研報告は，「ILO条約等国際的な水準と比してかなり緩やかな」日本の労働時間規制に鑑み，「時間外労働については男子の問題も含めての総合的検討が必要であろう」（労働省婦人少年局編 1978: 45）としていたが，婦少審という制度がこの方向性を遮断したのである。

保護と平等がトレードオフになったことについて，労働法の専門家は，「差別撤廃のための法的規制と女性労働者保護規定の改訂が，取引関係におかれ」たことを指摘し（浅倉 1991: 289），女性運動も，「向こうの出し方が巧妙で，保護か平等かという二者択一に巻き込まれていった」と反省する（天野・井ノ部ほか 1985: 14）。行政の守備範囲からいえば，男性をも含む労働時間全般の短縮は労働基準局の担当である。「基準局が，……どの辺まで労働時間を短縮するんだとか，それからどの辺までの指針をつくるんだとか，それを言ってくれるということは婦人少年局へのサポートになったんじゃないか」（日本労働研究機構編 2000: 62），との声もある。

学識経験者のみからなる研究会などの審議機関で新しい方針を打ち出したのち，労使の代表を含む審議会で議論するというのが，労働立法過程のパターンである。本章でみた労基研のケースでは，学識経験者による研究会が，実質上，婦人少年局により議題や資料をお膳立てされる存在であった。この点は"官"を抑えるために首相がメンバーを選定する臨調型の審議機関との大きな相違である[44]。後者の典型ともいえる中曽根時代の臨教審（臨時教育審議会）設置の際には，文部省や文教族議員から，文相の諮問機関である中教審（中央教育審議会）を「なぜつかわないのか」という横槍が盛んに入った上，設置決定後に

第6章 「保護」と「平等」をめぐる政治

も委員の人選で抵抗があり，官邸の意向が完全には反映しなかった（後藤田 1989: 135-136）。

こうした諮問機関の二類型は，自明と考えられるせいか，殊更には指摘されないことも多い[45]。中曽根政権時代には，首相の諮問機関の存在が特にクローズアップされたが，当時の調査でも，首相関連の，または強い政治性を帯びた私的諮問機関は全体の5％ないしそれ以下にすぎず，ゆえに諮問機関は官僚制にとって有力な武器だといわれた（辻中 1985b: 72）。本章で取り上げたのは，省庁が諮問機関を相当ていど巧みにコントロールした事例である。今後，さらなる一般化や類型化が可能なほどの事例研究の蓄積が望まれよう[46]。

◆外圧のインパクト

最後に以上全体の経緯を規定した要因として，外部からの圧力，とりわけ条約批准というタイムリミットの効果を考慮する必要がある。

日本における男女平等をめぐる政策展開の中で，労働省婦人少年局のような国家アクターや，女性運動・労働運動の働きかけもさることながら，国内的背景とは別個に大きな役割を果したのが国外要因である。男女の平等をめぐる政策においては，「国際基準型」ともいうべきパターンが確認できる。そもそも，戦後改革に伴う女性参政権をはじめとする一連の動きは，GHQという「外部」からもたらされたものである。「国際女性年」と「国連女性の10年」は，女性差別撤廃のための独自の立法要求が国内でも形を取りはじめる一つのきっかけとなった[47]。

男女差別を是正するために何らかの措置が必要だという認識は，国際女性年以降，日本でも広まり，まず75年6月に衆参両院で「国際婦人年にあたり婦人の社会的地位向上をはかる決議」が採択された。75年以降，雇用上の男女平等に関する建議や提言が相次ぐのは，「国際婦人年という外圧」も大きい。国際女性年は，各政党・行政・マスコミなどに女性問題が大きく取り上げられるきっかけとなり，75年6月の世界会議開催と「メキシコ宣言」採択以後，「婦人問題」は「一種の流行現象」にさえなった（江原 1985: 108; 浅倉 1987: 258; 世登 1996: 186）。

均等法の審議に際しては，再三みてきたように，政府の審議会や研究会など

で，委員の間で見解が割れたため結論を出さずに両論併記，三論併記などの形で「先送り」をするパターンが繰り返された。そうした場合，審議会の各委員に譲歩を迫る婦人少年局の切り札は，条約批准というデッドラインであった。条約を批准したい労働側委員としては，このタイムリミットまでにどうしても法案をまとめる必要があった。そこで，一度は審議拒否の構えを見せたものの結局は審議に戻った。労働側としては，最終的に降りるわけにはいかなかったのである。経営側からは条約を批准しなくてもよいとの意見もしばしば表明された。ただ，赤松が説得の材料として利用したように，多国籍化が進む中で日本企業も国際社会からその不公正さを指弾されることは避けたかった。赤松は国際社会の目を強調し，日本が条約を批准しなければ，日本企業にとってもデメリットとなると説いた。そのため，経営側も条約批准のために均等法やむなしに傾いた。つまり，その効き方に違いはあれ，「外圧」が労使双方の行動を規制した。中曽根首相が84年に国会で条約を批准したいと言明したのも，「経済摩擦との関連で，日本の職場における女性差別を非難する声が外国では高くなっている」中で，「対外的なイメージアップをはかる必要があったから」だと見られている（朝日ジャーナル編集部 1983: 17）。

条約のもった決定的意義は，85年というデッドラインを設定したことである。82年に婦人少年局長に就任した赤松は，「一九八五年に条約の批准というターゲットから逆算して，八四年に雇用機会均等法を国会に上程」といった具合に，早くからスケジュールを考えていた（赤松 1990: 12）。そして，「この種の立法は，キッカケがないと，なかなか成立できないのが実情。このチャンスを大事にしなければならない」（週刊労働ニュース 83.11.21）と，当初から条約を利用する意向をもっていた。坂本労相も「婦人差別撤廃条約批准の『六十年』という時期的歯止めがなくなれば，法案提出は，今後，いつになるかわからない」と判断していた（読売 84.3.27）。同様の主張は新聞にも見られ，例えば読売新聞は，三論併記の建議について「国民的コンセンサスがまだ十分に成熟していないことの証左だ」と述べつつも，「『六十年中に婦人差別撤廃条約批准』というタイムリミットがあって，議論が盛り上がったこの機会を逃せば，しばらくは同じ機会のくるのを期待できまい」との理由で，「『男女雇用平等法』は，この機会に作った方がよい」と主張した（読売 84.3.27, 社説）。

第6章 「保護」と「平等」をめぐる政治

　五五年体制下の国会では，自民党が単独過半数を維持していても，野党が国会上の各種の制度や慣行などを利用してヴィスコシティを発揮し，閣法を葬り去ることがしばしばあった。しかしながら均等法は，条約批准を目指す野党としてもつぶしてしまうわけにはいかない法律であったため，政府法案の内容に不満をもちながらも，野党には審議を引き延ばして廃案を狙うという選択肢はなかった。ここでも条約の威力が効いている。

　外圧については，国際潮流が「わが国内の女性運動を激励した」（下山 1997: 151）という間接的な効果も無視できない。また，国際女性年と国連女性の十年，およびそれにまつわるキャンペーンが，国民の意識を変えていったことも，指摘することができる[48]。

◇均等法の効果

　その後のことにも，一言しよう。法律の効果について，意見はわかれている。

　一方で，法律の定めた諸規定の普及のほどは疑わしいという説があり，それを支持する調査がある。例えば，施行5年後に行なわれた労働省の調査に，均等法施行後に事業所の雇用管理に変化はなかったと答えた女性が39.3％で，変化があったと答えた31.4％を上回っている（労働省「平成三年度 女子雇用管理基本調査」）。91年に行なわれた民間団体の調査では，職域拡大や待遇改善に結びついている積極的回答はわずか6.5％にすぎない（女性労働問題研究会 1992: 22, 図表Ⅳ-12）。さらに，東京都の調査では，均等法施行後，90年までに「特に措置を取らなかった」企業が47.9％と実に半数に及んでいる（『平成2年度東京の女性労働事情——企業における女性雇用管理とキャリア形成の考え方および女性管理職に関する調査』）。91年に発表された調査によれば，職場で女性が定年前に退職する慣行が「ある」が46.6％で，その時期は「社外結婚した（する）とき」48.6％，「出産した（する）とき」48.2％，「社内結婚した（する）とき」47.0％などが多い（複数回答）。また同調査によれば，役職に就いている女性は約1割にすぎない（労働省「平成二年度女子雇用管理基本調査——女子労働者労働実態調査」）。95年の調査でも，28％の女性が自分の会社に「結婚・出産退職慣行」があると答えている（日本労働研究機構「女性の職業・キャリア意識と就業構造に関する研究」97年。「そう思う」「まあ思う」の合計。「どちらともいえな

い」が30％，「ないと思う」42％）。90年代に入り，そうしたインフォーマルな退職勧奨が婦人少年室で扱われるケースは，むしろ増えた（小川 1993: 11）。

　大企業にはコース別人事制度により，男性と女性という形ではなく，総合職と一般職という形での区別を採用した企業も多いことは，周知のとおりである[49]。もちろん，一般職はほとんど女性であるから，直接的に性を理由とする差別に間接差別が取って代わった，ということもできる。

　また，大学職業指導研究会の調査によると，均等法施行の86年に就職活動を行なった都内の私立四年制大学文系の女子卒業者のうち実に47.3％が，5年以内に卒業時に就職した企業を退職した（NHK新・日本人の条件プロジェクト 1992: 158）。この数字から，均等法のどのような効果が表れたのかを読みとるのは難しいが，均等法一期生の定着率のこの低さから，彼女たちが満足のいく職業生活を送っていなかったことはうかがえる。

　さらに，立法の過程では「均等法の実効性を確保する制度として脚光をあびていた」（浅倉 1991: 267）均等法15条の調停制度は，施行10年を経た時点で，調停申請がわずか11社，103件，調停が開始されたのは住友金属1社のみで7件にすぎない。というのも，労働者がもち込んでも使用者が同意しなければ，調停にかけられないからである[50]。この件については，婦少審婦人労働部会の渡辺部会長も，のちにこう述懐している。「あれだけは，いまも心残りです。これでは法律ができた意味がまったくなくなってしまうのですから」，と。また，赤松はこの件について，「差別撤廃条約の批准までに，どうしても法律を作らなくてはならなかったので，……何らかの妥協をせざるを得なかった」と語っている（NHK新・日本人の条件プロジェクト 1992: 221）。

　賃金面では，均等法施行後1年に初任給でみると，大卒では縮小し高卒では拡大した（「男女雇用機会均等法および改訂労基法への対応状況（全民労協）について」『婦人労働』12号，1987年，51-52頁）。一部上場企業1200社への調査では，「男女不問」で募集されたのは，求人数でみると86年春採用分の32％から87年春の77％へ著増，逆に「男子のみ」とした企業は23％から3％へ激減し，「均等法の効果が鮮明になった」と報じられた（毎日 86.12.28）。とはいえ，総じて日本の男女間賃金格差は，先進国の中では依然として大きい。ILOは92年，「女性と労働に関する報告書」で「日本の女子労働者の平均月収は男性の約半

第6章 「保護」と「平等」をめぐる政治

分」、「日本の男女賃金格差は主要国中最大」と発表し、「内外に大きな波紋を引き起こした」（柴山 1993: 240; 杉本 1997: 52）。

　また、90年代不況の中で、女子大生の就職差別については周知のこととなり（就職難に泣き寝入りしない女子学生の会編 1996）、「募集・採用」が努力義務規定にとどまったことの意義は大きい。92年の調査では、新規学卒の募集・採用を男子のみとする企業が34.0%、技術系では47.5%に達した（労働省「女子雇用管理基本調査」）。93年の調査よれば、就職活動中、「女性であることの不利益」が「あった」女子学生は、「資料請求」で62.0%、「セミナー」で53.2%、「募集」で67.4%、「試験・面接」で50.8%、「採用、勤務条件等」で35.4%に上っている（大学職業指導研究会第三分科会「1993年度女子学生就職活動実態調査」）。同じく93年の21世紀職業財団の調査によれば、総合職女性の6割が「会社で女性が不利に扱われていると感じることがある」とし、最も多いのは「募集・採用」（42.5%）においてであった。94年に労働省が女子新規学卒者のための就職問題に関する相談窓口を設置した際にも、寄せられた相談の中で最も多かったのは、「女子であることを理由として応募の機会を与えられていない事案」（45.9%）であった。立命館大学就職部の調査（94年）では、請求資料が「全部送られた」「殆ど送られた」学生は男子の77.3%に対し、女子では29.8%にすぎない（渡辺 2001: 153; 160-161）。

　他方でしかしながら、均等法に何の効果もなかったとは到底いえない。同法施行後、女性の社会進出が従来以上に進んだことは事実であろう。それらのうちのどれほどが均等法の効果によるものであり、またどれほどがそれ以前から続いていた趨勢を延長したものであるかは、正確には確かめようがない。ただ、「均等法施行後の各企業の対応状況をみる限り、この法は、立法としての欠陥を補ってあまりある事実上の改善を、それぞれの企業の雇用管理にもたらした」（浅倉 1991: 266）との評価もある。そして、実際に改善が見られた点を、いくつかの調査から確認することができる。施行後1年の段階では、「配置」「昇進・昇格」においては立ち後れが見られるものの、「募集・採用」においてかなり改善されたことが、いくつかの調査で確認されている（高橋編 1989: 13-19）。総評婦人部は施行2年後に、「当初の予想をはるかにこえて均等法の波及効果がでている」（月刊労働組合編集部 1988: 12）と、評価している。女性に対

する企業の処遇方針にも変化がみられ，男女均等に戦力として活用していく方向が出てきた（雇用職業総合研究所「企業における女子の戦力化，活用に関する調査」86年)[51]。

また，均等法の意義として，「法律の条文に含まれた内容にとどまらず，それがマスコミの話題となることによって，結果としてキャリア・ウーマンの処遇改善に関するアナウンスメント効果をもったこと」を評価する意見もある（瀬地山 1993: 34）。同法の成立に際し，「均等法フィーバーともいうべき状況」がもたらされ，「予期せざる宣伝効果」はかなり大きかったとされる。均等法関連の調査，書籍の出版も多く，行政の担当者も，企業経営者や人事担当者の均等法への関心はきわめて高かったと述べている（大森 1990: 37-38）。86年には，雑誌やテレビでも「均等法時代」，「女の能力を活用できない企業は生き残れない」などの言葉が踊り（川口・高木 1986:139），85～86年に，朝日新聞が9回，読売新聞が3回，毎日新聞が8回，サンケイ新聞が1回，日経新聞が5回，社説で均等法を取り上げたほか，新聞，テレビ，雑誌が関連テーマの企画を行ない，ドラマの題材にまで取り上げられた。施行1年半後に行われた日本有職婦人クラブの調査によれば，調査企業の98％は均等法を知っており，内容をよく知っている企業も63％に達した。均等法成立直前の84年5月と，施行1年後の87年2月に行われた，総理府の同じ調査[52]で，「男は仕事，女は家庭」という考え方に同感する人が，男性：62.7％→51.7％，女性：49.2％→36.6％，計：55.2％→43.1％と，きわめて短期間に急減している（高橋編 1989: 9-11; 13）。法が直接狙いとするところとは異なる面であるが，こうした効果は大きかったといえる[53]。

以上のように，均等法は労使双方の意識，さらにはマスコミや一般世論に働きかけることにより，「象徴的」なレベルで意図せざる威力を発揮したということができよう。総評の山野も，「男女差別に対する意識を高め，男女平等を社会のテーブルにのせたことも，大きな成果だ」と評価している（山野 1990: 125）。また，均等法施行時の佐藤婦人局長も，後年この点を指摘している。曰く，「社会がこのことに大きな関心をもつようになったことは，この法律の功績ではないかと思うのです」（佐藤 1991: 38），と。婦人局婦人政策課課長補佐はこう語る。「大きな変化としては，均等法制定後，男女同じようにしなけれ

ばならない，つまり女子を差別してはいけないという認識が定着してきていることです。これが一番大きな成果ではないかと思います」（小川 1993: 9, 傍点引用者），と。

しかしながら，施行5年を経て行なわれた上述の諸々の調査結果を目にするとき，法自体に本来期待された役割が十分に果たされていない，ということも否定しがたいように思われる。とりわけ，同法の推進役であった赤松が，施行6年後に，以下のように語っていることは注目に値する。曰く，「思ったほど日本企業の仕組みも，男女分業の意識も変わらなかった」，「もっと強制力のある均等法を作っておけば，男女分業を変えるようなインパクトを持ったんでしょうか」（NHK新・日本人の条件プロジェクト 1992: 223），と。

◇婦人局の長期的戦略と失地回復

その後も日経連は，85年労基法改正による女子保護規定緩和は不十分であるとして，さらなる規制緩和を求めた。曰く，「女性に対する規制が母性保護の見地からなされるのであればともかく，母性保護に関係のない労働条件については男女を同一に取り扱うべき」だし，「男女が個々人としてその意欲と能力に応じて均等な機会と待遇が与えられるべき」だから，「女性が働きやすいように労働時間の短縮，職場環境の改善等を図りながら，時間外労働，休日・深夜労働については，女性に関する規制を基本的に撤廃することを検討すべき」，だと（日経連「労働力・雇用問題研究プロジェクト」編 1992: 117）。これは，時短という内容を盛っているとはいえ，基本的には本章でみてきた過程で，繰り返し現れた主張と同じである。

97年に均等法と労基法がセットで改正され，均等法に罰則規定が盛り込まれると同時に，女子保護規定はいっそうの緩和をみた。これは，フレキシビリゼーションという大きな政策潮流に合致したものである[54]。しかし，同時にこれは，婦人少年局〜婦人局〜女性局の政策選好の反映でもある。つまり，「平等」を一歩推し進め，女性にのみ設けられた規制は妊娠・出産と直接関係あるもの以外は撤廃した97年改正は，85年よりも同局の政策選好により近い方向であり，同局は85年に条約批准のために行なった譲歩を，97年に相当ていど失地回復したのである[55]。以下の言を聞けば，85年の均等法は，婦人局の選好に近い政策

を実現するための「迂回戦術」であったとも考えられる。曰く,「国連婦人の一〇年の終わりまでにという条約批准の目標を逃していつまた新たな目標が見出せるのか。なんの保証もなく,また法案の内容が弱すぎるとはいえ,その成立を断念したあと,ずっと強い法律をいきなり作ることができるものか,まったく見通しは立たなかった。逆に,まず成立させた法律を基にして,将来的には法改正によって強化していくことは十分期待できる戦術だと,私には思われたのである」(赤松 2003: 83),と。

＊　　＊　　＊

　婦人少年局は,研究会などで打ち出した方向性を,労使代表を含む審議会で基本的には貫徹し,均等法制定〜条約批准という組織の選好を満たし,組織としての存在を守ることにも成功した[56]。婦人少年局は,省内の他局と多くの点で考えを異にしていたが,部局間の調整ではことごとく譲歩した。それは,省内での力の弱さにもよるが,同局がとにかく均等法を成立させることを最優先したことが大きい。労基法の保護規定緩和を受け入れて均等法成立を優先するという判断は,同局の「悲願」であった女性差別撤廃条約批准のため,使用者側がのめる案をまとめたということにもよるが,他方で女性のみの保護を,妊娠・出産に直接関係するもの以外は外していこうという国際的な潮流に,同局の考えが近づいていたということにも由来する。それが均等法成立の大きな推進力であった。
　均等法が成立する上で,女性差別撤廃条約というタイムリミットが大きくものをいったが,均等法制定と条約署名の政治過程は,異なるプロセスをたどった。後者では労使,とりわけ経営者側の不在が大きな特徴となっている。すなわち,条約署名の政治過程では,女性運動と女性官僚,そして女性政治家が署名へ向けて活動したが,この時点では条約のもつ意味が,社会的に幅広く認知されておらず,経営者団体は反対を行なわなかった。他方,均等法の政治過程では,特にその審議の主要部分を担った労働省の審議会で労使間の激しい対立がみられた上,審議会の外においても,経営者団体はたびたび反対を表明した。しかしながら,どちらの政治過程においても,外圧が大きな役割を果たしてい

第6章 「保護」と「平等」をめぐる政治

た点は共通する。この点は終章で再論しよう。

注

1) 改正の要点については，安枝 (1998)，労働省女性局 (1999) などを参照。
2) 曾根 (1986)；辻中 (1985b) などが代表的なものであろう。
3) 数少ない一つが，均等法を対象とした篠田 (1986) であることは象徴的である。
4) 同法は，性による差別だけでなく，人種による差別も禁止している。
5) 当時はそれぞれ，「国際婦人年」，「国連婦人の十年」と訳されていた。本書では，近年の用法に従うが，団体名や引用文の中においては，もちろんこの限りではない。
6) 84年には，世界18ヵ国で同様の法律ができた（大矢 1985: 69）。日本はその「ピーク」より少し遅れたことになる。
7) 教育訓練，福利厚生，定年，退職，解雇については禁止規定である。ただし罰則はない。
8) ただし均等法制定時の赤松良子婦人局長は，努力義務を「ドイツに倣った」と語っている（日本労働研究機構編 2000: 34; 44）。
9) 均等法・労基法改正案は，規制内容が具体的に明記されずに国会で可決されたため，企業などが守るべきガイドラインは省令・指針で示されることになった。省令や指針は，内閣が定める政令とは異なり所管大臣が定めるため，省庁や部局が決定権をもつが，その過程では公労使参加の審議会に付すことが必要とされている（濱賀 1999: 52）。
10) 元婦人少年局婦人労働課長の大羽綾子も，同法が「成立した背景には，明らかに外圧のはたらきがある」と評価している（大羽 1988a: 18）。
11) 赤松は後年，こう語る。「当時，いわゆる土光臨調の嵐が吹きまくっていて，…何かやらないと婦人少年局はもたないという危機感はあった……組織防衛論で，署名や批准を目指すことをやっていかないと，この臨調の嵐をしのげないという考えがかなり大きかったと思います」（日本労働研究機構編 2000: 27），と。
12) 第3章でも触れたが，アクターが「生理」としてもつ前者の選好は変わらないが，政策の内容についての選好は，環境や条件に応じて変わる，と考えられる。
13) その後も例えば，総理府が婦人問題担当室を男女共同参画推進室へ組織替えしようとした際，労働省との間に「婦人問題にかかわる行政はすべて労働省が担当し，総理府はその管轄を侵さない」という覚書を結んでいたことが発覚したように（朝日 93.12.11. 夕），労働省女性局は，労働の領域を越えて，女性行政全般を自らの権限の範囲と心得ていた。
14) 後述のように田辺のこの評価は，60年代半ばまでについてのものである。
15) 設立までの経緯については，上村 (1992: 5-15) に詳しい。
16) 75年の国際女性年に際し森山婦人少年局長が調べたところ，20種類ほどある国家公務員試験のうち，国税専門官，航空管制官，皇宮警護官，入国警備官，刑務官，海上保安官など12の試験が，受験資格として「男子」とうたっていた（森山 1984: 192-193）。
17) 閣議は，大臣が閣議室などの一定の場所に集まって開かれるのが原則だが，定例閣

議を待てないほど緊急の案件については，大臣が一定の場所に集まることなく，書類を持ち回って閣議決定を行なうことがある．これを「持ち回り閣議」と呼ぶ（小島 1979: 116）．
18) 現に，谷垣専一文相は条約に反対だといって署名を渋っている（影山 2001: 363）．
19) ただ当時の国際労働課長は後年，「署名をしないと政治的にはとてももたないということは当時の大臣だったFさんもすぐに理解して下さった．それで選挙中だったけれど閣議で申合せをやってもらったわけです．選挙中であるということは，迅速に手続きを進めるうえで幸いしたと思います」（日本労働研究機構編 2000: 29）と語っている．選挙前に，何らかの根回しはあったのかもしれない．ただ閣議決定自体は，選挙後である．
20) そうした海外の報道については，赤松（1985: 102-117）に収集されている．
21) 経営側からのこうした苦情について森山真弓は，労使代表を含む婦少審で正式の議題となって5年以上経つのだから，「自分達の代表をずっと出しているのに，今になって全然知らなかったなどと言う人がいるのはおかしな話」だ，と皮肉っている（森山 1984: 194）．
22) 逆に，企業や業界のもつ専門性が，政府の影響力を遮蔽するリソースとして機能する場合については，大嶽（1979）をみよ．
23) ただし，国家公務員法，地方公務員法は，労働条件全般について男女差別を禁じている．
24) 均等法以前の裁判運動における到達の軌跡については，浅倉（1991: 216-229, 表2-18）．
25) ただ，76年の調査によれば，就業意欲・就業観は，実際には男女別というよりもむしろ職種によって大きく異なる（正木 1979: 32）．
26) GHQは生理休暇に反対であったが，日本女性が求めるなら，ということで認められた経緯がある（豊田 2000）．その限りでは，女性運動の要求の成果ということができる．
27) 例えば同盟は，労基法3条に「性」を加えることを要求していた（佐渡 1979: 43）．
28) ちなみに赤松によれば，均等法の成立過程で，クォータ制の導入をという意見は出たことがないという（赤松・花見 1986: 19）．
29) 婦少審は1948年に設置され，委員の任期は2年であるが，再任される委員も多い．公益委員の中には10年以上もその職にある者もいる（篠田 1986: 81-82）．
30) 赤松は，マスコミを通じても反対声明を出さないように訴えていた（朝日 83.10.6）．
31) 条約の批准が予定されていたナイロビの総会は85年6月であったが，85年の通常国会提出の場合，6月まで成立しなければ批准に間に合わないため，84年の国会に提出することを労働省は考えていた（日本労働研究機構編 2000: 70）．実際，84年には衆院は通過したものの，参院では継続審議となったため，最終的に成立するのは85年である．
32) 日本が156号条約を批准するのは，95年である．
33) 労働側も，「ああいう形は予期しなかった」という（山野 1990: 126）．
34) 社会，共産，公明，民社の各党，および日弁連の均等法案は，岡村・富岡（1983:

第6章 「保護」と「平等」をめぐる政治

12-15) の表にまとめられている。
35) この点では，労働省から野党への示唆もあった。松原は，野党から修正要求も強かったが，「全体が微妙なバランスの上にでき上がっていて，どこか触ったら崩れていくというので，政府からそういうことは全くできないということは，いろいろお伝えはしました」と語っている（日本労働研究機構編 2000: 95）。
36) 屋山 (1984)，森山 (1984)，森山・長谷川 (1984) を参照。この論争は国会でも取り上げられた。
37) 形式的な修正点は，赤松 (1985: 197 以下)。
38) 当時の職安は男女別に求人を受けつけ，求職者も男女にわかれた窓口で紹介を受けており，男向きの仕事，女向きの仕事という考え方が広く受け入れられていたことも，職安局が反対した理由であった（赤松 2003: 104）。
39) 国会で大臣や官僚が，法案が審議会での審議を経たものであることを強調して，野党の批判をかわすことは多い。小野善康は，官僚がいわばお手盛りでつくることのできる私的諮問機関を国会で権威づけに用いることに，国会（議員）が異を唱えないことを問題視し，「行政庁が私的諮問機関の設置を好むのはこのような国会の姿勢と関係がある」と批判している（小野 1997: 97-100）。
40) これは，78年労基研報告の「母性保護」と「一般女子の保護」という区別に対応する。
41) 森山局長は，米労働省婦人局長の以下の発言を紹介している。「アメリカ婦人局創立以来五十数年の歴史の前半は，"婦人労働者を保護する" ことを最大の目標として，婦人保護のための特別措置を少しでも多く，より手厚くすることに全精力を傾けてきました。ところが後半，とくに最近の十年余りは，その先輩達が血のにじむような努力をして獲得したはずの様々な特別措置を，今度は一つ残らずとりはずすことに一生懸命汗を流しているのです」（森山 1977: 2）。
42) 同様の例として，電電公社民営化に反対していた郵政省内に，「流れは民営化で，いつまでも反対していると時流に取り残されてしまう。早く時流に乗って，主導権を握るべきだ」とする民営化推進論が台頭したことが挙げられよう（田原 1990: 106）。
43) 標準的な「労働者」は成人男性であるから，「男性労働問題審議会」はないのである。
44) 例えば土光敏夫第二臨調会長は就任に際し，「増税なき財政再建」など4項目の申し入れを鈴木首相，宮沢官房長官，中曽根行管庁長官に承諾させているし（神原 1986: 20-21; 後藤田 1989: 66），国鉄民営化に際しては，加藤寛のリーダーシップがきわめて重要な役割を果たした（大嶽 1994: 93 以下）。また中曽根首相は，臨教審の専門委員20人に，文部省に対する敵愾心の強いメンバーを選んだとされる（田原 1990: 261）。
45) 草野 (1995: 第8章) は，両者を区別しているが，区別の基準は国民の「評価」「評判」といったもので，操作化が不十分である。
46) 辻中 (1985a) は，「特殊クライエント型」，「戦略型」，「社会変容型」という類型化を行なっている。
47) 森山真弓によれば，国会でも国際女性年以前には社会労働委員会などで女性議員の

質問がたまに出る程度で,「本会議の代表質問や予算委員会の冒頭からなどということは考えられなかった。男性議員がまともにとりあげる話ではなかった」が,国際女性年を経て「婦人問題も出世した」（森山 1980: 19）。

48) 75年6月19日から7月2日の国際女性年世界会議の間,新聞,テレビは毎日のように国際女性年の行事を報道した（影山 2001: 300）。

49) ただし第1章でみたとおり,コース別雇用管理制度は主に大企業で導入され,中小企業にはあまり広がらなかった。

50) この点は改正法では,一方の当事者からの申し出で調停開始が可能となった。

51) ただし,多くの企業は均等法をきっかけに女性の戦力化には踏み切ったものの,その方向性は,職域拡大につながる研修や労働意欲を刺激する昇進・昇格のチャンスなどであり,再雇用制や育児休業,社内託児所設置など,女性の長期定着・継続就業施策には関心が薄かったとされる（塩田 2000: 69-70）。

52) 名称は「婦人に関する世論調査」から「女性に関する世論調査」に変わっている。

53) この点で,改正均等法は旧均等法に比べ報道も少なく,こうした副産物がそれほどでもなかったことが惜しまれる。

54) 女子保護の見直しは,例えば「新経済社会五ヶ年計画」（92年）,「第二次女子労働者福祉対策基本方針」（92年）,行政改革委員会第二次答申「創意で造る新たな日本」（96年）などでも,明記されている。

55) 赤松は,「平等の方もかなりきつい。それから保護の廃止の方も,母性保護以外のものはやめる。今回［97年－引用者補］改正された法律に近い形」を,83年頃には既に考えていた（日本労働研究機構編 2000: 34）。

56) 01年省庁再編で,女性局は厚生省の児童家庭局と統合されたが,これは労働省自体が独立を保てなかったほどのより大きな改革によるもので,同局の弱さを示すものではない。

第7章

再生産をめぐる政治
―― 少子化問題のアジェンダ化と育児休業法の成立 ――

1 本章の対象と前提

　本章では,「少子化」という現象が, 政党や政府をはじめとする各アクターから, その存在を認知され, それが政治的に取り上げるべき問題とされ, さまざまな施策が打たれるようになる過程を概観する。本章ではとりわけ, 育児休業法制定にいたるプロセスに焦点を当てる。それは同法が, 今日まで続く一連の少子化対策の中でも, 初期のいわばクライマックスとでもいうべき位置づけにあたることに加え, 育児休業を義務づけられることを, 企業がとりわけ忌避するためでもある。すなわち, 同じ少子化対策でも, 例えば保育所の整備や児童手当といった, 政府の財政支出によって可能な施策の場合, 企業には税負担増という形で, いわば間接的に影響が及ぶにすぎないのに対し, 企業で働く労働者に育児休業の権利が付与された場合, もしそれを行使されれば, 代替要員の手配その他で, 企業にとっては直接的なコストとなる。そのため, 企業の反対が特に大きいのである[1]。

　少子化は現在, 政治エリート, 経済エリートの大きな関心事となっており, 近年もそのための対策や提言が相次いで打ち出されている。ここ数年だけをみても, きわめて多数にのぼる[2]。2000年に主要政党に対して行なわれたアンケートでは, 全政党が児童手当拡充に賛成であったことや (朝日 00.6.23), 01年6月には, 参院本会議で少子化対策を進めることが国会と政府の責務だと訴える「少子化対策推進に関する決議」を全会一致で可決したことなどをみても, 現在, 少子化対策は, 主要な政治勢力のいずれからも反対されない, コンセン

サスのある政策となっている。99年度当初予算大蔵原案では，子育て対策に厚生省の要求を46億円上回る2913億円が示された（朝日 98.12.21, 夕）。「公共工事の『大盤振る舞い』と比べるとわずか」（朝日 98.12.21）だとしても，今日「少子化対策」は，予算のつきやすい格好の政策だともいえる。

　もちろん，個々の施策には反対する論者はいる[3]。しかしこれは，「少子化」対策一般に対する反対はでない。少子化が進行していること，そしてそれが対策を要する深刻な問題であることについては，広範なコンセンサスが成立しているといえる。

　だが，このことはそれほど古い問題でもなければ，自明のことでもない。女性が子どもを産むということが，これほど社会的に求められるのは，あらゆる時代に普遍的なことではなく，むしろ新しい現象だといえる。75年に厚生省の児童家庭局長は，「こどもを生むことが社会的にみて祝福すべきことではないといわんばかりの風潮」を，憂えてさえいた（石野 1982: 132）。

　少子化問題への認知と関心と懸念は，いかにして一般化したか。そして，それがどのように政策的帰結に結びついたのかを検討することが本章の課題である。

◇**少子化に対する従来の認識**

　今日，深刻な社会問題として幅広く認知されている少子化を，政策として取り上げるべき問題としてアジェンダにのせたのは，「1.57ショック」であると考えられる[4]。

　1.57という数字は，89年の合計特殊出生率で，90年6月9日に発表された「一九八九年の人口動態統計の概況」で明らかになった。少子化問題が脚光を浴びるようになったのは，このときが初めてといってよい。日本では，戦後長らく人口過剰と失業問題が労働力政策の焦点でありつづけていたし，高度成長後は70年代の「老人ブーム」を経て，高齢化の方に焦点が当たっていた（岩本 1993: 93）。少子化について語られる場合も，それが高齢化や労働力不足と結びつけられることはなかった。

　例えば，88年10月に厚生省と労働省が共同で発表した「長寿・福祉社会を実現するための施策の基本的考え方と目標について」では，「出生率の低下や少

子家庭の増大に対応し，子どもの養育や児童の健全育成に資するよう，我が国の実情に沿った児童手当制度のあり方を検討する」（厚生白書 1988: 203）と述べられる。だが，ここで「出生率の低下」や「少子家庭の増大」によって懸念されているのは，専ら「児童の健全育成」であって，労働力不足や高齢化社会における負担への視点が全くない。このことは，同年の有効求人倍率が1.01，前年は0.70であったこととも関係するであろう。日本経済は，プラザ合意後の円高不況からようやく立ち直りかけたところで，人手不足はまだ問題化していなかった。

　85年，86年の厚生白書のテーマは，それぞれ「長寿社会に向かって選択する」，「未知への挑戦―明るい長寿社会をめざして」であるが，いずれの白書においても，「長寿社会」は一切「少子化」と関連づけられていない。というより，少子化自体が全く問題にされていないのである。86年版では，ライフサイクルや家族形態の変化の要因として，「出生児童数の減少等」，「出生率の低下等」といった表現が出てくるが（厚生白書 1986: 8; 16），これ自体は何ら問題視されていない。また，いずれの年度にも，「少子化」についての独立した項目はない。

　象徴的なエピソードとして，以下のようなことが挙げられる。85年3月に東京都田無市が，「男女平等に一石」として，従来，女子職員にだけ認めてきた勤務時間内の育児時間を男子職員にも認めるという全国の自治体で初めての条例案を可決した際，自治省が「母性保護の立場から育児時間を盛り込んだ労基法の趣旨に合わない」とクレームをつけたのである（読売 85.3.12）。

　89年2月に出た全国社会福祉協議会児童家庭福祉懇談会の提言「あらたな『児童家庭福祉』の推進を目指して」でも，出生率の低下への懸念，少子化への関心は見られない。少子化問題よりも，子どもの権利としての家庭基盤整備，児童の健全育成の観点が強く打ち出されているのが特徴である（野澤 1996: 3）。また，全国社会福祉協議会の雑誌『月刊福祉』は89年6月号で，「高齢社会と児童」という特集を組むが，対談一つと論文4本のうち，少子化による労働者不足の問題を指摘したものは皆無であり，2本の論文が高齢社会における「負担」の問題に触れてはいるが（中嶋充洋 1989: 36; 吉澤 1989: 46），それは幾つかある問題の一つに過ぎず，決して高齢化に伴う中心的なポイントとは見なされ

ていない。経営者団体についても、例えば90年5月に日経連高齢化問題研究委員会が発表した最終報告書には、少子化問題への言及が全くない（日経連タイムス 90.5.17）。89年にある民間の研究所は、出生数の低下に対して社会に危機感がないのは、「厚生省人口問題研究所あたりが、出生数は次のベビーブーム、1998年頃には元の水準、つまり180万人前後にまで戻ると説明しているから」だと、警告を発している。だが、そのシナリオは以下のようなものである。「私立学校の経営は重大な危機を迎える」、「若者向けのオーディオ製品、自動車、洋装品、結婚式場、アパートといったあらゆるものの売上はその割合だけ減少し」、「一般企業の売上は低下し、それに伴い設備投資も不振になり、やがて企業倒産は相次ぎ、株価は暴落し、地価も暴落して、日本経済は大打撃を被る」（未来予測研究所 1989: 3-4）。つまり、今日とは異なり、「少子化」によって専ら懸念されるのは、消費市場の問題である。社会保障制度の危機や人手不足への言及もわずかにあるが、それはほとんど取るに足らない分量である上、消費者不足の問題に比べ具体的ではない。

以上から、ある時期まで少子化がほとんど問題視されていなかったこと、またたとえ少子化が取り上げられる場合でも、高齢化や労働力不足といった観点からは論じられていなかったことがわかる。

2 「1.57ショック」

◇新聞の報道

そうしたなか、「合計特殊出生率1.57」が発表された。これを報じた90年6月10日付の新聞各紙は、以下のように驚きを伝えている。

毎日新聞は1面トップ記事にし、「高齢化社会急ピッチ」、「老年人口　少年人口　今世紀内にも逆転」の見出しを掲げた。3面にも「産業活動停滞も　超高齢化への対策急務」の見出しで、「労働人口の急減は、経済全体の活力の衰退や年金制度に代表される対高齢者扶養負担の激増など、まかり間違えば、社会の破綻にもつながりかねない。単なる老人対策の枠を超え、社会システム全体のあり方を考え直す時期」と危機感を露にする。

朝日新聞も、1面で「平均出生数　最低の1.57人」、「老人と子供の人口　今

世紀中に逆転も」という見出しで、「労働力不足が深刻化しているわが国は、今後の出生率の動き次第では、経済力維持のために外国人労働者政策を根本から見直す必要も出てきそうだ」、「厚生年金制度も、資金を出す若者の急激な減少で、根幹から揺さぶられる」などとし、3面で「『年金』ピンチ」を見出しとした。社会面にも関連記事を載せ、その中では老人人口と子供人口の交差するグラフを掲げている。

　読売新聞も1面で「『生涯出産』最低の1.57人」、「子供と高齢者　今世紀中にも逆転」の見出しを掲げ、社会面では「労働人口の不足による経済力の低下や少ない若年層が多数の老人層を支えるため、年金制度などで高齢者を養う負担の増加が生じる」として、出生率低下を克服したスウェーデンの「パレンタル・ベネフィット制」を紹介している。

　日本経済新聞は1面ではないが、「高齢者と年少人口の比率　今世紀中に逆転も」、「『少産化対策』が急務」などを見出しとし、「少産化を食い止めるため、児童手当の引き上げなどの経済的援助のほか、夫婦共働きの女性でも子供が生みやすいような労働環境づくりを進め、効果を上げた国もある」、「関係省庁が一体となって、少産化対策を打ち出す必要がありそうだ」と結んでいる。

　見られるとおり、「合計特殊出生率1.57」発表と同時に、少子化ははっきりと「高齢化」、「労働力不足」の問題として定義されている。そして、いずれもが「対策」の必要性を指摘している。

　以下では、「合計特殊出生率1.57」の発表を受けての政治家、省庁、経済界の反応を順に見ていこう。

◇**政治家の反応**

　「1.57」の発表は、政治エリートに大いに危機感を抱かせた。まず、発表の2日後に当る6月11日には、自民党四役会議で、「出産奨励策として、産んだ子どもの数に応じ、主婦に年金を割り増し給付してはどうか」との発言が出た。また、翌12日には、長寿社会対策関係閣僚会議で、武藤通産相が「出生率低下は由々しきことだ。出生率を高めるため、厚相の積極的な対応が必要だ」と発言、津島厚相は「関係閣僚にも方策を検討してほしい」と応じた。さらに橋本蔵相からは、「女性の高学歴化が出生率を落としているのではないか」との発

言もあった。党四役は，女性が出産しやすい社会環境づくりに向け，女性に対する年金制度の拡充や児童手当の大幅増額，育児休暇制度の充実などについて，党政調会などで検討していくことを決定した（日経 90.6.12, 夕; 読売 90.6.13; 朝日 90.6.13）。

同日，受胎調節実施指導員に避妊用医薬品の販売を認めた優生保護法39条の規定が，5年ごとの時限立法であり，同年7月31日で期限が切れるため，さらに5年の延長を認めようという際，自民党政調審議会で加藤政調会長が，「出産促進を検討しようという時に，一方で出産減につながるような政策を取るのは矛盾する」と発言，延長期間を1年に短縮する指示が出た（朝日 90.6.13）[5]。

海部首相も，90年の第118国会で「出生数の引上げを肝に銘じて取り組む」という「国会史上初」の決意表明を行なったり，「国連子どものためのサミット」で，「次代の母親となる女児に対する教育の重要性を認識」するなどと発言したりした（相沢 1990: 149; 丸本 1991: 146）。

自民党は，社会部会に「児童と家庭問題小委員会」を発足させ，
①子育て家庭に対する経済支援
②仕事と子育ての両立支援
③子どもが健やかに育つ地域づくり
などを中心とする対策を早急に講ずる必要があるとして91年度予算を編成した（中島 1991: 167）。

こうした政府・自民党のあわてぶりの背景には，「『老人が増えることばかりに目が行っていて，高齢化社会を支える側がどんどん減っている事実に気が付き，びっくり仰天した』（政府筋）という事情」があった（朝日 90.6.13）。このような政治家の姿勢は，アメリカ人記者から，「生めよ増やせよという政策をとるのか」という批判を呼ぶことにもなった（読売 90.6.13）。

◇ **各省庁の対応**

「1.57」発表当日に津島厚相は早速，「このまま放置できない。何らかの施策の必要性を痛感している」との談話を発表した（毎日 90.6.10）。人口統計を所管する厚生省自身，発表当日の6月9日，出生率を回復させるための総合的な対策を立てる組織を省内に作る方針を固めた。具体的には，出産意欲を促すた

め,従来第二子からであった児童手当を第一子から支給するとともに,対象年齢を3歳未満に引き下げて,子育てが大変な時期に手厚く支給できるようにすることなどを検討に入り,できるものから91年度予算案に盛り込む方針を打ち出した(朝日 90.6.10)。そしてそれは,児童手当法の改正によって達成された[6]。次いで,90年8月には,厚生省の「子どもが健やかに生まれ育つための環境づくり推進会議」が発足した(児童家庭,社会,保険,年金の各局で組織)。

厚生省は,他にも後述のとおり児童福祉関連でさまざまな新規予算を計上したほか,ベビーシッター協会の社団法人化を認可したり,子育て関連産業の実態調査を開始したりした。91年末には,厚相が主催する「子どもと家庭に関する円卓会議」が開催され,「子育て新時代に向けて」と題する提言をまとめている(保育白書 1992: 111)。また,日経連と厚生省の定期協議会で,津島厚相が真先に出生率低下に言及し,「労働力不足が予見されるなか,女性労働力の活用も前提にしなければ将来,日本経済はもたない。となれば出生率向上には,働く女性のための育児機能の充実が必要」と述べた(日経連タイムス 90.11.1)。

労働省も「1.57」発表直後にまとめた中長期的な労働需給試算の中で,今後,若年労働者の減少により,95年には約52万人,2010年には910万人分の労働力が不足し,高齢者や女性を最大限活用しても,2010年には186万人不足する,と発表した。そのため労働省は,「高齢者,女性が働ける環境整備と労働生産性の向上,人材のムダのない利用が必要になる」と分析,65歳までの継続雇用,育児休業制や女子再雇用制の普及などに積極的に取り組む考えを示した(日経 90.6.19)。6月25日には,育児や介護を抱えた女性が働きやすい環境をつくるため「仕事と家庭に関するビジョン懇談会」(婦人局長の私的懇談会)設置を発表,仕事と家庭の両立のために政府,企業が果たすべき役割について,育児休業制度の法制化,育児や介護をする時間を与えるための労働時間短縮,託児施設の増設,介護労働力の育成など幅広い分野から検討を加える,とした(日経 90.6.26)。

さらに,翌7月から女性の就業を支援するための総合策を検討する「女子労働政策研究会」を発足させ,均等法の一層の定着,将来の女子労働力率の推移,原則禁止している女性の深夜業の規制緩和などを検討し,労働省はこの研究会の検討結果をもとに,労働者福祉向上のための新五ヶ年計画を策定する方針を

明らかにした（日経 90.6.29）。前章の議論との関係でいえば，労働力不足に対応するため，労働省が均等法の一層の定着と女性の深夜業の規制緩和の検討に入ったことが注目される。つまり，「平等」をより押し進めることと「保護」をさらに緩和することで，少子化問題に対応しようとしているわけである。

　また，先の「仕事と家庭に関するビジョン懇談会」は，91年2月に中間報告「ゆとりあるライフスタイルと充実した仕事の実現に向けて」を発表し，「仕事と家庭との調和を図るための経済社会システム」構築の視点や施策を示し，中でも育児休業制度確立に向け，法的整備のあり方を早急に検討するよう求めている（週刊労働ニュース 91.2.11; 保育白書 1992: 111）。さらに，翌年度から中小企業を中心に育児と仕事が両立できるようアドバイザーを全国に配置し，時間短縮や子どもの病気などによる休暇対策などを助言する「中小企業集団における仕事と育児支援トータルプラン事業」を始めた。文部省も，「楽しい子育て運動─現代版子育て井戸端会議」推進の計画を進め，子育ては楽しいという意識をもってもらうための冊子を作り，各種講座などを行なった（垣内 1991: 26）。通産省が90年10月に発足させた「産業労働問題懇談会」も，91年6月に報告「女性，高齢者の多様化するライフスタイルに応えて」をまとめ，保育施設の充実など社会環境の整備を提言した（週刊労働ニュース 91.6.17）。さらに，90年6月発行の総務庁長官官房老人対策室編『第3回長寿社会対策フォロー・アップ報告　長寿社会対策の動向と展望』にはなかった，「出生率の低下」「就業の分野における高年齢者と女性の能力の発揮」という項目が，91年6月発行の翌年版には設けられている。

　90年8月には，省庁横断的な「健やかに子どもを生み育てる環境づくりに関する関係省庁連絡会議」が設置された（厚生，労働，文部，建設など14省庁と総理府内政審議室の官房長，局長クラスで構成）。同会議は91年1月に「健やかに子供を生み育てる環境づくりについて」と題する報告書を公表し，「家族が共に過ごす生活時間の確保」，「職場生活と家庭生活の両立支援」，「男性の家庭生活への参加促進」，「住環境の整備」，「子育てに伴う経済的負担の軽減」，「妊娠・出産・子育てについての相談・支援体制の整備」などの対策を打ち出した（保育白書 1991: 195-200）。

　これらは，従来政府に対して非常に批判的であった立場からも，「もっとも

な内容も多く,いますぐにでも実施に移してもらいたい事柄が少なくない」(保育白書 1991: 112)といわれるほどのものであった[7]。

ほかにも,「女子再就職準備サービス事業」,子どものいる共働き家庭に対する所得控除制度や3人以上子どものいる家庭に対する住宅資金優遇制度の新設など,新規事業がめじろ押しで(相沢 1990: 150),「『生めよ殖やせよ』の現代版」(保育白書 1992: 108)といわれるほど多くの施策が,短期間に決定または施行された。本来,出産・育児に関わる施策は厚生省の管轄であるが,きわめて幅広い省庁がこの問題で新たな対策を打ち出していることが注目される。

◇**経済界のスタンス**

「1.57」発表直後,日経連はこの問題を折からの人手不足と関連づけ,「労働力問題は短期的な動向に左右されることなく中長期的視点で捉えるべきである。例えば,それは二十年後の状態を考え,現在一・五七と低下が著しい合計特殊出生率を何とか回復させる手だてを考えるといったことこそ重要」(日経連タイムス 90.7.26)と主張した。

すぐに日経連は,527社の企業とそこで働く女性従業員にアンケートを行なった。それによれば,「出生率の低下傾向が,わが国の将来に影響を与える」とする企業は99％を超え,保育施設・児童館等の福祉施設の整備についても,8割弱の企業がその必要性を認めた(日経連タイムス 90.10.18; 週刊労働ニュース 90.10.22)。また,日経連の首脳からは,厚生省との定期協議会において,児童手当の「負担が企業に集中しすぎている。子供のない人から徴収するぐらいの気持ちが必要ではないか」との意見も出た(日経連タイムス 90.11.1)。

翌年には,関西経済連合会の雑誌『経済人』が「ゆがむ人口構成と日本の将来　出生率の低下への対応」という特集を組み,少子化を憂慮し,対策の必要性を唱える経営者の意見を掲載した。日経連や経済同友会は,少子化問題でシンポジウムを行なったり,報告書を公表したりもした(垣内 1991: 26; 川口 1991: 280)。

「1.57」発表の1年後には,さらに1.53まで低下した合計特殊出生率を受けて日経連は,「出生率低下に総合的対応を」と訴えた。それによれば,出生率低下によって,やがて「労働力を高齢者と女性に大きく依存しなければならな

くなり，高齢者，女性の活用について，企業も社会全体もその態勢の整備に真剣に取り組まなければならない」が，女性の社会進出がさらに加速すれば，「自立する女性が多くなる状況を招きかねず，現在のような社会情勢では，未婚女性の増加や晩婚化に拍車をかける可能性が高くならざるを得ず，出生率の改善は難しくなる可能性がある」と，女性の社会進出に積極的になりきれない。しかし，労働力不足の中，「女性を家庭へ」というわけにもいかず，「出生率低下の原因を総合的に把握し，女性の社会進出を前提とした子育てのためのバランスの取れた総合的環境整備を国・地方自治体・企業一体となって行い，『子育ては楽しい』と思える社会づくりに着手」と対策は抽象的にならざるをえない（日経連タイムス 91.6.13）。女性の社会進出を促進しすぎて，出生率がさらに下がっては困る，という姿勢がうかがえる。

とまれ，経営者たちにとっても，少子化は深刻な問題として定着し，経団連が94年に企業役員を対象に行なった調査では，77％が「少子化に危機感を感じる」と回答し，「感じない」は5％，「どちらともいえない」が17％であった（『月刊 Keidanren』95年5月号，23頁）。この傾向は，現在まで続いている。03年に，東商一部上場企業を対象に行なわれた調査では，「人口減少社会」が「大いに問題」（52％），「どちらかというと問題」（42％）を合計すると9割以上に達し，「どちらかというと問題でない」（5％），「問題でない」（1％）という回答はきわめて少数であった（NHKスペシャル「"人口減少社会"とどう向き合うか」03年6月28日放送）。奥田碩日本経団連会長は，少子化問題に「一刻も早く手を打たなければ，と焦っている」ことを隠さない（朝日 03.9.12）。

3 育児休業法の成立

◆**育児休業法へのニーズと特定職種育児休業法**

以上のとおり，「1.57」以後，少子化に関連してさまざまな施策や提言が打ち出されたが，極めつけは育児休業法（正式名称は「育児休業等に関する法律」）の成立であろう。同法は，1歳に満たない子どもをもつ男女の労働者が事業主に申し出ることにより，子どもが満1歳に達するまでの間，育児のための休業をすることができる制度で，子どもを養育する労働者の雇用の継続を図り，職

業生活と家庭生活の両立を支援することを目的に，92年4月から施行されている[8]。

65年のILO総会で，「家庭責任をもつ婦人の雇用に関する勧告」が採択されたのを機に，西欧各国で育児休業制度の法制化が進み，71年にイタリア，73年にスウェーデン，77年にフランス，79年に西ドイツ，そして80年代に入ると，ほとんどの西欧諸国で法制化が行なわれた。オーストリアは当初女性のみで後に男女に改正，イタリアでは母親に優先権という違いはあれ，これら各国の法制はいずれも，男女双方に育児休暇の権利を与えている（林 1992: 20; 藤井 1992: 95）。ILOではその後，81年に「家族的責任を有する労働者の機会均等及び平等待遇に関する条約」と同名の勧告が採択され，「家族的責任を有する労働者」とは，男女であることが明確にされたが，日本では90年になってもまだ，ごく限られた人びとを対象としてしか，育児休業法自体が存在していなかった。

だが，89年の調査によれば，「長く働き続ける場合の困難や障害（女性）」の1位は「育児」で58.6%あり[9]，同年の別の調査では，「子供のいる既婚女子労働者に必要な労働条件，制度」の1位が，「育児のために休める制度」（44.2%）であった[10]ことからもわかるように，育児休業へのニーズは大きかった。当時，育児休業制度の普及率は14.6%にすぎなかったが，制度のある事業所への調査によれば，制度利用者の復職率は約9割と高く，定着率上昇の効果があったとする企業も7割もあった（森川・小川 1989: 50）。均等法施行後，「総合職」または「中間職」を選んだ女性の離職理由のトップは「結婚，出産，育児」であったから（女性職業財団「コース別雇用管理に関する研究会報告書」），労働力の確保や出生率の上昇を望むなら，育児休業制度を確立することが有効な手段であることは，明らかであった。

日本では75年に，教師，保母，看護婦など特定の職種における労働力不足を背景として，「義務教育諸学校等の女子教育職員及び医療施設，社会福祉施設等の看護婦，保母等の育児休業に関する法律」（特定職種育児休業法）が成立していたが[11]，公立の施設に勤務するこれらの職種の女性にしか育児休業が認められておらず，ほとんどの女性とすべての男性は対象外であった（72年施行の勤労婦人福祉法は，事業主に育児休業の実施その他，育児に関する便宜を女性労働者に供するよう，努力義務としては定めていたが）。

3 育児休業法の成立

◆一度目の制定の動き

こうした措置を一般公務員や民間企業を含めてすべての女性労働者に拡大する，という形での育児休業法制化が，労相，厚相経験のある自民党の早川崇らによって80年代初頭に推進されたことがある。早川らは，ヨーロッパ諸国を実情視察した結果，日本の女性労働者保護が欧米諸国に比べて著しく遅れていると指摘し，①半年から１年程度の休暇制度を創設する，②この間，健康保険の本人負担分を雇主の負担とする，などを提案し，労働省や藤尾労相に法制定の働きかけを行なった。早川は，ヨーロッパ視察で，日本の工業製品の進出に対する脅威を感じとり，「こういったことが第二の黄禍論となり，がめつく働きすぎる日本人，働く女性を奴隷扱いする日本となってマスコミに登場する。その場合，日本福祉の後進性，同じルールの上に立たない労働条件，その例として育児休業制の欠如が指摘される」として，育児休業制度の「一日も早い実現」を訴えた。当時，均等法案の制定準備を進めていた労働省にとっても，その大きな柱となる「女子労働者の継続勤務」の推進に異論はなかった。藤尾労相は婦少審に諮問し，できるだけ早い時期に国会に法案を提出する方針を早川らに伝えた。そこで労働省は，「次の通常国会をメドに法案提出にこぎつける予定」とされ，「導入される見通しとなった」とまで報じられたのである（読売 81.9.7: 早川 1982: 18-21）。

だが，これらの動きに対して日経連は直ちに常任理事会を開き，全会一致で反対決議を行なった。日経連のこうしたすばやい動きには，「まだ検討が始まったばかりであることや，日経連の日ごろの慎重さを考え合わせると，育児休業法制化に対する不満の強さ」が窺われるといわれた。日経連は，育児休業制度を労働協約などに規定している企業が当時6.6％しかないことを挙げて時期尚早とした上で，こうした中ですべての企業に育児休業制度を強制する法律をつくれば，休業期間中の健康保険負担など労務コストだけでなく，代替要員の確保，復職後の人員配置など人事面での困難が生じると指摘，さらには行革を引き合いに出し，女子教員などに適用している特定職種育児休業法を全公務員に拡大すれば，財政負担の増大を招くと指摘した。「こうした日経連の反対表明は婦人労働問題に関しては初めてのこと」（日経 81.9.21）であった。

10月には経団連，日商，経済同友会も加えた経済四団体が連名で，「育児休

業制度法制化反対について」労働省に申し入れた。これを受けて，労働省も婦少審婦人労働部会も後退を始める（大塚 1982: 68; 糸久編著 1990: 83）。

その後，超党派の「国連婦人の十年」推進議員連盟理事会で，議員立法で成立させようとの動きが出たり，自民党でも早川らが「野党にも呼びかけ，議員提案したい」とするなどの動きがあり（大塚 1982: 69），また82年6月には自民党の婦人問題連絡協議会が法制化の基本方針を決めたとの報道もあったが，結局「使用者団体の強い反対で」，政府・自民党は法制化を断念する（糸久編著 1990: 84）。

その後，82年には社会党が，85年には公明党が，それぞれ育児休業法案を提出したが，いずれも成立にいたらなかった。日本が80年に女性差別撤廃条約に署名した際，特定職種育児休業法が女性労働者だけを対象としているため，「育児は両親で担う」とする同条約に照らし問題だとされたこともあった（糸久編著 1990: 70-71）。また，労基研報告「国内行動計画」の後期重点目標においても，育児休業制度のあり方は「次代を担う子供を育成する責務を男女等しく負うべきもの」としていた。そのため，均等法の審議過程においても，「育児休業請求権の法制化がかなりの時間を費やす議題となった」（藤井 1992: 98）が，使用者側委員の反対により，それ以前の勤労婦人福祉法同様，育児休業は事業主の努力規定のまま据え置かれ，しかも女子のみが対象者となった。結局，均等法は，以下のように育児休業を規定している。

> 28条　事業主は，その雇用する女子労働者について，必要に応じ，育児休業（事業主が，乳児又は幼児を有する女子労働者の申出により，その女子労働者が育児のため一定期間休業することを認める措置をいう。）の実施その他の育児に関する便宜の供与を行うように努めなければならない。
> （傍点は引用者）

労基研報告は，男女にかかわらずすべての労働者が育児休業を取得できるようにすることを検討せよ，と述べていた。だがその後，婦少審中間報告によれば，育児休業法制化の意見を強調する労働者側に対し使用者側は，法制化は時期尚早で，行政指導にまかせるべきだと主張した。公益委員試案でも，

①法制化は女性差別撤廃条約批准のための条件整備として必要不可欠とはいえない
②わが国における普及率が1割強にすぎない

などの理由で，当面は法制化せず行政指導にまつべきとの方針となった。

その後，労働4団体・全民労協が，社会，公明，民社，社民連の4党に対し，共同で育児休業法案を作成・提出するよう統一要求を行い，これを受けて4党は，87年，89年，90年の3度，4党共同法案として育児休業法を国会に提出したが（90年には，連合参議院も共同で提出），自民党が消極的で成立には至らなかった。女性研究者たちが，「大学の婦人教員・婦人研究者の地位向上と労働条件改善に関する質問趣意書」(84年)により，「育児休業法を，大学の職員・研究者も含めたすべての職種の婦人に適用・拡大していくことが必要」と要求したときにも，中曽根首相の答弁書は「現在のところ」，「すべての職種の婦人に拡大することは考えていない」というものであった。

ただ，80年代に労働省は，育児休業制度の普及・促進をはかっており，「あなたの職場，育児休業制度ありますか？」を標語に，84年6月1日から，育児休業普及促進旬間を実施し，87年には育児休業制度を導入している1000企業を選定し，実態調査を行なった。民間における実際の取得率は43.2％となっており，特定職種育児休業法の取得率が80.2％であるので，約半分であった（糸久編著 1990: 30-39）。

◇経済界の姿勢

90年4月，社会，公明，民社，社民連の四野党は共同で，三度目の育児休業法案を参議院に提出した。労働部会の中に「育児休業問題検討小委員会」を設置して検討を行なっていた自民党も，90年1月に「育児休業問題の検討を進めるに当たっての基本的な考え方」（中間的とりまとめ）を発表した。ここには，前年の参院選における敗北も，影響していると思われる。一方，労働組合も500万人署名運動など活発な取り組みを行なっている。だが，このような動きに対し，日経連は一貫して法制化に反対した。

「1.57ショック」以後，経営者団体は「少子化」を労働力供給にとって深刻な問題と捉え，既にみたようなさまざまな反応を示したが，短期的な対応だけ

でなく，少子化問題は女性の就労に対するスタンスを根本的に変えたといえる。例えば，日経連の『労働問題研究委員会報告』84年版では，「人間は誕生とともに，身体接触を通して母親の肌のぬくもり，母乳の香りを知る。しかし今日，出生児童数の減少，家庭の電化とあいまって，母親の家庭外就労の比率，社会への進出の比率が大きくなった。このことは女性の地位の向上をもたらし，社会発展に貢献したことは否定できないが，反面，スキンシップによる子供の教育が欠落し，家庭のぬくもりを奪うことによって児童の福祉によくない影響を与えているのではないかということを危惧する」（労働問題研究委員会（日経連）編 1984: 37-38）と，女性の就労に否定的である。また，「出生児童数の減少」に言及しながらも，それには女性の就労を促した一要因以上の位置づけを与えられず，そのこと自体が何ら懸念の対象になっていない。これに対し，91年版では，「女性の職場進出の積極化のためには，特に就業と家庭生活の両立を実現することが大事である。主婦を中心とした女性が雇用の場に進出するためには，家庭における男性の協力はもちろん，企業も女性の実情や希望に応じて多様な選択ができる形で環境条件の整備を工夫しなければならない。育児休業制度や再雇用制度などについても，その一環であるとの見地で多様なあり方の検討が望まれる」（日経連労働問題研究委員会編 1991: 24）と，スタンスが変わっている。さらに92年版では，「女性の積極的社会参加を」という独立の項目を設け，「中長期的な労働力需給逼迫の見通しの中で，その活用が期待されているのが女性である」，「社会としては，男女の人間としての平等意識の徹底を図り，企業としては，基本的人事方針として能力主義を据えて性別にかかわりない処遇と活用をすべきである」などと，「能力主義」とリンクさせているとはいえ，従来は見られなかった男女の「平等」を盛り込み，「託児所・保育所の整備・充実が必要」といった対策にも言及している（日経連労働問題研究委員会編 1992: 30-31）。

だが，このように女性の社会進出には積極的になったとはいえ，日経連は育児休業の法制化には一貫して反対した。まず，「1.57ショック」直後に早速「育児休業問題に関する日経連見解」を発表し，法制化反対を打ち出した。それによれば，女性の「活用は企業にとってますます大きな検討課題となる」一方で，高齢化の進展に伴い社会の活力停滞が懸念されており，「その是正のた

めの出生率向上が重要な問題になると思われる」ので,「企業としても女性の個人生活上最も重い役割の一つであり,かつ社会的にも重要な意味を持つ妊娠・出産・育児に対して適切な対応」をする必要があり,「環境整備の努力」が求められるとした上で,「今後わが国社会の最重要課題の一つとして人口問題の検討が急務である」と述べる。だが,育児休業制度の法制化には反対で,その理由は,

　①女性の活用・戦力化の状況は,業種・規模等の特性ならびに女性本人の職業意識の高まりの程度といった相互の事情によってそれぞれだから,育児についての制度・施策の導入に企業間差異があるのは当然で,一律にこれを扱うことには無理がある。

　②育児についての制度・施策は,妊娠・出産に対する母性機能保護の要請とは異なり,本人の家庭状況,希望する生活様式,企業の対応可能性,社会的な施設の整備状態等により様々な方途が考えられ,その方途としては,育児休業,再雇用,勤務中の時間付与,あるいはフレックスタイム制,在宅勤務制等新しい勤務形態の活用などが考えられるが,企業固有の条件下での,個別労使の検討によって要否,方法等が定められるべきである。

という点であった。そして法制化の問題点を3点挙げている。すなわち,

　①法制化により様々な職種において一年程度の休業取得が進むと,短期労働力供給市場が未成熟で,かつ労働者派遣制度に厳しい制約のある現状では,代替要員の確保が著しく困難であり,企業の活動に支障が生じかねない。

　②労働の提供のない不就労期間に対し形式・程度の如何を問わず,代替要員との人件費の二重負担を行なうかどうかは個別企業の判断によるべきで,一律に法で強制することは妥当ではない。

　③子供の人格形成期における母親の役割については論をまたないところであるが,適用範囲を父親にまで拡大することは,社会慣行など現実面に照らして慎重な検討を加える必要がある。とりわけ,代替要員の確保が困難な中小規模事業場等にとって業務の停滞となりかねないことは十分考慮すべきである。

である(日経連タイムス 90.6.14)。

　90年7月の第5回男女雇用機会均等推進全国会議においても,山岸連合会長

が次期国会で育児休業法を成立させたいとしたのに対し，鈴木日経連会長は法制化阻止の意見を述べた（週刊労働ニュース 90.7.23）。

これはもちろん，加盟企業の意向を反映している。「1.57ショック」後に日経連が行なった前掲調査で，「仕事を持つ女性の出産と育児のために必要な環境整備」として，女性が挙げる第1位は「育児休暇」（48.4％）であったのに対し[12]，同時に行なわれた企業調査では，育児休業制度の法制化については「個別企業の労使の自主的な取組に委ねるべきである」（56％）が「法制化すべきだ」（27％）を大きく上回った（日経連タイムス 90.10.18; 週刊労働ニュース 90.10.22）。

このうち企業調査のみを引用して日経連は，育児休業制度の「法制化は疑問視せざるを得ない」と主張した（日経連タイムス 90.10.18）。加えてその後，日経連と厚生省の定期協議会で，日経連の小川専務理事が同調査結果を引きながら，「働く女性の間では保育所の整備を望む声が強い。企業では対応が難しいものであり，保育所の整備を推進ねがいたい」と要求した（日経連タイムス 90.11.1）。女性が最も求めている「育児休暇」に言及せず，2位の保育所を挙げるのは，調査結果の使用法として大いに疑問であるが，それほど日経連の育児休業法制化に対する拒否感が強かったということである。

東京商工会議所も，90年7月に労働省など関係省庁に提出した「労働政策に関する要望」の柱を人手不足問題とし，女性の「活用」を強調する一方で，代替要員確保が難しいなどの理由から，育児休業制の法規制には反対した（週刊労働ニュース 90.7.23）。

90年12月に婦少審が労相から育児休業制度の法的整備について検討を依頼された際にも，日経連は使用者側の基本的考え方を協議するため，翌年1月に労務管理・労働法規の合同特別委員会を開催，法制化に反対の意見が多いことを確認の上，それを踏まえて婦少審で審議に臨むこととした（日経連タイムス 91.2.7）。

91年2月には，連合と日経連のトップ懇談会で育児休業法制化について話し合いがもたれた際も，連合側が出生率の低下傾向を「極めて深刻な問題」ととらえ，「育児休業制度の法制化が不可欠」と主張したのに対し，日経連側は「育児休業制度そのものの推進の必要性は，十分理解している」が，「企業個々

の事情の違いや業種間の差異を考えると,これを法律で一律に規制することには問題がある」と,従来の主張を繰り返すに留まり,一歩も譲らなかった(日経連タイムス 91.2.21)。

さらに,91年5月に育児休業法が成立した際にも日経連は,「同法に諸手を挙げて賛成とはいえなかった」,「立法府である国会が自ら法律を作成するため動くことに異論を唱えることはできない」が,「労働条件決定の問題で,関係労使の自主交渉による解決努力,知恵の出し合いという原則を超えて法律の力により問題解決が図られてしまったことは,反省すべき点である」(日経連タイムス 91.5.9)と不満を露わにした。また,荒川労務管理部長も「法律でしばるのではなく,個別労使が一生懸命努力するテーマだったのでは」(週刊労働ニュース 91.5.13)と,あくまで法制化に反対だったこと示した。

◇法案の成立

以上のように日経連は法制化に一貫して反対であったにもかかわらず,育児休業法は成立した。同法に関しては,均等法のように国際条約批准といった外的なタイムリミットがあったわけではなく,かつて早川崇らの動きを押し戻したように,日経連が自民党を抑えるというシナリオも予想できた。しかしこのときには,そうならなかった。

法制化の過程で伝えられたところによれば,「法制化へ大きく前進したのは,好景気が続き企業に余力ができるなかで人手不足が深刻化し,女子労働力の確保が急務になってきたためだ。出生率の低下も追い風になった」という。当時,育児休業法の法制化を推進した高橋柵太郎婦人局長も「最近では,労働力不足や出生率低下といった事情を背景に,制度確立のための法制化を求める声が一段と高まってきた」と語っていた(日経 90.12.31)。

「1.57」発表後には,国会で自民党の清水嘉与子が明らかにしたように,彼女が経営者団体の意見を聞いた際,経営者側から「現時点で法制化することは時期尚早」だというような判断が示されたが,それに対し「自民党といたしましては,育児休業制度につきましては,与野党ともに可及的速やかに実現すべき政策課題として取り組むという基本的方向において一致していることを説明いたしまして,経営者側の理解を求めた」,「最近の出生率の低下傾向に対する

総合的施策の中でも育児休業制度は重要な役割を果たすものでございまして，自民党といたしましても，当面公務員，民間労働者，双方の分野での制度普及を図りつつ，法制化に向けて前向きに取り組んでいく」と，自民党が積極的になり，経営者側を説得した（第118回国会・参議院社会労働委員会育児休業制度検討小委員会 90年6月22日）。90年11月に自民党の育児休業問題検討小委員会は，「二十一世紀に我が国が超高齢化社会になると予測される状況の中では，女性の活力を社会に生かすとともに，次代を担う者の健全な育成を図ることが，活力ある社会を築くために不可欠である」として，「育児休業制度の確立等を行うための法的整備について」という報告をまとめた（島田 1991: 189-191; 藤井 1992: 106-107）。

こうして，出生率低下や労働力不足を背景に法制化の気運は高まり，やがて丹下日経連賃金労務管理部長が「法制化をしないという前提では話しにくくなってきた」と語るに至っている。「使用者側も法制化を無視できない状況に」追い込まれたのである（週刊労働ニュース 91.2.1）。自民党が日経連を抑え込んだ形である。「危機」に際して，自民党が「創造的」な側面を発揮した好例といえよう。ただし再選の危機というよりは[13]，人口再生産の危機である。81年に早川らが推進したときには，「このところ婦人問題への取り組みの必要性が，自民党の支持基盤拡大の面からも不可欠との認識が，政府，自民党内でも強ま」ったことが背景だと報じられた（読売 81.9.7）。しかし，そのときには法制化に至らなかったのである。自民党の支持基盤としての，「女性」の位置づけの低さが窺われる。他方，「再生産」の危機に対しては，自民党は反応した。

野党4党の共同法案では，休業中は賃金の6割を政府・企業・労働者の三者が積み立てて支払うなど水準が高く，政府にも財界にものめない内容であった。それに対して自民党も独自案を用意したが，経済界への配慮もあり，野党案とは隔たりがあった。具体的に与野党が対立していた点は，

①休業中の手当てを支給するかどうか
②不利益取扱い禁止を法律に明記するかどうか
③原職復帰を明記するかどうか
④罰則を設けるかどうか

などであった（いずれにおいても，否定的なのが自民党案）。だが，翌91年4

月に統一地方選を控えて,あまり野党案からレベル・ダウンした法案を出したくない自民党は,「労働省にゲタをあずけ政府案を出してもらい,与野党相乗りで修正する方が格好がつくという考え」に傾いた。育児休業を法制化したい労働省にとっても,「内容に隔たりのある与党案,野党案がぶつかり合い審議が難航するより,両者の間をとった政府案を出して,これをタタキ台にしてもらう方が法制化の早道だという読み」があった。野党も,「理想に近い内容の四野党案にこだわるとせっかく高まった法制化の機運を逃すため妥協し」,「内容にこだわるより法制化することが重要」というスタンスを取ることになった(日経 90.11.7; 12.15; 12.31)。そこで,自民党から「この辺で政府に預け,立案作業を行なわせてはどうか」との提案がなされ,野党側がそれを受け入れて政府立法とすることになったのである(小野 1997: 92)。

ただ,労働省案では,男女にかかわらず,労働者が育児休業を要求した場合,子どもが1歳になるまでは,無条件で認めることを企業に義務づけてはいるものの,①の休業手当てについては支給しない,②③④については明記しない,と全面的に自民党の考えに近いものとなった。そのため,婦少審婦人労働部会で労働側委員が反発し,連合は「要求していた内容とは大きくかけ離れている」と,修正を求める声明を発表した。他方,日経連など使用者側は,おおむね主張が受け入れられたことを評価して強い反発は見せず,徐々に政府案の受け入れに傾いた(日経 91.2.22; 2.28)。

最終的に,育児休業法は91年5月に成立,92年4月から施行された。休業中の所得保障がない同法には,「仏つくって魂入れず」の評もあり(柴山 1993: 264),自民党が賛成に回るにあたり,4野党共同提案からは大幅に後退したが,それまでの事業主の努力義務が労働者の権利として保障され,男女労働者に平等に権利を付与されるなど,前進も大きい。10年前には,女性労働者だけを対象とした案が葬り去られたのである。自民党が積極的になったということであり,その背景に少子化問題の顕在化があったのである。

88年に女性差別撤廃条約に基づいて提出したレポートが,女性差別撤廃委員会(CEDAW)で審議された際に日本政府は,父親の育児休暇制度を導入する計画があるかとの質問に対し,「父親の育児休暇を企業が自発的に導入することには賛成だが,立法化の予定はない。ILO156号条約の批准の予定はない」

と答弁した。156号条約とは，家庭責任は男女労働者が共同して負担すべきものであり，家庭責任の負担を雇用上の平等阻害要因として，男女労働者に対し，育児＝両親休暇と看護休暇の制度化を求めたものである。つまり日本政府は，男性をも対象とした育児休業制度を導入する予定はないと，88年に国際的に宣言したばかりであった（大脇 1990: 108; 山下 1996: 391）。また89年には，労働省の太田芳枝婦人政策課長は育児休業法について，「婦人少年審議会からは一割強の制度普及率の段階では，法制化は困難で当面，行政の積極的指導で制度の普及を図ることが先決という建議が出ている。その趣旨を踏まえる」と語っていた（週刊労働ニュース 89.5.29）。「1.57ショック」による少子化問題のアジェンダ化がなければ，これほど早い時期に育児休業法が成立しなかったことは，明らかであろう。

4　数値の発表と政策

◇出生率低下の意義

「1.57ショック」を契機とした「少子化」の社会問題化は，政治家，省庁，財界に大きな波紋を投げかけ，育児休業法成立に代表される，さまざまな対応を引き出した。そして，その動きは今日なおやむことがない。10年以上に渡って，「少子化」は日本の政治社会が直面する「難問」でありつづけている。

だが，ここで確認しておきたいことは，子どもが減ることはいかなる社会においても，常に忌むべき現象ではないということである。中国の一人っ子政策をもち出すまでもなく，人口増に悩む多くの国では，子ども数の減少は宿願ですらある。また，先進国においてさえ，子ども数の減少を憂慮するようになったのは，そう古いことではない。例えば，72年に英米の学者，ジャーナリスト，政治家などが集まって行なわれた人口問題についての会議の報告書は，こう述べる。「人口数が著明に減少するようなことが起これば，人々はいつか，子供の数を多くすることを希望するかもしれないし，あるいはもっと多くの子供を持つよう勧められる情勢が起きるかもしれない。しかし，出生のそのような極度の低下は，まず起こりそうもない」，「先進国における，今日の人口増加率の縮小は，不利な点よりは有利な点がはるかに多い。政府も個人も，現在のこの

傾向を喜ぶべきであり，奨励すべきである」（ディチリ会議 1973: 11-12），と。

　日本でも，高度成長前には人口の過剰が常に問題視されていた。高度成長のピーク時には，政府文書の中に出生率低下への言及が現れたこともあったが[14]，終戦直後の「産児制限時代以後，政府は出生率問題についてほとんど関与せずといった姿勢をとってき」た。それが，「1.57ショック」後，「出生率に関する政策論議が，戦後の産児制限以来初めて出てき」たのである（阿藤 1992a: 25; 45）。

◇**政策課題化の効果**

　少子化が「1.57ショック」により政策課題化したことは，数量的にも裏づけられる。朝日新聞の記事検索によると，「少子化」が見出し語になった回数は，90年代前半だけで11回にのぼるが，80年代には「少子化」は，1度も見出し語になっていない。国立国会図書館所蔵文献のうち，タイトルに「少子化」の語を含むものは，80年代には1点にすぎない（90年代には44点ある）。80年代には，「少子化」という問題はなかったのである。「1.57ショック」が，鮮やかに「少子化」を社会問題化させたことがわかる。

　しかも，少子化はそれが問題化すると同時に，「高齢化」，「労働力不足」と不可分の問題として認知された。世論からもそう了解され，一貫してネガティヴな内容に定義されるようになった。92年の調査で，少子化傾向が続いた場合の社会に及ぶ影響をきいたところ（二つまで選択），「年金，医療，要介護者の福祉サービスなど，高齢世代の扶養のための費用が増大し，現役世代の負担が重くなる」(71.0%)，「社会全体の活力が低下する」(38.2%)，「若年労働力の減少によって，高齢者，女性等の就労が進む」(37.7%)，「若年労働者が減少し，労働力不足が深刻になる」(33.2%)，「受験戦争が緩和されるなど，ゆとりある社会が期待できる」(4.2%)，「特に影響は及ばない」(1.9%) と，圧倒的にネガティヴであり，国民の多くが「少子化」の問題を「高齢化」「労働力不足」の問題として捉えている（社会保障制度審議会「社会保障の将来像に関する意識調査」）。こうした傾向は，97年の調査でも変わっていない（厚生白書 1998: 15, 図1-11）。

　また，全国社会福祉協議会の『社会福祉の動向』は，87年版以来「はしが

き」を毎年，「現在，我が国では，諸外国に例をみない速さで人口の高齢化が進行しており」という書き出しで始めていたのが，95年版からは「わが国は急速な少子化，高齢化の進展に伴い」という書き出しに変わった。今や「少子化」は，「児童の健全育成」の問題というより，「高齢化」の問題となったのである。

さらにいえば，まさに少子化こそが高齢化の原因だという風に，認識自体が転換した。すなわち，「高齢化率の上昇は，これまで分子の六十五歳以上人口の増加のペースによって導かれた，とみなされたが，昨年の一・五七以降，むしろ，その真因は分母の総人口の増加が，出生数の減少によりますます小さくなったことに求められるように変わった」（藤田 1991: 49）のである。

◇ **厚生省発表の効果**

さらに，合計特殊出生率という指標に着目する必要もある。「1.57」以前には，この指標は全く人口に膾炙していなかった。例えば，「1.57」を伝えた新聞各紙は，「平均出生数」（朝日），「生涯出産」（読売）などの語を用いており，「合計特殊出生率」を本文に使っている主要四紙の中で，見出しに使っているところは一紙もない。当時の日本人には，それは馴染みのある単語ではなかった。しかし，今日「出生率」といえば合計特殊出生率を指すことが多い。さらにいえば，日本経済新聞が，見出しに「少産化」の語を用いる一方，「少子化」を使った新聞が当時はなかったという点も，注目に値する。「少子化」という語の未定着も，当時「少子化」がアジェンダ化していなかった，という事実を反映している[15]。

出生の多寡を示す指標としては，合計特殊出生率以外に，出生数，普通出生率（人口1000人あたりの出生数）があるが，厚生省の統計情報部が毎年発表する「人口動態統計」で，合計特殊出生率が発表されたのは，このとき，すなわち90年が初めてであった。従来は，出生数と普通出生率しか発表されていなかったのである（阿藤 1996a: i）。ここに，厚生省によるフレーミングの跡を読みとることもできるかもしれない[16]。つまり，この問題を厚生省がかなり意識的にアジェンダ化したのではないか，という推測も成り立つ。

発表を伝える新聞各紙がいずれも，高齢者人口と子供人口が20世紀中に逆転

するという予測や，合計特殊出生率が丙午で例外的に低かった66年の1.58よりもさらに低くなった点などを報じていることから見ても，厚生省の発表の仕方が「劇的」な効果をもたらしたことも想像がつく。

◇厚生省の認識

日本の合計特殊出生率は，73年の2.14を最後に人口の現状維持が可能な人口置換水準を下回り，それ以来82〜84年の3年間を除けば一貫して減少を続けていた。丙午の水準を遠からず下回ることは，統計に接していた者たちにとっては，かなり前から予測が可能だったはずである。

実際，「1.57」発表の少し前から，厚生省は徐々に少子化対策に動き出していた。まず，88年7月に厚相の懇談会として「これからの家庭と子育てに関する懇談会」を発足させ，90年1月には報告書が出ている。それによれば，「小子化は，子どもの健やかな成長に大きな影響を及ぼすおそれがあ」り，「高齢者扶養の負担の増大や経済社会の活力の低下など社会全体にも憂慮すべき事態をもたらすものと考えられる」（「これからの家庭と子育てに関する懇談会報告書」厚生白書 1989: 382 より）と，少子化を高齢化と結びつけた上で，少子化への危機感を表明し，対策も提言している。さらに90年3月には89年版『厚生白書』で低出生率の問題を初めて取り上げ，政策的議論の必要性を喚起した。

厚生省のこうした姿勢は，高齢出産に対する姿勢にも表れていた。日本はもともと，女性が子どもを産む年齢が25〜35歳に極度に集中している国で，特に先進国の中では35歳以上出産（いわゆるマル高出産）の割合が非常に低い。その原因の一つに，先天異常の発生が多いとして，厚生省が高齢出産を避けるよう指導してきたことがある。ところが，89年12月に提出された厚生省「新しい時代の母子保健を考える研究会報告」では，「高齢妊娠に関する過剰な不安の解消等正しい知識の普及に努める必要がある」と，厚生省は方向転換する（丸本 1991: 140）。幅広い年齢層の女性に出産をしてもらおうという姿勢である。

ちなみに高齢出産比率は，75年まで傾向的に低下していたものが，80年から上昇に転じ，今も引き続き上昇基調にある（表7－1）。ただし，高齢出産は，女性の高学歴化・社会進出が進み，勤続年数が延びることや，晩婚化が進むことにより増えるため，厚生省の方針転換が，こうした傾向にどれほどの影響が

表7-1　高齢出産の比率

年	1955	1965	1975	1985	1995	2002
高齢出産	9.82	4.51	3.77	7.12	9.51	12.80

(出所）厚生労働省統計情報部「人口動態統計」

あったかは確認しがたい。

いずれにしろ，こうした厚生省の少子化への取り組みが早くから始まっていたことを，それほど過大評価することはできない。というのも，88年10月に出た，前掲の労働省との共同文書では，「出生率の低下」や「少子化」による「児童の健全育成」のみを懸念して，労働力不足や高齢化社会における負担への視点がなく，89年には児童福祉施設などの運営費（措置費）に対する大胆な補助金カットを行なっているからである（垣内 1991: 27）。また89年12月に，大蔵・厚生・自治の3大臣合意により策定された「高齢者保健福祉推進十か年戦略」（ゴールドプラン）には，「将来の高齢化社会を担う児童が健やかに生まれ，育つための施策を推進する」という文言が見られるものの，「少子化」や「出生率の低下」については一言も言及がない。他方，94年に「新ゴールドプラン」が策定された際には，同時に「エンゼルプラン」が打ち出されている。厚生省自身，少子化の深刻さを認識したのは，比較的遅かったと考えられる。

「1.57」以後，厚生省は矢継ぎ早に対策を打ち出している。児童手当法の改正，「子どもと家庭一一〇番」の各県への児童相談所設置，保育所における一時的保育事業の充実，低学年児童の受け入れ，乳児保育の拡大，有子看護婦確保対策，中高校生に保育所の手伝いをさせて「父性・母性を醸成」する事業などに加え，厚生省の児童家庭局内に児童環境づくり対策室を設置し，厚生省内に少子化問題の総合的研究を目指す家庭・出生問題総合研究費が設けられ，家庭・出生問題研究支援事業もスタートした（相沢 1990: 150; 垣内 1991: 26; 阿藤 1996a: i）。91年度予算では，児童福祉関連では「乳幼児健全発達支援相談指導事業」，「父子家庭等児童夜間擁護事業」，「児童関連サービス実態調査等経費」などが，新規に計上された（保育白書 1991: 119-120）。そして，94年には文部，厚生，労働，建設の4省により「エンゼルプラン」が打ち出され，公的保育サービスの拡充，児童の相談体制の強化が盛り込まれた。エンゼルプランは，冒

頭「少子化への対応の必要性」から始まり，その狙いとするところは明らかである。しかもそこでは，「児童福祉では大型ともいえる国家予算」が組まれた（野澤 1998: 48）。さらに政府は，99年に「新エンゼルプラン」と「少子化対策推進基本方針」を定めた。結果として，厚生省は予算と組織，および事業領域の拡大を実現したといえる。

◇**政治過程分析への含意**

これまで見てきた少子化の「社会問題」化過程と，それに対する政治エリート・経済エリートの対応から，政治過程分析にどのような理論上の知見を導けるであろうか。

まず，数値の発表がもつインパクトである。J. キングダンは，アメリカの医療政策，運輸政策に携わるアクターたちへの調査を通じて，何らかの政治的アクターだけがアジェンダ・セッティングを行なうわけではなく，事故や統計数値の発表なども，アジェンダ・セッティング能力をもつことを指摘した（Kingdon 1984）。本章の事例は，統計数値の発表が希に見るほど鮮やかに威力を発揮したケースであろう。もっとも「統計数値の発表」は，常に政治的アクターの預かり知らぬ「与件」とは限らない。前述のごとく，厚生省の発表の仕方がかなり効果的なものであり，それがフレーミング機能を果たしたと考えることもできるからである。厚生省がどの程度それを意識的に行なったかについては，担当者の言にまつよりほかないが，少なくとも，発表の仕方次第では政治的アクターが，統計数値をかなり効果的に利用する可能性があることを，本章の事例は示している。

加えて，発表のタイミングも効果を増した。90年はバブル景気の最中であり，同年の有効求人倍率は，73年以降では最高の1.40を記録していた。企業の求人難も深刻で，90年4月には7割の企業が労働力不足を訴えた（経済企画庁「労働力不足の実態・産業経済への影響と今後の対応に関する調査研究」）。人材が確保できずに倒産する企業すらあった。そうした中，財界も高齢化の問題と関連づけながら，将来にわたる人手不足を重く見はじめていた。また，労働省も90年6月から，「労働力供給構造の変化に対応した雇用政策のあり方に関する研究会」をスタートさせ，同研究会は翌年報告書をまとめるに至っている（労働省

第7章 再生産をめぐる政治

職業安定局編 1991)。このようなタイミングで,「丙午より低い」合計特殊出生率が発表されたことは,実に効果的であった。つまり,危機意識の共有にあたって,「1.57」の発表は,絶妙のタイミングで行なわれたということができる。高度成長期以来という人手不足の中でなければ,統計数値のもつ意味は違っていたかもしれない[17]。

　もう一つの論点は,人口の再生産という国家の存立に関わるようなテーマの顕在化により,幅広いアクターの間にコンセンサスが成立した,という点である。子育て対策として,厚生省の要求を上回る予算額が大蔵原案として示されたことは既に述べた。日本の通常の予算作成過程においては,財政支出を抑えようとする大蔵省に対し,各省庁は,族議員や利益集団らの応援も受けながら,予算の増額を目指し激しい運動を行なうことが知られている。その大蔵省が先回りをして,厚生省の要求以上の予算をつけたという点にも見られるように,少子化問題は今日,対策を必要とする重要な課題だという点で,きわめて広範な政治的アクターの間にコンセンサスが成立している。日経連の反対を押し切って,育児休業法が成立したことが,そのよい例である。「人口再生産の危機」という中長期的な課題を前に,「国家」が前面に現れ,企業の短期的な利潤動機から発する政治的圧力を抑えた,とみることができよう。大蔵省すら,少子化対策に金を出すことに賛成となったように,主要な政治アクターの中では誰も反対しないコンセンサスのある政策となったのである[18]。

　また,日経連は育児休業法に反対したとはいえ,「1.57ショック」後に多くの経営者が以下のような発言を行なっていることも注目に値する。すなわち,「このことによって惹起される問題は,基本的には日本の国力そのものの問題である」(「主張　出生率低下に総合的対策を」日経連タイムス 91.6.13, 傍点引用者),「日本経済の活力を維持・発展させるためにも,人口減に歯止めをかけることが国家的な課題」,「出産を希望する人達の育児負担はその両親だけでなく,国民全部が負うべき」(鈴木 1991: 10-11, 傍点引用者),「原因を探求し,この傾向を食い止めるにはどうしたらよいかということが国家的課題」(池田 1991: 12-15, 傍点引用者),といった具合である。人口減で衰退したとされる古代ローマ帝国をもち出す論調まで登場した。少子化は,「国家」的課題となったのである。「このままで行けば日本は滅亡してしまう」(中島 1991: 164; 169) というわけで

ある。

　育児休業法の国会審議中に経済同友会は,「二一世紀に向けた社会システムの変革——働きがいのある社会,安心して子育てのできる社会を目指して」を出したが,柴山恵美子はこれを,「戦後一貫して家事・家族サービス労働を,個人的問題として社会的解決を拒否し続けてきた女子労働力政策と差別的雇用管理」が,少子化と「近未来の労働力不足見通しに直面し,微調整を余儀なくされ」たものだと評している（柴山 1993: 264-265）。「シングル・マザーなり,人工授精なりで,女性が自分の子どもを一人で育てていくことも社会制度的に認め,支援していく必要がある」(樋口 2000: 16),と出生率向上のためにほとんどあらゆる手段を提案する財界人もいる。

　日経連自体も,92年に出した報告書の中で,「働く女性の『子供を生み育てたい』という意識の醸成を阻害している大きな要因の1つ」として,「男性中心の企業構造」を挙げ,出生率改善への「課題の第1」に,「人間としての男女対等意識の確立」を挙げる[19]。そして,「『男は外で,女は家で働く』という不文律」を「変えるとともに,母性というものの持つ本質的な部分を除いて男女は平等であるという意識を持たせることが必要で」,そのために「幼い頃からの教育を通じてこのような考え方をしっかりと身に付けるための教育体制の整備」を訴え,「職場の中にも男女対等意識の浸透を図り,家事や育児に対する意識ギャップの解消に向けて側面的に支援する必要がある」という。さらに,単身赴任により家庭が「いびつなものになる」ので,「単身赴任が特殊なケースとなるような社会にする必要」を説き,「企業の実態を考慮した労働時間短縮の積極的推進により,両親が家庭にいる時間をできるかぎり多く取れるような状況を作ることも考えねばならない」とまで述べる（日経連「労働力・雇用問題研究プロジェクト」編 1992: 90-94）。「母性というものの持つ本質的な部分」を自明視している点を批判することもできようが,日経連が相当踏み込んだことも間違いない。

　こうして,子育て環境の整備は,労働者の「権利」としての労使間で争われる政策から,「国民」,「国家」を媒介に,あらゆるアクターにとってコンセンサスのある政策に変わった。そして,そのために経営者団体は,企業社会の克服まで口にするようになったのである。

第7章　再生産をめぐる政治

表7－2　合計特殊出生率の推移

年	1992	1993	1994	1995
合計特殊出生率	1.50	1.46	1.50	1.42
1996	1997	1998	1999	2000
1.43	1.39	1.38	1.34	1.35
2001	2002	2003		
1.33	1.32	1.29		

（出所）厚生省大臣官房統計情報部人口動態統計課「人口動態統計」

　しかしながら，こうして形成された危機意識から生み出された諸施策は，十分な効果をあげていない。92年の育児休業法施行後も，合計特殊出生率は表7－2のとおり改善せず，この間に打たれた諸施策はそれほど成果を挙げているとはいい難い。ここには，第1章で検討した，人口政策の難しさが反映しているといえよう。

　注
　1）最近でいえば，男性社員の育児休暇取得率を10％にする目標を示した「少子化対策プラスワン」が発表された際にも，企業の反発が相次いだ（朝日 02.9.21）。
　2）本章は，堀江（2000）に加筆を行なったものである。90年代半ばから99年頃にかけての，中央政府，地方自治体，政党，経営者団体，労働組合などの，少子化への対応については同論文を参照。
　3）例えば，99年の「育児をしない男を〜」のポスターに対し，自由党のある国会議員は厚生官僚を事務所に呼び，「大事な仕事をやっているのに，育児なんかやれない」とクレームをつけたという（福島 2000: 13）。
　4）しかも，高レベルの公衆の関心と可視性を獲得した「公共アジェンダ」になると同時に，政策決定者が，真剣に検討する問題としての「公式アジェンダ」にもなったのである（Cobb et al. 1976: 126）。本書は，アジェンダ化しているか否かという0－1の関係でなく，グラデーションの考え方を採用しているが，「1.57ショック」以前には少子化問題のアジェンダ化の度合いが低かったというよりは，そうした問題があることすら認識されていなかったという意味で，0の状態にあった。
　5）だが同法案は，原案どおり通った。ちなみに，人工妊娠中絶は，戦後ほぼ一貫して減少しているので（井上・江原編 1999: 62, 図27-1），「中絶」は少子化の原因ではない。
　6）しかしこの改正は，年齢を3歳児未満に引き下げたことで，批判の対象ともなった（菊池 1991: 54; 保育白書 1991: 119）。
　7）「社会的サポートの名に価いしない『自助努力』『民間活力』型施策であり，国際的

注

にみてもあまりに貧しい」との評価もあったが（川口 1991: 280-281）。
8）同法は95年に介護休業制度に関する規定を盛り込んで育児・介護休業法となり，育児休業中の労働者を支援するため，休業前賃金の25％に相当する育児休業給付金の支給（01年より40％），および社会保険料の労働者負担分の免除が実施されることになった。また，均等法には企業に対する女子再雇用制度の実施努力義務規定があったが，育児・介護休業法制定に際して，それを男女双方に利用可能な制度に変更して，同法に移設した。
9）総理府「女性の就業に関する世論調査」（複数回答）。2位「老人や病人の世話」（48.7％），3位「自分の健康」（30.6％）。
10）婦人少年協会「既婚女子労働者の生活実態調査」（複数回答）。2位「看護のために休める制度」（36.2％），3位「週休二日制の導入，休日・休暇の増加」（35.1％）。
11）同法の成立過程については，広田（1976）；小野（1990）などを参照。
12）2位「保育所・託児所」（44.5％），3位「育児に対するフレックスタイムの導入」（43.6％），4位「児童手当・育児手当等の経済的補助」（22.9％）。
13）たしかに自民党は，89年の参院選で惨敗した。だが90年の総選挙では，大勝した86年ダブル選挙時よりは議席を減らしたとはいえ，自民党は275議席を得ており（事後の会派入りも含めて286議席），育児休業法成立時にはそれほどの危機とはいえない。
14）母子保健対策懇話会の意見書（68年），人口問題審議会中間報告（69年）など（丸本 1991: 141-144）。
15）「少子社会」ということばが初めて登場したのは，92年版『国民生活白書』だとされている。「少子」とは，本来末っ子を指す言葉だが，これを契機に子どもが少ないという意味の使用が一般的になった（朝日 95.4.4）。また「子育て支援」は，90年代に入って用いられるようになった語である（野澤 1996: 2）。
16）フレーミングについては，Snow and Benford（1988; 1992）などを参照。筆者によるその評価について，堀江（1998）も参照。
17）労働省婦人局婦人福祉課長は，こう述べる。「ひと昔前であれば，だから女は家庭にという大合唱になっていたかもしれない」（藤井 1992: 106），と。
18）公明党の連立与党入り前後から，児童手当の拡充に対して「ばらまき」との批判が出るようになった。しかしこれは，そうした施策が「少子化対策にならない」と批判されているのであって，少子化対策を取ること自体への批判ではない。
19）第2が「家庭機能の復活」，第3が「子育てのしやすい環境整備の推進」である。

第 8 章

政策領域間の整合性
——年金改革・税制改革の女性労働への帰結——

1 本章の課題

　財政再建と景気対策，開発政策と環境保護政策，あるいは競争促進政策と産業保護政策など，トレード・オフとなって，一方の政策を促進することにより他方の政策を妨げるという組み合わせがある。こうした場合，政策を推進するアクターたちは，（例えば財政出動による景気刺激を続ければ財政赤字が拡大するといった形で）自らの行為の目的と帰結を認識している。だがそうしたケースとは異なり，ある政策と，それとは一見関係がない別の政策が，意図せずして矛盾をきたし，全体として政策の整合性を歪めたり，場合によっては，別の政策の効果を減殺してしまうことがある。以下に検討するのは，その一例である。
　日本では80年代半ばに労働政策の領域で均等法を成立させ，内容的には低い評価も多いとはいえ，方向性としては，女性の社会進出や雇用における男女の平等の実現を目指した。ところが，それとほぼ同じ時期に，社会保障政策と税制においては，逆に女性の就労を押しとどめ，就労するよりも専業主婦でいる方が有利となるような政策が実現された。
　本章では，こうした政策上のミスマッチがなぜ生じたかを明らかにすることを通じて，複数の政策によるその効果の相殺，という現象に光をあてる。

　◇**就労調整**
　旧均等法の施行と同時期に，社会保障と税制において導入された国民年金第

三号被保険者制度と配偶者特別控除制度は，既婚女性のフルタイム就労に対するディスインセンティヴとなっている。両者はフェミニストから，専業主婦優遇策と批判されていることに加え，パート労働者の「就労調整」を生みだすという問題がある。就労調整とは，妻の収入が一定額を超えると，年金，税制，夫の配偶者手当などの便益が消失し，却って家計収入が減少するため，それを避けるべくパート労働者が労働時間を制限することをいう。労働省婦人局はこの就労調整について，パート労働者の収入を低位にとどめ，職場が繁忙期でも休むことで他の労働者にしわ寄せがいき，企業内でパート労働者全体が当てにできないとみられ，社会的にもパート労働を補助的労働と認識させるなどと，その問題性を指摘している（働く女性の実情 1993: 60; 1996: 82）。

　妻の収入が年間100万円（95年からは103万円）を超えると，夫に配偶者控除がなくなり，妻自身も独立納税者となる上，企業の配偶者手当も100万円が基準とされることが多い[1]。そのため，100万円以内に就労を抑えるパート主婦が多く，「100万円の壁」ということばも生まれた（近年は，「103万円の壁」）。就労調整が起こるのは，100万円付近だけではない。国民年金の第三号被保険者制度は，サラリーマンの主婦に，保険料を払わなくても年金が受給できる資格を保証しており，年収130万円未満のパート主婦はその権利をもつ。この仕組みは医療保険や介護保険とも連動しており，そのため就労調整は，年収が100万円や130万円といった範囲内に収まるように行なわれてきた。

　配偶者特別控除は，配偶者控除による世帯収入の「逆転現象」を解消すべく導入されたものだが，それにより，税制による就労抑制効果が特定の所得水準で一挙に現れる状況は改善されたものの，就労抑制効果はなくなっていない（八代 1995: 13; 水野 1995: 76; 全国婦人税理士連盟編 1994: 31; 安部・大竹 1995: 134, 注1；八代・大石 1993: 54, 注9；石塚 2002）。労働省も，そう指摘している（「女子パートタイム労働対策に関する研究会」報告，87年）。そして何より，夫が働き妻が専業主婦という夫婦を，共働き夫婦よりも優遇するという意味で，特定の性別役割への誘導効果をもち，均等法の趣旨と矛盾する。

　実際，税制や社会保障制度が，パートタイム労働者に一定額を超えないように就労調整を行なわせる原因となっていることは，数量データを用いた分析でも確認できる（安部・大竹 1995）。パート主婦が，そうした行動を取っているこ

とは意識調査にも現れている。95年の労働省の調査によると，女性パートタイマーのうち，「最初から年収が非課税限度額を超えないように計画的に働く」(23.4%)と「年収が非課税限度額を越えそうになったら休みを取るなどして調整する」(14.2%) を合計すると，37.6%が労働供給の調整を意識的にしていることになる。回答者の中には，そもそも「年収が非課税限度額を超えることはない」が18.6%，「特に考えていない（わからない）」が18.2%おり，「年収が非課税限度額を超えても関係なく働く」女性パートタイマーは25.6%にすぎず，就労調整している者より少ない（働く女性の実情 1996: 付表105）。また同調査によると，所得税以外の理由で就労調整を行なう女性パートタイマーも，36.7%に達している[2]。

　もっと働けるのに，収入を抑えているパート主婦が6～7割はいるという説さえあり（塩田 1993: 73），年金保険料率の今後の上昇を考えると，保険料の就労抑制効果が90年の2.5倍に拡大するとの試算もある上，これらの制度は，既に就労している者の時間調整だけでなく，就労していない妻の就労意欲を抑制する効果もあるとされる（八代・大石 1993: 53; 56）。また，就労調整しているのは夫の所得が高い層であり，働く女性と主婦の間のみならず，階層間不平等の問題もある（木村 1994: 57; 石塚 2002: 204）。夫に扶養されていないパートタイマーからは，税制や社会保障で不公平を被っているという訴えもある（伊藤 1993: 24）。また，第三号被保険者への調査では，90万円に限度額が下がっても「就労制限をする人が増え，保険料を負担する人は増えない」との予想が56%で，「就労制限せず働く人が増える」は18%に過ぎない（朝日 98.10.1）。以上は，自ら労働市場に出るより，夫の被扶養者になった方が得だと考える女性の多さを示す。100万円以上働くと損だという考えは，パート主婦の「常識」（寺崎 1993: 240）ともいわれている。これらの制度は，男女の平等という原則に反し均等法の趣旨と相容れないばかりか，今後の超高齢化社会の下で予想される労働力不足という観点からも，就労を抑制する政策は妥当性が問われよう。

◇従来の説明

　ところで従来，社会保障や税制における女性に関わる政策は，労働政策における男女の平等に比べ，見過ごされてきた（都村 1985: 237; 寺崎 1993: 259）。フ

ェミニストがそれらを取り上げる場合も,ほとんどは「主婦の優遇」,つまり主婦と働く女性との間の「不平等」や,それにまつわる「性別役割」の問題としてである。その点,塩田咲子は,労働政策で働く女性をバックアップする法律を作りながら,社会保障政策では主婦の保護を強化するという,政策間の「矛盾」,「ミスマッチ」を指摘する(塩田 1999: 94; 2000: 135)。だが,彼女はミスマッチが生じた理由を立ち入って分析しておらず,最終的には80年代日本のフェミニズムは,「主婦フェミニズム」であったと,就労女性と主婦の不平等に問題を解消してしまう。曰く,国連女性の10年という,働く女性のフェミニズムが提起された期間に,日本で進行したのは,主婦フェミニズム,つまり主婦の座の強化であり,性別役割分業の基盤たる片働き世帯の維持であった(塩田 2000: 第6章),と。この問題に着目する人びとの従来の説明は,このように「不平等」の指摘にとどまり,なぜこうした非整合性が生じたかについての分析がない(例えば,大脇 1992: 249; 254 など)。制度ができた原因に言及する場合も,例えば,古い制度の創設時の家族像や女性像を維持しているから,あるいは厚生省などの女性観が古いから,といったレベルの指摘にとどまっている(丸山 1994: 277; 290; 島田 1993: 36; 樋口 1993: 9)。これらの制度がもつ問題性を指摘する経済学者たちも,なぜこうした制度が成立したかについては全く分析していない。

　女性をめぐる多くの不平等の存在や,政治家や官僚の女性観・家族観の古さを認めるにやぶさかではないが,それでは政策形成過程における具体的な背景や事情,力学などが捨象されてしまう。個々の政策は,「不平等」や「差別」,「伝統的女性像」から直接流れ出てくるわけではないし,80年代半ばに新たに導入された制度を,頭の古さで説明することも妥当ではない。そこで以下では,年金改革と税制改革の経緯をトレースし,こうした政策の齟齬が生じた原因を探る。

2　国民年金第三号被保険者制度の創設

◇制度の概要

　85年の年金改革で,20〜59歳の国民は,自営業者の一号,会社員や公務員な

第8章 政策領域間の整合性

どの二号，二号に扶養される配偶者の三号の各被保険者に分類され，三号は掛け金を払わずに基礎年金を受け取れることになった。男性も三号になれるが，女性が三号の大部分を占めるので，三号は事実上，被用者の「妻の座」ということになる[3]。

この新制度では，三号の保険料を負担しているのは，第二号被保険者の男女全体である。つまり，独身者や共働きの男女も主婦の保険料を払い，主婦は夫以外からも所得移転を受けていることになる。女性の平均寿命から計算すると，その額は約1000万円に上る（八代 1993: 23）。なお，厚生年金の被保険者は「常用的使用関係にある者」とされ，具体的運用では，通常の勤務時間の4分の3以上勤務する場合に適用し，それ以下のパート労働者は厚生年金の加入対象となっていないので，専業主婦に準ずる[4]。

年収130万円以下でもフルタイマーは保険料を納めており，学生は当初，適用除外・任意加入であったのが，89年改正で，

①障害年金で無年金になるのを防ぐ

②老齢基礎年金額が低くなるのを防ぐ

という二つの目的から，第一号被保険者として強制加入となり，91年から納付することになった。また，同じ専業主婦や年収130万円未満のパートタイマーでも，夫が一号なら支払い義務がある。こう考えると，サラリーマンの妻だけが保険料を免除される理由がはっきりしない。85年改革以前は，主婦の約7割が任意加入しており（八田・木村 1993: 218; 八代 1993: 23），しかもその多くは三号制度創設時に生命保険会社の個人年金に流れたと見られるため（高島 1993: 37），中には支払能力がある主婦も相当多いと推測される。また，学生や年収130万円未満のフルタイマーは免除申請ができるが，申請が受け入れられても，免除期間分の給付が減額されるのに対し[5]，三号は保険料を納めていないにもかかわらず，減額のペナルティがない。以上の制度的前提に立ってシミュレーションを行なうと，専業主婦は共働き主婦より優遇されていることが数量的にも確認される（八田・木村 1993）。

三号優遇の仕組みは，遺族年金にもある。すなわち，夫が死亡した場合，専業主婦であった寡婦は，自身の基礎年金の他に，夫の老齢厚生年金の4分の3を遺族厚生年金として受給できる[6]。他方，共働きの妻は，基礎年金のほかに，

自分名義の厚生年金と夫名義の遺族年金の両方を受給することはできず，
　①夫の遺族厚生年金（夫の厚生年金の4分の3）
　②自分の厚生年金
　③夫と自分の厚生年金の合計の半分
のいずれかを選択することになるが，自分の厚生年金よりも夫の遺族年金が高いために，①を選択する女性も多く，そのため自分が長年に支払ってきた厚生年金は掛け捨てになってしまう（塩田 1999: 92-93; 水町 1997: 19-20, 注35）。亡くなった夫の所得次第では，就労せず，自ら年金保険料を支払ってこなかった主婦の方が，長年自分の保険料を支払ってきた就労女性より受け取る年金額が多い，ということにもなる（島田 1990: 74, 丸山 1993: 110-111）。

　また遺族厚生年金は，年収が850万円以上の妻には支給されないし，婚姻期間がどんなに長くても離婚した妻には支給されないのに対し，夫の死亡時点で被扶養なら，どんなに資産が多くても支給される。つまり，第二号被保険者の妻が優遇されているとはいえ，自身が払い込まずに基礎年金の満額を受給するには，夫が制度に40年間加入し，かつその夫と連れ添いつづけねばならない。夫の収入に応じて基礎年金に上乗せされる厚生・共済年金は夫の名義で，妻に権利はない。このように考えると，遺族厚生年金で手厚くカバーされているのは，「被扶養で，かつ夫を看取った女性」（塩田 2000: 231）ということになる。そのため例えば，離婚・非婚の女性らでつくる「しんぐるまざあず・ふぉーらむ」が，厚生労働省の女性と年金検討会に提出した報告書は，離婚した女性の年金額がごくわずかになってしまうのに対し，夫の年金は結婚や離婚に左右されることはないことから，この制度は，専業主婦を保護しているというより，「専業主婦をもつ夫」への優遇策だと指摘している（朝日 01.9.26）。

　この三号制度には，他にも問題点が多く指摘されている[7]。例えば，三号の妻は夫と死別なら遺族年金が受給できるのに対し離婚だと基礎年金のみとなるが，離婚と死別で扱いが異なるのは，合理的な格差であろうか。また，任意加入していた約700万人が，86年に三号へ移行し，保険料収入は前年比で約24%減少したが（都村 1992: 236 より計算），少子高齢化により制度の存立が危ぶまれる中，1100万人もの三号を支払免除にすることは，果たして妥当であろうか，という問題もある。逆にいうと，第三号被保険者制度がなくなれば，年金保険

料を支払う者が増えるわけだから，年金財政を健全化し，基本保険料の引き下げも可能になる（八田・木村 1993: 218）。

以上に加え，本書の関心からいえば，就労調整により女性の就労を抑制する効果がある点が問題である。現制度擁護の論者も，就労調整の存在は認めている（年金政策研究会 1993: 51)[8]。厚労省幹部は，三号制度は「世代内の不公平で最大の課題」だとさえいう（朝日 01.9.26）。このように問題点が多く指摘され，積極的メリットの乏しい制度[9]がなぜ創設されたのか。85年改革の背景を見ておこう。

◇**改革の背景**

日本では1959年に国民年金法が成立，61年から皆年金時代に入った。その際，自営業者等の無業の妻は被保険者とされ，夫とは別に保険料を拠出し，夫とは独立した年金を受給できることになったのに対し，被用者の無業の妻については，別の扱いが取られた。被用者の無業の妻は，それまでは夫の年金に加算されていた加給的年金を通して，年金的保護を受けていた。それをそのままとするか，国民年金で独自に適用するかでかなり意見がわかれた（丸山 1993: 108）。結局，自営業者の妻は被保険者とされ，国民年金へ強制加入となったのに対し，被用者の妻は適用除外となり，本人が希望する場合のみ任意加入となった。J.キャンベルは，これを偶然によるものだという。すなわち，大蔵省は自営業者の妻を任意加入，被用者の妻を加入不可とする案を提示したが[10]，厚生省は自営業者と被用者の妻の扱いが違うのは不公平と考えた。調停が期待された自民党は他の問題に忙殺され，草案では女性の問題は無視されたが，法律には女性についても規定されている必要があり，締め切りが迫る中で内閣法制局の職員が機械的に両者の中間を取ったのである（Campbell 1993＝1995: 115-118）。

これにより，サラリーマンの無業の妻，すなわち専業主婦が国民年金に加入するかどうかは，本人の意志に委ねられ，夫と別に個人で加入して独自の名義で保険料を支払い，老後は独自の名義で自分の年金を受け取ってもよく，自身では加入せず，その代わりに夫名義の配偶者加給を受けてもよくなった。当然，加入している者と加入していない者の双方が存在した[11]。

だが，これでは非加入者の老後が不安定になる上，皆年金の原則にも反する。

独自の年金がなければ，障害者になっても障害者年金もなく，離婚すれば妻としての年金権もない。女性年金権確立の原則はILOでも確認され，70年代初頭より確立の動きが先進国で活発になったこともあり（木村 1994: 47-48），日本でも徐々に意識されはじめた[12]。女性の年金権は，社会保障長期計画懇談会の報告書（75年）や，年金制度問題懇談会の中間報告（77年），社会保障制度審議会の「皆年金下の新年金体系」（77年）などで取り上げられ（山口 1984: 42-43），当時「婦人の年金問題に決着をつけるという考えが政府内部に固まっているといわれ」ていた（総理府婦人問題担当室編 1978:「はしがき」）。77年の「皆年金下の新年金体系」では，最低保障部分については税負担でまかなう「基本年金」が提唱された（山口 1984: 43; 公文 1998: 21）。そして，年金制度問題懇談会の最終報告（79年）では，当面改善を急ぐべき事項に入ったのである。

◆年金改革における女性年金権の位置づけ

しかし，以上のいずれにおいても，女性の年金問題の解決は必ずしも中心テーマではなく，それは年金制度のより大きな改革を待たねばならなかったのである。おりしも，年金財政の逼迫と高齢化への見通しから，厚生省は給付抑制を目論み，年金改革の準備を進めていた。83年7月には，社会保険審議会厚生年金保険部会が「厚生年金保険制度改正に関する意見」を発表，すべての女性に独自の年金権を確立する方向で検討すべきとの意見を打ち出した（厚生白書 1983: 89; 317）。それを受けて84年3月に，「婦人の年金権を確立する」ことを含んだ国民年金法など改正案が国会に提出された。85年4月に国民年金法，厚生年金保健法が改正され，国民年金と厚生年金，共済年金が統合され，国民に共通する新しい国民年金（基礎年金）が発足した。同年12月には国家公務員等共済組合法をはじめ共済年金各法が改正され，これにより86年4月より新しい公的年金制度がスタートした。

ところで政府は従来，社会保険方式の年金制度では保険料納付が必要と主張してきたにもかかわらず，サラリーマンの妻にこうした制度を認めたのはなぜであろうか。厚生省の現在の説明はこうである。99年に矢野朝水年金局長は，主婦から保険料を取ることにしたら，無年金者が増える，無年金になるのは個人の選択であるはずだが，「日本では，みなが同じような生活水準の社会を求

第8章　政策領域間の整合性

めているのである。無年金の人が増えるのでは，国民の支持は得られないと思います」と，有業女性と専業主婦の不公平を正統化する根拠として，国民の平等志向を挙げる。しかし同時に，「三号制度は理屈でスパッと割り切れない，妥協の産物」（朝日 99.6.21）だとも語っている。

　理由の一つとして，妻の保険料をまとめて厚生年金か共済年金から基礎年金に移せば，「事務上は手がはぶけるし，確実」（島田 1992: 56）だという技術的な理由が指摘されている。改正当時の吉原健二年金局長は，後年こう述べている。曰く，当時は保険料が急速に上がりはじめており，主婦に保険料を義務づけると，払えない人や払いたくない人が出，制度が空洞化する懸念があったため，働いている人全員で専業主婦の保険料を負担する三号制度は「苦心の作だった」（朝日 99.6.21），と。収入がない専業主婦からは源泉徴収ができず，収入のある者だけから取ることにした方が，確実に徴収できるということであろう。現在，一号の未納者が増え制度の空洞化が指摘されていることを考えても，「取りやすいところから」取ろうという厚生省のねらいは理解できる。

　だがそうした技術的な理由のほかに，「政治的な」理由も指摘されている。すなわち，「ある関係者が『主婦から保険料はとりにくい』と言った言葉が，その理由を示唆していると考えられる」（島田 1992: 56）との指摘がそれである。現にある国会議員も当時を振り返り，国会では主婦も負担すべきという議論はできたが，「外の集会では主婦の抵抗がこわくて話せなかった」と語る（朝日 99.6.28）。つまり，新たな負担を増やすことが，議員の再選を危うくすると判断されたわけである。それに対し，「全員が加入する。ただし，保険料の支払は不要」なら，「反対する人はまずない」ので，「見事な解消策」（村上 1993: 38）だったというわけである。実際，「独身の労働者は未組織であり，反対の声は上がらなかった」（Campbell 1993＝1995: 481）。つまり，妻の年金権が確立される一方で，新たな負担を負う集団は存在しないので[13]，反対は起きなかったのである。

　当時の行革ムードは，支給年齢引き上げなどによる給付抑制を後押したとされているが（加藤 1991），「不思議なことに将来の収支不均衡を懸念していた臨調などはこのような永続的な保険料の減少を認め，事実何の反対もしなかった」（Campbell 1993＝1995: 482）。

厚生省は，大きな反対が予想される初めての給付減に向け，周到な準備を行なっていたが[14]，その給付減こそがこのときの改革の起動因である。つまり，年金改革の最大の眼目は，来るべき超高齢社会で制度を維持しうるための給付水準の抑制であった（加藤 1991; 村上 1993: 27）。確かに，女性の年金問題は，「昭和五〇年ごろから専門家の間では共通の認識だった」（村上 1993: 37）し，厚生白書は「基礎年金の導入」，「給付と負担の適正化」とともに，「婦人の年金権の確立」を，改革の「主要な内容」として挙げた（厚生白書 1986: 148-151）。だが，女性の年金問題は，改革を推進する厚生省にとっては，相対的にマイナーなテーマであった。

この年金改革は84年の閣議決定に基づくものだが，その閣議決定は「婦人の年金権の確立」をうたってはいるものの，改革の理由を「高齢化社会の到来等社会経済情勢の変化に対応し，公的年金制度全体の長期的安定と整合性ある発展を図るため」としている（『季刊年金と雇用』第3巻第2号，1984年，93～94頁に所収）。また，閣議決定の前提となった社会保障制度審議会答申も，留意すべき問題点の5番目に「制度的無年金者解消に向けての努力」という項目こそあれ，中心的ポイントは「高齢化社会の到来に備えて給付と負担の均衡を考慮し，初めて年金の水準を引き下げようとする大胆な提案であり，同時に，『基礎年金』という各年金を通ずる共通の基盤を設け……，厚生年金保険の体系に大きな変更を加える」という部分である（「国民年金法等の一部改正について（答申）」『季刊年金と雇用』同前号，92～93頁に所収）[15]。さらに，国会に提出された法案は「改正の目的」として，基礎年金の支給，給付の適正化，制度の統合，特別障害者手当の支給などを挙げているが，女性の年金権は含まれていない。

要するに，初めて給付減を行なう年金改革の過程で，従来から問題として指摘されていた女性の年金権が副次的争点として浮上し，盛り込まれたのである。女性の年金権は，「国民皆年金達成時以来の懸案」（山口 1984: 47）であり，制度創設直後の64年には早くも，後に85年改革を推進する山口新一郎年金局長（当時は課長補佐）の改革試案に，「婦人の年金権に決着を」との内容が盛られていた（座談会 1985: 97）。つまり，85年改革時の緊急テーマではなかったのである。

むしろ、女性の年金権確立は、障害者年金の拡充と並び、年金改革への反対を和らげるのに役だった (Campbell 1993=1995: 480-481)。現にこのときの次の年金改革を担当した水田努年金局長は、こう述べている。曰く、「山口さんのときの改正は、婦人の年金権の確保とか、障害年金の改善とか、まあ、おいしいご馳走がいろいろあったのですが、今回は、はっきりいってそういうおいしいものは……」(田原 1990: 151)、と。厚生省にとって、女性の年金権は、国民の反対が強い年金改革を円滑化するための「おいしいご馳走」であった。

こうして、新年金制度が均等法と全く同じ86年4月にスタートしたが、年金改革の過程で、そのことは特に意識されていなかった。

3　配偶者特別控除制度の創設

◇配偶者控除とパート問題

日本ではシャウプ税制で、課税単位が世帯から個人に変わったが、例外として担税力の面から世帯事情を考慮した扶養控除などの人的控除がある。1961年に、事業所得者が家族従業員に支払う給料を必要経費にできることとのバランスから、「家庭にあって夫を助けるといった『内助の功』を評価するという立法趣旨」で、扶養控除から配偶者控除が独立し、控除額も高くして創設された。それまで扶養控除の対象で子どもと同じだった妻の扱いが一段高くなり、当時は税制上妻の地位が認められたと評価された (全国婦人税理士連盟編 1994: 21-22; 遠藤 1993: 65)。1960年当時、被用者の共働き率は8.8％に過ぎず (篠塚 1992: 70)、主婦の役割の評価は、特定の層への配慮といった感じはもたれなかったものと思われる。

このときの税制改正で、同一所得水準世帯における片稼ぎと共稼ぎの税負担の差が問題となり[16]、公平の観点から夫婦の所得の合算課税が検討課題となった。当時の諸外国の主流は、合算課税と軽減措置の組み合わせであったが、税制調査会は個人単位課税を残し、夫婦所得合算制を導入する代わりに配偶者控除を創設することで、片稼ぎと共稼ぎの格差を是正することにした (丸山 1993: 100-101)。70年代には二分二乗課税[17]を望む声も上がったが、高額所得者ほど有利になることと、「専業主婦の座を護ることにつながり、今後の在り方

として望ましくない等の反対が出」(遠藤 1993: 66)，見送られた。

　その後，次第に主婦の就労率は高まり，主婦パートを不可欠の戦力とする企業も増えていった。一方，一定額の妻の収入を境とする逆転現象の存在が知られるようにもなる。だがそれは，問題性が指摘されながら放置された。理由は，例えば84年12月の政府税調答申[18]では，以下のように説明されている。曰く，「主婦のパート収入が一定額を超えると，世帯の手取額が逆に減少することから，労賃が低く抑えられる，あるいは年末において就労を自制するといつた現象が生じているので，現行の所得要件の水準や仕組みの見直しを行うべき」という意見があるが，「主婦であつても一定以上の所得があれば相応の負担を求めるのが当然であり，また，税制の簡素化の観点から，当面，現行制度の枠内で対応することが適当」(税制調査会編 1985: 8) である，と。

◇**政府税調と自民税調による提案と野党・労働組合のスタンス**

　ところが，86年4月に税制調査会第二特別部会の「中間報告」で，「主として片稼ぎの給与所得者世帯につき，家事労働を行う配偶者の所得稼得への貢献にも配意しつつ，その税負担の軽減を図るため，現行の配偶者控除に加え特別の控除を設ける」ことが提案された。こうした考えの背景には，「サラリーマンが他の所得者との比較において不公平感，重圧感を抱いているとの指摘」がある。そこで，事業所得者同様，サラリーマンも実質的な所得分割を行なえるよう二分二乗方式を推す考えがあるとしながら，配偶者の有無による税負担の差や，共稼ぎが相対的に不利になり女性の社会進出を抑制する，などの理由から，それを斥けている[19]。だが，所得を得る仕事をするのは夫だけでも，妻の家事労働がそれを支えていると考えるのが「自然」だから，妻の「所得稼得への貢献といつた事情を念頭に置きつつ，世帯としての税負担の軽減を図る趣旨で」，特別控除が提案される。そして，それを妻に少額の所得がある場合にも適用し，控除額を妻の所得の増加に従って減少させれば，妻の収入に応じ世帯の税負担が滑らかに変化し，「『パート問題』の解決にも資する」(税制調査会編 1986a: 2-6)。つまり，サラリーマンが不公平感・重税感を抱いているので，妻の内助の功を評価することにし，その結果「パート問題」も解消できるというのが，提案の論理である。この中間報告が出るや否や，フェミニストはそれを

「女性への挑戦」だと批判した（水田 1986）。

　この政府税調中間報告の直前に、自民党税制調査会も中間報告の骨格として、「専業主婦の『内助の功』に報いるため優遇措置（特別控除）」を決定し、それは中間報告「所得課税、法人課税に対する改革方針」に、「主としてサラリーマン世帯における税負担の軽減に資するため、配偶者の貢献度を考慮し、また、いわゆる『パート問題』をも踏まえつつ、配偶者に対し、税制上よりいっそうの配慮を行う」という一文として入った（日経 86.4.18, 夕; 4.25）。

　同年10月に出た政府税調の答申も、中間報告とほぼ同じ理由で配偶者特別控除制度を提案した。そして、「稼得者の所得について、現行の配偶者控除に加え、おおむねその半分程度を目途として所得税においては一五万円、個人住民税においては一二万円の配偶者特別控除を設けることが適当」と、中間報告から一歩踏み込み、具体的な金額を明示した。このとき、所得への妻の貢献は共稼ぎや事業所得者の世帯も同じだとの指摘や、特別控除も二分二乗制同様、女性の社会進出を抑制するおそれがあるという意見があったが（税制調査会編 1986b: 37-38）、答申はこの点に何ら反論していない。この答申が出た際にも、やはり女性の論者から批判の声が上がった（木元 1986）。税調の女性委員からも創設の過程で反対意見が出ていたという（大武 1993: 52-53）。

　だが、減税をめぐる与野党折衝で、野党から専業主婦控除の要求が出されており、自民党が了承すると、「パート主婦は約四百万人だが、専業主婦は約一千四百万人」（公明党幹部）だと、評価する声が聞かれた。社会、公明、民社、社民連の野党四党と、労働四団体・全民労協が、答申を受けて出した緊急共同声明は、売上税導入についての中曽根首相の公約違反を問題にしたもので、配偶者特別控除への批判でなく、社公民三党は控除の具体案を示すよう求める方針を決定した。社会党の土井委員長は、税制改革をめぐる国民的討議と運動を組織するため、パート、専業主婦による減税のための全国集会を開くと発表した（日経 86.10.19; 10.28; 10.29; 10.30）。つまり、日本初の女性党首を擁する社会党を含め、与党も野党も、専業主婦の優遇策を問題にするどころか、むしろそれを要求していたのである。

◆**売上税導入の推進とサラリーマン減税**

3 配偶者特別控除制度の創設

　政府税調提案の論理を整理しておくと，第一にはサラリーマンの不公平感・重税感緩和のための，彼らの妻の家事労働を評価するということであり，二義的に逆転現象の解消であった。つまり，かねてから問題視されていた逆転現象対策は，この時ついでに導入されたのであって，さほど焦眉の課題ではなかった。むしろ，配偶者特別控除制創設の「背景として消費税導入を前に，サラリーマンの重税感も解消しておく必要があった」ことが，指摘されている（遠藤 1993: 66）。

　大平内閣時に一般消費税導入に失敗した大蔵省は，首相しか味方にできなかった前回の反省に立ち，国民各層の合意形成に力点を置いた。幅広い支持獲得を目指す大蔵省は，クロヨン問題等でもともと税制に不公平感の強いサラリーマン層を取り込むべく注意を払った。一方，「戦後政治の総決算」の一環として，シャウプ税制以来の税制改革を目論んでいた中曽根首相も，税制改革がサラリーマンに恩恵をもたらすと宣伝した。84年12月，中曽根は税制の抜本的改革の検討を表明（平田 1988: 64; 67），直後に政府税調も「既存税政の部分的な手直しにとどまらず，今こそ国民各層における広範な論議を踏まえつつ，幅広い視野に立つて，直接税，間接税を通じた税政全般にわたる本格的な改革を検討すべき時期」（税制調査会編 1985: 3）だと述べた。

　彼らのキャンペーンが効いたことは，1958年以来継続されてきた「国民生活に関する世論調査」で，政府への要望として「税の問題」が，85年5月に物価を抜いて初めてトップとなったことでもわかる（内閣総理大臣官房広報室編 1986: 95; 日経 85.8.12）。86年の調査では，税に不公平があると思う者が最も多く挙げる理由は，「サラリーマンと商工業，農業等の自営業者の間の納税方法に違いがある」で，52.4％を占めた（内閣総理大臣官房広報室編 1986: 156, 3つまで回答）。87年の調査では，「何らかの税制改正が必要」と回答した94％のうち，理由として83％が「不公平是正」を挙げた（日経 87.5.4, 選択項目数自由）。85年9月の，税制調査会第11回総会におけるあいさつの中でも，中曽根首相はこのことに言及し，「納税者からの税制の抜本的見直しを求める気運も高まってきている」と述べた（大蔵省主税局総務課監修・税務経理協会編 1986: 401）。

　政府税調の税制改革方針でも，第一に「中堅サラリーマンの税負担軽減や不公平感の緩和に特に力を入れる」が挙げられ（日経 86.10.9），中間報告も「中

第 8 章 政策領域間の整合性

堅サラリーマン層を中心として税負担感，特に負担累増感が強い」，「サラリーマンが他の所得者との比較において不公平感，重圧感を抱いている」と述べている（税制調査会編 1986a: 2; 4）。さらに大蔵省は，売上税導入を実現するため，従来は根拠がないとしていたサラリーマンの重税感の存在を80年代の中葉以降，認めはじめた（加藤 1997: 167-168）。当時の大蔵審議官はのちに，「中堅サラリーマンを中心とする所得税減税や国際的にみて割高になっている法人税の減税」により，「国民の間にうっせきしている不公平感，負担感を解消するよう制度改正をしたい，というのが抜本的税制改革の基本」だったと述べている（尾崎 1987: 71）。中曽根首相も，売上税法案国会提出直前の87年1月，自民党大会で法案の主旨について，「サラリーマンの重圧感をやわらげ企業の健全な発展を目指して所得税，住民税，法人税などの大幅減税，家庭の主婦に対する特別控除新設などを含めた法案を今国会に提案する」と述べた（宇治 1988: 145, 傍点は引用者）。また，大蔵省は86年夏以降，パンフレットやポスター，テレビ番組などで，配偶者と子どもがいるサラリーマン世帯の税負担が軽くなることを，しきりに宣伝した（加藤 1997: 189-190）[20]。

さらに，政府の広報紙である『今週の日本』の税制改革特集は「大幅な所得減税で不公平感をなくす」を見出しとし，その内容は，

　①中堅サラリーマン中心に税率引き下げ
　②配偶者の特別控除一五万円
　③社会変化に応じ広く公平に（売上税の導入）
　④企業に活力をつける（法人税の引下げ）
　⑤マル優は高齢者や母子家庭だけに

であった。つまり，税制改革の内容の上位三つに，サラリーマン減税，配偶者特別控除，売上税が列記されているのである。さらに，②の説明は，「サラリーマンが抱いている税負担の不公平感を緩和するため，配偶者特別控除を設けます。これは事業所得者は奥さんに給料を支払うことで税負担を軽くすることができることとのバランスに配慮し，主としてサラリーマン世帯の負担を軽減するため，……配偶者特別控除を認めるものです」と，税調の答申よりわかりやすく，そのねらいを宣伝している（『今週の日本』87年3月2日，高島 1987: 133 より再引。傍点は堀江）。以前から指摘されていた逆転現象の解消策として，

配偶者特別控除がこのとき浮上したのは，その解決が喫緊の課題だったからではなく，消費税導入のためのサラリーマン向け対策としてであった，とみることができる。

ちょうどこの頃，反売上税旋風が吹き荒れており，税制改革はサラリーマン層の支持を必要とした。直間比率見直しにはサラリーマンの支持があると見られており，大蔵省はサラリーマンを新税推進勢力と期待していた（平田 1988: 69; 77）。しかし，前年の衆参同日選における中曽根首相の公約違反が問われ，サラリーマン層の人気を得られなかったばかりか，流通業を中心とする組織された反対に遭い，売上税法案は廃案に至る。だが，配偶者特別控除制度は87年の税制改革案に入り，同年創設された。しかも，中堅サラリーマン層に配慮し，予定よりも控除額を増額しての創設となった（日経 87.7.26）。

税政改革に多くの紙面を割いていた新聞も，配偶者特別控除制度をほとんど報じておらず，それは改革の中でマイナーなテーマであった。朝日新聞の記事検索によれば，80年代に「配偶者特別控除」が見出し語になったのはわずか4回にすぎない。他方，売上税は988回に上る。

税制改革の推進者たちは，パート問題にそれほど大きな比重を置いていなかった。政府税調が創設理由の第一にサラリーマンの不公平感緩和を挙げ，その結果としてパート問題の解消も図ることができるといった論立てを取っていたこともそれに呼応する[21]。そもそも，共働き夫婦や独身者も家事を行なっており，専業主婦の家事だけを評価する理由はない[22]。自営業者のように所得分割ができないサラリーマン層の重税感緩和をねらったものと見るのが妥当であろう。

4　政策の非整合性をめぐって

◇意図せざる効果

以上みてきたように，均等法成立とほぼ同時期に，その趣旨と矛盾する二つの政策が実現された。女性の社会進出や男女の平等を促進する一方で，女性の就業を抑制したり，就業するより主婦でいる方がメリットのある制度を作るという，政策の非整合性が見られたのである。

第 8 章 政策領域間の整合性

　このことは一義的には，均等法，年金，税制が，それぞれ労働省，厚生省，大蔵省の管轄であることと関係する。省庁間セクショナリズムという周知の説明に加え，族議員，省庁，圧力団体からなる「下位政府」が政策領域ごとに形成され，国家政策の統一性・合理性を損なうとの議論もある（坂野 1993: 82）。だが，権限や予算をめぐるアクター間の競争だけが，政策の体系性を阻害するわけではない。本章では，一見関連がない政策領域において，全く異なる意図や目的の下に推進された政策の間に生じた矛盾を取り上げた。ここでは，情報やパースペクティヴの共有の欠如に原因が求められる。さらに，以下でみるとおり，それを克服するための省庁横断的政策推進主体においても，年金や税制が視野に入っていなかった点が重要である。

　厚生省や大蔵省といったアクターは，それぞれの目的を追求し[23]，その目的の追求によって，全く想定もしていなかった別の政策領域にある政策と，齟齬を来す結果を生じたわけである。この点が，本章冒頭に挙げた財政再建と景気対策のようなケースとは異なる，複数の政策の複合的効果である。

　少なくとも，両改革は結果的にそのように機能している面もあるとはいえ，しばしば告発されるように，「片働き世帯の優遇」や「専業主婦の座の強化」を意図して導入されたわけではない。序章で紹介した，

　①女性の利益向上を意図した政策
　②他に主な関心の対象をもちながら女性の利害にも敏感な政策
　③表面上女性に関係なく，女性の利害にほとんど，あるいは全く関心を払わない政策

というE. N. チャウらの類型でいえば，③の年金改革と税制改革が，①の労働政策に影響を及ぼしたのである。税制改革と年金改革は，労働政策を妨害しようというような，意識的な影響力の行使によるものではなく，省庁間セクショナリズムの例とは異なる。両改革は，男女の平等や女性の就労といった問題に関心の及ばない場で行なわれた。つまり，年金給付額の初めての減額と売上税の導入という，いずれも国民に新たな負担を課す大きな改革を実現するための小さな譲歩として，主婦優遇策が実現された。要するに，二つの改革にとって，女性の問題は副次的なテーマであった。いずれにおいても，女性の問題は改革のイニシエーターではなく，大改革のついでに持ち出されたテーマであっ

た。

　政府税調の答申は、女性の就労を抑制する可能性を指摘してはいたが、年金改革に関する審議会の答申は就労調整に全く触れていないし、双方とも男女の平等への視点はない。85年9月、中曽根首相が政府税調に諮問をしたわずか2日後に、5カ国蔵相会議でプラザ合意が成立したといういきさつから、為替当局と主税当局の間に十分な情報交換がなかった点が指摘されているが（平田 1988: 79）[24]、まして労働省婦人少年局が推進する均等法の動向に考慮が及んでいたとは考えにくい。85年の『厚生白書』は、「同世代内での公平」という項目の中で、旧制度下では妻が任意加入している世帯としていない世帯で、給付水準に大きな差が生じることを問題視したが（厚生白書 1985: 113）、改正後の専業主婦と働く女性の間の不平等には全く言及がなく、就労調整にも触れていない。当然、労働政策との整合性といった視点もない。

　ヨーロッパでは失業率が上昇した際に、子どものいる女性を労働市場から退出させようと、補助金などを用いて女性が家にいることを奨励した国もある（Kamerman and Kahn 1981: 15; Gustafsson 1994: 54）。これに対し、本稿で検討した二つの専業主婦優遇政策は、既婚女性を労働市場から追い出すことや、彼女たちの就労を抑制することを目的としていない。それどころか、政府税調は女性の社会進出を抑制するおそれがある、と懸念を表明してさえいる。ここに、ある政策領域における政策目的が、異なる政策領域に対して意図せざる効果をもたらした例を、典型的に確認することができる。

◇省庁横断的な政策調整機能

　男女の平等を目指す政策が、政策領域を横断し、税制や年金政策にもそうした関心を義務づけることができれば、上述の不整合は回避できた可能性がある。省庁横断的なアプローチを取るナショナル・マシーナリーが、男女の平等に高パフォーマンスを示すという国際比較研究を第3章で紹介した（Stetson and Mazur 1995b: 288）。また、女性の社会進出が進んだ国として知られるスウェーデンでは、男女が平等に働くという目的に向け、省の枠を外した総合的施策が取られ、それは税制にも反映している（全国婦人税理士連盟編 1994: 127-128）。同国で71年に個別課税制度を導入した際、主婦への所得控除や扶養手当を原則

廃止した。この税制改革は男女平等の推進力と評価されており（都村 1992: 195-196; 津谷 1996: 62），男女平等促進に最も有効な制度改革は何だったかを尋ねると，行政関係者のほとんどがこのときの税制改革を挙げるという（ヤンソン 1987: 86）。また，その税制改革の理由として，労働力不足下で女性の就労インセンティヴを高めるという労働市場対策が挙げられている（Acker 1994: 42; 金子 1995: 112）。つまり，男女の平等や女性の就労といったテーマと税制が，不可分のものと意識されている。

他方，日本のナショナル・マシーナリーとしては，婦人問題企画推進本部が「関係行政機関相互間の事務の緊密な連絡を図」り，「総合的」な対策を目指して（総理府編 1978: 3-4)，77年に「国内行動計画」を，87年にはそれを踏まえ「西暦二〇〇〇年にむけての新国内行動計画」を決定，男女共同参画室も96年に「男女共同参画二〇〇〇年プラン」を決定した。だが，国内行動計画の報告書を各省庁が章ごとに分担執筆するという点に端的に現れているように，「省庁横断」の内実は限定的である。しかも，上記三計画はいずれも就労調整を取り上げていない[25]。国内行動計画や新国内行動計画の報告書は，女性の年金には言及するが（総理府編 1978: 313; 1996: 174)，年金や税制による専業主婦世帯の優遇には触れていない。つまり，日本のナショナル・マシーナリーは，税制や社会保障を男女の平等に関係がある問題として捉えてこなかったし，他方，厚生省や大蔵省は，平等の問題に関心を払うことなく，それとは無関係な政策領域で，その趣旨に矛盾する政策を実現したのである。

◇主婦優遇政策と政党

筆者は本章で，80年代の二つの改革の背景と経緯と検討することにより，主婦優遇策が実現されたのは，決して女性を家庭に閉じこめようといった類の明確なねらいによるものではないことを示した。しかし同時に，この過程で，主要な政治アクターたちがもつ，ある種のバイアスも明らかになったと思われる。第3章でみたとおり，自民党はときに（危機の際には特に）野党のアイディアを取り入れながら，進歩的な政策を打ち出すことがあるが，本章で検討した二つの改革に際し，自民党政権が取った有権者対策とは，専業主婦（収入が少額のパートタイマーを含む）のいる家庭を優遇するというものであった。このこ

とが，働く女性の離反を招き選挙に不利になるという認識があれば，当然こうした政策は取られなかったはずであるが，自民党内でその点が問題になった形跡は特にない。自民党は，「女性」をターゲットにするのではなく，専業主婦のいるサラリーマン世帯をターゲットにしたが，こうした優遇策が有権者の反発を呼ぶどころか，むしろ支持を集めるだろうと判断したからこそ，困難な改革の促進剤として導入が図られたのである。また，野党もこの政策に支持を与え，追随した。

野党の対応を，社会党の大脇雅子は以下のように述べている。「確かに野党のほうも男性が主流を占めているので対応が立ち遅れて」おり，女性議員の間には「税制を見直そう，きっちり働いて応分に保険料も払うことにならなければ，女性の賃金の上昇も待遇の改善もない，特別配偶者控除を撤廃し，所得控除なり基礎控除をあげながら，長期的に損得勘定を考えようという意見」もあり，社会党の労働部会でそれを提起し，男性と議論しようという話や，超党派の女性議員の懇談会でも提起されたこともあるが，「目前に選挙などがあると，どうしても政治的に［非課税限度額を—引用者補］『上げました』と」，いうことになってしまうという（大脇・諏訪ほか 1993: 31）。野党も男性中心の論理になりがちで，かつ女性議員が声をあげても，選挙前にはかき消されてしまう，ということである。

ここには，保革や右—左の軸とは異なる，男—女という軸が確認される。この点，連合のスタンスは示唆的である。というのも，連合女性局は「第三号被保険者の保険料についても，負担する方向で見直すべき」としているのに対し，連合全体としては「収入のない者からは保険料は取れない」と「三号制度維持」の立場だったからである（朝日 99.5.17）。

女性運動としては，48の女性団体でつくる「国際婦人年日本大会の決議を実現するための連絡会」が86年に，「サラリーマン層の減税として新たに設けられる専業主婦控除は，女性の間に矛盾をもたらす。専業主婦控除が家事労働を評価したものなら，働く女性等にも考慮すべきである」などとする要望書を，自民党に提出した（山口 1992: 68）。しかし，自民党の反応は鈍かったのである。

◇**主婦優遇政策は誰の利益か**

第8章　政策領域間の整合性

　ところで,「専業主婦優遇」として, 多くのフェミニストから批判されている第三号被保険者制度を, 優遇を受けているとされる当の主婦たちは，実際に好ましく思っているのであろうか。「東京・生活者ネットワーク」の調査によれば, この制度に対する主婦の理解は不十分である。まず, 第三号被保険者の2人に1人が, 離婚すると基礎年金しか受け取れないことを知らなかった (朝日 98.9.30)。しかも, 「東京ワーカーズ・コレクティブ協同組合」の調査では, 第三号被保険者の約8割が,「夫は年金保険料を妻の分まで含め, 倍額払っている」と思っていた。そして, 同組合で三号被保険者に仕組みを知らせるための勉強会を開いたあとでは, ほとんどが「保険料を負担すべきだ」という意見に変わったという (朝日 98.10.1)。「専業主婦優遇」として批判されるこれらの制度であるが, 実のところ, 当の専業主婦たちが要求して実現したわけではない。女性にも年金権を, という要望は以前からあったが, 夫以外の被用者にも保険料を負担してもらい, いわば「ただ乗り」するという形の制度を, 当の主婦たちが要求したわけではない。

　配偶者特別控除制については, どこからも要求が出ていなかった。自営業者等と比べ, サラリーマンは税負担が大きいという声は, かなり以前からあったが, こういう形での減税を, サラリーマン層が要求したわけではない。

　本章で概観した専業主婦世帯優遇策の導入過程においては, 税制上・社会保障制度上, どのような型の世帯を有利にすべきか, あるいは妻の座はどうあるべきかといった点について, そのように明確な形で問題が立てられることはなく, いわば問題は政治化しないまま決着した。そして, 当の三号被保険者のほとんどは, 制度の仕組みについて説明を受けた後では, 自分たちも負担すべきだという考えに——つまり, 専業主婦世帯が優遇されるべきではないという考えに——変わるという。こうした制度は, 一体誰の選好にかなうものなのであろうか。

　　注
　　1）77.8%の企業が配偶者手当を支給しているが, 支給企業の41.8%が支給制限を設けており, うち83.3%が「配偶者の年間所得が100万円を超えること」としている (労働省大臣官房政策調査部編 1994: 33以下)。
　　2）「調整しない」が46.6%,「わからない」が16.7%である (働く女性の実情 1996:

注

付表106)。
3) 第三号被保険者の男女比は1:264である(社会保険庁監修 1996: 42, 第II—26表)。
4) 現在,パートタイマーへの厚生年金適用範囲の拡大が,検討されてはいる。
5) 2000年改革で,学生は10年前まで遡って保険料を支払えるようになった。
6) 国民年金は個人単位なので,夫名義の基礎年金については,遺族年金はない。
7) 要領のよいまとめとして,堀(1996)を参照。ただし堀自身は,現制度を擁護している。
8) 堀(1996: 359-360)も,第三号制度のみによるわけではないとしつつも,一因であることは認めている。
9) 現行制度を擁護する論者も,三号制度については,やむを得ない次善の策と評価しており,これを積極的に推奨しているわけではない。
10) 大蔵省は,国民年金の給付は3の1が国庫負担で,女性の加入者が増加すると財政に負担がかかりすぎるという理由で反対であった(島田 1984: 65)。
11) 加入率は徐々に上昇し,改正直前の86年には専業主婦の7割が任意加入していた。
12) 「任意加入した妻が,該当者の四割を超えたと推定された昭和四〇年代から,この制度見直しの気運が高まり始めた」(島田 1984: 66)。
13) 厳密には,専業主婦の保険料をすべての被用者が肩代わりするわけだから,新たな負担は「薄く広く」発生しているのだが,年金改革の過程でその点は問題にならなかった。福祉削減や負担増の効果を薄く広く提示するのは,改革に際してしばしば用いられる手法である(Pierson 1994: chap.1)。
14) 山口新一郎年金局長の巧みな世論対策については,加藤(1991: 173-174);中野(1992: 第1章第1節);Campbell(1993=1995: 472-475)などを参照。
15) ただし,社会保険審議会の「答申書」は,「主たる内容」の中に「婦人の年金権の確立」を含めている(同90~91頁に所収)。
16) 事業所得者,給与所得者ともに,共稼ぎ世帯は所得が分散されるため税負担が軽くなる。
17) 夫婦の所得を合計して二分し,税率をかけて二倍にする,というものである。
18) 政府税調は毎年12月に答申を出し,少なくとも3年に一度,長期的改革の指針を答申する。税調の答申が政策の変化につながる可能性は高い。政府税調に専門家は少なく,委員の人選は実質的に大蔵省主税局が行ない,同局は答申の原案も用意する上,専門知識を委員に提供する。以上から,政府税調の報告が大蔵省の意向から大きく離れる可能性は低い(加藤 1997: 98-100)。つまり,配偶者特別控除制はのちにみるとおり,政府税調で提起されたものであるが,おそらく大蔵省のアイディアだと思われる。
19) ここで二分二乗方式に反対する二つの理由はいずれも,配偶者特別控除制にも当てはまることに注意。
20) 例えば宮沢蔵相はテレビ番組で作家らと対談し,最も苦しい中堅サラリーマン世代を救済する税制だと宣伝した(テレビ朝日「あまから問答——税政大改革——宮澤蔵相にきく」87年1月17日放送。番組の要約が,『ファイナンス』87年3月号にある)。
21) なお,90年代の調査によれば,配偶者特別控除制度がパートの壁解消もねらいとし

ていることに対する認知度は，きわめて低い（石塚 2002: 204）。
22) そうした意見は，政府税調の委員からも出ているのである（税制調査会編 1986b: 38）。
23) 厚生省は年金改革に成功し，大蔵省や中曽根首相は税制改革に失敗したという違いはあるが。
24) 大蔵官僚によると，省内での各局の情報交換はきわめて限られているという（エイミックス 2002: 223-224）。
25) 96年に男女共同参画審議会が答申した「男女共同参画ビジョン」から，税制，年金の見直しに言及するようになった（総理府男女共同参画室編 1997: 134-135）。

終章

政治過程における特質と三つの政策課題の帰結

　最後に，本書の事例研究から導き出せる政治過程の特質（第1節），および三つの政策課題の進展具合と相互連関（第2節）をまとめることで，本書を閉じたい。

1　政治過程の特質

◇族議員の不在

　本書は，組織されざる人びとに関係する政策を対象とした。これらの政策では，再選を目指す族議員が省庁に圧力をかけ，個別利益の実現を図るといった「猟犬型」の政治過程は顕在化しない。自民党は危機になると創造性を発揮して，進歩的な政策を（ときに野党のアイディアを奪う形で）実現することもあるが，そうした場合でも女性や非正規雇用労働者はターゲットにされにくい。たしかに，均等法制定や女性差別撤廃条約署名をめぐっては，女性議員が社会運動とともに政府に圧力をかけ，条約署名には成功した（均等法も成立はしたが，これは彼女たちにとって成功といえる水準のものではない）。だがこれは，圧力活動が功を奏したという面もあるにせよ（外務省は市川房枝の圧力で方針変更したとの報道もあった），経営者団体が条約署名の意義を理解していなかったという要因が大きい。

　税制改革では，自民党内の猟犬が番犬を圧倒し，売上税法案を廃案に追い込んだが，本書が着目した配偶者特別控除制度への議員の関心は低い。直接的には政府税調が打ち出したものだが，アイディアは売上税導入をめざす大蔵省のものと思われ，それに対しては自民党も野党も反対しなかった。つまり，税制

上の妻の地位をめぐって，政党間競争は起きなかった。売上税自体をめぐっては，激しい政治的対立が顕在化したものの，付随して打ち出された配偶者特別控除制度は政治化せず，スムーズに導入が決まったのである。

第三号被保険者制度に関しても，年金改革自体は消費税と同じく，自民党内でも再選の心配がなく，より国家的な見地から考えることができ，そして省庁に近いパースペクティヴをもつ，実力者たちのリーダーシップが大きかったと考えられる。だが，ある種「ばらまき」的な意味をもつ第三号被保険者制度は，再選を目指す猟犬の圧力というよりは，厚生省のアイディアであり，大きな改革を推進するために，厚生省は政策に合理性がないことを承知で，反対を和らげるために同制度を導入した。

均等法に関しては，野党がかなり進んだ案を事前に提出していた。自民党からは，大坪や森山など労働省出身議員の動きはあったが（労働省が考えていた，野党案より消極的な水準で），党としての積極的な対応はなく，フランスにおけるような政党間競争は発生しなかった。ここでも，再選を目指す族議員の登場はなかったといえる。

80年代前半に，早川崇らが育児休業法制定に動いたときにも，自民党内からは呼応する大きな動きはなく，経営者団体の意向どおり法制化はなされなかった。このときに葬られたのは育児休業を女性のみに認める案だが，「1.57ショック」後，自民党も法制化に積極的になり，今度は男性にも育児休業を認める法律が成立した。休業中の所得保障がない同法には不十分との批判もあったが，経営者団体の強い反対をみれば，何の効力もない法律とはいえまい。このときは，再選の危機というよりは，「再生産」の危機とでもいうべき事態に対し，より国家的なパースペクティヴからの対応がとられたといえる。

◇コーポラティズムという枠組みの効果と労働組合の対応

本書では労働に関する政策に焦点を当てたため，自民党族議員を媒介に個別利益の実現を図る各種業界団体より，労使が重要なアクターとなる。一般に労働政策では，他の政策領域以上にネオ・コーポラティズムの枠組みが現れやすく，また本書が主な対象とした80年代には，日本でも労働組合の政策参加が進んだ。だが女性や非正規雇用労働者は，そうした枠組みにおいても，利益を代

表されにくい存在である。

　本書で検討した審議会では，労使の溝が埋まらずに，両者の意見が平行線をたどった結果，最終的には労働省に「下駄を預ける」形がしばしばみられた。婦少審ではパートタイム労働法の際にも，均等法・労基法改正の際にも，労・使・公益三者の主張をそれぞれ併記した建議や答申が作成された。労働省は，それをもとに一つの法律を書くことになる。その際には，法律を通すということが最優先されるので，労働代表が政府の審議会に参加するようになったといっても，労働側に有利な法律になる保証はない。

　ただ労働省にとっては，労働代表を参加させておくことに一定の意味があるので，彼らを抱え込んでおくために，顔を立てることも忘れない。例えば，労基法の女子保護規定の中で女性運動の獲得物である生理休暇を事実上残す判断をしたことや，戦後労働運動のシンボル的条項である職安法44条に手をつけず，新たに派遣法を制定するなどの例がこれにあたる。

　自分たちの利益を代表する政党が，議会で多数派を占め得ない——90年代政界再編を経て，労働組合の利益を本当に代表しているかどうかさえ怪しまれる——状況では，労働組合にとっては，審議会で最大限，要求を盛り込むことが得策ではある。だが後述のとおり，労働省は社会の大きな潮流に抗わずに，むしろそれに合わせる傾向が強い。したがって，労働側の主張のさらなる実現には，社会の中のより大きな方向性にインパクトを与えうるほどに，労使の力関係が変わる必要がある。しかし，労線統一の過程においても，労働運動はむしろパワー・リソースを減少させており，近い将来にそうした事態は起きそうもない。加えて，フレキシビリゼーションの潮流に対する労働組合の対応——労働者派遣法の成立過程で労働運動が分裂したことや，非正規労働者の組織化に不熱心であったことなど——が，組織率の低下という形で労働運動のパワー・リソースをいっそう減少させている。

◆**経営者団体の影響力**

　本書が着目した三つの課題の中では，フレキシビリゼーションの課題が，最も大きな進展をみた。これは経営者団体の選好を反映しているが，労働組合組織率の低さや，労働組合の利益を代表する政党がほぼ一貫して野党であるなど

の事情に加え,労使の力関係と関連して,ここでは組織の凝集度という要素を指摘したい (cf. 堀江 1997: 110)。

労働者派遣法をめぐっては,労働側の分裂が政策の帰趨を決したが,経営側も労働側と同様に,その利害を集約できたときに頂上団体の力は大きくなる。財界団体は,その下部に存在する各業界や個別企業の信任を完全に取りつけているときに,大きな権力を行使することができる。例えば,労働攻勢が激しく国有化が取り沙汰されているような際には,危機回避のための広範な合意が経営者間に成立する。国有化に賛成する経営者はまずいないからである。そうした「危機」の時代でなくても,例えば労働法制の規制緩和のように,およそすべての経営者が同意する政策においては,資本の凝集性は高まり,財界団体の影響力は増す。他方,中小零細企業と大企業,国内企業と多国籍企業,製造業とサービス業,成長産業と衰退産業,政府の保護を望む業界と自由化を求める業界,国際競争力のある産業とない産業,といった具合に,産業間・業界間の利害対立が生じているとき,それらの頂上に立つものとして,財界団体は十分にその力を発揮することはできない[1]。

90年代以降に労働行政の領域で,フレキシビリゼーション戦略が進捗をみせているのは,労働側の脆弱性に加え,この領域に関しては経営サイドに意見の不一致がみられないからである。本書の事例でも,パートタイム労働法による新たな規制の導入に賛成する経営者はいないし,労基法改正の女子保護規定廃止には,すべての経営者が賛成している。それに対し,労働側の女子保護規定に対する意見は一枚岩でなく,むしろ規制緩和容認・賛成の組合もかなりあった。労働側は,組織の凝集性の面でも劣っていたのである。

他方,中長期的な高齢化の進展や労働力不足を考えれば,外国人労働者の導入が有力な政策オプションであるにもかかわらず,また奥田碩日本経団連会長のようなきわめて有力な財界人が積極派であるにもかかわらず,経営者団体による外国人労働者政策への組織的な働きかけがこれまで鈍かったのは,財界内部で意見が統一されていないからであろう。自由主義経済体制として既に長い歴史を誇る日本では,特定の個人や組織が,全経営者に対して圧倒的な影響力を行使するということはあり得ず,経営者団体の影響力は,諸経営者間のコンセンサスの度合いに依存する。

1 政治過程の特質

　本書で設定した三つの課題のうち，フレキシビリゼーションに反対の経営者はほとんどいない。平等については，均等法制定過程で女性労働者の戦力化に意欲をみせる一部経営者には賛成もあったが，多くは反対であった。近年は，より多くの経営者が「平等」それ自体については認めざるを得なくなっている。「再生産」は，微妙な問題を含む。「総資本」なる立場を設定すれば，国民経済にとって人口の再生産は深刻な問題である。だがそのための施策となると，個々の経営者は自企業の労務管理に関わる規制には反対であり，財政負担も軽い方が好ましい。つまり経営者にとって少子化対策は，典型的な「集合行為問題」を構成する（cf. 曽我 2002）。少子化対策のなかでも，育児休業を義務づけられることに比べると，財政支出による保育所整備の方が企業の抵抗は少ない。人口危機に度々警鐘を鳴らす日経連も，育児休業制度の法制化に頑強に反対する一方，少子化対策には保育所の整備が有効だとして，政府にそれを求めた。

◇官僚制の影響力

　本書は，通常の利益媒介システムでは代表されにくい人びとに関する政策を検討した。派遣労働やパートタイム労働をめぐる政策では，最大の当事者である派遣労働者・パート労働者が，ほとんど政治過程に登場しないということが大きな特徴である。労働省はこれらの就労形態を正当なものと認め，その上で保護を与えるという方向を志向するようになっており，派遣法の制定過程では，派遣労働者の「声なき声」を代弁すると主張した[2]。雇用平等政策については，婦人少年局が女性差別撤廃条約批准をめざしており（局の「悲願」でさえあった），その実現のため「外圧」を用いて反対する経済界を説得した。そしてそれは同時に，労基法改正による規制緩和を伴うものでもあったため，同局は労使双方を審議会に抱え込んでおくため，「微妙なバランスをとった」と称する法案を作成した。だがこれは，「保護」と「平等」のバランスにおいて，従来よりも「平等」へ比重を移すという同局の選好を反映したものでもあった。実際には，条約批准を優先したため不十分なものとなったが，97年改正で「保護」のさらなる廃止とともに，「平等」についても一定の進展を果たし，女性局は約10年遅れでより選好に近い政策を実現した。同局は「平等」へ比重を移した分，女子保護規定の緩和を進めたが，そのことを特に問題視している様子

終章　政治過程における特質と三つの政策課題の帰結

はない。

　省庁が,「社会」の中にある大きな潮流を変える能力は限定的である。国民国家形成期や国民経済の離陸期と比較して,「社会」の側が自律性を増大させた段階においては, いっそうそうである。その意味では, 婦人少年局が「女性の利益」を実現する際にも, より時流に沿った方向へ向かう蓋然性が高いし, 逆にそういう方向性を選択したときに, 省庁の影響力はより大きくなると考えられる。内山融は, J. オコンナーの国家の二つの機能の議論を用いて, 従来の産業政策研究が蓄積機能の分析に特化していることを批判し, 国家の能力(state capacity) を図るためには正統化機能の分析が必要だと主張する (内山 1998)。本書はさらに,「社会」の側に既にある「流れ」に乗る場合と,「流れ」に抗する, もしくは新たに「流れ」をつくり出す場合とを区別したい。後者の方が, より大きな国家の能力(ステイト・キャパシティ)を必要とすることはいうまでもない。

　実際, 本書の事例からみると, 労働省は社会の中にある大きな流れに抗するより, それに乗る選択をする傾向が強いように思われる。例えば,「保護」と「平等」のうち,「平等」を選択した理由として, 国際的な流れであることや, 世論の支持を得やすいことが挙げられている。また労働省は従来, 終身雇用慣行を維持しようとして雇用流動化には消極的であったが, この点でも近年は変化がみられる。こうした対応は, リソースの減少や環境の変化に際し, 省庁がしばしば取るものである (村松 1994)。また労働省は, 自由主義経済体制下における労使の自主性を重んじ, 既存の労使関係を新たにデザインするという志向性に乏しい。何らかの問題が発生した場合も, 既に進行してしまった事態を元に戻そうとするよりは, 発生した問題を所与として, それに手当を行なうという傾向が強い。本書の事例でいえば, 本来, 職安法違反のはずの労働者派遣事業が広がってしまったのを受け, それを取り締まるのではなく, その存在を認めた上で新法を制定する方向がめざされたことがそれにあたる。労働省は, もともと派遣労働者を増やそうとしたわけではない[3]。パート労働者の存在を積極的に認める方針についても,「既にパートタイマーが増え, 社会に定着したから」という論理がくり返し表明された。ヨーロッパの多くの国では, 失業問題への対応として政府がパート労働を積極的に奨励したが, 日本の場合そうではなく, パート労働者が増えてしまったので, 後追い的に対策を取ったので

ある。また労働省は，単身赴任減税を推進したことはあるが（日経 84.8.21; 85.6.20），単身赴任自体をなくそうとはしなかった。いずれも労使自治の原則の中で，既に行き渡っている慣行や，強化されつつある傾向を変更するのではなく，それを認めた上で手当てをするという行動パターンである。

◇**政治に対する政策の拘束力**

以上，政治過程における主要アクターについてみてきたが，本書は，あるイシューが大きな政策課題となることで，その政策自体がアクターに対して拘束力をもつという点を，説明変数として考えている。これはアクター中心的な説明とは区別される説明原理である。

例えば第7章での事例では，少子化問題のアジェンダ化後，多くのアクターが対策へ動くようになったが，そのアジェンダ化自体は何らかのアクターによる影響力の行使ではない（厚生省のフレーミングだったとしても，実際に少子化が一定ていど進んでいたから，多くのアクターが反応したのである）。第8章で考察した専業主婦世帯優遇策は，直接的には厚生省や大蔵省のアイディアだが，それらのアクターの真の動機が他の政策課題の実現にあったことを考えれば，むしろ推進主体は，年金改革や税制改革といった大きな政策それ自体であったという見方もできよう。

とりわけ人口問題は，それが深刻な社会問題であるという認識が多くの人びとに共有されるようになると，将来にわたる財源不足や労働力不足など，その帰結から予想される事態に対し，政権担当者が対応を取らざるを得なくなるという意味で，アクターを「拘束」する。そしてその故に，アクターに選好と異なる政策を行なわせたり，長期的にはアクターの選好自体を変えたりする可能性もある。近年，年金改革や定年年齢引き上げなどの事例においても，80年代には考えられなかったような方向性が打ち出されているのは人口構成の変化のなせる業であり，これはアクターの影響力には還元できない。

こうした政策自体がもつアクターへの拘束力を考慮に入れると，政策の実現が短期的には難しい場合でも，中長期的な実現へ向けて種を残しておく，という戦略がありうるように思われる。省庁は，法律をつくるとこと自体を最優先とし，その内容や水準には目を瞑るということがしばしばある。本書でいえば，

終章　政治過程における特質と三つの政策課題の帰結

均等法やパートタイム労働法の事例がそうである。前者については，のちに女性局にとって望ましい方向への改正が行なわれており，その意味では不十分なものであっても，法律をつくっておいたことには意味があった。後者については，施行10年後の改正作業に失敗している。

◇グローバル化と政策

本書で取り上げた事例では，政策決定に対する国外要因の影響も重要である。第6章で，婦人少年局が「外圧」を利用して経営者団体を説得したことをみた。日本はヨーロッパ諸国に比べILO条約の批准が少なく，労働省は国際条約の批准に必ずしも熱心ではないが，国連女性差別撤廃条約に関しては，婦人少年局がその批准を強く望んでいたことが均等法成立につながった。

グローバル化の進展に伴う国外要因の増大が，「平等」の課題に有利に機能するケースがある一方，いっそうのフレキシビリティを要請するという面もある。第3章では，グローバル化が政策に対してもつ影響の両義性を指摘した。

なお，グローバル経済の下で，労働条件切り下げ競争を招来しないためには，第三世界を含むグローバルな連帯と国際的な規制が不可欠なはずであるが，本書ではその点に触れる余裕はない。

2　三つの政策課題の帰結と政策領域横断的な視点

第II部で取り上げたのは，いずれも女性の就労と関係が深い政策である。この時期にこうした政策が多数，立法化など何らかの政策転換を行なっているのは，おそらく偶然ではない。社会全体に女性の就労に関係するマクロな政策潮流があり，それがミクロな政策転換を要請したと考えられる。女性の就労に関係する諸政策の底流にあるマクロな動きとは，フレキシビリゼーション，平等，再生産である。ミクロな政策転換の積み重ねを経て，三つの課題はそれぞれどの程度進展したかという点を概観しておこう。

◇フレキシビリゼーション

低成長時代には，労働市場をフレキシブルにする政策が各国で模索された。

2　三つの政策課題の帰結と政策領域横断的な視点

パート労働や派遣労働に関する政策は，中でも重要なものである。これまで日本は，フレキシビリティを提供する周辺層として外国人労働者を用いずにきたが，非正規雇用の導入は高度成長期以後，本格的に追求された。90年代にも非正規雇用は増えつづけ，しかも女性が圧倒的に多い。雇用者に占める非正規就業者の割合は男性で14.8％，女性では50.7％に達する（総務省統計局「就業構造基本調査」02年）。「非正社員として働くことは，とくに女性にとってもうまったくノーマルな就業コース」（熊沢 2000: 56）だといわれるにいたっている。

労働省は，かつて臨時工の本工化を志向したのと異なり，パート労働者・派遣労働者に対しては，ニーズ論を根拠として，正規労働者になるべきとは考えず，その存在を正当なものと認めるようになった。企業は，女性労働者の量的な増大や勤続年数の長期化，均等法の導入などに，女性労働者をいくつかにグルーピングすることで臨んだが，そこでは結婚・出産後に一時退職し，育児が一段落した後に再び雇用される層を想定するシナリオが多いことを第1章でみた。そして，ここで想定される再雇用とは，多くの場合パートタイマーとしてのそれである。

パート労働をめぐっては，三度にわたりその保護を狙いとする法制化が試みられた。一度目，二度目は法制化にいたらず，それぞれ「要綱」，「指針」が残された。パート労働に関しては，既存の労働法規違反が多く指摘されており，「要綱」や「指針」はいわば，それを遵守させようというものである。三度目の試みでパートタイム労働法が成立するが，このときも使用者団体は反対であったため，規制の水準としては「指針」を超えるものではなく，企業のパート利用にさしたる不都合は生じていない。そのため同法施行後も，パートタイマーは一貫して増加を続けている（表序－1）。もちろん同法は，パート労働の利用を抑制することを目的としているわけではない。だが，保護の面での効果も疑わしく，フルタイマーとの賃金格差は拡大の一途をたどっている（表1－2）。要するに，企業からみてパート労働者は，いっそう使い勝手がよくなっているのである。

派遣労働に関する政策の展開をみると，85年の労働者派遣法成立で，それまで違法性の強かった派遣労働者が法認されたあと，派遣労働者の数は伸びつづけている。ネガティヴ・リスト化による一層の規制緩和が行なわれた99年の労

終章　政治過程における特質と三つの政策課題の帰結

表　終－1　派遣労働者数の推移

年	1996	1997	1998	1999	2000	2001
派遣労働者数（人）	724248	855330	895274	1067949	1386364	1747913
対前年度増加率（%）	18.3	18.1	4.7	19.3	29.8	26.1

(出所)　厚生労働省「労働者派遣事業報告」

働者派遣法改正以降，派遣労働者の数は表終－1のように急増している。法改正の効果は絶大であったといえよう。

90年代には，派遣労働者，パート労働者双方の増加が進み，労働市場をフレキシブルにするという政策課題は成果を挙げたといえる。派遣労働については規制が緩和され，パート労働については規制の強化が試みられながら成功しなかった。労働時間や職業紹介といった労働政策の他の分野でもみられた，規制緩和というより大きな政策潮流が，非正規雇用に関する個々の政策の背後にあったと考えられる。

労基法改正による女子保護規定の撤廃も，世界的な規制緩和の大きな潮流である。日本では男性の労働時間が長く，この状態での深夜業などの規制緩和は，家庭責任を負う女性のフルタイム就労を困難にするというのが，規制緩和反対論者の主張であった。どの程度が労基法改正の影響かは判断が難しいが，実際，女性雇用者に占めるフルタイム労働者比率は一貫して減少してきた（表序－1）。

また，パートタイム労働者の平均勤続年数は2.9年（76年）→3.3年（80年）→3.9年（85年）→4.5年（90年）→5.0年（95年）と，長くなってきた（労働省「賃金構造基本調査」）。このことは，臨時の間に合わせではなく，使われ方が構造化してきたことを示す。近年，厚労省のパートタイム労働研究会（座長・佐藤博樹東大教授）が厳しい方向性を打ち出したのは，パートの組織化が進んだとか，労働運動がバーゲニング・パワーを増大させたということではなく（03年の法改正断念はそれを示している），パートタイマーが増え，日本経済に不可欠な存在になったため，対応が必要とされたからだと考えられる。

既に10年前，フレキシビリティの「トップ・ランナー」（後 1994: 155）と評さ

2 三つの政策課題の帰結と政策領域横断的な視点

れた日本は，その方向性を推し進め，その速度も速まったかにみえる。マクロの政策潮流としては，依然フレキシビリゼーションが優位である。

ただ，フレキシビリゼーションの「成功」は，新たな問題を生じさせている。すなわち90年代後半の不況下で，景気を冷え込ませている最大の原因は雇用不安だという説が広範に流布するようになったのである。フレキシビリティを増すことが，生産性にとってマイナスであることを示す調査も多く（Delsen 1995: 81-83），規制緩和で生み出される安上がりの労働力が，生産性に問題を引き起こすといった議論もある（Cousins 1994: 56-57）。ある国際比較によれば，労働市場の規制緩和は経済パフォーマンスの好転には直結しない（Teague and Grahl 1998）。つまり，フレキシビリゼーション戦略が「成長」にとってプラスであるということは，自明ではない。逆に，フレキシビリティを奪う「平等」の促進が，むしろ成長にも寄与するといった議論すらある（Schmid 1994）。

このことは，「フレキシビリゼーション」という課題の性質に関わる。「平等」とはそれ自体が目的である。「再生産」はそれ自体が目的ではないものの，それなしには社会の存立が危ぶまれるという意味では不可欠な課題である。ところが，「フレキシビリゼーション」という課題は，実のところ「成長」というより上位の課題のための＜手段＞にすぎない。しかも，フレキシビリゼーションが成長につながるかどうかは自明ではない。規制緩和が雇用を増やすという議論で，実際に試算を行なったものは少ないという批判もある（野村 1998: 174-176）。「成長」を実現するために，あるいは「競争力」を強化するために，「フレキシビリゼーション」が必要だという信念が流布している限り，それは政策目標でありつづけるであろうが，90年代後半には「セーフティネット」論への支持も高まり，雇用不安を増大させるフレキシビリゼーションを政策課題とすることの正統性が問われるようになってきた。フレキシビリゼーション戦略には，世論の支持もない。99年の調査では，「終身雇用が一般的な世の中」への支持（53％）が，「転職が一般的な世の中」への支持（33％）を大きく上回り，正社員が減りパートやアルバイトが増える傾向を，「問題がある」と受け止める人は58％に達している（朝日 99.9.5）。

なお，前章で検討した就労調整を生む制度は一見，パート雇用への女性の閉じ込めという機能を果たしており，パート労働者を確保するフレキシビリゼー

終章　政治過程における特質と三つの政策課題の帰結

ション戦略の一環と見える面がある。「配偶者控除も配偶者特別控除も女性の賃金についてのふたをし，女性をパート労働者として固定化させる役割を果している」(杉本 1997: 64)，配偶者特別控除制度創設で，「女性が被扶養者の地位に止まることを有利にして『節税パート軍団』を確保した」(清山 1999: 84)，第三号被保険者制度や配偶者特別控除制度の導入が，主婦の「パートタイム就労を助長する」(大沢 2002: 96; 99)，といった理解がそれである。これらは，いわば機能からの説明である。それに対し前章では，政治過程の分析を通じて，年金改革や税制改革の背後に，女性の長時間労働を抑制して主婦パートを確保しようとする意図はなく，これらの政策は労働市場政策として導入されたわけではないことを明らかにした。これらは，他の政策領域における困難な改革を実現するために導入されたものである。

さらにいえば，これらの政策は，使用者にとってはもっと働いて欲しい年末に，パート主婦が就労を抑制してしまうという点では，むしろフレキシビリティを奪っている面もある。つまり機能に着目してみても，これらはフレキシビリゼーション政策としては矛盾がある。年金と税制における80年代の改革は，本書でいうところの三つの大きな政策課題のいずれとも関係がない。

本書は，制度が主婦の就労行動や就労意欲にさえ影響を与えると考えてきた。だが，「103万円の壁」や「130万円の壁」がなかったとしても，被扶養パートの主婦たちは，パートタイマーとして年間にあと数十万円ていど多くは働くであろうが，フルタイムで働くようになる者がどれだけ多いかは疑問である。そもそもフルタイムで働く気があるなら，就労調整をしたりはしないはずである。その意味では，これらの施策が女性をパート化させているとはいえないのではないか。パートタイマーの非課税限度額の上積み交渉で，「大蔵省の担当者が『女の人がそんなに働いたら老人介護がしてもらえなくなる』と言ったという話」(大脇 1992: 2) から，大蔵官僚の意識を読みとることはできようが，大蔵省が介護労働力を確保すべく，女性を家庭に閉じ込めておくための税制を行なってきたわけでもない。

80年代にいくつかの専業主婦世帯優遇策が導入されたのは，個人単位から家族単位へのバックラッシュが起こったとか，女性を家庭に閉じ込めようという路線が復権したからだといったしばしばなされる解釈をとることには，筆者は

やや慎重でありたい。年金改革や税制改革という困難な改革を実現するために，それらは導入された。アイディア自体は省庁から出たものであるが，自民党も野党もそれに追随した。

なお，労働政策と年金政策・税制との矛盾の直接的な原因は，前章で述べたとおり，省庁間に共通のパースペクティヴがなかったことによる。だが，問題をより突き詰めていくと，組織されにくく利益政治の顧客となりにくい「女性」というカテゴリーの，日本の政策体系における位置づけの低さに起因するといえる。

◇平等

90年代には，規制緩和の波が労働分野にまで及んだ。三つの政策課題に即していえば，フレキシビリゼーションの優位に見える。だが同じ90年代に，育児休業法や改正均等法といったフレキシブル化に反する政策も実現した。それは，「再生産」「平等」という別の大きな政策課題がそれらを要請したからである。平等という課題は，労働市場にある種の規制をもち込むことになるため，フレキシビリゼーションの課題と矛盾する。男女の平等を促進しようとする運動は，狭義の政治システムの中では大きな影響力をもたないが，このテーマは「世界の流れ」でもあり，また長期的な傾向としては，世代交代につれ女性の（そして男性の）意識も変わり，全体としてはそちらへ向かう推進力もある。

この間，女性運動は一定ていど勢力を伸ばしたといえるであろうが，それは狭義の政治過程におけるバーゲニング・パワーの増大というよりは，むしろ「女性」イシューを政治が取り上げざるを得ない問題に格上げしたという，より広い社会的文脈でその影響力をみるべきである。そしてそこには，国内の運動もさることながら，国外からのインパクトが大きい。これが，個々の政策の背後にあるマクロな潮流である。もちろん，こうした潮流を形成する上で女性運動の貢献もあったはずであるが，その「程度」については厳密な検証には馴染まない。

男女共同参画は，現在かなりプライオリティの高い政策となっている。17番目の基本法である，男女共同参画社会基本法（99年）は，国会において全会一致で成立し，前文に「男女共同参画社会の実現を二十一世紀の我が国社会を決

定する最重要課題と位置付け」，とうたう。基本法が定められること自体，政策としての優先順位が高くなったことを示す。昨今，自治体などを中心にバックラッシュの動きはたしかにあるが，「総論」としての男女の「平等」や「男女共同参画」への反対は，政策としてはかなり困難となってきていると思われる[4]。

ただ，「理念」としての「平等」には抗しがたいとしても，企業経営の支障となるような新たな規制の導入には，経営者の抵抗は強い。80年代に婦人少年局（→婦人局）は，「外圧」を利用して，それでもなお，満足のいかない水準の均等法しかつくることができなかった。その後，同局の選好の移動も反映し，90年代には均等法を強化する代わりに労基法を緩和する，つまり「平等」へさらに比重を移した決着が図られ，罰則規定を含む規制強化が実現された[5]。これには，女性局の選好とともに，国内外の運動からのインパクトにより，「平等」という大きな政策課題が，一定の地歩を得たことも反映している。「平等」をめざす政策に正統性が付与されるようになる中で，女性局はその＜流れ＞に乗ったと考えられる。

均等法改正後初となる連合の調査（99年）によれば，「補助的業務への配置は女性のみ対象」(16.4%)，「役職への昇進は女性には機会がない」(11.4%)，「一定の職務への配置を男子のみに対象」(9.9%)，「女性のみ対象の募集・採用がある」(8.0%)などとなっている（吉宮 2000）。これは法が守られていないことを示すものである。他方，規制の弱さを示す事例もある。労働省の調査（2000～01年）によれば，コース別雇用制度を取る企業の女性総合職は2.2%にすぎず，一割未満の企業が85.7%に達した。厚労省は全215社に是正を助言し，うち総合職を男性に限定するなどしていた14社には均等法違反として是正を指導した（朝日 01.10.6; 日経連タイムス 01.10.18）。だが，改正均等法により企業名が公表されるのは「指導」より重い「勧告」を受け，それに従わなかった場合だけである。規制強化となった改正均等法にも，まだ改善の余地はあるということである。だがそれは，「機会の平等」から「結果の平等」へという平等観の大きな転換を伴うもので，そこに踏み込むにはさらに時間を要するであろう[6]。「平等」は政策課題として定着したといえそうだが，それがどのような平等かについては，必ずしもコンセンサスがないというのが現状であろう。

また，OECDが98年に発表した「女性の働きやすさ」指標によると，日本は23カ国中で，80年の16位から95年には19位へとランクを下げた（塩田 2000: 265）。これは，この間に日本の状況が悪化したからというよりは，他国の改善が日本よりも急速だったからと考えられるが，日本における「平等」の進展具合は，国際的には速いとはいえない。さらに日本国内でも，募集，採用，配置，配置転換，教育訓練の分野における男女均等の状況を指標化した武石恵美子によれば，均等度の総合指標は，92～95年にかけて横ばいで95～98年には低下している（武石 2002）。政策課題として認知を受けた「平等」は，さらなる内容の充実を求められている。

◇再生産

三つ目の大きな政策課題である「再生産」は，新しい課題である。

労働省は長らく失業対策，つまり多すぎる人口にどうやって職を与えるかに専心し，高度成長後期とバブル期を除けば，労働力不足の心配をしてこなかった。だが，90年に突如アジェンダ化した少子化問題は，好況に伴って労働力が不足する従来型とは異なり，より構造的なものである。90年代以降，不況が長期化し失業率は高水準にあるが，少子化問題は一貫して深刻な社会問題でありつづけている。高齢化とは，長らく分子である高齢者が増えることであり，分母が小さくなるという事態に直面するのは，初めてのことである。

こうした「人口危機」ともいうべき初めての事態に政府は大いなる危機感を抱き，さまざまな施策を行なってきたが，出生率は回復するどころか，ほぼ一貫して低下している。公共事業を通じた景気浮揚策が90年代を通じて奏効しなかったとする説に対抗して，公共事業擁護派がいうように，「何もしなければ，事態はもっと進んでいた」可能性も否定できないが，それにしても一連の少子化対策は，そのめざすところと程遠い成果しか挙げておらず，再生産の課題に政府は失敗しつづけてきたといえる。これは第2章で触れた人口政策の不確実性によるところが大きい。すなわち，政府は国民に強制的に結婚させることや，子どもを産ませることはできず，せいぜい結婚や出産の障害となることを取り除き，結婚したり子どもをもったりしやすい環境づくりを通じて，そうした行動へ国民を「誘導」することしかできない。その意味では，この課題に即効性

はなく，社会内アクターに対し一定の強制力をもって行政指導等を行なえる産業政策などとは，対市民社会という点で異なった政策である。

◇**暫定的な評価**

　フレキシビリゼーションの課題に対し，日本の政治経済体制は相当程度の成果を上げ，特に本書の中心的な検討対象からは外れている90年代には，労働市場の規制緩和がいっそう進んだ。

　他方，男女の平等を促進する方向性に対し，経営者団体は当初，強い拒否感を示したが，次第に「平等」それ自体については受け入れざるを得なくなった。97年改正は，女子保護規定のさらなる緩和を代償に，均等法に罰則規定をもちこんだ。これは，「平等」の観点からは一定の評価ができる改革であるが，女性雇用者に占める正規雇用の比率が低下していることには留保が必要である。つまり，法制度上の「平等」は進んだが，フレキシビリゼーションが進む中で，フルタイム就労が困難な女性が増えたのである。ただ，この間，社会の中における女性の地位という点で，一定の進展があったことも間違いない。専業主婦の身分についても，近年，格段に関心が高まっている。国民年金の第三号制度はまだ存続しているが，制度導入時にほとんど議論の対象とならなかった同制度は，昨今の年金論議で必ず重要なテーマとして言及されるようになった。

　それらに対し，再生産の課題については，政府は失敗を続けてきた。ただ，少子化問題のアジェンダ化により，この新しいテーマが人びとの耳目を集めるようになり，仕事と育児の両立支援が新たな政策課題として浮上し，それへの支持は拡大しつつある。

◇**政策領域横断的な視点**

　ところで，女性労働者が一貫して非正規化してきたことは，フレキシビリティ戦略にとっては成功であろうが，平等の面で新たな問題を投げかけている。また，育児と仕事を両立しやすい環境の整備が不十分なままに，フレキシビリティを求めて労基法の女子保護規定の緩和を進めたことも，出生率の一貫した低下傾向と関係があるかもしれない。そこで以下では，個々の政策課題ごとに行なった先の暫定的評価が，女性の就労総体についても妥当なものであるかを

検討するため，それらの合力でいかなる帰結が導き出されたかを考えよう。

　まず，均等法制定→強化という形で「平等」の課題が進展しても，フルタイムで働ける女性の割合は小さくなっている（表序－1）。つまり，改正均等法により平等の課題が前進した一方，非正規雇用として正社員と身分的に異なる，そして実態としては第1章でみたように「不平等」な人の割合が，特に女性労働者の間で増大している。男性との平等が進んだ部分とそうでない部分に，女性が仕切られたのではないかと思われる（cf. 花見 1991: 78）。「女性労働者の非正社員化こそは今，ジェンダー差別再生産のもっとも中心的な方途となりつつある」（熊沢 2000: 19）とされる所以である。均等法改正後も増えつづける非正規雇用は，未曾有の不況の反映である可能性があるが，旧均等法施行後にはバブル景気に伴う数年間の雇用拡大期があったにもかかわらず，やはり非正規雇用は一貫して増えており，女性労働者に占める非正規雇用労働者の増大は，たんに不況のせいではない。

　たしかにこの時期，フレキシビリゼーションの課題は「成功」したが，そのため労基法改正で深夜業も解禁された女性労働者の中には，家庭責任との両立の困難さから，パートタイマーに転じることを余儀なくされた者も多かったとみられる。女性局が「平等」の課題を達成すべく均等法を強化しても，労働基準局が労働時間の規制緩和を行なえば，家庭内権力関係や社会規範が変わらない状況下では，女性はフルタイムで働きつづけることが困難となり，パートに転じることになる。このことは，「平等」の課題が，たんにその局面にのみ視野をとどめていては，真の平等を必ずしも保証しないという問題を示している。

　また昨今は，若年世代において非正規雇用が増え，それが婚姻率を引き下げているということが指摘されるようになってきた（樋口ほか編 2004；日経 04.9.7, 夕）。非婚化は少子化の大きな原因であるから，フレキシビリゼーションを求めて正規雇用を減らしてきたことが，少子化傾向に拍車をかけていることになる。

◇省庁における総合調整機能の不在

　第6章では，婦人少年局が，保護と平等のバランスにおいて平等の方へその選好をシフトさせたこと，そして85年には不十分にしか実現できなかったその

終章　政治過程における特質と三つの政策課題の帰結

目標について，97年改正で相当ていど失地回復を果たし，いわば迂回戦術で目標を実現したという理解を示した。日本の女性労働政策は，保護を外しながら，男性との平等をめざす方向へ踏み込み，女性局はそのことを肯定的に評価している。だが，労働政策における平等の実現が，即座に社会内における平等を保証しないという問題は残っている。

　フェモクラットはたしかに女性の利益を増進する。それは彼女たちの選好である。だがフェモクラットは，総合調整機能をもつナショナル・マシーナリーでない個別の部署にいる限り，その組織の目的と権限を超えた行動はできない。婦人少年局は，雇用面での男女平等を促進することはできるが，男性の長時間労働や，ジェンダーの次元に関わらない企業の雇用慣行に対しては権限をもたない[7]。労働省の管轄ですらない税制や年金については，なおさらである。

　男性も含めた全体としての働き方を変えなければ，女子保護規定の緩和は女性の社会進出にむしろマイナスになるという予言は多く，実際，女性労働者の正規雇用比率は下がってしまったが，このことを筆者は，均等法が女性をパート化させチープ・レイバー担わせることをねらったものだとは解釈しない。女性局が推進したのは，平等の課題であって，フレキシビリゼーションの課題ではない。むしろ，フレキシビリゼーションの実現が，平等の獲得物を掘り崩しているといった方が，実態に近いであろう。男性も含めた労働条件全般の規制は，女性局の権限の範囲を超える。78年の労基研報告発表後，森山婦人少年局長が学識経験者の意見をきいた際，「多くの出席者は，男女ともに，労働条件を国際水準まで引き上げることが先行条件だと訴え」，森山もそれに同意したが，「その先行条件の充実に努力しているかと」いう質問に彼女は，「それは婦人少年局の管轄ではない」と答えている（松岡 1979: 12）。

　75年のメキシコ会議で採択された世界行動計画が，政府内の高い位置に各省庁の所轄分野にとらわれない多部門機構を設置するよう各国政府に要求して以来，国連のいくつかのレポートは，ナショナル・マシーナリーが政策決定で最も高い位置に設置されることの重要性を述べている（True and Mintrom 2001: 31; 橋本 2000: 138; Rai 2003a: 4）。国際比較でも，高いパフォーマンスを示した国のマシーナリーは，福祉・労働・法務・産業など，部門間にまたがるアプローチを採用している（Stetson and Mazur 1995b）。マシーナリーが真に機能す

るためには，他の部局に対しても権限を有することが必要なのである。

◇ **家庭内役割分業と平等法制**

　97年改正をめぐっては，85年のとき以上に，フェミニストの間で議論はわかれた[8]。実効性が乏しい旧均等法に比べ，罰則規定が盛り込まれ，ポジティヴ・アクションへの言及も見られる改正均等法に一定の評価を与える議論がフェミニストからもなされる一方，保護撤廃への懸念もやはり存在した。そして，アンビヴァレントな，つまり改正法の意義を認めつつも，男性も含めた労働条件がよくない現状での改正には疑問という議論もある。例えば，「女性であるがゆえに，深夜労働を禁止するということは，性による差別を助長する可能性があるから」，「世界的にみると常識的な改正ではある」とする論者も，「しかし（これまでは主に男性たちが対象であった）世界的にみてもきわめて問題の多い長時間労働の日本社会で，今後は，女性たちも男性とともに長時間労働を要求される可能性が生じる。これでは，男性だけでなく，女性の過労死の増加さえ考えられる」と，懸念を表明する（伊藤ほか 2002: 148）。また，「確かにこれで男女共通基準（機会均等）は実現されたが，女性の UW［unpaid work－引用者補］の圧倒的な負担が変わらないままでの機会の平等であるならば，それは女性の自発的な名による労働市場からの撤退を推進することにもなりかねない」（竹中 2001: 49）との懸念もある[9]。

　男性の長時間労働や家庭責任が女性に集中している状態を放置したまま，「フレキシビリゼーション」と同時に達成された「平等」課題の進展は，正社員としてのその適用を受ける範囲を縮小させ，男性との格差が縮まったグループとそうでないグループに女性は仕切られた。家庭責任のため深夜業や長時間労働に耐えられない女性が非正規化するのは，夫よりも低賃金の妻が非正規化した方が夫婦の所得は減らないという意味で，単に男女の役割意識の問題ではなく，経済的に合理的な行動でもある（O'Connor 1996: 14-18）。

　非正規雇用の著増という状況を踏まえたさらなる平等化の課題は，正社員とパートの間の平等，すなわち「男女」の見かけを取らない領域に踏み込むことが必要となる。パートタイマーとフルタイマーの賃金格差が小さい国は，男女間賃金格差も小さいという点は第1章でみたとおりである。

終章　政治過程における特質と三つの政策課題の帰結

◇**政策領域横断的な視点と女性の位置**

ここまで政策領域間の非整合性を論じてきたが，最後にこうした矛盾しあう面もある複数の政策の相互作用を，逆に困難な課題の推進力に転じさせる可能性を示唆する。

今日，日本政府は明らかに少子化対策を「平等」の課題と関連づけて考えている。例えば，労働力人口の減少で長期的な経済成長率が低下する中，出産・育児期と中高年期の女性就業率の上昇が問題解決の鍵だとする「男女共同参画ビジョン」は，少子高齢化の進展が，男女共同参画社会の実現を不可欠にすると主張する（総理府男女共同参画室編 1997: 129-130）。人口問題審議会も，少子化の要因である未婚率上昇に対し，両立支援策とともに「固定的な男女の役割分業や雇用慣行の是正」を掲げ，「性別や年齢による垣根を取り払う新たな雇用環境」の創出を対応の基本とした（人口問題審議会「少子化に関する基本的考え方について──人口減少社会，未来への責任と選択」97年）。また，「少子化対策推進基本方針」（2000年）の第1項目は，「固定的な性別役割分業や職場優先の企業風土の是正」である。この点について女性局女性政策課長は，「性別役割分業の見直しが，［少子化対策の─引用者補］一丁目一番地に書かれたことに注目してほしい」と語る（朝日 00.2.21）。そして，「少子化社会を考える懇談会」の中間とりまとめ（02年）は，活力ある「老若男女共同参画社会」の実現を訴えた。

労働側の相対的劣勢が続きそうな現状で，しかも労働組合にすら適切に代表されにくい「女性」というカテゴリーは，少子・高齢化の進展という政治エリート・経済エリートにとって座視しがたい「危機」において，労働力としても，妊娠・出産機能をもつ存在としても，鍵を握る存在になりうる。そのため労働運動の劣勢にもかかわらず，こうした政策領域・政策課題間の連関が意識される中で，差別の是正や労働条件向上に資する改革が実現する可能性がある[10]。スウェーデンの普遍主義的福祉国家形成の背景には，1930年代の人口危機があった（宮本 1999: 第二章）。北欧諸国では第2次大戦後，特に60年代以降に，女性を労働市場に引き出すことで労働力不足に対処するため，保育施設の整備や育児休業制度の充実が追及された（津谷 1996; 斉藤 1997: 75-76）。

◎「女性」政策を超えて

　男性が育児休業を取らない理由には，①仕事の量や責任が大きいから（66.7％），…③職場で理解が得られないから（47.6％），…⑦昇進や昇給に影響するから（17.9％），など職場に求められるものが多い（こども未来財団「平成12年度子育てに関する意識調査事業調査報告書」01年）。だが，ここに手をつけることは，もはや「女性」政策の範疇を超える。そのため，均等法制定時に婦少審でみられたように，＜逸脱＞と捉えられる可能性がある。現に，少子化対策が，本来の目的を逸脱してジェンダー・フリー社会を目指す政策に変質してしまったとする批判（八木 2000）や，逆に男女共同参画施策を少子化対策の文脈で考えることへの批判もある（赤川 2002）[11]。これらは，複数の政策課題の連関に否定的な立場であるが，これを女性に有利な政治的機会の開放と考えることもできるのではないか[12]。少子化に歯止めをかける上で，現在の「男の働き方」が問題だという議論も増えつつあり（高山 2002; 榊原 2003;「特集　少子化日本　男の生き方入門」『中央公論』03年5月号），その認識が今や政府にも共有されつつあることを第2章でみた。長時間労働者比率が高い地域で少子化が進んでいる，という相関も指摘されている（厚生労働白書 2003: 97-101）。「男性の働き方を見直す」という論理が，少子化対策という文脈から出てきていることは，見過ごせないように思われる。

　国際的には，あらゆる政策，施策，事業等にジェンダー格差解消の視点を組み入れるという，「ジェンダーの主流化（mainstreaming）」という考え方が普及している。雇用労働と家庭生活の両立（reconciliation）には，あらゆる政策を調整することが必要で，それはジェンダー主流化を通じて実現されると主張されている（Stratigaki 2000: 27）。ジェンダーの主流化という考え方は，既に日本でも広く紹介されており，他の政策領域にジェンダーの視点を組み込むことは，それなりに説得力をもつであろう。少なくとも社会運動は，そうした点を視野に入れた戦略が可能であろう。前章でみたように，スウェーデンの男女平等に最も有効であったのは70年代の税制改革だとされているが，60年代にフェミニストたちはその有効性を意識してキャンペーンを行なっていた（Sundström 1997: 275, n.2）。

　ただ，「再生産」の課題は，「平等」のみならず，「フレキシビリゼーション」

終章　政治過程における特質と三つの政策課題の帰結

とも関連づけられている。昨今の「待機児童ゼロ」政策は，規制緩和の流れと合流している。厚生省は2000年，自治体と社会福祉法人に限っていた保育所設置主体の民間企業への開放や，小規模保育所の設置認可の定員下限の引き下げを行ない，厚労省は02年度から民間資金を活用して社会資本の整備を図るPFI方式で保育所の増加を図る決定をした。厚労省「少子化対策プラスワン」(02年) は，四つの柱の一つに「男性を含めた働き方の見直し」を含む一方，規制緩和の流れにも沿ったものとなっている。これらは，規制緩和と少子化対策という二重のねらいをもつ，つまりフレキシビリゼーションと再生産の課題に同時に答えようとするものである。規制緩和による保育施設の拡充には，保育の質の面の問題が伴い，事故などのリスク増も懸念されるが，これは既定路線となりつつある。例えば，規制緩和と保育所の供給を結びつける典型的な議論が，小泉内閣のブレーンからなされているし（島田 2001），日本経団連も，保育サービスの供給が不十分な原因を，競争メカニズムが働いていないことに求めている（「子育て環境整備に向けて――仕事と家庭の両立支援・保育サービスの充実」03年）。少子化問題が，規制緩和と男女共同参画のどちらとより強く結びつけられていくかは，まさに政治の問題でもある。

ところで，第1章で，主婦パートを中心とする非正規雇用を用いて労働市場の柔軟性を確保するシナリオは，「男は仕事，女は家庭（＋パートタイム労働）」という性別役割分業規範が維持される間は機能すると論じたが，実はこの規範は動揺しつつある（表終－2）。

79年には，出産・育児のために仕事を辞めた主婦の74％が，「保育所，託児所があったらやめなかったか，あってもやめたか」という質問に対し「あってもやめた」と回答していた（総理府『世論調査』1980年2月号）。他方，図終－1

表　終－2　「夫は外で働き妻は家庭を守るべきである」という考え方への賛否

	1979年	1992年	1997年	2002年
①	72.6%	60.1%	57.8%	46.9%
②	20.4%	34.0%	37.8%	47.0%

(出所) 内閣府大臣官房政策広報室「男女共同参画社会に関する世論調査」2002年（過去のものについても，同調査の報告書より）。①は「賛成」と「どちらかといえば賛成」の合計，②は「反対」と「どちらかといえば反対」の合計。

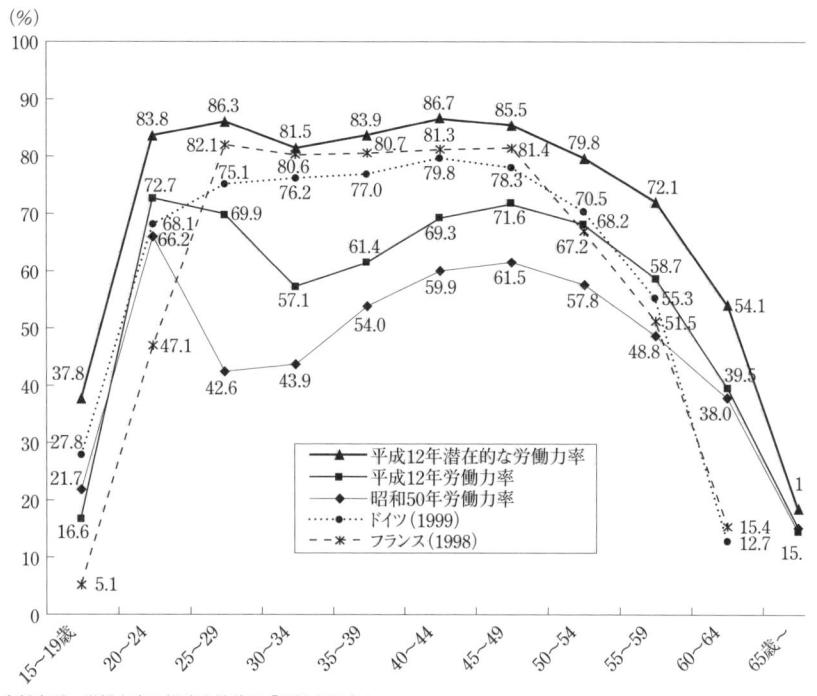

2 三つの政策課題の帰結と政策領域横断的な視点

図 終－1 女性の潜在的な労働力率

資料出所　労働力率は総務省統計局「労働力調査」
　　　　　潜在的な労働力率は総務省統計局「労働力調査特別調査」（平成12年8月）
注　潜在的な労働力率＝$\frac{労働力人口＋非労働力人口のうち就業希望者}{15歳以上人口}$
　　ドイツ及びフランスは，ILO「Year Book of Labour Statistics」
　（「平成13年版働く女性の実情」より）

で2000年における日本女性の潜在的な労働力率をみると，いまや日本女性もM字型就労を脱する。潜在的な労働力率とは，労働力と非労働力人口に占める就業希望者を足した者の割合を指す。要するに，現在の日本女性は，子どもが小さい頃の就業を希望していないわけではない。希望はあるが何らかの理由で，就業できない者が多いのである。既婚女性の選好は変化してきた。制度も，それに合わせたものを必要としているはずである。

注
1）この例として，大嶽（1979: 第三章）が挙げられる。業界と財界の利害対立を，日

終章 政治過程における特質と三つの政策課題の帰結

　本の政治学で最初に問題にしたのは，おそらく同書であろう。
2）労働省には，「未組織の利益を官僚制が『代表』する」という面があることが，指摘されている（エステベス 1999: 22）。
3）労働省が取り締まらない間に，派遣労働者は徐々に増加したのである。ここに，キャンベルのいう「慣性型」の政策転換があったとみることもできる（Campbell 1993＝1995）。
4）象徴的な例では，愛国心の強調など復古色が濃いことで話題となった，教育基本法見直し案（中央教育審議会「新しい時代にふさわしい教育基本法と教育振興基本計画の在り方について（中間報告）」02年）すら，「男女共同参画社会への寄与」に言及している。
5）これを婦少審における労働省出身公益委員のイニシアティヴによるとする解釈もある（御巫 1999: 152 以下）。だとすれば，このことも女性局のスタンスの変化を傍証する。委員を選定するのは，同局だからである。
6）例えば，男女共同参画社会基本法が念頭に置いているのは，機会の平等だと考えられる（第二条）。この点につき，伊藤ほか（2002: 294-295）を参照。
7）婦人少年問題審議会マター（女子保護規定）と中央労働基準審議会マター（男女共通規制）への分断という問題もある（大脇・渡 1997: 37; 浅倉 2000: 123-124）。
8）この問題に関しては，『労働法律旬報』1401号（1997），1439・1440号（1998）や『季刊労働法』186号（1998）などの特集を参照。
9）同様に，「家庭内の性別役割分業をそのままにした状態で，社会保障や税制における個人単位化を安易に追求すること」の危険も指摘されている（深沢 1999: 8, 注41）。
10）大沢（2002）は，景気回復や少子化対策にも有益であるという観点から，男女共同参画を推奨するという立場を強く打ち出している。
11）戦略上，一定の意義を認めつつも，同時にそのことがもつ危険への懸念も表明している議論として，犬塚（2003）をみよ。
12）少子高齢化のさらなる進行が個人単位モデルへの移行を促進するとの期待もある（横山 2002: 402）。

引用文献

邦語文献

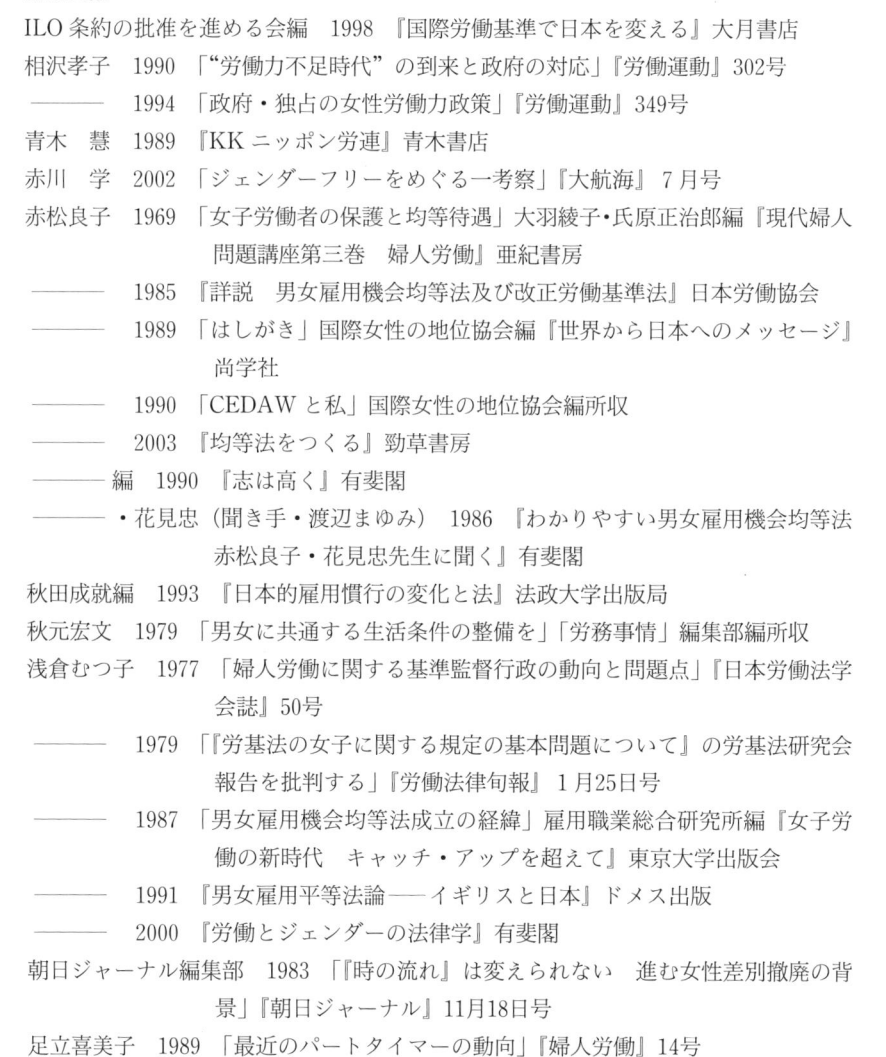

ILO条約の批准を進める会編　1998　『国際労働基準で日本を変える』大月書店
相沢孝子　1990　""労働力不足時代"の到来と政府の対応」『労働運動』302号
──────　1994　「政府・独占の女性労働力政策」『労働運動』349号
青木　慧　1989　『KKニッポン労連』青木書店
赤川　学　2002　「ジェンダーフリーをめぐる一考察」『大航海』7月号
赤松良子　1969　「女子労働者の保護と均等待遇」大羽綾子・氏原正治郎編『現代婦人問題講座第三巻　婦人労働』亜紀書房
──────　1985　『詳説　男女雇用機会均等法及び改正労働基準法』日本労働協会
──────　1989　「はしがき」国際女性の地位協会編『世界から日本へのメッセージ』尚学社
──────　1990　「CEDAWと私」国際女性の地位協会編所収
──────　2003　『均等法をつくる』勁草書房
────編　1990　『志は高く』有斐閣
──────・花見忠（聞き手・渡辺まゆみ）　1986　『わかりやすい男女雇用機会均等法　赤松良子・花見忠先生に聞く』有斐閣
秋田成就編　1993　『日本的雇用慣行の変化と法』法政大学出版局
秋元宏文　1979　「男女に共通する生活条件の整備を」「労務事情」編集部編所収
浅倉むつ子　1977　「婦人労働に関する基準監督行政の動向と問題点」『日本労働法学会誌』50号
──────　1979　「『労基法の女子に関する規定の基本問題について』の労基法研究会報告を批判する」『労働法律旬報』1月25日号
──────　1987　「男女雇用機会均等法成立の経緯」雇用職業総合研究所編『女子労働の新時代　キャッチ・アップを超えて』東京大学出版会
──────　1991　『男女雇用平等法論──イギリスと日本』ドメス出版
──────　2000　『労働とジェンダーの法律学』有斐閣
朝日ジャーナル編集部　1983　「『時の流れ』は変えられない　進む女性差別撤廃の背景」『朝日ジャーナル』11月18日号
足立喜美子　1989　「最近のパートタイマーの動向」『婦人労働』14号

引用文献

足立真理子　2003　「予めの排除と内なる排除　グローバリゼーションの境界域」『現代思想』1月号
阿藤　誠　1992a　「日本の出生率低下と政策的対応」日本労働研究機構『これからの働き方を考える＜Part 1＞』
―――　1992b　「日本における出生率の動向と要因」河野稠果・岡田實編『低出生力をめぐる諸問題』大明堂
―――　1996a　「はじめに」阿藤編所収
―――　1996b　「先進諸国の低出生率問題――本書の課題と要約」阿藤編所収
―――　1996c　「先進諸国の出生率の動向と家族政策」阿藤編所収
―――編　1996　『先進諸国の人口政策　少子化と家族政策』東京大学出版会
安部由起子・大竹文雄　1995　「税制・社会保障制度とパートタイム労働者の労働供給行動」『季刊社会保障研究』第31巻第2号
天野和明・池谷まゆみ・今泉誠子・斉藤千代・柴山恵美子・仁木ふみ子・増田れい子　1985　「人間平等法を目指して」『あごら』100号
―――・井ノ部美千代・金住典子・駒場陽子・斉藤千代・仁木ふみ子・林陽子・増田れい子　1985　「均等法成立　そしていま」『あごら』100号
荒川　春　1988　「パート労働に関する新動向――労働省『パート労働問題専門家会議』を発足」『関東経協』331号
―――　1989　「パートタイマー管理の視点と改善方向――新行政指導の実施を踏まえて」『関東経協』334号
荒又重雄　1994　「パート労働法を突き動かしているもの」『季刊労働法』170号
有泉　亨　1979　「女子労働者の保護と平等」『季刊労働法』111号
―――・桑原靖夫・塩沢美代子・田中寿美子・花見忠・林弘子　1979　「〔座談会〕婦人労働法制の今後の課題」『ジュリスト』683号
有沢広巳　1956　「賃金構造と経済構造――低賃金の意識と背景」中山伊知郎編『賃金基本調査』東洋経済新報社
有馬元治　1967　『雇用対策基本計画の解説』日刊労働通信社
有馬真喜子・菊地好司・赤松良子（司会）　1991　「高橋展子氏を偲ぶ　婦人の地位向上の歩みを振り返りながら」『婦人と年少者』250号
五十嵐仁　1998　『政党政治と労働組合運動　戦後日本の到達点と二十一世紀への課題』御茶の水書房
―――　1999　「『日本型労使関係』賛美論を批判する」『政経研究』73号
井口　泰　2001　『外国人労働者新時代』ちくま新書
池田慶一　1991　「二十一世紀の国づくり――人口問題」『経済人』6月号

引用文献

伊沢　実　1979　「労働基準法研究会報告所感」「労務事情」編集部編所収
石田　雄　1960　「わが国における圧力団体発生の歴史的条件とその特質」日本政治学会編『年報政治学1960　戦後日本の圧力団体』岩波書店
石田　徹　1992　『自由民主主義体制分析——多元主義・コーポラティズム・デュアリズム』法律文化社
石田博英　1963　「保守政党のビジョン」『中央公論』1月号
────　1986　『私の政界昭和史　博英回想』東洋経済新報社
石塚浩美　2002　「『女性労働政策』の効果はどのように変わったか——夫婦単位から個人単位へ」久場嬉子編『経済学とジェンダー』明石書店
石野清治　1982　『活力有る高齢化社会の構図』中央法規
板垣英憲　1987　『【族】の研究　政・官・財を牛耳る政界実力者集団の群像』経済界
井筒百子　1999　「パート・臨時の本格的組織化へ活発な交流」『労働運動』415号
井戸正伸　1998　『経済危機の比較政治学　日本とイタリアの制度と戦略』新評論
伊藤公雄・樹村みのり・國信潤子　2002　『女性学・男性学　ジェンダー論入門』有斐閣
伊藤博義　1987　「労働者派遣法の立法経過について」東北大学法学会『法学』第50巻第6号
────　1993　「多様化する労働者の実態とその法理——非正規雇用労働者を中心として」『日本労働法学会誌』81号
伊藤正則・武田幸彦　1990　「労働組合組織率の推移とその変化要因」『労働統計調査月報』6月号
伊藤光利　1988　「大企業労使連合の形成」『レヴァイアサン』2号
────　1998　「大企業労使連合再訪——その持続と変容」『レヴァイアサン　臨時増刊　政権移行期の圧力団体』
伊藤みどり　1998　「女性ユニオンのめざすもの」『日本労働社会学会年報』9号
伊藤　実　1986　「人材派遣の上手な利用法」現代フリーワーク研究会編著所収
糸久八重子編著　1990　『育児休業法　四党共同法案と欧州諸国の法制』労働教育センター
稲上　毅　1979　「ここまで来た労組の政策参加」『中央公論』4月号
────　1989　『転換期の労働世界』有信堂
犬塚協太　2003　「少子化対策と家族政策転換の方向性——男女共同参画政策のジェンダー論的一考察」片桐新自・丹辺宣彦編『現代社会学における歴史と批判　下巻　近代資本制と主体性』東信堂
井上輝子・江原由美子編　1995　『女性のデータブック　性・からだから政治参加まで

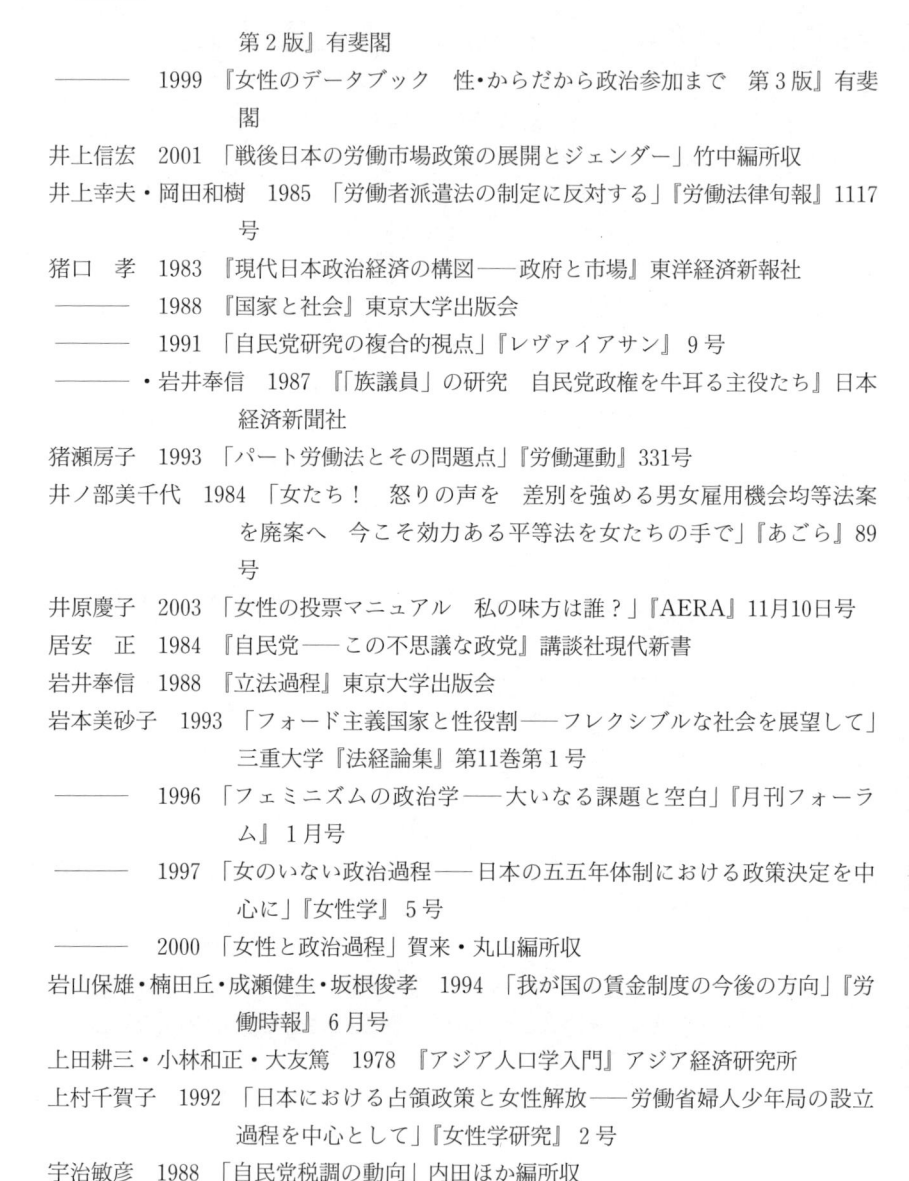

第2版』有斐閣
―――― 1999 『女性のデータブック 性・からだから政治参加まで 第3版』有斐閣
井上信宏 2001 「戦後日本の労働市場政策の展開とジェンダー」竹中編所収
井上幸夫・岡田和樹 1985 「労働者派遣法の制定に反対する」『労働法律旬報』1117号
猪口 孝 1983 『現代日本政治経済の構図――政府と市場』東洋経済新報社
―――― 1988 『国家と社会』東京大学出版会
―――― 1991 「自民党研究の複合的視点」『レヴァイアサン』9号
――――・岩井奉信 1987 『「族議員」の研究 自民党政権を牛耳る主役たち』日本経済新聞社
猪瀬房子 1993 「パート労働法とその問題点」『労働運動』331号
井ノ部美千代 1984 「女たち！ 怒りの声を 差別を強める男女雇用機会均等法案を廃案へ 今こそ効力ある平等法を女たちの手で」『あごら』89号
井原慶子 2003 「女性の投票マニュアル 私の味方は誰？」『AERA』11月10日号
居安 正 1984 『自民党――この不思議な政党』講談社現代新書
岩井奉信 1988 『立法過程』東京大学出版会
岩本美砂子 1993 「フォード主義国家と性役割――フレクシブルな社会を展望して」三重大学『法経論集』第11巻第1号
―――― 1996 「フェミニズムの政治学――大いなる課題と空白」『月刊フォーラム』1月号
―――― 1997 「女のいない政治過程――日本の五五年体制における政策決定を中心に」『女性学』5号
―――― 2000 「女性と政治過程」賀来・丸山編所収
岩山保雄・楠田丘・成瀬健生・坂根俊孝 1994 「我が国の賃金制度の今後の方向」『労働時報』6月号
上田耕三・小林和正・大友篤 1978 『アジア人口学入門』アジア経済研究所
上村千賀子 1992 「日本における占領政策と女性解放――労働省婦人少年局の設立過程を中心として」『女性学研究』2号
宇治敏彦 1988 「自民党税調の動向」内田ほか編所収
氏原正治郎 1989 『日本経済と雇用政策』東京大学出版会
後 房雄 1990 『グラムシと現代日本政治 「受動的革命」論の思想圏』世界書院
―――― 1994 「労働政策」西尾勝・村松岐夫編『講座行政学第3巻 政策と行政』

　　　　　　　　有斐閣
内田健三・金指正雄・福岡政行編　1988　『税制改革をめぐる政治力学』中央公論社
内田　満　1980　『アメリカ圧力団体の研究』三一書房
内橋克人　1999　「労働力——不足・過剰の矛盾」『同時代への発言7　九〇年代不況の帰結』岩波書店
内山　融　1998　『現代日本の国家と市場　石油危機以降の市場の脱〈公領域〉化』東京大学出版会
海野謙二編著　2002　『野中広務——素顔と軌跡』思文閣出版
梅沢　隆　1986　「情報処理産業」現代フリーワーク研究会編著所収
エイミックス，ジェニファー・A.　2002　「金融規制　不良債権問題と銀行行政」樋渡展洋・三浦まり編『流動期の日本政治　「失われた十年」の政治学的検証』東京大学出版会
江口英一・田沼肇・内山昂編　1981　『現代の労働政策』大月書店
エステベス，マルガリータ　1999　「政治学から見た官僚制」城山英明・鈴木寛・細野介博編『中央省庁の政策形成過程——日本官僚制の解剖』中央大学出版部
江田五月　1984　「現状打破を目指すべき　政府案では性別役割分業を固定化」『あごら』89号
江橋　崇　1999　「男女共同参画社会基本法と男女平等推進条例」『法学セミナー』529号
江原由美子　1985　『女性解放という思想』勁草書房
———　1988　『フェミニズムと権力作用』勁草書房
———・大嶽秀夫　1991　「対談　フェミニズム政治学の可能性——権力、制度、アジェンダ・セッティング」『レヴァイアサン』8号
NHK 取材班　1991　『ヒト不足社会　誰が日本を支えるのか』日本放送出版協会
NHK 新・日本人の条件プロジェクト　1992　『NHK スペシャル　新・日本人の条件3　決断した女たち』日本放送出版協会
NHK プロジェクト X 制作班編　2001　『プロジェクト X 挑戦者たち6　ジャパンパワー飛翔』NHK 出版
遠藤みち　1993　「配偶者控除、配偶者特別控除の廃止を——女性の経済的自立と福祉社会を求めて」『女性労働』18号
逢見直人　1984　「パートタイム労働の現状と対策の方向」『労働法律旬報』1109号
大井方子　2002　「女性の求職意欲喪失問題を考える」『日本労働研究雑誌』501号
大石　裕　1994　「社会運動とコミュニケーション——リゾート開発をめぐるメディ

引用文献

　　　　　　　　　　ア言説」社会運動論研究会編『社会運動論の現代的位相』成文堂
大木一訓・黒川俊雄・江口英一・田沼肇・片岡舜・内山昂　1985　「大型シンポジウム　転機に立つ労働政策の歴史的位置」『労働運動』237号
大蔵省主税局総務課監修・税務経理協会編　1986　『税制の抜本改革　税制調査会第二・第三特別部会中間報告・関係資料集』税務経理協会
大沢真理　1993a　『企業中心社会を越えて－現代日本を〈ジェンダー〉で読む』時事通信社
─── 　1993b　「日本的パートの現状と課題──『ジュリスト』四月一五日号『特集・パートタイム労働の現状と課題』を読んで」『ジュリスト』1026号
─── 　1994　「日本の『パートタイム労働』とはなにか」『季刊労働法』170号
─── 　2000　「なぜ、男女共同参画社会基本法が必要なのか」大沢編集代表所収
─── 　2002　『男女共同参画社会をつくる』日本放送出版協会
───編集代表　2000　『21世紀の女性政策と男女共同参画社会基本法』ぎょうせい
───・大野曜・河野貴代美・竹村和子　2003　「討論　男女参画の攻防」竹村和子編『"ポスト"フェミニズム』作品社
大武健一郎　1993　「女性をとりまく税制と課題」『女性労働』18号
大嶽秀夫　1979　『現代日本の政治権力経済権力』三一書房
─── 　1990　『政策過程』東京大学出版会
─── 　1994　『自由主義的改革の時代　1980年代前期の日本政治』中央公論社
大塚明子　1982　「育児休業制度化に反対する独占の欺瞞性」『労働運動』196号
大坪健一郎　1984　「差別撤廃条約批准のため枠組みとしての法案を作成」『あごら』89号
大野喜美　1985　「労働者派遣法案の問題点」『賃金と社会保障』914号
大羽綾子　1979　「労働基準法研究会報告（一九七八・一一）の社会的意義を問う」『婦人労働』5号
─── 　1988a　『男女雇用機会均等法前史──戦後婦人労働史ノート』未来社
───（聞き手＝小川津根子）　1988b　「大羽綾子さんの歩いた道」大羽（1988a）付録
───・井上繁子・多田とよ子・杉村みどり　1985　「座談会　国連婦人の十年と婦人労働はいま」『婦人労働』10号
大宮五郎　1980　「今後の労働力需給システムのあり方」『季刊労働法』116号
大森真紀　1990　『現代日本の女性労働　M字型就労を考える』日本評論社

大矢息生　1985　『雇用均等法入門　女性の職場はこう変わる』エイデル研究所
大脇雅子　1989　「パートタイム労働者をめぐる立法論的課題」『季刊労働法』151号
─────　1990　「日本政府レポートの審議とその評価」国際女性の地位協会編所収
─────　1992　『「平等」のセカンド・ステージへ』学陽書房
─────　1994　「パートタイム労働法の概要と問題点」『季刊労働法』170号
─────　1999　「国の女性行政──労働省の施策を中心に」『法学セミナー』529号
─────・諏訪康雄・清家篤・高梨昌　1993　「パートタイム労働者をめぐる現状と課題」『ジュリスト』1021号
─────・渡寛基　1997　「均等法改正法案は弾劾されるべきか」『賃金と社会保障』1199号
岡　伸一　1989　「パートタイム労働の国際比較　失業対策との関連から」『日本労働協会雑誌』355号
岡沢憲芙　1994　『おんなたちのスウェーデン　機会均等社会の横顔』日本放送出版協会
岡村三穂・富岡恵美子　1983　「わが国雇用平等法案の比較検討」『労働法律旬報』1076号
小川恭子　1993　「婦人労働白書にみる婦人行政とサポートシステム──育休法・介護休業ガイドライン元年の取組み他」『労働法学研究会報』1904号
小川直宏　2000　「長引く景気不安が出生率を低下させる」『エコノミスト』12月11日号（引用は、川本編（2001）より）
奥田　碩　2000　「特別インタビュー　外国人労働力問題『机上の空論』を排す」『THEMIS』10月号
─────・前田勲　1998　「少子化対策には抜本対策を」『正論』5月号
小倉祥子　2001　「都道府県データからみる女性の長期勤続の要因」『2001日本女子大学生活経済学論文集』
尾崎　護　1987　「売上税独り語り（下）」『ファイナンス』第23巻第8号
小山内国雄　1979　「地域にも輪を広げ労基法改悪阻止を」「労務事情」編集部編所収
小沢和秋　1985　「派遣法案の国会審議と各党の態度」『労働運動』236号
小野善康　1990　「育児休業法の立法過程──野党法案が形が変わり成立した事例として」岩手大学人文社会学部『Artes Liberales』47号
─────　1997　「審議会の役割」中村・前田編所収
垣内国光　1991　「出生率低下と『育児支援』政策」『賃金と社会保障』1066号
賀来健輔・丸山仁編　2000　『ニュー・ポリティクスの政治学』ミネルヴァ書房
影山裕子　2001　『わが道を行く　職場の女性の地位向上をめざして』学陽書房

引用文献

鹿嶋　敬　1984　「取材メモから　雇用機会均等法をめぐって」『日本労働協会雑誌』306号
―――　1995　「【一新聞記者の視点から】均等法　いま昔」『労働時報』6月号
―――　2003　『男女共同参画の時代』岩波新書
柏木惠子　2001　『子どもという価値　少子化時代の女性の心理』中公新書
片岡　昇　1986　「労働者派遣法をめぐる問題点」黒瀬正三郎先生傘寿祝賀論文集『現代における法の理論と実践』法律文化社
加藤秀一・坂本佳鶴惠・瀬地山角編　1993　『フェミニズム・コレクションⅠ――制度と達成』勁草書房
加藤秀次郎・中村昭雄　1980　「戦後国政選挙の選挙キャンペーンの内容分析」『慶応義塾大学新聞研究所年報』第15号
加藤淳子　1991　「政策決定過程研究の理論と実証――公的年金制度改革と医療保険制度改革のケースをめぐって」『レヴァイアサン』8号
―――　1997　『税制改革と官僚制』東京大学出版会
加藤哲郎　1988　『ジャパメリカの時代に――現代日本の社会と国家』花伝社
―――　1993　「ほめ殺しと脱労働の社会主義」大藪龍介・加藤哲郎・松富弘志・村岡到共編『社会主義像の展想』世界書院
―――　1996　『現代日本のリズムとストレス　エルゴロジーの政治学序説』花伝社
加藤佑治　1998　「技術革新のもとで増大する不安定雇用」『労働運動』401号
―――・椎名恒　1985　「中間労働市場論と労働者派遣法」『労働運動』236号
金谷千慧子　1983　「女性の働く権利と労働法規」竹中編所収
金森トシエ・北村節子　1986　『専業主婦の消える日　男女共生の時代』有斐閣
金子　宏　1995　「課税単位の制度と理論―所得税における課税単位の研究」女性の能力発揮促進のための税制のあり方研究会監修所収
金田麗子　1993　「差別の固定から差別の改善へ――パート法制定と今後の課題」『労働運動研究』287号
鎌田とし子　1980　「婦人労働の発展と労働者階級」道又健治郎・清山卓郎編『戦後日本の労働問題』ミネルヴァ書房
上西朗夫　1985　『ブレーン政治　内閣機能の強化』講談社現代新書
亀島　哲　1989　「パートタイマーの雇用管理と労働対策――『パートタイム労働指針』（労働省告示）を中心に」『労働法学研究会報』1757号
加茂利男　1993　『日本型政治システム　集権構造と分権改革』有斐閣
唐津　博　1989　「パートタイム労働政策の進展と立法的規制の動き――パートタイム労働問題専門家会議の中間的整理を承けて」『日本労働法学会

誌』73号

川喜多喬　1986　「事務処理産業」現代フリーワーク研究会編著所収
川口和子　1991　「出生率低下と政府のサポート政策」『経済』331号
――――　1993　「日本的労務管理の再編と女子『活用』策」『労働運動』335号
――――　1994　「日本的雇用管理の再編とパート労働法」『労働運動』349号
――――　2000　「過酷な戦力化すすむパート労働」『労働運動』434号
――――・井上美代　1975　「最近の婦人労働政策」婦人労働問題研究会編『現代の婦人労働問題』労働旬報社
――――・高木督夫　1986　「独占の戦略と婦人労働者――情報化・ソフト化の進行のなかで」『労働運動』245号
川口　実　1970　「雇用形態」『季刊労働法』76号
河中二講　1973　「福祉政策の決定過程」『ジュリスト臨時増刊　特集現代の福祉問題』537号
河西宏祐　1998　「〔補論〕新型労働組合の動向――未組織労働者の組織化をめぐって」『日本労働社会学会年報』9号
川本　敏　2001　「解題――少子化を考える」川本編所収
――――編　2001　『論争・少子化日本』中公新書ラクレ
上林千恵子　1995　「現代の労働と労働市場」宮島喬編『現代社会学』有斐閣
神原　勝　1986　『転換期の政治過程』総合労働研究所
菊池幸子　1991　「健全育成と児童手当」『週刊社会保障』1625号
岸井貞男　1984　「雇用機会均等法と労使の対応」『労働法学研究会報』35巻26号
喜多村浩　1984　「終身雇用制のなかの男女平等法（仮称）」『労働の科学』5月号
――――　1995　「均等法に思う」『労働時報』6月号
木下武男　1981a　「労働者派遣事業の制度化」江口ほか編所収
――――　1981b　「婦人労働政策の展開と特質」江口ほか編所収
木村愛子　1979　「夜間労働をめぐるILOの最近の動向」『婦人労働』5号
――――　1995　「日本のパート労働の改善のために　ILO『パートタイム労働』条約・勧告の成立と日本の課題」『法学セミナー』483号
木村琢磨　2002　「非正社員・外部人材の活用と職場の諸問題」『日本労働研究雑誌』505号
木村陽子　1994　「高齢化社会における女性と年金」『ライブラリー相関社会科学2　ジェンダー』新世社
木本喜美子　1995　『家族・ジェンダー・企業社会――ジェンダー・アプローチの模索』ミネルヴァ書房

引用文献

木元教子　1986　「配偶者特別控除は公平か」『朝日新聞』　11月6日
教育社編　1979　『便覧　労働省』教育社
行政管理庁行政監察局編　1982　『パートタイマーの現状と問題点―参考資料―使用者、事業者の関係法令チェックポイント』大蔵省印刷局
清成忠男　1980　『中小企業読本』東洋経済新報社
清正　寛　1989　「パートタイム労働指針」『季刊労働法』152号
「均等法でどう変わる」　1985　『あごら』100号
「『禁等法』『平等法』Q&A」　1984　『あごら』89号
草島和幸　1985　「労働法制改悪に手をかす全民労協勢力」『労働運動』236号
草野　厚　1995　『日本の論争　既得権益の功罪』東洋経済新報社
久場嬉子　1984　「『実質的平等』と労働市場の差別的構造――資本主義経済下の『雇用機会均等法』」『あごら』第89号
クボタ，アキラ　1978-1979　「国際的に見た日本の高級官僚①～⑳」『官界』78年3月～79年10月
久保田真苗　1984　「あまりに非常識、問題外の政府提案」『あごら』89号
久保村日出男　1982　「職業案定行政におけるパートタイマーの取扱いについて」『婦人労働』8号
熊沢　誠　2000　『女性労働と企業社会』岩波新書
久米郁男　1998　『日本型労使関係の成功　戦後和解の政治経済学』有斐閣
―――　2000　「雇用政策の展開と変容――アイディア、利益、制度」水口ほか編所収
公文昭夫　1998　「年金・所得――さらなる引き下げの九九年改定」日本婦人団体連合会編『婦人白書1998』ほるぷ出版
クリストフ，ニコラ　1998　「だれが日本の方向性を決めているのか？」『中央公論』1月号
経済企画庁　1960　『戦後経済史（経済政策編）』大蔵省印刷局
経済企画庁総合計画局編　1985　『21世紀のサラリーマン社会　激動する日本の労働市場』東洋経済新報社
経済団体連合会　1995　『規制緩和の経済効果に関する分析と雇用対策』
経済同友会社会保障改革委員会　2000　『社会保障制度改革の提言（その3）少子化対策』社団法人経済同友会
経済同友会労使関係プロジェクト　1984　『ME化の積極的推進と労使関係――"中間労働市場"の提案』
月刊労働組合編集部　1988　「均等法で職場はどうなったか」『月刊労働組合』257号

現代フリーワーク研究会編著　1986　『人材派遣　法律と派遣ビジネスの実際』有斐閣
玄田有史　2001　「雇用の世代対立を回避せよ　労働市場にみる危機の構造」『世界』5月号
小井土有治　1985　『人材派遣法——雇用新時代の到来』税務経理協会
厚生省大臣官房政策課監修　1994　『21世紀福祉ビジョン——少子・高齢化に向けて』第一法規
厚生労働大臣官房統計情報部　2003　『日本の労働組合の現状Ⅰ　労働組合基礎調査報告』財務省印刷局
河野　溥　1998　『これからは人材派遣の時代』エール出版
国際女性の地位協会編　1990　『女子差別撤廃条約——国際化の中の女性の地位』三省堂
小島和夫　1979　『法律ができるまで』ぎょうせい
小嶌典明　1993　「パートタイム労働と立法政策」『ジュリスト』1021号
神代和欣　1993　「パート労働者を取り巻く現状と諸問題」『労働時報』543号
後藤田正晴　1989　『内閣官房長官』講談社
小西芳三　1982　「国連『婦人差別撤廃条約』とILO第一一一号『差別待遇（雇用及び職業）条約』——二つの条約の解釈・関連性・相違点をめぐって」『婦人労働』8号
小林　功　1970　「パートタイマーの社会・経済的意味」『季刊労働法』76号
小林正弥　2000　『政治的恩顧主義論　日本政治研究序説』東京大学出版会
小林良彰　1997　『現代日本の政治過程——日本型民主主義の計量分析』東京大学出版会
駒村康平　2002　「人口減少社会の費用は高齢者も分担するしかない」『中央公論』8月号
小室豊允　1986　『使用者概念と労働者派遣——その法的展開と立法上の対応』総合労働研究所
近藤　斉　1983　「パートタイマー『雇入通知書』のモデル様式」『季刊労働法』127号
―――　1985　「パートタイム労働対策要綱について——パートタイム労働の労働条件問題を中心に」『労働法学研究会報』36巻10号
今野久子　2000　「急がれるパート労働法抜本改正」『労働運動』434号
斉藤純子　1997　「北欧諸国の男女平等政策　ノルウェー・スウェーデン・デンマークの場合」『レファレンス』5月号

引用文献

斎藤　周　　1995　「ILO パートタイム労働条約の採択」『日本労働法学会誌』85号
酒井和子　　1998　「労基法改悪とパート・未組織労働者」『月刊労働組合』383号
　──　　　2000　「パート・派遣労働者と労働組合」『月刊労働組合』408号
　──　　　2003　「労働運動の再構築に挑戦する新しい可能性」『女性労働研究』44号
堺屋太一　　1999　「地球最大の問題──人口」（インターネット HP「堺屋太一の談話
　　　　　　　　　室」1999年 8 月23日）、引用は、川本編（2001）より
榊原英資　　1977　『日本を演出する新官僚像』山手書房
榊原智子　　2003　「日本の社会は『子育て砂漠』」『中央公論』2 月号
坂口　力・南部靖之　2002　「雇用創出のビジョンをどう示す。」『潮』5 月号
坂根俊孝　　1986　「労働者派遣法への誤解と疑問に答える　雇用安定と福祉増進のた
　　　　　　　　　めの議論を」『エコノミスト』5 月20日号
坂野哲也　　1985　「はじめに　派遣労働者の実態と法制化を考える」『労働法律旬報』
　　　　　　　　　1114号
坂野智一　　1993　「圧力団体」依田博ほか『政治〔新版〕』有斐閣
坂野光俊　　1988　「労働財政合理化の展開過程と現段階」三好編所収
坂本　修・福沢恵子　1997　「緊急討論　どうなる女の仕事男の仕事」『週刊金曜日』
　　　　　　　　　3 月14日号
坂本哲也　　1985　「労働者派遣事業法制化の経緯と背景」『ジュリスト』831号
坂本福子　　1983　「雇用平等法の立法の視点」『労働法律旬報』1076号
桜井絹江　　1995　「90年代不況と女性パートの賃金」『労働総研クォータリー』No.17
　──　・高林寛子　1985　「保護と平等を目指す婦人労働者　婦人労働力政策の流れ
　　　　　　　　　とそれへの闘い」『賃銀と社会保障』908号
佐々木毅　　1991　「構造的再編成の政治過程──八〇年代の政治」東京大学社会科学
　　　　　　　　　研究所編『現代日本社会 5　構造』東京大学出版会
笹島芳雄　　1996a　『現代の労働問題〈第 2 版〉』中央経済社
　──　　　1996b　「欧米の失業問題と規制緩和」『社会政策叢書』編集委員会編所収
佐高　信　　2000　『「民」食う人びと　新・日本官僚白書』光文社文庫
座談会「故山口新一郎年金局長を偲ぶ」　1985　『季刊年金と雇用』第 4 巻第 3 号
佐渡政利　　1979　「改正案を見直し、具体的な対案で対処」「労務事情」編集部編所収
佐藤ギン子　1991　「労働の男女平等は制度より考え方の変革を」『エコノミスト』11
　　　　　　　　　月12日号
佐藤誠三郎・松崎哲久　1986　『自民党政権』中央公論社
佐藤卓利　　1988　「ME『合理化』下の労働関係と労働基準」三好編所収
佐藤博樹　　1986　「人材派遣業の実態」現代フリーワーク研究会編著所収

佐野　明　1984　「パート問題と労働組合　佐野明総評組織局長に聞く」『月刊労働組合』208号
塩沢美代子　1980　『塩沢美代子評論集　ひたむきに生きて──ある戦後史』創元社
塩田咲子　1993　「被扶養者から費用負担者へ──社会保障制度の抜本見直しの必要」『女性労働』18号
─────　1999　「国民年金三号被保険者問題とは何か」『世界』3月号
─────　2000　『日本の社会政策とジェンダー』日本評論社
「〈誌上再録〉密室の攻防──男女雇用機会均等法の舞台裏──放映'85年5月24日午後8時　政策NHK」　1985　『あごら』100号
品田　裕　2000　「90年代日本の選挙公約」水口ほか編所収
篠田　徹　1986　「審議会　男女雇用機会均等法をめぐる意思決定」中野実編『日本型政策決定の変容』東洋経済新報社
篠塚英子　1989　『日本の雇用調整　オイル・ショック以降の労働市場』東洋経済新報社
─────　1992　「『生活大国五ヶ年計画』を批判する」『婦人労働』17号
─────　1993　「日本の外国人労働と女性」原・大沢編所収
篠原　一　1983　「団体の新しい政治機能──ネオ・コーポラティズムの理論と現実」岩波講座『基本法学2　団体』岩波書店
柴山恵美子　1989　「労働と生活の人間化　パートタイム立法問題を契機として」『季刊労働法』151号
─────　1993　「日本」柴山恵美子編著『新・世界の女たちはいま　女と仕事の静かな革命』学陽書房
島田とみ子　1979　「新聞と労働基準法研究会報告」『婦人労働』5号
─────　1984　「女性の年金権」『ジュリスト増刊総合特集』36号
─────　1990　「遺族年金を考える」『婦人労働』15号
─────　1992　『年金入門』岩波新書
─────　1993　「特別インタビュー女性と年金　島田とみ子氏に聞く」『総合社会保障』3月号
島田晴雄　1994　『日本の雇用──21世紀への再設計』ちくま新書
─────　2001　『明るい構造改革　こうすれば仕事も生活もよくなる』日本経済新聞社
島田美保　1991　「"仕事も出産も介護も"の財界戦略」『労働運動』303号
下山房雄　1997　『現代世界と労働運動──日本とフランス』御茶の水書房
下山昭夫　1999　「女性離職者の生活・意識問題」『日本労働研究雑誌』466号

引用文献

『社会政策叢書』編集委員会編　1985　『婦人労働における保護と平等』啓文社
────編　1996　『弾力化・規制緩和と社会政策』啓文社
社会保険庁監修　1996　『統計でみる社会保険（平成6年度版）』財団法人社会保険協会
就職難に泣き寝入りしない女子学生の会編　1996　『超氷河期だって泣き寝入りしない！　女子学生就職黒書』大月書店
シュピオ，アラン　1999　「九〇年代におけるフランス労働法の動向」『日本労働研究雑誌』464号
自由民主党　1979　『日本型福祉社会』自由民主党広報委員会出版局
────編　1975　『自由民主党二十年の歩み』自由民主党
女性の能力発揮促進のための税制のあり方研究会監修　1995　『女性の能力発揮促進のための税制のあり方研究会報告書』財団法人二一世紀職業財団
女性労働問題研究会　1992　「『男女雇用機会均等法五年・女性労働における性差別の現状についての調査』報告」『賃金と社会保障』1074号
白井晋太郎　1985　『パートタイム労働の現状と労務管理』労務行政研究所
────・野見山真之・岡部晃三　1983　「パートタイム労働対策について」『労働時報』36巻9号
白木三秀　1986　「技術の派遣」現代フリーワーク研究会編著所収
新川利光　1989　「デュアリズムと現代日本の政治経済」『レヴァイアサン』5号
────　1993　『日本型福祉の政治経済学』三一書房
────　1997　「日本：日本型福祉の終焉？」岡沢憲芙・宮本太郎編『比較福祉国家論』法律文化社
────　1999　「読書ノート　権力資源論を超えて？」『大原社会問題研究所雑誌』482号
新藤宗幸　1983　「政策決定のシステム──審議会・諮問機関・シンクタンクの役割」『ジュリスト増刊総合特集』29号
菅井義夫　1980　「ゼンセン同盟におけるパートタイマー組織化への取り組み──その論理、方法とパートの側の意識」『労働法学研究会報』1337号
杉井静子　1993　「パートタイム労働法をめぐって」『賃金と社会保障』1108号
杉本貴代栄　1997　『女性化する福祉社会』勁草書房
鈴木　彰　1988　「パート労働者の組織化のために」『労働運動』272号
────　1998　「パートの要求実現と組織化を」『労働運動』401号
鈴木正雄　1991　「出生率の低下要因と対策」『経済人』6月号
鈴木宏昌　1993　「パートタイム労働をめぐる国際的動向」『ジュリスト』1021号

引用文献

鈴木りえこ　2003a　「国の主導で『育児の社会化』を」『中央公論』2月号
────　2003b　「『少子化は国力を低下させる』と明言せよ」『中央公論』7月号
隅谷三喜男・井戸和夫・河野忠義　1984　「座談会　『女性雇用』をいかに定着させるか」『エコノミスト』4月17日号
諏訪康雄　1993a　「非正規労働者の雇用関係Ⅰ──パートタイム労働者と法」秋田編所収
────　1993b　「パート労働の焦点と法案の見通し──多様なパート処遇の見極めと法的整備」『労働法学研究会報』1910号
税制調査会編　1985　『昭和六〇年度の税制改正に関する答申』大蔵省印刷局
────編　1986a　『税制改革についての中間報告（第二特別部会中間報告　第三特別部会中間報告）』大蔵省印刷局
────編　1986b　『税制の抜本的見直しについての答申』大蔵省印刷局
清山洋子　1999　「ジェンダー関係と社会政策　労働・生活関連諸政策とその課題」鎌田とし子・矢澤澄子・木本喜美子編『講座社会学14　ジェンダー』東京大学出版会
関谷耕一　1985　「まえがき」『社会政策叢書』編集委員会編所収
瀬地山角　1993　「均等法を見直す　解題」加藤ほか編所収
────　1996　『東アジアの家父長制－ジェンダーの比較社会学』勁草書房
全国婦人税理士連盟編　1994　『配偶者控除なんかいらない！？──税制を変える、働き方を変える』日本評論社
総評組織局　1981　『パートタイマー組織化によせて』日本労働組合総評議会
総理府編　1978　『婦人の現状と施策〔国内行動計画第一回報告書〕』ぎょうせい
────編　1996　『女性の現状と施策　新国内行動計画に関する報告書（第五回）』大蔵省印刷局
総理府男女共同参画室編　1997　『男女共同参画二〇〇〇年プラン＆ビジョン』大蔵省印刷局
総理府婦人問題担当室編　1978　『年金と男女平等：イギリスの企業年金の例』総理府婦人問題担当室
曽我謙悟　2002　「集合行為論」河野勝・岩崎正洋編『アクセス比較政治学』日本経済評論社
曾根泰教　1986　「やらせの政治　『審議会方式』を検証する」『中央公論』1月号
高木龍一郎　1993　「多様化するパート労働者の就業形態と保護法理」『日本労働法学会誌』81号
高島順子　1987　「専業主婦控除について」『婦人労働』12号

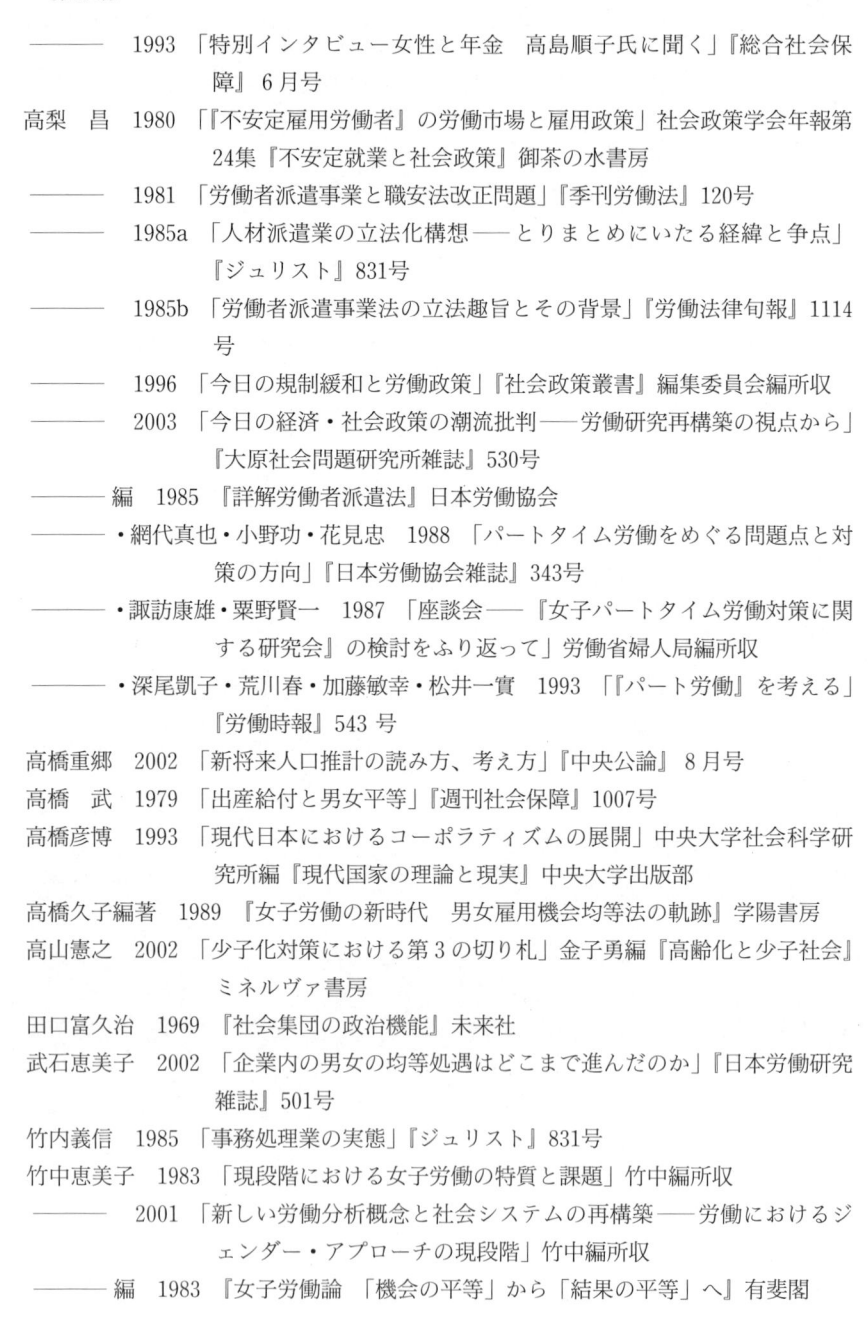

引用文献

───── 1993 「特別インタビュー女性と年金　高島順子氏に聞く」『総合社会保障』6月号
高梨　昌 1980 「『不安定雇用労働者』の労働市場と雇用政策」社会政策学会年報第24集『不安定就業と社会政策』御茶の水書房
───── 1981 「労働者派遣事業と職安法改正問題」『季刊労働法』120号
───── 1985a 「人材派遣業の立法化構想──とりまとめにいたる経緯と争点」『ジュリスト』831号
───── 1985b 「労働者派遣事業法の立法趣旨とその背景」『労働法律旬報』1114号
───── 1996 「今日の規制緩和と労働政策」『社会政策叢書』編集委員会編所収
───── 2003 「今日の経済・社会政策の潮流批判──労働研究再構築の視点から」『大原社会問題研究所雑誌』530号
─────編 1985 『詳解労働者派遣法』日本労働協会
─────・網代真也・小野功・花見忠 1988 「パートタイム労働をめぐる問題点と対策の方向」『日本労働協会雑誌』343号
─────・諏訪康雄・粟野賢一 1987 「座談会──『女子パートタイム労働対策に関する研究会』の検討をふり返って」労働省婦人局編所収
─────・深尾凱子・荒川春・加藤敏幸・松井一實 1993 「『パート労働』を考える」『労働時報』543号
高橋重郷 2002 「新将来人口推計の読み方、考え方」『中央公論』8月号
高橋　武 1979 「出産給付と男女平等」『週刊社会保障』1007号
高橋彦博 1993 「現代日本におけるコーポラティズムの展開」中央大学社会科学研究所編『現代国家の理論と現実』中央大学出版部
高橋久子編著 1989 『女子労働の新時代　男女雇用機会均等法の軌跡』学陽書房
高山憲之 2002 「少子化対策における第3の切り札」金子勇編『高齢化と少子社会』ミネルヴァ書房
田口富久治 1969 『社会集団の政治機能』未来社
武石恵美子 2002 「企業内の男女の均等処遇はどこまで進んだのか」『日本労働研究雑誌』501号
竹内義信 1985 「事務処理業の実態」『ジュリスト』831号
竹中恵美子 1983 「現段階における女子労働の特質と課題」竹中編所収
───── 2001 「新しい労働分析概念と社会システムの再構築──労働におけるジェンダー・アプローチの現段階」竹中編所収
─────編 1983 『女子労働論「機会の平等」から「結果の平等」へ』有斐閣

―――編　2001　『労働とジェンダー』明石書店
田勢康弘　2000　『総理の座』文春文庫
多田とよ子　1986　「男女雇用機会均等法は職場にどう影響するか」『婦人労働』11号
橘木俊詔　2000　「放置すればGDPマイナス六・七％　少子化不況をプラスに転ずる方策」『エコノミスト』12月5日号
田中洋子　1993　「『企業に合わせる家庭』から『家庭に合わせる企業』へ――労働時間制度をめぐる日常性の構造の日独比較」『社会政策叢書』編集委員会編『日本型企業社会と社会政策』啓文社
田辺照子　1985　「男女雇用平等をめぐる労働行政と日本的労使関係」『社会政策叢書』編集委員会編所収
―――・高島順子　1979　「労働基準法研究会の報告をめぐって――どうなるか、労働法改正と男女平等法」『婦人労働』5号
谷　勝宏　1995　『現代日本の立法過程――一党優位制議会の実証研究』信山社
谷口将紀　1997　『日本の対米貿易交渉』東京大学出版会
田沼　肇　1981　「労働分野における『婦人差別撤廃条約』の意義」江口ほか編所収
田原総一朗　1988　『新・日本の官僚』文春文庫
―――　1990　『平成・日本の官僚』文芸春秋
中条毅編　1982　『現代の雇用問題』総合労働研究所
塚野光子　1998　「大手スーパーの仕事と賃金」『女性労働研究』34号
辻　清明編　1966　『資料戦後二十年史1　政治』日本評論社
辻中　豊　1985a　「社会変容と政策過程の対応――私的諮問機関政治の展開」『北九州大学法政論集』第13巻第1号
―――　1985b　「私的諮問機関の役割と靖国懇」『ジュリスト』848号
―――　1986　「現代日本政治のコーポラティズム化――労働と保守政権の二つの『戦略』の交錯」内田満編『講座政治学Ⅲ　政治過程』三嶺書房
―――　1987　「労働界の再編と八六年体制の意味――労組・自民党・政府三者関係一九七五～八七年」『レヴァイアサン』1号
―――　1988　『利益集団』東京大学出版会
津田眞澂　1987　「新二重構造時代は到来するか」『日本労働協会雑誌』331号
津田美保子　1983　「女子の賃金問題」竹中編所収
筒井清子　1982　「パートタイム雇用の実態と分析」中条編所収
―――・山岡熙子　1985　「パートタイマー組織化問題の背景と課題」『日本労働協会雑誌』315号
―――・山岡熙子　1991　『国際化時代の女子雇用』中央経済社

引用文献

都村敦子　1985　「女性と社会保障」『季刊社会保障研究』第21巻第3号
―――　1992　「税制および社会保障制度における家族の取り扱い――家族の変容・労働の変容への対応」金森久雄・島田晴雄・伊部英男編『高齢化社会の経済政策』東京大学出版会
津谷典子　1996　「スウェーデンにおける出生率変化と家族政策」阿藤編所収
ディチリ会議（村松稔翻訳・解説）　1973　『先進国における人口政策―ディチリ会議報告』財団法人家族計画国際協力財団
寺崎あき子　1993　「働く女性と所得税――男女平等の視点から」原・大沢編所収
トーネル，インガーブリット　1984　「罰則つきだからこそ着実な効果を――スウェーデン男女平等法とオンブズマンの機能」『あごら』89号
豊田真穂　2000　「アメリカ占領下の日本における女性労働改革―保護と平等をめぐる論争を中心に」『アメリカ史研究』23号
鳥居由美子　1984　「パート労働増大の背景」『月刊労働組合』208号
仲　　衛　1990　『労働省研究』行研
内閣総理大臣官房広報室編『世論調査年鑑――全国世論調査の現況』各年版
中窪裕也　1993　「女性労働と国際労働基準」秋田編所収
中島正雄　1989　「パート労働対策の新たな展開」『季刊労働法』150号
中島通子　1988　「男女雇用機会均等法」中島ほか所収
―――・中下裕子・林浩二　1988　『女子労働法の実務　均等法・労基法・派遣法・パート法の解釈と運用』中央経済社
中嶋充洋　1989　「老人福祉の視点から児童をどうみるか」『月刊福祉』6月号
中島幸治　1991　「出生率低下への歯止めを模索する」『月刊自由民主』9月号
永瀬伸子　1994　「既婚女子の雇用就業形態の選択に関する実証分析――パートと正社員」『日本労働協会雑誌』418号
―――　1995　「『パート』選択の自発性と賃金関数」『日本経済研究』28号
中西珠子　1984　「別途法案を用意　よりよい野党共同修正案で、条約の批准を」『あごら』89号
中野　実　1992　『現代日本の政策過程』東京大学出版会
永野　仁　2001　「中高年の雇用拡大に必要なこと――企業と従業員に対する調査結果から」明治大学政治経済研究所『政経論叢』第69巻第4・5・6号
中村昭雄　1996　『日本政治の政策過程』芦書房
中邨　章　1984　「自由民主党の四つの顔」中邨章・竹下譲編『日本の政策過程――自民党・野党・官僚』梓出版社

中村慶一郎　1981　『三木政権・七四七日　戦後保守政治の曲がり角』行政問題研究所
中村圭介　1997　「本工・社外工・臨時工」『日本労働研究雑誌』443号
─── ・佐藤博樹・神谷拓平　1989　『労働組合は本当に役に立っているのか』総合労働研究所
中村洋一　2000　「人口減少社会で豊かな生活を実現するために」『ESP』4月号（引用は、川本編（2001）より）
中村睦男・前田英昭編　1997　『立法過程の研究──立法における政府の役割』信山社
中山和久　1993　「パート労働法の基本問題」『法律時報』65巻9号
成川秀明　2003　「21世紀の労働・雇用の課題」高木郁郎・生活経済政策研究所編『良い社会を創る　21世紀のアジェンダ』御茶の水書房
西井泰之・西前輝夫　1989　「カネで"リクルート"された労働族たち」『朝日ジャーナル』2月10日号
西尾　勝　1995　「省庁の所掌事務と調査研究企画」西尾・村松編所収
─── ・村松岐夫編　1995　『講座行政学第4巻　政策と管理』有斐閣
西川伸一　2000　『立法の中枢　知られざる官庁・内閣法制局』五月書房
西口俊子　1982　「最近のパートタイム雇用の問題点」中条編所収
西谷　敏　1988　「労使関係モデルと国家の役割」『日本労働研究雑誌』346号
西野史子　2003　「労働市場と政策の相互作用──派遣法制定を事例として」『日本労働社会学会年報』14号
西村一則　1985a　「コンピューター職場から労働者派遣法を問う」『労働法律旬報』1117号
───　1985b　「職場から"派遣"なくす闘いを」『労働運動』236号
日経連労働問題研究委員会編　1991　『労働問題研究委員会報告──新時代へのわが国の対応と経営者の選択』日本経営者団体連盟広報部
─── 編　1992　『新時代の経済・社会と労使関係を求めて──労働問題研究委員会報告』日本経営者団体連盟広報部
日経連「労働力・雇用問題研究プロジェクト」編　1992　『ゆとり・豊かさの現実と労働力・雇用問題への対応──労働力多消費社会からの発想の転換を──労働力・雇用問題研究プロジェクト最終報告』日本経営者団体連盟
仁田道夫　1993　「『パートタイム労働』の実態」『ジュリスト』1021号
日本経営者団体連盟　1995　『新時代の「日本的経営」──挑戦すべき方向とその具体策』
日本経営者団体連盟労使関係特別委員会　1999　『新時代の労使関係の課題と方向

引用文献

　　　　　　　　　　　　──変化への迅速・柔軟な対応を目指して』
日本経済新聞社編　1983　『自民党政調会』日本経済新聞社
　───編　1994　『官僚　軋む巨大権力』日本経済新聞社
日本政治学会編　2003　『年報政治学2003　性と政治』岩波書店
日本労働研究機構　1991　『パートタイム労働実態調査研究報告書』日本労働研究機構
　───編　2000　『「労働行政史研究会」証言聴取記録＜男女雇用機会均等法部会＞』日本労働研究機構
縫田曄子編　2002　『あのとき、この人──女性行政推進機構の軌跡』ドメス出版
抜山英子　1984　「弁護士でも把握できない拙劣な法案」『あごら』89号
年金政策研究会　1993　「女性の年金何が問題か！」『週刊社会保障』1738号
野澤正子　1996　「子育て支援概念と保育所保育の方法技術──『措置保育』から『子育て支援保育』への転換」大阪府立大学社会福祉学部『社会問題研究』第46巻第1号
　───　1998　「戦後児童福祉行政と家庭支援サービス」大阪府立大学社会福祉学部『社会問題研究』第47巻第2号
野田　進　1984　「労働省『パートタイム労働対策要綱（案）』の検討」『労働法律旬報』1109号
野村正實　1998　『雇用不安』岩波新書
乗本正名　1985　「警備業の現況と労働者派遣業問題」『ジュリスト』831号
パートタイマープロジェクトチーム　1983　『パートタイム労働対策について』
橋詰洋三　1985a　「パート組合結成の実際と法律問題」『労働法学研究会報』1560号
　───　1985b　「流通業のパート組合結成と雇用政策」『季刊労働法』136号
橋本ヒロ子　2000　「国における女性政策の振興」大沢編集代表所収
長谷川廣　1995　「日本型雇用システムの変容と実態」木元進一郎監修・労働運動総合研究所編『動揺する「日本の労使関係」』新日本出版社
八田達夫・木村陽子　1993　「公的年金は、専業主婦を優遇している」『季刊社会保障研究』第29巻第3号
花見　忠　1991　「日本的差別の構造──均等法五年で問われる婦人行政」『ジュリスト』988号（引用は、加藤ほか編　1993より）
馬場宏二　1987　「生活水準と福祉政策」馬場宏二編『シリーズ世界経済Ⅱ　アメリカ──基軸国の盛衰』御茶の水書房
馬場康雄　1986　「政治学者の『危機意識』」『書斎の窓』357号
浜岡政好　1985　「法案を支える労働省調査の欺瞞」『労働運動』236号

濱賀祐子　1999　「婦人労働政策の政治過程─1985年雇用機会均等法の立法過程を事例として」『法学ジャーナル』14号
早川　崇　1982　「育児休業制度の立法化を急げ──西欧・東欧諸国を視察して」『労働時報』1月号
早坂　忠・正村公宏　1974　『戦後日本の経済学　人と学説にみる歩み』日経新書
林　浩二　1988　「労働者派遣法」中島ほか所収
林　弘子　1992　『育児休業法のすべて』有斐閣
林　陽子　1985　「成立した『労働者派遣事業法』──『人間のリース』の合法化」『あごら』100号
原ひろ子・大沢真理編　1993　『変容する男性社会　労働、ジェンダーの日独比較』新曜社
ビアージ，マルコ（諏訪康雄監訳）　1989　「二〇〇〇年をめざす労働組合　帰らざる旅なのか」『日本労働協会雑誌』353号
樋口恵子　1993　「特別インタビュー女性と年金　樋口恵子氏に聞く」『総合社会保障』1月号
─────　2001　「少子高齢化は心の都市政策」『都市問題研究』第53巻第6号
樋口廣太郎　2000　「日本という商品の魅力が問題」『中央公論』12月号（引用は、川本編（2001）より）
樋口美雄・太田清・家計経済研究所編　2004　『女性たちの平成不況　デフレで働き方・暮らし方はどう変わったか』日本経済新聞社
平田育夫　1988　「大蔵省の戦略」内田ほか編所収
広木道子　1979　「婦人労働の実態を把握し真の男女平等を」「労務事情」編集部編所収
広田寿子　1976　「育児休業法の成立とその背景」『ジュリスト』605〜606号
樋渡展洋　1991　『戦後日本の市場と政治』東京大学出版会
深澤和子　1999　「福祉国家のジェンダー化──1980年代以降の研究動向（欧米を中心として）」『大原社会問題研究所雑誌』485号
─────　2000　「女性労働と社会政策」木本喜美子・深澤和子編『現代日本の女性労働とジェンダー──新たな視角からの接近』ミネルヴァ書房
福井治弘　1969　『自由民主党と政策決定』福村出版
福島　淳　1990　「パートタイム労働指針」『日本労働法学会誌』75号
福島瑞穂　2000　「福島瑞穂のいま会いたい、いま話をしたい」『月刊社会民主』12月号
福田歓一（ききて・安江良介）　1986　「日本の議会政を見直す」『世界』10月号

引用文献

藤井得三　1982　「雇用・就労上における男女平等の問題について──経営側の立場から」近畿大学労働問題研究所『労働問題研究』14号
藤井正人　1985　「不安定雇用の増大と労働法制の再編──労働者派遣事業法を中心に」『賃金と社会保障』908号
藤井龍子　1992　「育児休業法制定の背景とその概要」『季刊労働法』163号（引用は、加藤ほか編（1993）より）
藤田たき　1979　『わが道　こころの出会い』ドメス出版
藤田至孝　1991　「引き続く出生率低下と社会保障」『週刊社会保障』1626号
藤村博之　1993　「労働組合女性役員の国際比較」社会政策学会年報第37集『現代の女性労働と社会政策』御茶の水書房
婦人局婦人労働課　1989a　「『パートタイム労働問題専門家会議』における意見の中間的整理について」『婦人と年少者』240号
───　1989b　「パートタイム労働指針の制定　よりよいパートタイム労働のあり方をめざして」『婦人と年少者』242号
───　1993　「パートタイム労働法の成立について」『労働時報』543号
布施晶子　1984　『新しい家族の創造──『母親』と『婦人労働者』のはざまで』青木書店
フュルステンベルグ，フリードリッヒ　1989　「外国人労働者──『西ドイツの経験』」『日本労働協会雑誌』361号
古郡鞆子　1997　『非正規労働の経済分析』東洋経済新報社
古田隆彦　2000　「『少子国家』こそ二十一世紀の先進国」『潮』8月号（引用は、川本編（2001）より）
ペリシエ，ジャン　1994　「フランスのパートタイム労働法制」『日本労働研究雑誌』411号
法政大学日本統計研究所・伊藤陽一・岩井浩・福島利夫編　1993　『労働統計の国際比較』梓出版社
外尾健一　1983　「パートタイム労働者保護法の整備」『季刊労働法』130号
───　1985　「労働者派遣事業法制化の問題点」『ジュリスト』831号
ホジソン，デボラ　2003　「2030年、移民大国ニッポン」『Newsweek』8月6日号
保原喜志夫　1985　「スーパー・外食産業におけるパートタイム労働者の実態と問題点」『季刊労働法』136号
堀　勝洋　1996　「女性と年金」『季刊社会保障研究』第31巻第4号
堀江孝司　1997-1998　「政治システムと社会運動への比較政治学的アプローチ──女性運動の国際比較を題材に（上）（下）」『一橋研究』第22巻第2

号～第23巻第1号
——— 2000 「少子化問題―そのアジェンダ化の軌跡―数値の発表と国家の政策―」『賃金と社会保障』1265・66号
——— 2001 「福祉国家類型論と女性の就労」『大原社会問題研究所雑誌』509号
——— 2004 「ジェンダーと政治　男の政治を変える」畑山敏夫・丸山　仁編『現代政治のパースペクティブ　欧州の経験に学ぶ』法律文化社
本多淳亮 1983 「パートの労基法違反がなぜ続発するのか――パートタイマーの性格と労働基準監督上の課題」『季刊労働法』127号
——— 1984 『男女雇用平等法とはなにか』ダイヤモンド社
——— 1993a 「『パート労働法案』を批判する」『労働法律旬報』1311号
——— 1993b 「パート労働法の成立」大阪経済法科大学法学『研究科紀要』17号
毎日新聞政治部 1986 『自民党――転換期の権力』角川文庫
前田一男 1979 「国際水準の実現と国内法の改善を」『労務事情』編集部編所収
前田芳延 1993 「短時間労働者の雇用管理の改善等に関する法律について」『ジュリスト』1029号
正木直子 1979 「女子の職業意識と男女平等論――雇用管理上の性差別的取扱いが問題」『労務事情』編集部編所収
増淵勝彦 2000 「少子化対策の国際比較」『ESP』4月号（引用は、川本編（2001）より）
升味準之輔 1958 「政治過程の変貌」岡義武編『現代日本の政治過程』岩波書店
松井繁明 1985 「ファッショ的本質と歴史的位置づけ」『労働運動』236号
松岡三郎 1970 「労働力流動化政策と労働基準行政」『法律時報』第43巻第2号
——— 1979 「平等は労働条件の整備・充実が前提――労基法の成立史からみた女子保護規定」『労務事情』編集部編所収
松下乾次 1993 「パート労働法」『日本労働法学会誌』82号
松林和夫 1985 「国民的合意を無視する労働者派遣法」『労働法律旬報』1117号
松原亘子 1994 『短時間労働者の雇用管理の改善等に関する法律　パートタイム労働法の解説』労務行政研究所
松本保武 1998 「派遣会社の中心業務、苦情処理の矢面に」『労働運動』401号
マハティール・ビン・モハマド　1994 「発展途上国の労働者の権利」ILO創立75周年フィラデルフィア宣言採択50周年記念事業実行委員会編『社会正義の将来展望』財団法人日本ILO協会
真淵　勝 1994 『大蔵省統制の政治経済学』中央公論社

引用文献

丸本百合子　1991　「産む、産まないは女の意思で決めること」「女の人権と性」実行委員会編『女はなぜ子どもを産まないのか－出生率低下を考える』労働旬報社（引用は、加藤ほか編（1993）より）

丸谷　肇・松本　稔　1981　「労働力政策と労働行政の展開――職業安定行政と労働基準行政の動向」江口ほか編所収

丸山　桂　1993　「女性と税制・年金に関する歴史的考察」『女性労働』18号

―――　1994　「女性の生涯所得からみた税制・年金制度」『季刊社会保障研究』第30巻第3号

丸山　仁　2000　「『新しい政治』の挑戦」賀来・丸山編所収

馬渡淳一郎　2002　「非直用労働と法規制」『日本労働研究雑誌』505号

三浦和夫・浦登記　1999　『人材派遣会社の作り方・儲け方　注目ビジネスの立ち上げ＆運営ノウハウ集』ぱる出版

三浦まり　2003　「国会の準立法活動―女性労働問題をめぐる国会審議の内容分析」『レヴァイアサン』32号

御巫由美子　1998　「雇用平等法制定プロセスの国際比較」『ライブラリー相関社会科学5　現代日本のパブリック・フィロソフィー』新世社

―――　1999　『女性と政治』新評論

―――　2000　「ジェンダーの政治学」賀来・丸山編所収

水口憲人・北原鉄也・久米郁男編　2000　『変化をどう説明するか：政治篇』木鐸社

水田珠枝　1986　「専業主婦特別控除は女性への挑戦」『エコノミスト』5月27日号

水野朝夫・小野　旭　1995　「本書の目的と概要」水野朝夫・小野旭編『労働の供給制約と日本経済』大明堂

水野作子　1983　「女子労働の社会環境」竹中編所収

水野忠恒　1995　「配偶者控除と配偶者特別控除制度の意義と問題点」女性の能力発揮促進のための税制のあり方研究会監修所収

水町勇一郎　1993　「パートタイム労働法の経緯と問題点」『日本労働研究雑誌』403号

―――　1995　「パートタイム労働の『現在』と『未来』」『ジュリスト』1066号

―――　1997　『パートタイム労働の法律政策』有斐閣

「『密室の攻防』を見終わって」　1985　『あごら』100号

三山雅子　2001　「大競争時代の日本の女性パート労働――国際比較の視点から」竹中編所収

三富紀敬　1986　「労働者派遣法の日本的特質と西欧の経験」『労働運動』249号

―――　1992　『欧米女性のライフサイクルとパートタイム』ミネルヴァ書房

三治重信　1977　「労働行政の思い出」労働新聞社出版部編『労働行政30年の歩み』労働新聞社
三宅一郎・綿貫譲治・島　澄・蒲島郁夫　1984　『平等をめぐるエリートと対抗エリート』創文社
宮前忠夫　2000　「パート組織化大運動──イギリスTUCの挑戦」『労働運動』434号
宮本太郎　1999　『福祉国家という戦略　スウェーデンモデルの政治経済学』法律文化社
三好正巳　1988　「現代日本の労働政策の性格」三好編所収
────編　1988　『現代日本の労働政策〔増補版〕』青木書店
未来予測研究所　1989　『出生数異常低下の影響と対策』未来予測研究所
村上　清　1993　『年金改革　二一世紀への課題』東洋経済新報社
村松岐夫　1981　『戦後日本の官僚制』東洋経済新報社
────　1994　『日本の行政　活動型官僚制の変貌』中公新書
────　1998　「圧力団体の政治活動──政党か行政か」『レヴァイアサン　臨時増刊　政権移行期の圧力団体』
────／エリス・クラウス　1987　「保守本流と戦後日本におけるパターン化された多元主義の発展」『現代日本の政治経済　第1巻　国内情勢の展開』総合研究開発機構
────・伊藤光利・辻中　豊　1986　『戦後日本の圧力団体』東洋経済新報社
森川由美子・小川律子　1989　「均等法下の婦人労働行政とその役割──婦人労働者の要求を行政へ」『賃金と社会保障』1012号
盛田昭夫　1992　「『日本型経営』が危ない」『文芸春秋』2月号
森山真弓　1977　「今こそ真価を！」『婦人と年少者』42号
────　1979　「『報告書』の提起したものとその周辺──真の男女平等を推進するために」「労務事情」編集部編所収
────　1980　『うさぎのじょぎんぐ　労働省婦人少年局長の覚え書き』サンケイ出版
────　1982　『各国法制にみる職場の男女平等（新版）』東京布井出版
────　1984　「屋山太郎氏への手紙」『諸君！』6月号
────・長谷川三千子　1984　「激突対談　『男女雇用均等法』は日本を潰す!?」『諸君！』7月号
八木秀次　2000　「『フェマルキスト』が歪める少子化対策」『諸君！』3月号
柳生賢一　1987　「パート労働者の組織化をめざして」『月刊労働組合』246号

引用文献

八代尚宏　1993　「女性の年金権とその就業抑制効果」『週刊社会保障』1757号
───　1995　「働く女性の増加と税・社会保障制度」女性の能力発揮促進のための税制のあり方研究会監修所収
───・大石亜希子　1993　「女性の年金権と就業」『日本年金学会誌』第13号
安枝英訷　1998　『男女雇用機会均等法と人事管理・人材活用』経済法令研究会
柳沢忠夫　2003　「連合のパート政策と共同の課題」『労働運動』469号
山岡熙子　1989　「わが国初期『パートタイマー』の導入経過とその特徴」『日本労働協会雑誌』359号
山川雄巳　1981　「三木武夫内閣」白鳥令編『日本の内閣（Ⅲ）　経済大国への道から模索の時代へ』新評論
───　1993　『政策とリーダーシップ』関西大学出版部
山岸　章　1990　「連合がめざすもの─八〇〇万官民の結集とこれからの労働運動」山田精吾監修『「連合」のすべて』エイデル研究所
山口二郎　1987　『大蔵官僚支配の終焉』岩波書店
山口剛彦　1984　「年金制度改革の経緯」『ジュリスト増刊総合特集』36号
山口みつ子　1992　「女性諸団体の女性政策に対する合意形成過程──全国組織50団体の連帯と行動」『女性学研究』2号
山口　都　1987　「政府のパート政策批判」『月刊労働組合』246号
山口　定　1980　「ナチズム研究と国家論」『経済評論』6月号
───　1982　「ネオ・コーポラティズム論における"コーポラティズム"の概念」『思想』692号
───・大嶽秀夫　1985　「戦後日本の保守政治」『書斎の窓』350号
山下泰子　1996　『女子差別撤廃条約の研究』尚学社
───　2000　「女性政策をめぐる動き──国連・国・自治体」大沢編集代表所収
山田省三　1993　「『パートタイム労働法案』の内容と問題点」『労働法律旬報』1309号
山田春雄　1985　「年間で一人七五万円のピンハネ」『労働運動』236号
山根直美　1993　「パート労働の現状とそのあり方」『労働運動』335号
───　1998　「パート労働者の平等待遇と権利の確立」『労働運動』401号
山野和子　1979　「労働現場の実態を無視した報告」「労務事情」編集部編所収
───　1984　「実効ある男女雇用平等法をめざして──労働省の『法案要綱』を批判する」『月刊総評』5月号
───　1990　「均等法の闘い　女性の自主・創意で　平等求めて全国行動」総評新聞編集部編『証言　総評労働運動』総評センター

　　　　　　　　1995　「一〇年目の提言」『労働時報』6月号
山本圭子　1993　「女子労働者をめぐる雇用慣行・雇用関係の変化──立法・判例・労
　　　　　　　　　働行政による継続就労阻害要因の排除」秋田編所収
山本敬三　1988　「女子差別撤廃条約と国内法の動向」『広島法学』第12巻第1号
山本　博　1993　「今こそ、外国人労働者問題を自分で考えよう！」『労働法律旬報』
　　　　　　　　　1306号
山本吉人　1987　『女子労働法制』一粒社
屋山太郎　1984　「『男女雇用平等法』は日本を潰す」『諸君！』5月号
　　　　　　　　1996　『官僚亡国論』新潮文庫
ヤンソン由美子　1987　『男が変わる　スウェーデン男女平等の現実』有斐閣
柚木理子　2001　「『ワークシェアリング』とジェンダー──ドイツにおける1970年代
　　　　　　　　　終わりの議論を中心に」竹中編所収
横山文野　2002　『戦後日本の女性政策』勁草書房
横山正博　1997　「パートタイム労働の基幹労働力化の背景と方向」『大原社会問題研
　　　　　　　　　究所雑誌』460号
吉川春子　2003　「大きな可能性、超党派『パート議連』」『女性労働研究』44号
吉澤英子　1989　「地域における取り組みの課題」『月刊福祉』6月号
吉宮聰悟　2000　「改正均等法施行に関する調査結果から──男女均等の取り扱いは
　　　　　　　　　進んでいるが内実が課題」『月刊労働組合』410号
　　　　　　　　2003　「労働者から提示する『均等待遇』の判断基準」『女性労働研究』44
　　　　　　　　　号
世登和美　1996　「ポスト福祉国家における女性政策形成の論理」同志社大学人文科
　　　　　　　　　学研究所『社会科学』56号
　　　　　　　　1997　「市民・ジェンダー・差異──『平等』からの自由」冨田宏治・神谷
　　　　　　　　　章生編『＜自由－社会＞主義の政治学──オルタナティヴのため
　　　　　　　　　の社会科学入門』晃洋書房
萬井隆令　2001　「労働者保護法制の原則と規制緩和」萬井隆令・脇田滋・伍賀一道編
　　　　　　　　　『規制緩和と労働者・労働法制』旬報社
リピエッツ，アラン（新井美佐子訳・解題）　2000　「ワークシェアリングとジェンダ
　　　　　　　　　ー」川崎賢子・中村陽一編『アンペイド・ワークとは何か』藤原書
　　　　　　　　　店
笠京子　1995　「省庁の外郭団体・業界団体・諮問機関」西尾・村松編所収
レームブルッフ，G．（辻中豊訳）　1986　「日本の読者のための序文」山口定監訳
　　　　　　　　　『現代コーポラティズム（Ⅱ）──先進諸国の比較分析』木鐸社

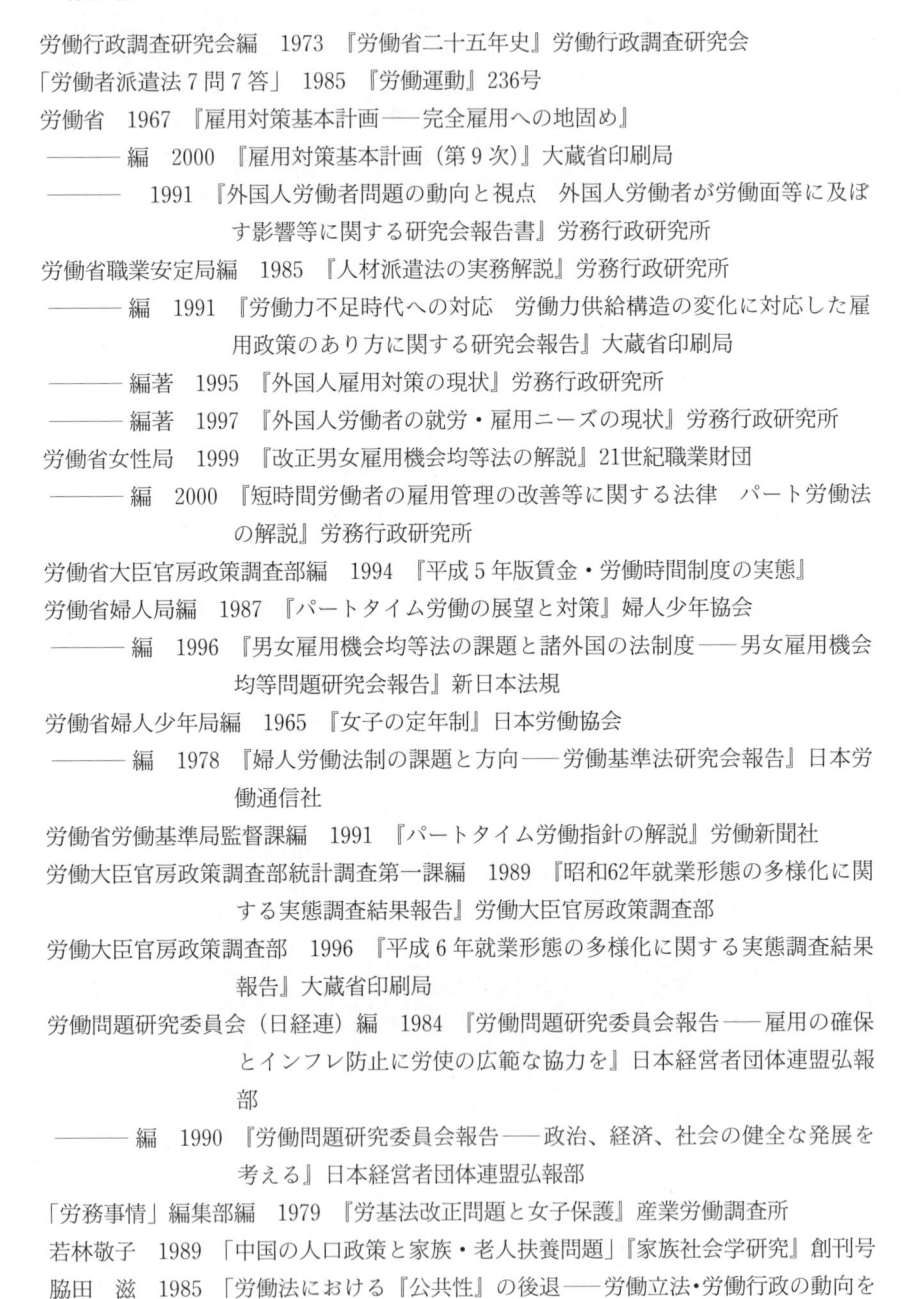

引用文献

労働行政調査研究会編　1973　『労働省二十五年史』労働行政調査研究会
「労働者派遣法7問7答」　1985　『労働運動』236号
労働省　1967　『雇用対策基本計画――完全雇用への地固め』
―――編　2000　『雇用対策基本計画（第9次）』大蔵省印刷局
―――　1991　『外国人労働者問題の動向と視点　外国人労働者が労働面等に及ぼす影響等に関する研究会報告書』労務行政研究所
労働省職業安定局編　1985　『人材派遣法の実務解説』労務行政研究所
―――編　1991　『労働力不足時代への対応　労働力供給構造の変化に対応した雇用政策のあり方に関する研究会報告』大蔵省印刷局
―――編著　1995　『外国人雇用対策の現状』労務行政研究所
―――編著　1997　『外国人労働者の就労・雇用ニーズの現状』労務行政研究所
労働省女性局　1999　『改正男女雇用機会均等法の解説』21世紀職業財団
―――編　2000　『短時間労働者の雇用管理の改善等に関する法律　パート労働法の解説』労務行政研究所
労働省大臣官房政策調査部編　1994　『平成5年版賃金・労働時間制度の実態』
労働省婦人局編　1987　『パートタイム労働の展望と対策』婦人少年協会
―――編　1996　『男女雇用機会均等法の課題と諸外国の法制度――男女雇用機会均等問題研究会報告』新日本法規
労働省婦人少年局編　1965　『女子の定年制』日本労働協会
―――編　1978　『婦人労働法制の課題と方向――労働基準法研究会報告』日本労働通信社
労働省労働基準局監督課編　1991　『パートタイム労働指針の解説』労働新聞社
労働大臣官房政策調査部統計調査第一課編　1989　『昭和62年就業形態の多様化に関する実態調査結果報告』労働大臣官房政策調査部
労働大臣官房政策調査部　1996　『平成6年就業形態の多様化に関する実態調査結果報告』大蔵省印刷局
労働問題研究委員会（日経連）編　1984　『労働問題研究委員会報告――雇用の確保とインフレ防止に労使の広範な協力を』日本経営者団体連盟弘報部
―――編　1990　『労働問題研究委員会報告――政治、経済、社会の健全な発展を考える』日本経営者団体連盟弘報部
「労務事情」編集部編　1979　『労基法改正問題と女子保護』産業労働調査所
若林敬子　1989　「中国の人口政策と家族・老人扶養問題」『家族社会学研究』創刊号
脇田滋　1985　「労働法における『公共性』の後退――労働立法・労働行政の動向を

中心に」『法の科学』13号
―――― 1995 『労働法の規制緩和と公正雇用保障――労働者派遣法運用の総括と課題』法律文化社
―――― 1998 「派遣労働者の権利をどう守るか」『労働運動』401号
和田信五・大沢真知子・清家篤・尾高煌之助 1989 「座談会 高齢者雇用と女子パートタイム労働の現状と課題」『日本労働協会雑誌』360号
「私たちの男女雇用平等法を！ 各地での取り組み」 1984 『あごら』89号
渡辺 治 1998 「『戦後型政治』の形成と農村――高度成長・農村・民主主義」南亮進・中村政則・西沢保編『デモクラシーの崩壊と再生』日本経済評論社
渡辺 賢 1997 「条約の締結と国内法整備――いわゆる女子差別撤廃条約批准時の議論を手がかりとして」中村・前田編所収
渡辺 峻 2001 『コース別雇用管理と女性労働＜増補改定版＞――男女共同参画社会をめざして』中央経済社
渡辺まゆみ 1986 「派遣労働者の声」現代フリーワーク研究会編著所収
渡辺道子 1995 「均等法成立のいきさつと法を生かす姿勢」『労働時報』6月号
渡辺勇策 1985 「情報処理産業の現状と法制化への意見」『ジュリスト』831号

外国語文献

Acker, J. 1994 Women, Families, and Public Policy in Sweden, in Chow et al. (eds.)

Addabao, T. 1997 Part-Time Work in Italy, in Blossfeld and Hakim (eds.)

Bachrach, P. and M. S. Baratz 1962 Two Faces of Power, *American Political Science Review*, vol.56, no.4

Baldock, C. V. 1994 Working without Wages in Australian Welfare, in Chow et al. (eds.)

Banaszak, L. A. and E. Pultzer 1993 The Social Bases of Feminism in the European Community, *Public Opinion Quarterly*, vol.57, no.1

Baxter, J. 1998 Will the Employment Conditions of Part-timers in Australia and New Zealand Worsen ?, in Fagan and O'Reilly (eds.)

Bearwald, H. H. 1974 *Japan's Parliament: An Introduction*, Cambridge University Press（橋本彰・中邨章訳『日本人と政治文化』人間の科学社，1974年）

Beckwith, K. 1987 Response to Feminism in the Italian Parliament: Divorce,

Abortion, and Sexual Violence Legislation, in Katzenstein and Muller (eds.)
Beechey, V. 1987 *Unequal Work*, Verso（高島道枝・安川悦子訳『現代フェミニズムと労働——女性労働と差別』中央大学出版部，1993年）
Berger, S. 1980 The Traditional Sector in France and Italy, in Berger and Piore
———— 1981a Introduction, in S. Berger (ed.)
———— 1981b Regime and Interest Representation: The French Traditional Middle Classes, in S. Berger (ed.)
———— (ed.) 1981 *Organizing Interests in Western Europe: Pluralism, Corporatism, and the Transformation of Politics*, Cambridge University Press
———— and M. Piore 1980 *Dualism and Discontinuity in Industrial Societies*, Cambridge University Press
Blossfeld, H. P. 1997 Women's Part-Time Employment and the Family Cycle: A Cross-National Comparison, in Blossfeld and Hakim (eds.)
———— and Hakim, C. (eds.) 1997 *Between Equalisation and Marginalization: Women Working Part-time in Europe and the USA*, Oxford University Press
Blossfeld, H. P. and G. Rohwer 1997 Part-Time Work in West Germany, in Blossfeld and Hakim (eds.)
Borchorst, A. 1995 A Political Niche: Denmark's Equal Status Council, in Stetson and Mazur (eds.)
Boreham, P., R. Hall, and M. Leet 1996 Labour and Citizenship: The Development of Welfare State Regimes, *Journal of Public Policy*, vol.16, no.2
Brinton, M. C. 1993 *Women and the Economic Miracle: Gender and Work in Postwar Japan*, University of California Press
Burchell, B. J., A. Dale, and H. Joshi 1997 Part-time Work among British Women, in Blossfeld and Hakim (eds.)
Calder, K. E. 1988 *Crisis and Compensation: Public Policy and Political Stability in Japan, 1949-1986*, Princeton University Press（淑子カルダー訳『自民党長期政権の研究　危機と補助金』文芸春秋，1989年）
Campbell, J. C. 1993 *How Policies Change: The Japanese Government and the*

Aging Society, Princeton University Press(三浦文夫・坂田周一監訳『日本政府と高齢化社会 政策転換の理論と検証』中央法規,1995年)
Carpini, M. X. D. and E. R. Fuchs 1993 The Year of the Women ?: Candidates, Voters, and the 1992 Elections, *Political Science Quarterly*, vol. 108, no.1
Carroll, S. J. 1989 Gender Politics and the Socializing Impact of the Women's Movement, in R. W. Sigel (ed.) *Political Learning in Adulthood: A Sourcebook of Theory and Research*, The University of Chicago Press
Chappell, L. 2002 The 'Femocrat' Strategy: Expanding the Repertoire of Feminist Activities, in Ross (ed.)
Chow, E. N., and C. W. Berheide 1994 Introduction: Studying Women, Families, and Policies Globally, in E. N. Chow and C. W. Berheide (eds.)
────── (eds.) 1994 *Women, the Family, and Policy*, State University of New York Press
Cobb, R., J. Ross, and M. H. Ross 1976 Agenda Building as a Comparative Political Process, *American Political Science Review*, vol.70, no1
Cohen, S. 1982 Informed Bewilderment, in S. Cohen and P. Gourevitch, *France in a Troubled World Economy*, Butterworth
Cook, A. H. 1980 Collective Bargaining as a Strategy for Achieving Equal Opportunity and Equal Pay: Sweden and West Germany, in Ratner (ed.)
Costain, A. N. 1988 Women's Claims as a Special Interest, in Mueller (ed.)
Cousins, C. 1994 A Comparison of the Labour Market Prospects of Women in Spain and the UK with Reference to the "Flexible" Labour Debate, *Work, Employment and Society*, vol.8, no.1
Coutrot, L., I. Fournier, A. Kieffer, and E. Leliebre 1997 The Family Cycle and the Growth of Part-Time Female Employment in France: Boon or Doom ? in Blossfeld and Hakim (eds.)
Curtis, G. 1987 *The Japanese Way of Politics*(山岡清二訳『「日本型政治」の本質──自民党支配の民主主義』TBSブリタニカ,1987年)
Dale, A. and C. Holdsworth 1998 Why Don't Minority Ethnic Women in Britain Work Part-time ?, in Fagan and O'Reilly (eds.)

Daune-Richard, A. 1998 How Does the 'Societal Effect' Shape the Use of Part-time Work in France, the UK and Sweden?, in Fagan and O'Reilly (eds.)

Delsen, L. W. M. 1995 Atypical Employment: An International Perspective: Cases, Consequences and Policy, Wolters-Noordhoff

―――― 1998 When Do Men Work Part-Time ?, in Fagan and O'Reilly (eds.)

―――― and T. van Veen 1992 The Swedish Model: Relevant for Other European Countries ?, British Journal of Industrial Relations, vol. 30, no.1

Derthick, M. 1979 Policy-Making for Social Security, Brookings Institution

Dobratze, B. A. 1986 Sociopolitical Participation of Women in Greece, in G. Moore and G. Spitze (eds.) Research in Politics and Society: A Research Annual, vol.2, JAI Press Inc.

Dogan, M. and D. Pelassy 1987 Le Moloche en Europe: Etatisation et Corporatisation, Economica（櫻井陽二訳『西欧先進社会と国家肥大 福祉国家とコーポラティズム』芦書房, 1992年）

Drobnič, S. and I. Witting 1997 Part-Time Work in the United States of America, in Blossfeld and Hakim (eds.)

Esping-Andersen, G. 1999 Social Foundations of Postindustrial Economies, Oxford University Press（渡辺雅男・渡辺景子訳『ポスト工業経済の社会的基礎　市場・福祉国家・家族の政治経済学』桜井書店, 2000年）

Fagan, C. and J. O'Reilly 1998 Conceptualising Part-time Work: The Value of an Integrated Comparative Perspective, in Fagan and O'Reilly (eds.)

Fagan, C. and J. Rubery 1996 The Salience of the Part-time Divide in the European Union, European Sociological Review, vol.12, no.3

―――― (eds.) 1998 Part-time Prospects: An International Comparison of Part-time Work in Europe, North America and the Pacific Rim, Routledge

Ferree, M. M. 1991 Political Strategies and Feminist Concerns in the United States and Germany: Class, Race and Gender, Research in Social Movements, Conflicts and Change, vol.13, JAI Press Inc.

Gelb, J. 1989 Feminism and Politics: A Comparative Perspective, University of

California Press.
Goetz, A. M. 2003 National Women's Machinery: State-based Institutions to Advocate for Gender Equality, in Rai (ed.)
Goldthorpe, J. H. 1984 The End of Convergence: Corporatist and Dualist Tendencies in Modern Western Societies (稲上毅訳「収斂の終焉——現代西欧社会のコーポラティズムとデュアリズム」), in J. H. Goldthorpe (ed.) *Order and Conflict in Contemporary Capitalism: Studies in the Political Economy of Western European Nations*, Clarendon Press (稲上毅・下平好博・武川正吾・平岡公一訳『収斂の終焉——現代西欧社会のコーポラティズムとデュアリズム』有信堂高文社, 1987年)
Goodwin, J. and J. M. Jasper (eds.) 2003 *The Social Movements Reader: Cases and Concepts*, Blackwell
Gornick, J. C., M. K. Meyers, and K. E. Ross 1997 Supporting the Employment of Mothers: Policy Variation Across Fourteen Welfare States, *Journal of European Social Policy*, vol.7, no.1
Greener, I. 2001 Social Learning and Macroeconomic Policy in Britain, *Journal of Public Policy*, vol.21, no.2
Gustafsson, S. 1984 Equal Opportunity Policies in Sweden, in G. Schmid and R. Weitzel (eds.) *Sex Discrimination and Equal Opportunity*, Gower Publishing
——— 1994 Childcare and Types of Welfare State, in Sainsbury (ed.)
Hakim, C. 1993 Notes and Issues: The Myth of Rising Female Employment, *Work, Employment and Society*, vol.7, no.1
——— 1997 A Sociological Perspective on Part-time Work, in Blossfeld and Hakim (eds.)
Hantaris, L. 2000 From Equal Pay to Reconciliation of Employment and Family Life, in Hantaris (ed.)
——— (ed.) 2000 *Gendered Policies in Europe: Reconciling Employment and Family Life*, Palgrave
Hartmann, H. 1976 Capitalism, Patriarchy, and Job Segregation by Sex, *Signs*, vol.1
Hastings, E. H. and P. K. Hastings (eds.) 1995 *Index to International Public Opinion, 1993-1994*, Greenwood Press

Heery, E. and J. Kelly 1988 Do Female Representatives Make a Difference ?: Women Full-time Officials and Trade Union Work, *Work, Employment and Society*, vol.2, no.4

Henig, R. and S. Henig 2001 *Women and Political Power: Europe since 1945*, Routledge

Hill, D. and L. Tigges 1995 Gendering Welfare State Theory: A Cross National Study of Women's Public Pension Quality, *Gender and Society*, vol.9, no.1

Houseman, S. and M. Osawa 1998 What is the Nature of Part-time Work in the United States and Japan?, in Fagan and O'Reilly (eds.)

Immergut, E. M. 1998 The Theoretical Core of the New Institutionalism, *Politics & Society*, vol.26, no.1

Kalleberg, A. L. and R. A. Rosenfeld 1990 Work in the Family and in the Labor Market: A Cross-National, Reciprocal Analysis, *Journal of Marriage and the Family*, vol.52

Kamerman, S. B. and A. J. Kahn 1981 *Child Care, Family Benefits, and Working Parents: A Study in Comparative Policy*, Columbia University Press

Kardam, N. and S. Acuner 2003 National Women's Machineries: Structures and Spaces, in Rai (ed.)

Katzenstein, M. F. 1987 Comparing the Feminist Movements of the United States and Western Europe: An Overview, in Katzenstein and Muller (eds.)

—— and C. M. Muller (eds.) 1987 *The Women's Movements of the United States and Western Europe*, Temple University Press

Kingdon, J. A. 1984 *Agendas, Alternatives, and Public Policies*, Little, Brown and Company

Korpi, W. 1983 *The Democratic Class Struggle*, Routledge & Kegan Paul

Lam, A. C. L. 1992 *Women and Japanese Management: Discrimination and Reform*, Routledge

Lukes, S. 1974 *Power: A Radical View*, Macmillan（中島吉弘訳『現代権力論批判』未来社，1995年）

Maier, F. 1994 Institutional Regimes of Part-time Working, in Schmid (ed.)

Marshall, A. 1989 The Sequel of Unemployment: The Changing Role of Part-

time and Temporary Work in Western Europe, in Rodgers and Rodgers (eds.)
Meyer, T. 1994 The German and British Welfare States as Employers: Patriarchal or Emancipatory?, in Sainsbury (ed.)
Mueller, C. 1988 The Employment of Women: Polling and the Women's Voting Bloc, in Mueller (ed.)
―――― (ed.) 1988 *Politics of the Gender Gap*, Sage
O'Connor, J. S. 1996 From Women in the Welfare State to Gendering Welfare State Regimes, *Current Sociology*, vol.44, no.2
OECD (various years) *Employment Outlook*, OECD
Olson, M. 1962 *Logic of Collective Action: Collective Goods and the Theory of Groups*, Harvard University Press（依田博・森脇俊雅訳『集合行為論―公共財と集団理論』ミネルヴァ書房、1983年）
Pempel, T. J. 1982 *Policy and Politics in Japan: Creative Conservatism*, Temple University Press
―――― and K. Tsunekawa 1979 Corporatism without Labor ?: The Japanese Anomaly（高橋進訳「労働なきコーポラティズムか――日本の奇妙な姿」）, in Schmitter and Lehmbruch (eds.)
Pfau-Effinger, B. 1993 Modernisation, Culture and Part-time Employment: The Example of Finland and West Germany, *Work, Employment and Society*, vol.7, no.3
―――― 1998 Culture or Structure as Explanations for Differences in Part-time Work in Germany, Finland and the Netherlands? , in Fagan and O'Reilly (eds.)
Pierson, P. 1994 *Dismantling the Welfare State ?: Reagan, Thatcher, and the Politics of Retrenchment*, Cambridge University Press
Piore, M. 1980a Dualism as a Response to Flux and Uncertainty, in Berger and Piore
―――― 1980b The Technological Foundations of Dualism and Discontinuity, in Berger and Piore
Piven, F. F. and R. A. Cloward 1971 *Regulating the Poor*, Vintage Books
Rai, S. M. 2003a Introduction, in Rai (ed.)
―――― 2003b Institutional Mechanisms for the Advancement of Women: Mainstreaming Gender, Democratizing the State ?, in Rai (ed.)

―――― (ed.) 2003 *Mainstreaming Gender, Democratizing the State ?: Institutional Mechanisms for the Advancement of Women*, Manchester University Press

Ratner, R. S. 1980 The Policy and Problem: Overview of Seven Countries, in Ratner (ed.)

―――― (ed.) 1980 *Equal Employment Policy for Women: Strategies for Implementation in the United States, Canada and Western Europe*, Temple University Press

Rees, T. 1992 *Women and the Labour Market*, Routledge

Ricca, S. 1989 The Behavior of the State and Precarious Work, in Rodgers and Rodgers (eds.)

Rodgers, G. 1989 Precarious Work in Western Europe: The State of the Debate, in Rodgers and Rodgers (eds.)

―――― and J. Rodgers (eds.) 1989 *Precarious Jobs in Labour Market Regulation: The Growth of Atypical Employment in Western Europe*, ILO

Rosenfeld, R. A. and G. E. Birkelund 1995 Women's Part-time Work: A Cross-National Comparison, *European Sociological Review*, vol.11, no. 2

Rosenfeld, R. A. and A. Kalleberg 1990 A Cross-Nationl Comparison of the Gender Gap in Earnings, *American Journal of Sociology*, vol.96, no.1

Ross, K. (ed.) 2002 *Women, Politics, and Change*, Oxford University Press

Rubery, J. 1998 Par-Time Work: A Threat to Labour Standard ?, in Fagan and O'Reilly (eds.)

Ruivo, M., M. do P. González, and J. M. Varejão 1998 Why is Part-Time Work So Low in Portugal and Spain, in Fagan and O'Reilly (eds.)

Sacks, P. 1980 State Structure and the Asymmetrical Society, *Comparative Politics*, vol.12

Sainsbury, D. (ed.) 1994 *Gendering Welfare State*, Sage

Sapiro, V. 1991 The Women's Movement and the Creation of Gender Consciousness: Social Movements as Socializing Agents, in O. Ichilov (ed.) *Political Socialization, Citizenship Education, and Democracy*, Teachers College Press

Sawer, M. 1991 Why Has the Women's Movement Had More Influence on Government in Australia than Elsewhere ?, in F. G. Castles (ed.) *Australia Compared: People, Policies and Politics*, Allen and Unwin

――― 2002 The Representation of Women in Australia: Meaning and Make-Believe, in Ross (ed.)

Schmid, G. 1994 Equality and Efficiency in the Labor Market, in Schmid (ed.)

――― (ed.) 1994 *Labor Market Institutions in Europe*, Sharpe

――― and K. Schömann 1994 Institutional Choice and Flexible Coordination: A Socioeconomic Evaluation of Labor Market Policy in Europe, in Schmid (ed.)

Schmidt, M. G. 1984 The Politics of Unemployment: Rates of Unemployment and Labour Market Policy, *Western European Politics*, vol.7, no. 3

Schmitter, P. C. 1979 Still the Century of Corporatism ? (辻中豊訳「いまもなおコーポラティズムの世紀なのか？」), in Schmitter and Lehmbruch (eds.)

――― and G. Lehmbruch (eds.) 1979 *Trends Toward Corporatist Intermediation*, Sage (山口定監訳『現代コーポラティズムⅠ――団体統合主義の政治とその理論』木鐸社，1984年)

Seiler, D. L. 1978 *Les Partis Politiques en Europe*, P. U. F. (天野恒雄訳『ヨーロッパの政党』白水社，1979年)

Shalev, M. 1983 The Social Democratic Model and Beyond: Two Generations of Comparative Research on the Welfare State, *Comparative Social Research*, vol.6

Skocpol, T. 1992 *Protecting Soldiers and Mothers: The Political Origins of Social Policy in the United States*, Harvard University Press

Smith, M., C. Fagan and J. Rubery 1998 Where and Why is Part-time Work Growing in Europe ?, in Fagan and O'Reilly (eds.)

Snow, D., and R. Benford 1988 Ideology, Flame Resonance, and Participant Mobilization, *International Social Movement Research*, vol.1

――― 1992 Master Frames and Cycles of Protest, in A. D. Morris and C. M. Muller (eds.) *Frontiers in Social Movement Theory*, Yale University Press

引用文献

Stetson, D. M., and A. G. Mazur 1995a Introduction, in Stetson and Mazur (eds.)
―――― 1995b Conclusion: The Case for State Feminism, in Stetson and Mazur (eds.)
―――― (eds.) 1995 *Comparative State Feminism*, Sage
Stratigaki, M. 2000 The European Union and the Equal Opportunity Process, in Hantaris (ed.)
Sundström, M. 1997 Managing Work and Children in Sweden: Part-Time Work and the Family Cycle of Swedish Women, in Blossfeld and Hakim (eds.)
Symeonidou, H. 1997 Full-Time and Part-time Employment of Women in Greece: Trends and Relationships with Life-Cycle Events, in Blossfeld and Hakim (eds.)
Teague, P. and J. Grahl 1998 Institutions and Labour Market Performance in Western Europe, *Political Studies*, XLVI
Teitelbaum, M. S. and J. M. Winter 1985 *The Fear of Population Decline*, Academic Press,（黒田俊夫・河野稠果訳『人口減少　西欧文明衰退への不安』多賀出版，1989年）
Terry, S. M. 1981 Involuntary Part-time Work, *Monthly Labor Review*, vol.104, no.1
Thomson, K. 1995 Working Mothers: Choice or Circumstance?, in R. Jowell et al. (eds.) *The British Social Attitudes: the 12th Report*, Dartmouth
Thurman, J. E. and G. Trah 1990 Part-time Work in International Perspective, *International Labour Review*, vol.129, no.1
Tilly, C. 1991 Reasons for the Continuing Growth of Part-time Employment, *Monthly Labor Review*, vol.114, no.3
Togeby, L. 1994 Political Implications of Increasing Numbers of Women in the Labor Force, *Comparative Political Studies*, vol.27, no.2
True, J. and M. Mintrom 2001 Transnational Networks and Policy Diffusion: The Case of Gender Mainstreaming, *International Studies Quarterly*, vol.45, no.1
Walwei, U. 1998 Are Part-time Jobs Better than No Jobs?, in Fagan and O'Reilly (eds.)

Wängnerud, L. 2000 Testing the Politics of Presence: Women's Representation in the Swedish Riksdag, *Scandinavian Political Studies*, vol.23, no.1

Watson, G. and B. Fothergill 1993 Part-time Employment and Attitudes to Part-time Work, *Employment Gazette*, May

Wiarda, H. J. 1997 *Corporatism and Comparative Politics: The Other Great "Ism"*, M. E. Sharpe

Willborn, S. L. 1997 Leased Workers: Vulnerability and the Need for Special Legislation, *Comparative Labor Law Journal*, Vol.19, No.1

Williams, C. 1992 *Beyond Industrial Sociology: The Work of Men and Women*, Allen & Urwin

Wise, L. R. 1993 Wither Solidarity ?: Transition in Swedish Public Sector Pay Policy, *British Journal of Industrial Relations*, vol.31, no.1

他に,『朝日新聞』,『日本経済新聞』,『毎日新聞』,『読売新聞』,『日経連タイムス』,『週刊労働ニュース』,『経済白書』,『厚生白書』,『労働白書』,『厚生労働白書』,『国民生活白書』,『女性白書』,『女性労働白書』,『働く女性の実情』,『通商白書』, 全国保育団体連絡会・保育研究所編『保育白書』, 法政大学大原社会問題研究所編『日本労働年鑑』などの各年版, およびいくつかのインターネット・ホームページを参照した。

あとがき

　本書は，2001年に一橋大学大学院社会学研究科に提出した博士論文「女性の就労をめぐる政策と政治——フレキシビリゼーション・平等・再生産」に加除を行なったものである。といっても，分量からいえば，削った部分の方がはるかに大きい。

　大学院に入った当初は，こういうテーマにたどり着くとは思いもしなかったが，新しい社会運動論を通じて女性運動に関心をもったこと，政治経済学の文献を読む中で，女性の就労がポスト高度成長期の経済システムにとってもつ意味がきわめて大きいと感じたこと，その割には（その重要性を指摘する人も多い割には）本格的に取り組んでいるのは，主としてジェンダーの問題に関心をもち，専らその視角で研究している人がほとんどではないかと思われたこと，そして少子化問題はまさに国家論の一大テーマなのではないか，と考えたことなどが合わさって，それらの問題関心を束ねるような形で，博士論文の全体像を構想した。だが，それがおぼろげながら見えてきたのは，長かった院生生活ももうかなり終盤になった頃である。

　したがって，元の論文は，全体像がまだ見えていなかったばらばらの時期に，ばらばらのねらいで書かれたものを大量に含むため，つながりのよくないところが少なくなかった。ちなみに，本書の中で既発表論文に比較的近い状態で残っているのは，第7章（「少子化問題——そのアジェンダ化の軌跡—数値の発表と国家の政策」『賃金と社会保障』1265・1266号，2000年）と第8章（「政策の複合的効果—女性の就労をめぐる体系性の欠如」『レヴァイアサン』28号，2001年）である。

　元の論文が完成してから3年も経ってしまったが，その間，部分部分の連関や全体のバランスを修正しながら，もともと一つの作品であったかのようなものにしたいと思っていた。かなりましになったとは思うが，それでもやはり，最初から一つの作品として構想して書かれたようなものにするのは，無理だと思うにいたった。また，この間に少子化問題との関連もあり，女性の就労については世間の関心がさらに高まった感がある。本格的な研究にジャーナリステ

ィックなものも合わせると、関連文献が次々に出てきて、私がちまちま収集した情報が減価していくという恐怖を、日々感じるようになった。そのため、一刻も早く本書を出版してしまわなければ、と思うようにはなったのだが、それからさらに、まとめるのにもたもたしてしまった。ただ、その作業を通じて、元の論文ではやや不明瞭だった主張が（中には、筆者自身、気づいていなかったような論点も）クリアになったところもあるので、この期間が全く無駄であったとは思わないことにしたい。

　元の博士論文をかなり削ったとはいえ、それでもまだ本書の本文は非常に長いので、「あとがき」くらいは簡潔に、以下ではお世話になった方々へのお礼のみを述べたい。

　博士論文を審査して下さったのは、加藤哲郎，木本喜美子，高田一夫，渡辺治といった諸先生方である。いただいたご指摘のすべてに対し、満足のいく修正ができてはいないと思うが、それでも先生方からいただいたコメントは常に意識しながら、修正作業を進めたつもりである。元の論文より改善が見られるとすれば、先生方のおかげである。

　大学院時代の指導教員は加藤哲郎先生であった。何かにつけスケールの大きい加藤先生には、のびのびと育てていただいたと思っている。移り気な筆者が、どんなテーマに興味を示しても、またテーマを変えたのかなどということもなく、「それなら、あれ知ってる？　あれは読んだ？」と、速やかに情報提供をしていただけたのは、加藤先生の守備範囲の広さならではだと思う。副指導教員は渡辺治先生であった。修士１年の頃から、長期間、ゼミに出させていただき、渡辺ゼミのみなさんとわけ隔てのないご指導をいただいたと思っている。筆者の拙い修士論文に、詳細なコメントをいただいたことは、今も忘れられない。お二人とも超人的なところがあるので、筆者はお二人の真似をしようと思ったことは一度もないが、おそらく有形・無形のさまざまな影響をお二人から受けている。今はただ、森茂樹先輩の名言「弟子は師匠の悪いところに似る」を肝に銘じ、ワーカホリックに気をつける日々である。

　学部時代の恩師は、田中浩先生，西成田豊先生である。会社勤めを始めて間もない筆者が、大学院で勉強したいなどと考えるきっかけは、おそらくお二人によってもたらされたものと思われる。田中先生には今日なお、研究会でご指

あとがき

導いただいている。田中先生を囲む研究会では"末っ子"的な立場である筆者は，先輩のみなさんにもいろいろご指導いただいた。また，大学院受験前にフランス語の勉強のため，佐野泰雄先生のゼミに押しかけ，修士時代も引き続きお世話になった。フランス語は使い物にならなくなってしまったが，思えばフェミニズムの文献を初めて読んだのは，佐野先生のゼミでだった。

矢澤修次郎先生の新しい社会運動研究会では，研究会というよりはほとんどゼミのように毎週集まり，ハイペースで社会運動に関する文献の購読を行ない，筆者には予習がしんどかったが，議論は楽しかった。渡辺雅男先生のゼミには１年間お邪魔しただけだが，その後も行き帰りの電車でご一緒する機会が多く，おそらくゼミでは聞けないようなことも含めて興味深いお話をたくさん聞かせていただいたことは，懐かしい思い出となっている。

研究会や私信，その他の機会に助言や励ましの言葉をいただいた方も少なくない。お名前を挙げきれないが，とりわけ院生時代に声をかけていただいた方を中心に若干，挙げさせていただくとすれば，五十嵐仁，岩本美砂子，進藤兵，田口富久治，といった諸先生方である。また，厚かましく抜き刷りを送りつけてくる見ず知らずの大学院生に，報告や執筆の機会を与えてくださった，久米郁男，宮本太郎両先生にもお礼を申し上げたい。

ゼミなどでご一緒した方々からも，さまざまな刺激や教えをいただいた。これも書ききれないので，よく議論の相手をしていただいた，髙橋善隆，松尾秀哉，森茂樹という３氏のお名前を挙げるに止めたい。なお，筆者は院生時代に，学長選・学生部長選への学生参加制度改廃問題や日の丸掲揚問題などを通じて，間近に「政治」を観察する機会を得た（その意味で，文部省ならびに一橋大学当局は実に"教育的"であった）。それらの問題をめぐって（オンライン・オフラインを問わず）議論の相手になってくれたみなさんにもお礼を申し上げたい。

現在の職場である，名古屋市立大学人間文化研究科・人文社会学部の同僚ならびに学生・院生のみなさんには，働きやすい環境を提供していただいていることを感謝している。また，"名古屋「政治と社会」研究会"のメンバー（大園誠，坂部真理，田村哲樹，中田晋自，柳原克行，渡辺博明の各氏に，最近，愛敬浩二氏にも加わってもらった）には，研究上の刺激を与えてもらっているのはもちろんであるが，筆者にとっては，名古屋における数少ない同世代の友

あとがき

　人としておつき合いいただいていることに，本当に感謝している。
　多くの著書のあとがきに，担当編集者への謝辞が書かれていることを考えると，勁草書房の町田民世子氏への感謝の言葉は，もう少しスペシャルな書き方でなければならないだろうと思う。大学院生だった筆者を"発見"し，わざわざ居所を突き止め連絡をくれた町田氏は，ほどなく完成した筆者の博士論文を読んで，出版を勧めて下さった。就職も決まっていなかった大学院生にとって，どれほど励みになったかわからない。以来，さまざまな助言や情報の提供を受けつづけている。3年も待たせてしまったことを申し訳なく思う。
　最後に，私事にわたって恐縮であるが，両親への感謝を述べたいと思う。

　　2004年11月

　　　　　　　　　　　　　　　　　　　　　　　　　　　　堀江　孝司

人名索引

ア 行

アイゼンハワー　76
アヴェリット，R.　64
青柳武　261,270,
赤松良子　210,228-229,231,234-236,251,
　　253,256,258,262,264,270,274,276-277,
　　281-282,286,288-291,295,297,300,302-
　　303,305
浅倉むつ子　261
飛鳥田一雄　106
芦田甚之助　47
安倍晋太郎　241
荒川春　208,323
有泉亨　251,256-257,287,289
有沢広巳　35,45
伊沢実　254
石川吉右衛門　152
石田雄　102
石田博英　106
石橋湛山　105-106
市川清美　261,277
市川房枝　126-127,232,237-238,241,359
伊東正義　238
稲上毅　111,138-139
稲山嘉寛　274-275
猪口邦子　127
岩井章　248
岩本美砂子　140
ウィード，E.　232,234
ウィルダフスキー，A.　132
植木光教　127
ウェッブ夫妻　75
内山達四郎　155
内山融　364
宇野宗佑　216
浦野幸男　249
江原由美子　139
大内力　150,159
大来佐武郎　238

大國昌彦　94
大河内一男　249
大沢真理　52,54,382
太田芳枝　326
大嶽秀夫　131
大槻文平　263,274
大坪健一郎　112,279,360
大野明　279
大羽綾子　232,244,302
大橋敏雄　171
大平正芳　238,241-242,349
大脇雅子　211,355
岡田克也　140
奥田碩　73,94-95,315,362
オコンナー，J.　364
小野旭　72
小野功　199
小野善康　304
小渕恵三　96,238
オルソン，M.　116,134

カ 行

カーティス，G.　104
海部俊樹　311
影山裕子　231
梶山静六　217
加藤紘一　113
加藤孝　39-40,49,154,170,172,179
加藤敏幸　209
加藤寛　304
加藤六月　311
金子みつ　276
カルダー，K.　104,138
ガンジー，インディラ　76
岸信介　105
喜多村浩　29,241-242,261,263-264,266,271
木村尚三郎　73
キャンベル，J.　105,342,382
キングダン，J.　331
草野厚　304

人名索引

久米郁男　63
倉石忠雄　103
クリントン　129
桑原敬一　240
小池和男　89
小泉純一郎　86,105,380
郷良太郎　159
ゴールドソープ　19,109
小粥義朗　61,90
神代和欣　209
児玉正昭　213
五島昇　276
小林良彰　118
小林良暢　179
コルピ，W.　123
近藤鉄雄　206,217

サ 行

酒井和子　214
堺屋太一　96
坂口力　64,73,77
坂本修　168
坂本三十次　197,241,275,295
笹森清　48
佐藤ギン子　197,290,299
佐藤博樹　185,368
佐野美代子　261
塩田咲子　339
柴田知子　238-240,243
柴山恵美子　196,333
清水嘉与子　323
清水傳雄　91
シュミッター，P.　109
白井晋太郎　91
鈴木永二　72,201,322
鈴木善幸　112,240,304
スターリン　75
スタンダー，G.　232-233
諏訪康雄　38,221
関根秀一郎　173

タ 行

ダウンズ，A.　104
高木剛　64
高梨昌　38,46,59,90,150-151,154-155,157-158,172,179,197-199,206-207,209
高橋柵太郎　323
高橋展子　231,238,240,256
高橋彦博　138
高原須美子　119
田口富久治　102
武石恵美子　373
竹内義信　162
竹村泰子　276
多田とよ子　44,253
田中角栄　106
田中寿美子　232
田辺照子　235,302
谷勝宏　138
谷垣専一　303
谷野せつ　232-233,235
筑紫哲也　140
チャウ，E. N.　12,352
辻中豊　111,304
津島雄二　310,311,312
津田眞澂　51
筒井清子　55,283
土井たか子　128,348
東畑精一　73
堂本暁子　128
土光敏夫　304

ナ 行

中窪裕也　290
長洲一二　107
中曽根康弘　108,112,114,167,293-295,304,319,348-349,351,353,358
永野健　40
中野麻美　213
中野実　139
中坊公平　48
中山伊知郎　73
中山マサ　119
西室泰三　94
仁田道夫　59
縫田曄子　237
野中広務　118,128,139,141

ハ 行

バーガー，S.　19

427

人名索引

ハーキム, C.　9,55-56
橋本龍太郎　113,118,128,139,310
長谷川茂　214
羽田孜　206,217
早川崇　88,317-318,323-324,360
ピオリ, M.　19
樋口恵子　86
樋渡展洋　138
深沢俊郎　46
普勝清治　94
藤井勝志　39,257
藤井得三　29
藤尾正行　240,317
藤田たき　232,234-235,238
藤波孝生　240
藤原栄子　232
ブランジャール　167
ベヴァレッジ　75
ヘクロ, H.　132
ペンペル, T. J.　104
ホール, P.　132
堀勝洋　357
堀内光雄　204

マ 行

増本敏子　171
松岡三郎　273
松崎芳伸　196,263
松原亘子　231,289-290,304
マハティール　130
丸山仁　134
三浦まり　140
三木武夫　118,126-127,139-141,236
三木武吉　105
水田務　346
三矢隆夫　261
三治重信　88

三淵嘉子　258,260
宮川尚三　160,163
宮里邦雄　160,168
宮沢喜一　304,357
ミュダール, アルバ　75
武藤嘉文　310
村松岐夫　104,138
茂木賢三郎　94
盛田昭夫　72
森喜朗　85-86,98-99
森山真弓　119,228,251-252,279,286,302-304,360,376

ヤ 行

矢野朝水　343
山川菊栄　232,235
山岸章　40,206,321
山口新一郎　345-346,357
山口敏夫　51,70,168
山田潤太郎　266
山田清吾　113
山野和子　203,261,268,276-277,286,299
山本興一　165
山本貢　261
幸重義孝　165,168
横山文野　3,12
吉原健二　344

ラ 行

ルークス, S.　139

ワ 行

鷲尾悦也　95,110
和田勝美　261
和田信五　183
渡辺峻　31
渡辺道子　261-262,273,297

事項索引

ア 行

朝日新聞　　176,299,309,327,351
新しい社会運動　　133-134,141
アファーマティヴ・アクション　　259
安全衛生局　　234
アンペイドワーク　　12,60,377
生きがい就労　　59
育児介護休業　　24
育児・介護休業法　　24,335
育児休業(休暇)制(度)　　311-313,316-324,
　335,326,363,378
育児休業法　　11,125,132,264,268,306,315-
　316,322-323,325-326,332-335,360,371
遺族年金　　340-341,357
1.57ショック　　11,72,98,307,319-320,322,
　326-327,332,360
一党優位政党制　　101
一般消費税　　349
一般職　　30,34,297
一般女子保護規定　　255,304
イデオロギー過程　　108,138
移民（労働者）　　17,63,69,87,93,95-98
ヴィスコシティ　　108,177,296
産めよ殖やせよ　　75-76
売上税　　350-351,359-360
　　──法案　　179,350-351
運輸省　　232,283
江戸川ユニオン　　198,213
エンゼルプラン　　77,85,330
大蔵省　　40,105,129,182,217-218,222,226,
　285,330,332,342,350-352,354,357-359,
　365,370
オルソン問題　　133

カ 行

介護休業制度　　71
外国人問題　　95
外国人労働者　　9,11,17-18,63,69-71,81-82,
　87-90,92-98,310,362,367

外国人労働者問題研究会　　89
介護保険　　337
改正均等法　　125,305,371
改正派遣法　　173
下位政府　　352
外務省　　236-239,242-243,359
革新自治体　　104,106-107,113,138,281
閣法　　296
家族政策　　77,80
家族単位（モデル）　　3,124,370
価値推進団体　　141
家庭責任　　60
家内労働法　　220
家父長制　　12
過保護論　　247
完結出生児数　　77
関西経営者協会　　261,266
関西経済連合会　　314
間接差別　　297
関東経営者協会　　29
機会の平等　　259,262,372
擬似(的)パート　　55,182-186,195,198-199,
　203,208-209,213
　　──労働者　　209
季節工　　35
逆転現象　　43,337,347,350
救職意欲喪失者　　61
教育基本法　　382
共産党　　113,115,124,138,168-169,174-175,
　193,203,211,275,278,303
行政改革（行革）　　234,285,317,344
　　──会議　　127
行政管理庁　　149,174,191,214,221
勤労婦人福祉法　　198,226-227,256,275-276,
　278,294-295,316,318
クォータ制　　259,303
クロヨン問題　　349
経済企画庁（経企庁）　　59,75,82,285
経済財政諮問会議　　86
経済同友会　　28,34,39,73,75,82-83,91,95,

429

事項索引

97,161,271-272,314,317,333
警察庁　89,147,160,163,178
経団連　26,92,274,314,317
警備業法　162
契約社員　34
結果の平等　259,262,372
月刊自由民主　113,140
結婚退職制　31
現役世代　68-69,82,86
建設雇用改善法　150
建設省　285,313,330
公共職業安定所（職安）　147,178,189,285,304
合計特殊出生率　67,69,81,83,307,309-310,314,328-329,332-333
厚生省　68,85,197,232,285,305,307,311-314,322,328-331,334,339,342-346,352,354,358,360,365,380
――人口問題研究所　68,309
厚生白書　85,93,308,329,345,353
厚生年金保険法　343
厚生労働省（厚労省）　54,58,63,74,76,83,173,341-342,368,372,380
公的介護保険制度　124
公民権法　119,224-225
公明党　138,165,168-169,171,193,203,205-206,228,275,278,303,318-319,348
合理的選択理論　222
高齢化　8,65,67-68,308,310,320,327-328,331,373
――社会　67,308-309,311,330,345
――率　68
高齢者人口　328
高齢出産　329
コース別雇用管理（コース別人事）制度　29-32,297,305,372
コーポラティズム（ネオ・コーポラティズム，マクロ・コーポラティズム）　6,15-17,42,62-63,107,109-112,115-116,121,123,138-139,292,360
ゴールドプラン　330
国際女性（婦人）年　126,130-131,137,225,228,230,235,249,287,294,302,304-305
国際婦人年日本大会の決議を実現するための連絡会　226-227,237,263,282,355

国際婦人年をきっかけとして行動をおこす女たちの会　282
国籍法　237,239
国民会議白書　45,59
国民生活研究会　82
国民生活白書　75,335
国民年金第一号被保険者　84,344
国民年金法　342-343
国民負担率　99
国立社会保障・人口問題研究所　68
国連　67,69,129-130,137,235-236,252,311,376
国連局　236,238,242
国連女性差別撤廃委員会（CEDAW）　51,325
国連女性（女子，婦人）差別撤廃条約　11,130,134,223,225,227,235-236,238,242-244,252,262,275,277,281-282,291,295,297,301,303,318-319,325,359,363,366
国連女性（婦人）の10年　130,137,225,228,236,294,296,301-302,339
「国連婦人の10年」推進議員連盟　318
55年体制　108
個人単位（モデル）　3,124,370,382
子育て支援　335
国家公務員法　303
子供人口　310,328
こども未来財団　83
コペンハーゲン会議　239
コミュニティユニオン首都圏ネットワーク　214
雇用対策基本計画　36,38,71,88,94
雇用政策研究会　64,98
雇用調節弁　26-27,213
雇用平等法問題調査研究会　258
雇用保険法　199
雇用問題閣僚懇談会　39

サ 行

再雇用制（度）　305,320
財団法人21世紀職業財団　208
最低賃金　172
最低賃金法　189,192,200
三六協定　25,247
サラリーマン新党　113
サラリーマン問題議員連盟　113,119

事項索引

参議院社会労働委員会　164,226
産業労組懇話会（産労懇）　108,138,204,281
サンケイ新聞　299
三次元権力　55,118,139
産児制限　82,327
ジェンダーの主流化　379
ジェンダー平等政策　118
仕事と子育ての両立支援策に関する専門調査会　86
次世代育成支援対策推進法　86
下請け（企業）　17,19,27
自治省　285,308,330
実力者政治　139
児童家庭局　305,307,330
自動車産業雇用会議　247
児童手当法　312,330
自民党　19,62,101-108,112-115,117-121,
　　123-125,138-139,141,165,169-168,177,
　　193,196,206-207,215-218,221-222,240,
　　264,278-279,281,292,310-311,317-319,
　　323-325,335,342,348,354-355,359-360,
　　371
　──少子化問題調査会　98
　──女性局　140
　──税制調査会（自民党税調）　113,215,
　　348
　──婦人部　120
シャウプ税制　346,349
社会経済国民会議　45,59,192
社会経済生産性本部　110
社外工　146
社会党　102,104,106,115,119,124,138,168-
　　170,174-175,193,198,203,205-206,211,
　　228,232,275,278,303,318-319,348,355
社会保障制度審議会　343,345
社会労働委員会　114-115,169,304
若年人口　69
若年定年制　31
社民党　128
社民連　168-169,174-175,203,205,228,278,
　　319,348
衆議院社会労働委員会　165,280
就業人口　69
就業における男女平等問題研究会議　249
集合行為問題　363

就職差別　298
終身雇用（制）　27,32,34-35,39-41,165,170,
　　179,263,275,369
自由党　334
自由法曹団　167
自由民主党婦人憲章　120,140
就労調整　65,216,218,337-338,342,353-
　　354,369-370
主税局　357
出産奨励策　82
出生児童数　308,320
出生数　309,311,328
出生政策　80
出生率　8,62,67-69,71,77-83,85,93,95,307
　　-308,310-316,322-324,327-330,333,373-
　　374
出生力　66
主婦連　119
商業労連　50,256
少子化　1,8-9,66,69,73,76,78,83,85,93,98,
　　306-309,314-315,319,326-334,365,375,
　　378-379
　──社会対策基本法　66
　──社会を考える懇談会　73,78
　──対策　2,75-77,82-83,86,95,98,306-
　　307,329,332,335,363,373,378-380,382
　──対策企画室　76
　──対策推進基本方針　331
　──対策推進に関する決議　306
　──対策プラスワン　76,86,98,334,380
　──問題　2,8,11,72,75,85-86,137,307-
　　309,313-315,320,325-326,330,332,334,
　　365,373-374,380
少子高齢化　5,9,11,66,69,81,86,341,378,
　　382
少子社会　335
少年人口　309
消費税　349,351,360
情報サービス産業協会　162
常用雇用型　22,25,156,
職安法施行規則　146,148,163
職業安定行政　33
職業安定局（職安局）　12,147,149-150,153,
　　175,185,195,231,258,284-285,304
職業安定法（職安法）　28,145-155,158,161,

431

事項索引

164,171-172,174,361,364
女子再雇用制（度）　312,335
女子パートタイム労働対策に関する研究会
　38,194,197,220
女子（女性）保護規定　8-9,11,122,132,160
　-161,247-255,259,262,264-265,267-271,
　274,276,278,280-281,283,285,289-290,
　292-293,300,361-363,368,374,376,382
女性運動　117-120,125-126,130,133-137,
　139,141-142,232,241,243,250,257,263,
　281-282,284,288,292-294,301,303,355,
　361,371
女性局　226,230,290,300,302,366,372,375-
　376,378,382
女性参政権　294
女性政策　2-5,12,118,133-134,140,231
女性政策課　378
女性党　139
女性労働政策　290,376
ショック・アブソーバー　61
新運転　166
新エンゼルプラン　85,330—331
しんぐるまざあず・ふぉーらむ　341
人口減少社会　315
人口政策　75-77,79-81,97,334,373
人口置換水準　67,80,329
人工妊娠中絶　75,77,141,334
人口問題　75,321,326,365
人口問題審議会　335,378
人材派遣　147,150,152-153,157,159,171
　――会社　34,146-147,150,157,163,174
　――業　149-150,153-154,158,162,165,
　169,176
　――事業　147,153
人材不足　70
新産別　152,165,167
新時代の日本的経営　32
新自由クラブ　168,177,215
新制度論　101
新党さきがけ　128
新パート制　71
健やかに子どもを生み育てる環境づくりに関す
　る関係省庁連絡会議　313
住友セメント判決　247
成果主義　34

生活大国5ヶ年計画　89
税金党　113
政高官低　218
政策課題　131-133,365,368,370,373,378-379
政策過程　108,138
政策推進労組会議　192
政策ネットワーク　118,126,134
政策領域　2-4,11,115,352-354,360,370,378
　-379
生産年齢人口　67,69-70,74
政治的機会構造　125,140,379
政治的社会化　136
政治的有効感　136
税制改革　11,339,346,348-352,354,358-359,
　365,370-371,379
政党間競争　76,79,107,120-121,215,360
性別役割分業　83,85,121,339,378
政務調査会　112,114,120,138,279,311
政府税制調査会（税調）　346-351,353,357-
　359
生理休暇　247,249-255,257,259,262-263,
　265,267,269-270,272,274,276-277,292,
　303,361
セーフガード　217
セーフティネット論　369
赤瀾会　232
セクシアル・ハラスメント（セクハラ）
　123,135,141
全建総連　153
全港湾　153,166
全国一般東京中央市場労組　166
全国社会福祉協議会　308,327
全国中小企業団体中央会　201,247,262
戦後政治の総決算　349
潜在的な労働力率　381
ゼンゼン同盟　44,47,53,64,179,193,197,253
全米女性機構（NOW）　141
全民労協　112-113,193,197-198,227,268,
　275,319,348
全労協　109
全労働省労働組合　253
全労連　24,109,147,212
総合職　30,297-298,316,372
造船雇用会議　247
創造的保守主義　104,118

432

事項索引

総評　44,46-47,60,112,122,152-155,158,164
　-168,170-171,187,192,197-198,201,203,
　248,252-253,261,267,283,286,298-299
　――弁護団　152,167,168
総務庁　138,182,313
総理府　79,127-128,136,299,302,335
　――婦人問題担当室　236,238,243
ソーシャル・ダンピング　129-130
族議員　102-103,114-115,118-120,139-140,
　293,332,352,359-360

タ 行

大学職業指導研究会　297
大企業労使連合　107
待機児童　65,86
　――ゼロ政策　380
第三号被保険者　84,338,355-357
　――制度(三号制度)　4,336-337,340-342,
　344,355-357,360,370,374
第二波フェミニズム運動　136
第二臨調　304
多元主義　6,101-103,107-108,114,116-117,
　138
短時間パート　55,57,185,190,203
短時間労働者(雇用者)　58,182,184,193,
　209,212-214
単純労働者　88-94,96-97,159
男女(間)賃金格差　16,42,62,244,298,377
男女共同参画　84,128,140,371-372,379-380,
　382
　――会議　85,127
　――局　127-128
　――室　127,354
　――社会　1,119,136,371,378,382
　――社会基本法　125,128,141,371,382
　――審議会　227,358
　――推進室　302
　――推進本部　127
　――ビジョン　358,378
男女雇用機会均等法(均等法)　9,11,29-32,
　34,120-122,125,130,132,134,160,164,176
　-177,197,200,205,212,214,223-229,235,
　240-241,244-246,248,250-251,260,266-
　268,270,275-282,284-292,296-303,305,
　312-313,316-318,323,335-337,346,351-
　353,359-361,363,366-367,372,374-377,
　379
男女平等オンブズマン　285
男女平等法制化準備室　260,285
男女平等問題専門家会議　258-261,267,287
男女別定年制　245
男性稼ぎ手モデル　3,9
地方公務員法　303
中央教育審議会(中教審)　293
中央職業安定審議会(中職審)　33,90,150,
　154-156,158-160,166
中央労働基準審議会　194,196,257,382
中間労働市場(論)　28,39,161
中職審労働者派遣事業等小委員会　176
中立労連　152-153,155,158,165-166,168-
　169,253
超高齢化社会　84,324,338,345
長時間パート　186
重複メンバーシップ　116
賃金格差　23,42,177,206,367
通産省　40,69,80,160,162-163,178,197,
　226,284-285,291,313
通商白書　94
抵抗勢力　103
低出生率　16
テイラー主義　187
鉄鋼連盟　247
デュアリズム　15-19,62-64,109,177-178
電機連合　50
電機労連　55,153,165,169,174,179
典型的パート　199
電電公社　247,304
テンポラリー・センター　163
同一価値労働同一賃金　43,130,141
統一労組懇　227
東京工場団体連合会　247
東京商工会議所(東商)　93,149,153,159,
　189,196,199-201,216,222,247,254,262,
　322
東京・生活者ネットワーク　356
東京ユニオン　173
東京・ワーカーズ・コレクティブ協同組合
　356
同盟　112,152,155,158,165,167-168,192-
　193,253,256,261,268,273,278,303

433

事項索引

登録型　22-23, 25, 49, 156, 157
特定職種育児休業法　316, 318-319
土光臨調　302
ドメスティック・バイオレンス（DV）　135
努力義務規定（規定）　195, 205, 226, 246, 266, 270, 273, 276, 278, 280, 285, 298, 302, 325, 335

ナ 行

内閣府　85, 127
内閣法制局　230, 276, 342
ナショナル・マシーナリー　118, 125-128, 132-133, 140-141, 230, 353-354, 376
ニーズ論　50-52, 54, 62, 367
二院クラブ　138
21世紀職業事業団　298
二十一世紀日本の構想懇談会　96
二重構造　8, 16-19, 35-37, 61-62
二重労働市場論　51
日弁連　171, 278, 303
日経連　26, 29-30, 32-33, 48, 61, 66, 71-73, 82, 92, 94-95, 97, 99, 114, 161, 183, 189, 191, 196, 198, 201, 203-204, 208, 214, 219, 221, 241-242, 247, 261-264, 266, 268, 271-272, 274, 279-280, 282, 300, 309, 311, 314, 317, 319-320, 322-325, 332-333, 363
　——中小企業問題特別委員会　271
　——トップ・セミナー　94
　——富士吉田セミナー　30
二分二乗課税（方式）　346-348, 357
日本型福祉社会　120
日本経済新聞（日経新聞）　299, 310, 328
日本経団連　73, 86, 94-95, 315, 362, 380
日本事務処理サービス協会　159, 163
日本出版労組連合会　167
日本商工会議所（日商）　96, 261, 276, 281, 317
日本新聞協会　247
日本生産性本部　71
日本百貨店協会　63
日本紡績協会　247
日本民間放送連合会　167
日本民主法律協会　167
日本有職婦人クラブ　299
日本労働協会　159
日本労働研究機構　53, 183

ネガティブ・リスト方式　173
年金改革　11, 339, 345-346, 352-353, 358, 360, 365, 370-371
年金局　343-346, 357
年功賃金制　32
年少人口　310
年少労働課　229
年少労働部会　260
農水省　285
能力主義　320

ハ 行

パート（雇用，就労）　6-8, 10, 16, 18, 20-24, 27, 30-32, 34, 40-50, 52-54, 56-57, 59-65, 70, 97, 178, 181-187, 189-190, 192-194, 197-204, 209, 214, 216-217, 219-220, 267, 283, 337-338, 347-348, 357, 367-370, 375-377
　——議連（パートタイム労働者等の均等待遇を実現する議員連盟）　124-125
　——減税　46, 206, 216-219
　——サテライト　221
　——春闘　47, 197
　——タイマー（パート労働者，パートタイム労働者）　1, 4-7, 9-10, 12, 16-19, 21-27, 33-35, 38-45, 47-61, 63-65, 71, 87, 97, 112, 117, 125, 139, 153, 180-204, 206-208, 210-222, 267, 337-338, 340, 354, 357, 363-364, 367-370, 375, 377
　——タイム　6, 10, 20-21, 23-24, 39, 53-54, 56, 60, 182-183, 186, 193
　——タイム雇用　50-51, 57, 188
　——タイム就労　370
　——・プロジェクト（チーム）　191, 194, 196-197
　——（タイム）労働　6, 9-12, 19-21, 23, 38, 40, 50-52, 55, 60, 64, 125, 133, 180-181, 187, 189-192, 194-195, 198-202, 204-205, 207-208, 210-211, 215, 219-220, 337, 363-364, 367-368
　——タイム労働研究会　368
　——（タイム）労働市場　198, 204, 207-208
　——タイム労働指針　181, 204-205, 212-214, 217, 221, 367
　——タイム労働者対策　202
　——タイム労働者福祉法　197, 202, 211

434

——タイム労働旬間　199
——タイム労働対策（パート対策）　43,
　191,196-200,203-204
——タイム労働対策専門家会議　208
——タイム労働対策要綱　51,181,183,
　192,194-197,199,202-205,221,367
——タイム労働に関する勧告　219
——タイム労働に関する小委員会　206
——タイム労働に関する条約（パート条約）
　182,219-220
——タイム労働法（パート法，パート労働法）
　11,48,132,180,184,197,201,206,208-209,
　212-217,219-220,361-362,366-367
——タイム労働問題研究会　206
——タイム労働問題専門家会議　199-203
——タイム労働力（パート労働力）　71,
　187,199
——バンク　190,221
——福祉法　198-199,201
——法案　200
——・未組織労働者連絡会　44
——問題（パート労働問題）　50,117,192,
　199,208-209,213,347-348,351
配偶者控除　337,346-348,370
配偶者手当　43,337,356
配偶者特別控除（制度）　4,124,140,337,348
　-351,355-357,359-360,370
売春防止法　233
派遣会社　25,33,58,147,149,154,157,162,
　171-173,175,179
派遣業　150,154,164,168,174-175
——界　49,162-164,174,178
——者（派遣事業者）　48,149,156-157,
　162,174
派遣先（会社，企業，事業主）　25,48,148-
　149,155-156,165-166,168-169,171,173
派遣事業　147,154,156,160,162,165,167,
　170-172,179
派遣元（会社，業者，企業，業者，事業主）
　25-26,48,147,153,155-156,165-166,168-
　169,171-173
派遣労働　7,9,12,16,18-19,22-23,25-26,30,
　34,40,43,48-51,54,62,97,133,145,149,
　161,174-175,178-180,183,217,363,367-
　368

派遣労働者（派遣社員）　1,5,7,9,11-12,19,
　22,25-26,28,33-35,43,48-49,51,53-54,57
　-59,97,125,151,153,156-158,165,167-
　173,175,177-180,198,218,363-364,367-
　368,382
派遣労働ネットワーク　58,125
パワー・リソース・アプローチ　111,123
晩婚化　78-79,83,315,329
非課税限度額　182,206,215-219,222,338,
　355,370
非決定（権力）　55,64,118,131,139,176
非婚化　78,375
非自発的パートタイマー　55,58,65
非正規雇用　6-10,16,18-20,23,30,32,34-35,
　38,40-42,50,52,62,97-98,107,112,116-
　117,124,177,180,218,367-368,375,377,
　380
非正規（雇用）労働者（就業者,社員,従業員）
　5-6,11,16,24,26-27,41-45,48,50,53,55,
　60,98,111-112,122,124-125,179,183,213,
　215,359-361,367
非正社員　53,59,183,185,367,375
非典型雇用　22
非典型の労働者　37
人手不足　17,70-72,82,88,93,97-98,186,
　208,216,218,308-309,323,331-332
一人っ子政策　76,326
被扶養パート　59,65
103万円の壁　337,370
100万円の壁　337
130万円の壁　370
日雇（労働者）　35,37
平等オンブズマン　226
ファミリー・フレンドリー企業　85
不安定雇用労働者（層）　43,61,193
フェミニズム運動　135
フェモクラット　126,376
フォード主義　187
複線型雇用　30
婦人局　12,199,207-208,226,229,286,290,
　292-293,297,300,312,323,335,337,372
婦人参政権獲得同盟　232
婦人週間　231,233
婦人少年局　126,128,130,188,226,228-235,
　244,249,256-258,260,270,274,279,284-

435

事項索引

288,291-295,299-302,353,363-364,366,372,375-376
婦人少年室　233,235,256,297
婦人少年問題審議会(婦少審)　188,210,224,227,241,249-250,257-260,262,264-265,268,272-273,276-277,282,287,292,303,317-318,322,325,361,379,382
婦人政策課　299,326
婦人福祉課　335
婦人問題企画推進本部　126-127,141,230-231,238-239,250,354
婦人問題推進会議　238,243
婦人問題担当室　302
婦人労働課　233,235,287
婦人労働部会　188,224,241,257-258,260,262,265,268,273,282,287-288,292,297,318,325
普通出生率　328
プラザ合意　308,353
フリーライダー問題　116
フリンジベネフィット　24,41
フルタイマー　23
フレーミング　328,331,335,365
文教委員会　115
ペイオフ解禁　217
ペイド・ワーク　9
別系列　102,108,114,117,120-121,280
包括政党　105
法定最低賃金　207
法務委員会　115
法務省　89,147,237,239
保革伯仲　107,278
ポジティヴ・アクション　377
保守新党　124
母性保護　251-252,255-256,259-260,269,272,274,293,304-305,308
骨太の方針　86
ポリクラシー　138

マ 行

毎日新聞　299,309
マドンナ・ブーム　119,140
マンパワー・ジャパン　58,146,150,160,163
マン・フライデー　162
ミクロ・コーポラティズム　42,109

民間放送連盟　247
民間連合　201
民社党　165,168-169,193,203,205-206,228,278,303,319,348
民主党　123-124,138,140
メキシコ会議　126,236,376
文部省　237-239,293,304,313,330

ヤ 行

雇入通知書　192,195
優雅なパート論　59
有効求人倍率　308,331
郵政省　232,304
優生保護法　311
有料職業紹介業　172
横からの入力　128-129
与野党伯仲　106
読売新聞　295,299,310

ラ 行

リゾート法　179
リブ運動　119,141
両立支援　73,84,86,99,313,378
臨時教育審議会(臨教審)　293,304
臨時工(臨時労働者)　8,35-38,40,44,50,60,62,146,183,187,202,367
臨時労働基準調査会　247
臨調　344
　　──行革(路線)　105,234
連合　43-44,47-48,50,74,95,109-113,122,139,201-203,205-206,209,212,319,321-322,325,355,372
連合評価委員会　48
労線統一　174
労働安全衛生法　200
労働基準法研究会(労基研)　24,196,228,248-249,251-252,287,289
労基研報告　228,252,254-255,257,259,269,283,293,304,318,376
労基研第二小委員会(労働時間・休日・休暇および女子年少者問題専門部会)　248,251,286-287,289
労働基準法(労法)　9,11,24,47,131-132,151,155,161,186,189,192,195,197-200,205,209,227,229,237,243-249,251-257,

事項索引

259,261-265,267,269-270,275-278,280-282,287-288,290-292,300-303,308,361-363,368,372,374-375
老人（老年）人口　68,309,310
労線統一　361
労働基準監督官　233
労働基準局　12,51,191,234,256,258,284-285,293,375
労働組合組織率　18,42-43,45,111,179,361
労働組合法　146
労働者供給事業　145-146,148-150,152-153,158,166
――関連労組組織協議会　153-154,166
――協議会　176
労働者派遣　96,145,150-151,153,156,158,161,163,165-166,168,170-172,174,178,364
――労事業等小委員会　155-156,158-159,165,172
――事業問題調査委員会　168
――事業問題調査会　152-153,158,164-165
労働者派遣法（派遣法）　11,25,28,33,39-40,48-49,51,58,63,145-148,150,153-154,156,160-167,170-180,200,212,361-363,367
労働者不足　308
労働省　8,12,16,24,30,35-41,43,46,50-54,58,60,62-64,70-72,85,87-90,93,96,99,112,114-115,117,120,139,145-147,149-155,158-160,163,167-168,170-176,178,182-183,185,188-192,194-200,203-208,210-213,215-218,221,226-234,237-243,247-249,252,254,257-258,260,263,265,267,269-277,279,281-288,291-292,296,298,301-305,307,312-313,317-319,322,325-326,330,335,337-338,352-353,360-361,363-367,372-373,376,382
――設置法　230
労働（力）人口　67,69-71,82,87,95,97,99,151,200,309-310,378
労働政策審議会　48
労働族　114
労働白書　71,87,183
労働問題研究委員会報告　72,92,320
労働問題研究会　95
労働力需給システム研究会　150-152,156,167
労働力不足　9,11,37,63,69,71-72,81,83,88,90,92,95,187-188,200,307-310,312,315-316,323-324,327,330-331,333,338,354,362,365,373,378
ローマ条約　130
ワークシェアリング　70

AFL・CIO　50
CI&E（民間情報教育局）　232
DV防止法　135
EC　10,130,225
EEC　130
ERA　141
EU　10,54,69,129
FIET（国際商業事務技術労連）　256
GHQ　146,232-234,290,294,303
ILO　129-131,141,146,167-168,185,219-220,244,250,252,262,293,297,316,343,366
ILO 100号条約（同一価値の労働について男女労働者に対する同一報酬に関する条約）　244,249
ILO 111号条約　249
ILO 123号勧告　275
ILO 156号条約　275,303,325-326
ILO 165号勧告　275
M字型就労　381
ME化　28,189
ME・OA化　248
OA化　30
OECD　20,62,111,129,141,188,373
TUC　50
WTO　129-130

437

著者略歴
1968年　大阪府に生まれる
2002年　一橋大学大学院社会学研究科博士課程修了
現　在　名古屋市立大学人間文化研究科助教授／政治学・女性政策専攻
主論文　「政策の複合的効果」(『レヴァイアサン』28号，2001年)
　　　　「福祉国家類型論と女性の就労」(『大原社会問題研究所雑誌』2001年4月号)
　　　　「シティズンシップと福祉国家」(『福祉国家再編の政治』ミネルヴァ書房，2002年)
　　　　「ジェンダーと政治」(『現代政治のパースペクティブ』法律文化社，2004年) ほか

現代政治と女性政策　双書 ジェンダー分析8
2005年2月25日　第1版第1刷発行

著　者　堀江孝司（ほりえたかし）

発行者　井　村　寿　人

発行所　株式会社　勁草書房（けいそう）
112-0005 東京都文京区水道2-1-1 振替 00150-2-175253
(編集) 電話 03-3815-5277／FAX 03-3814-6968
(営業) 電話 03-3814-6861／FAX 03-3814-6854
三協美術印刷・牧製本

©HORIE Takashi 2005

ISBN 4-326-64864-3　Printed in Japan

JCLS ＜㈱日本著作出版権管理システム委託出版物＞
本書の無断複写は著作権法上での例外を除き禁じられています。
複写される場合は、そのつど事前に㈱日本著作出版権管理システム
(電話 03-3817-5670、FAX03-3815-8199) の許諾を得てください。

＊落丁本・乱丁本はお取替いたします。
http://www.keisoshobo.co.jp

木本喜美子	女性労働とマネジメント	3675円
矢澤 澄子他	都市環境と子育て	2940円
首藤 若菜	統合される男女の職場	5670円
目黒依子他編	少子化のジェンダー分析	3675円
杉本貴代栄	福祉社会のジェンダー構造	2835円
本田由紀編	女性の就業と親子関係	3255円
浅倉むつ子	労働法とジェンダー	3675円
赤松 良子	均等法をつくる	2520円
横山 文野	戦後日本の女性政策	6300円
江原 由美子	ジェンダー秩序	3675円
山田 昌弘	家族というリスク	2520円
瀬地山 角	お笑いジェンダー論	1890円
吉澤 夏子	女であることの希望	2310円
落合 恵美子	近代家族とフェミニズム	3360円
金野 美奈子	ＯＬの創造	2520円
江原由美子編	フェミニズムの主張	2835円
江原由美子編	性の商品化　フェミニズムの主張2	3360円
江原由美子編	生殖技術とジェンダー　フェミニズムの主張3	3780円
江原由美子編	性・暴力・ネーション　フェミニズムの主張4	3570円
江原由美子編	フェミニズムとリベラリズム　フェミニズムの主張5	2835円

＊表示価格は2005年2月現在。消費税が含まれております。